Themen

Besser kommunizieren

Salz – Grundlage des Lebens

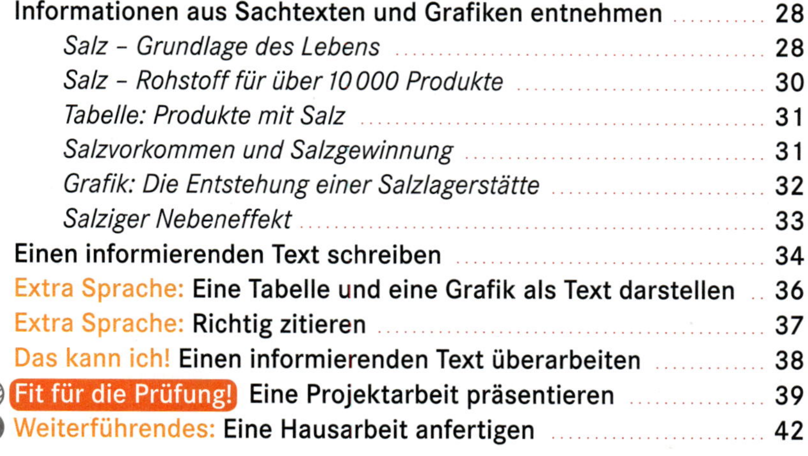

Kompetenzen

Besser kommunizieren:

- **Kommunikationssituationen untersuchen und mit Hilfe eines Kommunikationsmodells gestalten**
- **Sich angemessen und situationsbezogen ausdrücken**

in verschiedenen Kommunikations- und Gesprächssituationen sicher und konstruktiv agieren; situationsangemessen auf (non-)verbale Äußerungen reagieren; gelingende und misslingende Kommunikation unterscheiden; Gespräche als Mittel der Problemlösung erkennen; Inhalte von Sachtexten herausarbeiten

Salz – Grundlage des Lebens:

- **Informationen aus Sachtexten und Grafiken entnehmen**
- **Informierende Texte schreiben**

Sachtexte zunehmend selbstständig und methodisch erschließen; nichtlineare Texte auswerten; gezielt Informationen entnehmen und zitieren; Informationen aus nichtlinearen Texten darstellen; Textinformationen in das Alltagswissen einordnen; Informationen zusammenhängend wiedergeben; informierende Texte schreiben; Texte inhaltlich und sprachlich überarbeiten; projektorientiert arbeiten und Medien zur Gestaltung eigener Texte verwenden

Themen

Kompetenzen

Ein Beruf für dich

- **Sich und andere über Berufe informieren**
- **Sich in Vorstellungsgesprächen präsentieren**

Inhalte von Sachtexten herausarbeiten; Formen der Informationsverschriftlichung anwenden; ein Portfolio zur Berufswahlorientierung führen; sprachliche Äußerungen mündlich und schriftlich situationsangemessen und adressatenorientiert formulieren; Sprechsituationen im Rollenspiel gestalten; Kommunikation beurteilen und kriterienorientiert das eigene Gesprächsverhalten und das anderer beobachten, reflektieren und bewerten

Alles aus Kunststoff?

- **Einen Sachtext erschließen und auswerten**
- **Eine lineare Erörterung schreiben**

komplexere Sachtexte erschließen; Fachbegriffe klären; Argumente mit Behauptungen formulieren und durch Begründungen und Beispiele stützen; Argumente zu einer Argumentationskette verknüpfen; lineare und dialektische Erörterungen schreiben; Konjunktionen entsprechend ihrer Funktion verwenden; Texte inhaltlich und sprachlich überarbeiten

Themen

Auf der Suche nach dem Glück

Kompetenzen

- **Gestaltende Schreibformen als Interpretationshilfe nutzen**
- **Auszüge aus einem Jugendbuch zum Thema „Glück“ schriftlich analysieren und interpretieren**

eigene und fremde Lebenswelten beschreiben; Textinhalte mit eigenen Erfahrungen vergleichen; Fachbegriffe zur Beschreibung von Texten verwenden: Figuren, Erzähler; gestaltend interpretieren und die Ergebnisse einer Textuntersuchung nutzen, produktionsorientierte Verfahren anwenden (Dialog, innerer Monolog, Brief, Tagebucheintrag, E-Mail); eine Textbeschreibung verfassen; Texte inhaltlich und sprachlich überarbeiten; Sachtexte beschreiben und analysieren

Medien und Gattungen

Auftritt im Netz

- **Funktionen von Texten im Internet unterscheiden**
- **In medialen Kommunikationssituationen adressatenbezogene Beiträge formulieren**
- **Gefahren der Mediennutzung kennen und reflektieren**

Urheber-, Persönlichkeitsrecht und Datenschutz berücksichtigen

Medien und Gattungen

Kompetenzen

- **Inhalte und Handlungen wiedergeben und erläutern**
- **Einen Roman und seine Verfilmung vergleichen**
- **Die Sprache eines Films analysieren**

die Handlung von Filmen erläutern; wesentliche Darstellungsmittel beschreiben und deren Wirkung erläutern; filmische Gestaltungsmittel erkennen und analysieren; Literaturverfilmungen analysieren und mit der Textvorlage vergleichen; eine literarische Vorlage medial umformen

- **Lieder und Gedichte über das Leben analysieren und interpretieren**
- **Gedichte schriftlich interpretieren**

Zusammenhänge von Aussage, Form und Sprache in Liedern und Gedichten analysieren; Fachbegriffe zur Beschreibung von Gedichten verwenden (Reim, Vers, Strophe, Reim, Metrum, Rhythmus, Kadenz, sprachliche Bilder, lyrisches Ich); Deutungen entwickeln, begründen und am Text belegen; vergleichend eigene und literarische Lebenswelten beschreiben; Bezüge zwischen Text, Entstehungszeit und Leben eines Autors herstellen und zum Textverstehen nutzen; Textbeschreibungen verfassen; Interpretationsaufsätze schreiben

Kompetenzen

- **Figuren beschreiben und charakterisieren**
- **Kurzgeschichten analysieren und interpretieren**

Textdeutungen begründen und belegen; wesentliche Elemente eines Textes bestimmen: Figuren, Handlung, Zeitdarstellung; Beziehungen von Figuren beschreiben und bewerten; Texte analytisch interpretieren und gattungsspezifische Merkmale einbeziehen; Bezüge zwischen Text, Entstehungszeit und Leben eines Autors herstellen und zum Textverstehen nutzen; Figurencharakterisierungen und Interpretationsaufsätze schreiben

- **Auszüge aus einem Drama erschließen und analysieren**
- **Die Figuren und die Figurenkonstellation analysieren und visualisieren**
- **Eine Dramenszene spielen**

wesentliche Elemente eines Textes bestimmen (Handlung, Konfliktverlauf, Figuren); Handlungen und Verhaltensweisen literarischer Figuren beschreiben und bewerten; Beziehungen von Figuren beschreiben; Texte szenisch lesen; szenische Verfahren zur Textdeutung anwenden; Texte szenisch gestalten

Kompetenzen

- Kalendergeschichten und Anekdoten erschließen und vergleichen
- Parodien kennen lernen und analysieren
- Mit erzählenden Texten produktiv umgehen

literarische Gattungen definieren und deren Merkmale für das Textverständnis nutzen; historische Kontexte in das Textverständnis einbeziehen; Parodien erkennen und ihre Wirkung untersuchen; mit handlungs- und produktionsorientierten Verfahren ein Textverständnis herausarbeiten

- Dichter und Texte des Mittelalters kennen lernen und verstehen
- Bezüge zwischen Texten aus dem Mittelalter und ihrer Entstehungszeit herstellen
- Sprachgeschichtliche Zusammenhänge erkennen

Texte des Mittelalters untersuchen; historische Kontexte in das Textverständnis einbeziehen und Bezüge zu Entstehungszeit und -bedingungen herstellen; Reichweite mittelalterlicher Medien erläutern; Texte auf Mittelhochdeutsch lesen; sprachgeschichtliche Zusammenhänge erkennen und Bedeutungswandel exemplarisch beschreiben

Arbeitstechniken

Kompetenzen

Arbeitstechniken anwenden und Aufgaben verstehen 191

- Arbeitsschritte festlegen und Operatoren beachten
- Ein Portfolio anlegen und nutzen

Texte erschließen 196

- Inhalte von Sach- und Gebrauchstexten herausarbeiten
- Gesetzestexte erschließen

Schreiben und überarbeiten 201

- Einen literarischen Text analytisch interpretieren
- Texte inhaltlich und sprachlich überarbeiten und dazu geeignete Methoden und Sozialformen nutzen
- Schriftlich adressatengerecht formulieren

Kompetenzen

Die 5-Minuten-Übungen 224

Die Trainingseinheiten 228

Kompetenzen

- Individuelle Fehlerschwerpunkte bearbeiten

- Strategien und Arbeitstechniken des Rechtschreibunterrichts anwenden
- Sich mit Rechtschreibphänomenen textbezogen auseinandersetzen
- Individuelle Fehlerschwerpunkte bearbeiten

Grammatik

Kompetenzen

- Wortarten ihrer Funktion entsprechend verwenden
- Aktiv und Passiv erkennen und verwenden
- Den Konjunktiv I und II sicher verwenden
- Die Struktur von Sätzen erkennen und Satzglieder bestimmen
- Adverbiale Bestimmungen ihrer semantischen Funktion entsprechend bestimmen und verwenden
- Sprachkompetenzen anwenden

- Sprachliche Äußerungen situationsangemessen und adressatenorientiert formulieren
- Infinitivgruppen und Partizipialgruppen erkennen und verwenden
- Nebensätze als Satzglieder bestimmen, erläutern und verwenden

- Beschönigungen in der Sprache erkennen
- Formen der sprachlichen Zuschreibung von Geschlechterrollen unterscheiden und diskutieren
- Die Bedeutung von Fremd-, Lehn- und Erbwörtern erschließen und unterscheiden
- Standardsprache, Umgangssprache, Dialekte beschreiben
- Kommunikative Funktionen von Sprachvarietäten untersuchen

Leseecke

Leseecke

278

Kompetenzen

- Literarische Texte lesen und Leseerfahrungen sammeln
- Sach- und Gebrauchstexte verstehen

Zum Nachschlagen

Zum Nachschlagen

292

- Informationsquellen nutzen

Besser kommunizieren

- Kommunikationssituationen untersuchen und mit Hilfe eines Kommunikationsmodells gestalten
- Sich angemessen und situationsbezogen ausdrücken

Es ist nicht immer einfach, zu kommunizieren. Insbesondere in der Arbeitswelt sind für euch einige Kommunikationssituationen ungewohnt.

1 Stellt euch vor, ihr beginnt als Praktikanten, Auszubildende oder neue Beschäftigte in einem Betrieb.
- Wie möchtet ihr, dass die anderen mit euch sprechen?
- Wie sollten die anderen keinesfalls mit euch sprechen?

Diskutiert darüber und begründet eure Meinungen dazu.

2 Welche Gesprächsregeln sind im beruflichen Umfeld wichtig? Sammelt wichtige Gesprächsregeln und schreibt sie auf.
Tipp: Unterscheidet dabei, mit wem ihr sprecht, z. B. mit anderen Personen im Praktikum / in der Ausbildung, mit Vorgesetzten, mit Kunden.

Auf den Bildern sind Kommunikationssituationen aus der Arbeitswelt dargestellt.

3 Untersucht die Situationen auf den Bildern auf S. 14.

a. Beschreibt die Situationen mit Hilfe der Fragen:
- Um welche Berufe könnte es sich handeln? Welche Personen sind zu erkennen?
- In welcher Situation befinden sich die Jugendlichen?
- In welcher Beziehung könnten die Personen zueinander stehen?

b. Stellt weitere Fragen und beantwortet sie.

Starthilfe
- Wie ist die Körpersprache?
- Worüber ...?

c. Findet für jedes Bild einen Titel.

Die Bilder zeigen jeweils eine Kommunikationssituation zwischen einem Sender und einem Empfänger.

der Sender

die Nachricht →

der Empfänger

4 Die Abbildung veranschaulicht die Kommunikation zwischen einem Sender und einem Empfänger. Erklärt die Abbildung mit Hilfe des Informationstextes.

Info
Als **Sender** wird derjenige bezeichnet, der eine Nachricht sprachlich (verbal) oder durch Körpersprache (nonverbal) übermittelt.
Der **Empfänger** empfängt, d. h., er hört oder sieht die Nachricht.

Die Kommunikation zwischen einem Sender und einem Empfänger kann gestört sein.

5 Sprecht darüber, was eine Kommunikation stören könnte.

Starthilfe

Sender	Empfänger	Nachricht
drückt sich nicht deutlich aus ...	beschäftigt sich nebenher ...	ist sehr kompliziert formuliert ...

6 Übertragt das Kommunikationsmodell zwischen Sender und Empfänger auf die Bilder von S. 14 und sprecht über eure Vorschläge.

a. Bestimmt die Sender und Empfänger.

b. Formuliert mögliche Nachrichten für jede Kommunikationssituation. Bezieht dazu eure Ergebnisse aus Aufgabe 3 ein.

In diesem Kapitel untersucht ihr Kommunikationssituationen im beruflichen Umfeld. Ihr lernt ein Kommunikationsmodell kennen und wendet es an, indem ihr selbst Kommunikationssituationen gestaltet und euch dabei angemessen und situationsbezogen äußert.

Kommunikationssituationen untersuchen und gestalten

Eine schwierige Kommunikationssituation

Ilkay macht eine Ausbildung in einer Kfz-Werkstatt. Der Beruf macht ihm Freude, aber er hat das Gefühl, in der Werkstatt nur ausgenutzt zu werden.

Meister[1]: Ilkay, in den nächsten Tagen haben wir in der Werkstatt viel zu tun und keiner der Gesellen hat Zeit für dich. Deshalb musst du die Autos waschen. Alles klar?
Ilkay: Nein, ich bin nicht hier, um Autos zu waschen.
Meister: Du bist dir wohl zu schade dafür.
Ilkay schweigt.

1 Stellt Vermutungen an, warum Ilkay schweigt. Überlegt, wie ihr reagieren würdet.

Ilkay gehen verschiedene Gedanken und Gefühle durch den Kopf.

Der Meister hat mir doch beim Vorstellungsgespräch zugesichert, dass ich vieles machen kann.

Warum redet er in diesem Ton mit mir?

Warum sagt der Meister, dass ich mir zu schade bin? Mir macht die Arbeit doch Spaß und ich habe mich bei allen Aufgaben angestrengt.

Warum soll ich nur Autos waschen? Ich kann doch viel mehr.

Vielleicht sage ich lieber nichts mehr. Ich will es mir ja mit dem Meister nicht verderben.

2 Sprecht über Ilkays Gefühle und Gedanken. Bei welchen Aussagen würdet ihr Ilkay zustimmen, bei welchen nicht?

3 **a.** Wie könnte der Meister nach seinem Vorwurf auf Ilkays Schweigen reagieren? Sprecht darüber.
b. Wie könnte Ilkay das Problem lösen? Schreibt Stichworte auf.

4 Besprecht in der Klasse eure Ergebnisse.

1 der Meister: Handwerker, der die Meisterprüfung abgeschlossen hat; oft ist ein Meister ein Vorgesetzter

Ein Kommunikationsmodell anwenden

Kommunikation beginnt bei jedem selbst. Mit Hilfe des inneren Teams kann man herausfinden, was man in einem Gespräch erreichen möchte. Dies hilft dabei, besser zu kommunizieren.

1 Lies den Sachtext mit dem Textknacker.

Textknacker ► S. 293

Der Streit in mir

1 Ich bin in einer schwierigen Situation und ich weiß nicht, wie ich mich verhalten soll und wie ich am besten reagieren kann. Aber selbst, wenn ich weiß, was ich will, wie soll ich es anderen sagen? Kennst du diese Situation? Der Kommunikationsforscher Friedemann Schulz von Thun hat eine Lösung dafür gefunden. Er geht davon aus, dass vor jeder Entscheidung viele Meinungen in uns existieren. Die verschiedenen Meinungen sind wie verschiedene Stimmen in unserem Kopf, aber es sind auch Bauchgefühle, da kann doch nur ein Durcheinander entstehen!

2 Solche Situationen hat Friedemann Schulz von Thun untersucht und das Modell „Das innere Team" entwickelt. Und eigentlich ist es ganz einfach. Zunächst musst du dir dieser unterschiedlichen Stimmen und Gefühle bewusst werden. Jede Stimme ist ein Teammitglied und gehört zu deinem inneren Team. Kein Teammitglied darf unterdrückt werden, alle haben das Recht darauf, von dir als Teamleiter angehört zu werden. Dafür ist es am besten, wenn du dir Zeit nimmst.

3 Es kann auch helfen, wenn du jedem Teammitglied einen Namen gibst, der seine Meinung verdeutlicht, z. B. die Bequeme, der Pflichtbewusste … Am Anfang hilft es dir, die Meinungen der Teammitglieder aufzuschreiben. Später reicht es, wenn du mit Ruhe in dich hineinhörst und versuchst, alle Stimmen herauszufinden. Wäge alle Meinungen der Teammitglieder ab. Überlege, warum sie sich so ausdrücken. Manchmal sind es vielleicht ganz einfache Gründe wie Faulheit, Langeweile oder Ärger. Du bist der Teamleiter und entscheidest dich zum Schluss für eine Meinung. Wenn du dann dem Empfänger deine Entscheidung mitteilst, kann es auch helfen, ihm deinen Weg bis zur Entscheidung zu beschreiben und zu erklären. So kann der Empfänger viel besser verstehen, warum du dich so verhältst.

Das innere Team

2 Schreibe das Wichtigste aus dem Sachtext auf.

- **a.** Schreibe die Überschrift des Sachtextes auf.
- **b.** Ordne jedem Absatz eine passende Zwischenüberschrift vom Rand zu. Lasse darunter je drei Zeilen frei.
- **c.** Notiere in den freien Zeilen die Schlüsselwörter für jeden Absatz. In den ersten beiden Absätzen sind die Schlüsselwörter hervorgehoben.

Tipps für dein inneres Team

Das Modell „Das innere Team"

Situationen, die wir alle kennen

3 Der Sachtext enthält eine Abbildung, die das Modell „Das innere Team“ darstellt. Erkläre das Modell mit Hilfe der Abbildung und notiere dazu Stichworte.

Abbildung: „Das innere Team“ ► S. 17

Versetzt euch nochmals in Ilkays Situation.

4 **a.** Lest noch einmal den Dialog mit dem Meister und Ilkays Gedanken und Gefühle auf S. 16.
b. Schreibt die Stimmen von Ilkays innerem Team mit Hilfe der Arbeitstechnik auf.
c. Was möchte Ilkay erreichen? Formuliert seinen Wunsch.
d. Wie kann Ilkay in einem Gespräch mit dem Meister seinen Wunsch formulieren? Schreibt den Dialog von S. 16 weiter, sodass es zu einer Einigung kommt.
Tipp: Formuliert Ich-Botschaften.

Dialog von Meister und Ilkay ► S. 16

Ich-Botschaften ► S. 21

Arbeitstechnik

Das Modell „Das innere Team“ anwenden

Mit Hilfe des inneren Teams kannst du verstehen, **was in dir vorgeht**.
- Schreibe zunächst **die Fragestellung** auf.
- Schreibe die **verschiedenen Gedanken und Gefühle** auf, die du dazu hast. Das sind die einzelnen **Teammitglieder**. Du kannst jedem einen Namen geben.
- Lass dir genügend **Zeit** und **schreibe alles auf**, was dir einfällt.
- Lies alles noch einmal durch und **wäge** die einzelnen Meinungen der Teammitglieder **gründlich ab**. Denke auch an die **Konsequenzen**.

5 Lest die Dialoge in der Klasse vor und diskutiert eure Lösungsmöglichkeiten. Warum gibt es verschiedene mögliche Lösungen?

Ihr habt nun erfahren, wie ihr besser kommunizieren könnt.

Lesetipp: „Talkshow mit Tobias – aus dem Leben eines Azubis“ ► S. 278–279

6 Seht euch noch einmal eure Gesprächsregeln im Beruf aus Aufgabe 2 von S. 14 an. Welche Regeln würdet ihr nun anders formulieren oder ergänzen? Schreibt die Gesprächsregeln auf ein Plakat.

Aufgabe 2 ► S. 14
Plakat ► S. 295

7 **a.** Beschreibt euch gegenseitig Situationen, in denen ihr Ähnliches wie Ilkay erlebt habt.
- Geht dabei auf eure Gefühle in der Situation ein.
- Überlegt, warum ihr euch so gefühlt habt.

b. Erklärt, wie ihr nun in dieser Situation reagieren würdet.

8 Wie könnt ihr das Modell **Das innere Team** anwenden? Formuliert Tipps und Ratschläge. Verwendet den Imperativ.

Starthilfe
- Nimm dir Zeit, um ...
- ...

Imperativ ► S. 308

Angemessen kommunizieren

Beim Kommunizieren sollte nicht nur deutlich werden, was man erreichen möchte. Ein Sender sollte seine Nachricht auch mit angemessenen Worten äußern.

Sophia macht ein Praktikum bei einer Frisörin, die mit ihrer Mutter befreundet ist.

Meisterin: Sophia, ich möchte, dass du heute wieder die Haare zusammenfegst, sobald eine Kundin oder ein Kunde fertig ist.
Oder auch zwischendurch, wenn den Kunden die Haare gewaschen werden.
Sophia:

Sophia ist enttäuscht.

So öde habe ich mir mein Praktikum nicht vorgestellt. Immer nur fegen – davon werde ich noch ganz dumm im Kopf.

Ich halte das nicht mehr aus. Aber wenn ich mich beschwere, sagt sie es bestimmt gleich meiner Mutter.

Haare waschen kann doch jeder. Wenigstens das könnte ich doch auch mal tun.

Als wenn ich noch nie ein Telefon in der Hand gehabt hätte, um einen Termin zu vereinbaren und aufzuschreiben.

Wann kann ich endlich etwas Richtiges lernen? Ich will mal etwas anderes machen.

Sie könnte mich ruhig auf die Kunden loslassen. Ich werde sie nicht gleich vergraulen.

1 Untersucht und bewertet Sophias Gedanken.
- Bei welchen Aussagen würdet ihr Sophia zustimmen, bei welchen nicht?
- Welche Aussagen wären einer Chefin gegenüber nicht angemessen, nicht sachlich oder nicht höflich? Begründet.

2 Manche Kritikpunkte und Vorschläge von Sophia sind nachvollziehbar. Formuliert diese Sätze so, dass sie höflich und angemessen klingen.

Starthilfe
Ich würde gern ...

3 **a.** Was möchte Sophia erreichen? Schreibt den Dialog zwischen der Meisterin und Sophia weiter. Achtet auf eine angemessene Wortwahl.
b. Spielt den Dialog vor. Achtet auf angemessenen Tonfall sowie eine passende Mimik und Gestik.

4 Sprecht in der Klasse über die vorgetragenen Dialoge. Sind die Dialoge jeweils der Situation angemessen? Lösen sie das Problem?

Extra Sprache: Sich angemessen ausdrücken ► S. 20–21
szenisches Spiel ► S. 301

Sich angemessen ausdrücken

In der Arbeitswelt kann es zu schwierigen Situationen kommen, in denen ihr nicht wisst, wie ihr am besten reagiert.

Du denkst nie mit.
Alles muss man dir sagen.

Nie kann ich
etwas richtig machen.
Immer ist alles falsch.

Du als Praktikantin
hast doch keine Ahnung.
Lauf mal los und hole
deine Chefin!

Immer muss ich
die blöden Arbeiten machen!
Ich kann viel mehr!

1 Untersucht die Äußerungen (Nachrichten) mit Hilfe der Fragen:
- Wer könnten die Empfänger und die Sender sein? Woran erkennst du das?
- Welche Situation könnte zu der Äußerung geführt haben?
- Was könnte den Sender gestört haben? Welchen Wunsch könnte der Sender haben?
- Zu welchen Reaktionen könnten die Äußerungen beim Empfänger führen?

Ihr wisst, dass Killerphrasen die Kommunikation zwischen Gesprächspartnern behindern.

2 Was sind Killerphrasen? Lest zur Wiederholung den Informationstext.

Info

Killerphrasen sind Sprüche und Sätze, die eingesetzt werden, um eine Diskussion zu beenden (englisch **to kill** – **töten**).
Meistens handelt es sich dabei um unbegründete Aussagen.

3 Untersucht die Äußerungen aus Aufgabe 1 nun genauer.
- Handelt es sich bei den Äußerungen um Killerphrasen?
- Woran erkennt ihr das? Begründet.

Tipp: Achtet auf die Wortwahl.

4 Wie könnt ihr auf Killerphrasen reagieren? Schreibt mögliche Reaktionen auf.

Starthilfe
- die Killerphrasen nicht beachten
- ...

Ihr habt gelernt, dass Ich-Botschaften dabei helfen, eine gelungene Kommunikation zu führen.

5 Zur Wiederholung: Erklärt schriftlich, was eine Ich-Botschaft ist.

Starthilfe

Bei einer Ich-Botschaft sage ich etwas über ...

Aber auch Ich-Botschaften sollten angemessen formuliert werden.

6 Welche Äußerungen aus Aufgabe 1 sind Ich-Botschaften? Warum sind diese Ich-Botschaften in der beschriebenen Situation nicht angemessen? Begründet.
Tipp: Achtet auf die Wortwahl.

Aufgabe 1 ► S. 20

Wenn euch Äußerungen wie auf S. 20 begegnen, ist es am besten, erst einmal innezuhalten und durchzuatmen. Eine Zuspitzung der Situation kann man mit angemessenen Ich-Botschaften vermeiden, so wie in der folgenden Äußerung.

Ich habe das Gefühl, dass ich die Aufgaben nicht richtig mache. Schon morgens, wenn ich in die Werkstatt komme, grüße, und nur einige zu mir schauen und den Gruß erwidern, denke ich, dass ich nicht wahrgenommen werde. Ich weiß nicht, was ich falsch mache. Ich möchte meine Arbeit gut machen und ich möchte auch einbezogen werden.

7 Wie ist diese Ich-Botschaft aufgebaut?
a. Untersucht die Ich-Botschaft mit Hilfe der Wörter am Rand.
b. Schreibt eure Ergebnisse auf.

- die Wünsche
- die Beispiele
- die persönlichen Gefühle
- die Hoffnungen

8 Formuliert die Äußerungen in den Sprechblasen zu angemessenen Ich-Botschaften um.
Tipp: Achtet darauf, dass ihr keine Killerphrasen verwendet.

Sprechblasen ► S. 20

Starthilfe

1. Ich habe den Eindruck, dass es dir noch schwerfällt, selbstständig zu arbeiten.
2. ...

9 Überprüft eure Äußerungen aus Aufgabe 8 mit der Checkliste.

Checkliste: Sich angemessen ausdrücken	*Ja*	*Nein*
– Ist die Wortwahl für die Situation angemessen?	■	■
– Werden unhöfliche und unsachliche Formulierungen vermieden?	■	■
– Werden Ich-Botschaften verwendet?	■	■

Besser kommunizieren

Hier kannst testen, ob du dich in einer schwierigen Kommunikationssituation angemessen verhalten kannst. Folgende Situation erlebt Daniel:

Du hättest nur was sagen müssen …

Daniel macht eine Ausbildung zum Fleischer. Am Freitagmorgen erteilt ihm sein Chef, Herr Schinkel, folgenden Auftrag: „Du, Daniel, für heute Abend haben wir noch Bestellungen für Grillfeste. Hier sind die Auftragszettel. Kümmere dich bitte darum!“

Daniel hat an dem Morgen viel zu tun. Als es fast Mittag ist, sind noch einige Aufgaben offen. Er geht zu Hanna, der Auszubildenden im Laden: „Hanna, kannst du mir einen Gefallen tun? Hier sind drei Auftragszettel. Es ist fast alles fertig, nur die Grillwürstchen fehlen noch. Ich muss jetzt los.“ Hanna stöhnt: „Oh, Daniel, ich habe auch Stress, weil ich gerade alleine bin, aber es wird wohl gehen.“ Hanna kümmert sich um die Grillwürstchen, weiß aber nicht, dass Daniel nicht an die Fleischspieße gedacht hat. Als Herr Schinkel nachmittags die bestellte Ware an die Kundin ausgeben will, fehlen die Fleischspieße. Er entschuldigt sich bei der Kundin und fertigt die Spieße noch an. Als am nächsten Morgen Daniel kommt, begrüßt er ihn mit den Worten: „Ich dachte, die Bestellungen gingen klar. Aber das war wohl nichts!“

Daniel schweigt. Dann geht er zu Hanna: „Mensch, ich dachte, ich kann mich auf dich verlassen! Warum hat das nicht geklappt?“ Hanna reagiert sauer: „Du hättest mir das genauer sagen müssen.“ Daniel ist verärgert: „Wer lesen kann, ist klar im Vorteil. Das stand doch groß auf dem Auftragszettel!“ Hanna wird wütend: „Mach deinen Kram doch selbst, du Wurstgesicht!“

1 Warum kommt es zum Konflikt? Beschreibe das Verhalten der Beteiligten.

Starthilfe

Herr Schinkel	Daniel	Hanna
möchte, dass Daniel …	bittet Hanna um einen Gefallen, gibt aber …	möchte Daniel helfen, obwohl …

2 a. Was könnte in Daniel vorgehen? Schreibe die Stimmen von Daniels innerem Teams auf.
b. Was könnte Daniel dem Chef antworten? Schreibe auf.

3 Hannah und Daniel beleidigen sich im letzten Absatz gegenseitig. Schreibe einen Dialog, den Daniel und Hanna stattdessen führen könnten. Schreibe sachlich und verwende Ich-Botschaften.

Training:
In Kommunikationssituationen angemessen reagieren ► S. 23
Weiterführendes:
Einen Sachtext zu einem Kommunikationsmodell erschließen und erläutern ► S. 24–25

In Kommunikationssituationen angemessen reagieren

Hier kannst du üben, dich in schwierigen Kommunikationssituationen angemessen zu verhalten.

1 In vielen Kommunikationssituationen im Beruf gibt es mehrere Möglichkeiten, zu reagieren.

a. Welche Reaktion hältst du für angemessen? Entscheide dich jeweils für Antwort a, b oder c.

b. Vergleicht und bewertet eure Antworten in der Lerngruppe.

Besser kommunizieren – kennst du dich aus?		
Situation 1: Du bist am Anfang deiner Ausbildung und darfst bisher nur sehr einfache Tätigkeiten übernehmen. Du bist enttäuscht. Wie verhältst du dich?	**Situation 2:** Ein Kunde ruft an und beschwert sich bei dir über einen Fehler in einer Rechnung. Du hast die Rechnung allerdings nicht erstellt. Wie verhältst du dich?	**Situation 3:** An deinem Arbeitsplatz hast du versehentlich deinen Kaffeebecher umgekippt. Nun sind Tastatur des Computers und Unterlagen verschmutzt. Wie verhältst du dich?
a. Ich beschwere mich bei der vorgesetzten Person und sage deutlich, dass ich endlich etwas Richtiges lernen möchte. b. Ich bin enttäuscht, dass ich nur einfache Aufgaben bekomme, sage aber nichts. c. Ich bitte die vorgesetzte Person um ein Gespräch. Ich möchte zum Ausdruck bringen, dass ich schon viel gelernt habe und mir auch zutraue, selbstständiger zu arbeiten.	a. Ich sage, dass ich nicht zuständig bin, und beende das Gespräch. b. Ich bitte den Kunden, später noch mal anzurufen, weil ich dazu nichts weiß. c. Ich lasse mir vom Kunden erklären, wo der Fehler liegt, und informiere die verantwortliche Kollegin darüber. Dem Kunden sage ich, dass wir uns wieder bei ihm melden.	a. Ich gehe zur vorgesetzten Person und entschuldige mich für mein Missgeschick. b. Ich versuche, das in Ordnung zu bringen, und sage lieber nichts. c. Ich frage eine andere Auszubildende oder einen anderen Auszubildenden um Rat.

2 Versetze dich in die folgende Situation 4 und schreibe eine angemessene Nachricht an deinen Empfänger auf.
Tipp: Das Modell des inneren Teams kann dir helfen.

Situation 4: Du hast gerade viel zu tun. Da fragt dich ein anderer Auszubildender, wie er eine bestimmte Aufgabe angehen soll. Du kennst diese Aufgabe gut, aber die Erklärung kostet Zeit. Was antwortest du ihm?

Arbeitstechnik: Das Modell „Das innere Team“ anwenden ► S. 18

3 Vergleicht und diskutiert eure Lösungsmöglichkeiten aus Aufgabe 2.
- Welche Gemeinsamkeiten, welche Unterschiede gibt es?
- Wird die Nachricht deutlich? Ist die Wortwahl angemessen?

Einen Sachtext zu einem Kommunikationsmodell erschließen und erläutern

Hier findest du einen vertiefenden Sachtext zum Kommunikationsmodell des inneren Teams.

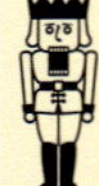

Textknacker ► S. 293

1 Erschließe den Sachtext mit dem Textknacker.

Das innere Team:
Typen von Teammitgliedern Friedemann Schulz von Thun

Jede Form der Kommunikation fängt beim einzelnen Menschen an. In sein eigenes Inneres zu „schauen" und in sich „hineinzuhören", sich selbst zu verstehen, sich eine Meinung zu bilden und zu wissen, was man möchte, sind Voraussetzungen für erfolgreiches Kommunizieren mit anderen. Diese Fähigkeiten kann jeder trainieren.

Das Anliegen:
Ein Anliegen ist eine persönliche Fragestellung, die mit dem Wunsch verbunden ist, durch Selbstklärung und Beratung zu einer Lösung zu kommen. Eine Frau möchte lernen, sich im Konflikt mit ihrem Mann besser abzugrenzen, eine Studentin möchte ihre Arbeitsstörungen überwinden, ein Polizist will seine gemischten Gefühle gegenüber einem bestimmten Einsatz verarbeiten. Diese Themen, die mal mehr und mal weniger scharf umrissen sind, möchten Menschen für sich klären. Das Anliegen wird meistens mit der Frage „Wie kann ich …?" formuliert.

Das Oberhaupt:
Das Oberhaupt ist ein übergeordnetes Mitglied („Chef") des inneren Teams, das, angesichts der vielfältigen Stimmen und Gefühle, Führungsaufgaben wahrnimmt und die Einheit der Person gewährleistet. Die Aufgaben des Oberhaupts sind, wie bei jeder Führungskraft im beruflichen Bereich, vielfältig und zum Teil widersprüchlich, da es sowohl für den „Innendienst" als auch für den „Außendienst" zuständig ist. Typische Aufgaben des Oberhaupts sind unter anderem: Selbstkontrolle, Moderation von inneren Teambesprechungen, das Bilden einer Gemeinschaft aus den inneren Teammitgliedern, Konfliktmanagement, Einsatzleitung.

Typische Teammitglieder:
Die Stammspieler: Jeder Mensch verfügt über ein paar Stammspieler, die oft und gern die vorderste Reihe besetzen. Das sind diejenigen Mitglieder des inneren Teams, die in der Lebensgeschichte der Person bisher am erfolgreichsten „gespielt" haben, die sozusagen Karriere gemacht haben.

Sie kommen besonders häufig zum Einsatz und bestimmen die Außenwirkung eines Menschen.

Die Außenseiter: Im Gegensatz zu den Stammspielern, die im Rampenlicht der Bühne stehen, bleiben diese inneren Teammitglieder mehr oder minder hinter dem Vorhang bis hin zum strikten Auftrittsverbot. „So bin ich zwar auch, so sollte ich mich hier aber nicht zeigen!“ bis hin zu: „So bin ich nicht!“

Die Verfeindeten: Darunter versteht man innere Teammitglieder, die miteinander im Konflikt stehen, weil sie gegensätzliche Standpunkte vertreten. Eine Redensart spricht von den „zwei Seelen in einer Brust“.

Die Spätmelder: Spätmelder kommen manchmal erst nach Stunden oder Tagen an, dann aber oft mit unabweisbarer Heftigkeit.

Die leisen Zaghaften: Die leisen Teammitglieder sind oft nur vernehmbar, wenn wir innehalten, aus der Betriebsamkeit aussteigen und die durchgängige Geräuschkulisse des Alltags vorübergehend ausschalten.

Der Bewacher: Der Wächter verhindert, dass sich eine andere Stimme zu Wort melden kann. Getreu nach dem Motto: „Das darf auf keinen Fall gesagt werden, so darf man nicht sein.“ Diese Verhinderung führt eventuell zu heftigen inneren Teamkonflikten und setzt dem Oberhaupt auf Dauer sehr zu.

Die Widersacher: Diese Teammitglieder sind diejenigen, die uns selbst enorm zu schaffen machen. Sie machen uns zur Schnecke, sind überrumpelnd und zielen auf die empfindlichen Punkte des Oberhaupts. Sie wollen einem übel mitspielen, oft wortlos. Das Oberhaupt hat Müh und Not, sich ihrer zu erwehren. Meist steckt hinter dem Ganzen jedoch eine gute Absicht und eine Botschaft, die es zu erkunden lohnt.

Typische Mitglieder eines inneren Teams

2 In dem Sachtext werden verschiedene typische Mitglieder beschrieben, die in einem inneren Team vorkommen können.

a. Skizziere die Abbildung „Typische Mitglieder eines inneren Teams“ auf einem Blatt Papier.

b. Wer ist welcher Typ? Beschrifte deine Skizze.

c. Erläutere schriftlich, welche Funktion die Typen des inneren Teams übernehmen.

3 Welche Typen von Mitgliedern kennt ihr besonders gut aus eurem inneren Team? Beschreibt euch gegenseitig eine gelungene und nicht gelungene Kommunikationssituation, in der bestimmte Mitglieder im Vordergrund standen.

4 Was hast du Neues erfahren? Sieh dir noch einmal deine Tipps und Ratschläge zum Modell „Das innere Team“ aus Aufgabe 8 von S. 18 an. Ändere oder ergänze gegebenenfalls deine Tipps und Ratschläge.

Aufgabe 8 ► **S. 18**

Salz – Grundlage des Lebens

- Informationen aus Sachtexten und Grafiken entnehmen
- Informierende Texte schreiben

Salz ist für uns heute so selbstverständlich wie die Luft zum Atmen. Wir gebrauchen es, ohne uns viele Gedanken darüber zu machen.

Salz ist ein lebenswichtiger Stoff. Bei einem Leben ohne große körperliche Anstrengungen benötigt ein erwachsener Mensch 1 g Salz pro Tag. Einem körperlich aktiven Menschen reichen 3–5 g pro Tag.

Der römische Historiker und Dichter Plinius der Ältere schrieb: „Also kann wahrhaftig ein menschlicheres Leben ohne Salz nicht geführt werden."

Salz ist der Rohstoff für über 10 000 Produkte.

„Unter allen Edelsteinen ist Salz der kostbarste."
Justus von Liebig, Chemiker

1 Salz gibt es überall auf der Welt und ein Wort dafür in allen Sprachen.
- Könnt ihr die verschiedenen Wörter für **Salz** laut vorlesen?
- Welche Wörter für **Salz** kennt ihr außerdem?

2 Sprecht über die Bilder und Zitate.
a. Was seht ihr auf den Bildern? Beschreibt es.
b. Welche Bedeutung wird dem Salz in den Zitaten zugeschrieben? Erklärt die Zitate.

3 Wo überall begegnen wir Salz und wofür brauchen wir es? Sammelt Stichworte in einer Tabelle.

Starthilfe

Wo?	Wofür?
in Lebensmitteln ...	als Gewürz ...

4 Was wisst ihr schon über das Thema **Salz**? Ordnet die Ergebnisse aus den Aufgaben 2 und 3 in einer Mindmap.
Im Laufe des Kapitels ergänzt ihr diese Mindmap schrittweise und sammelt so viele Informationen zum Thema **Salz**.

Mindmap ► S. 295

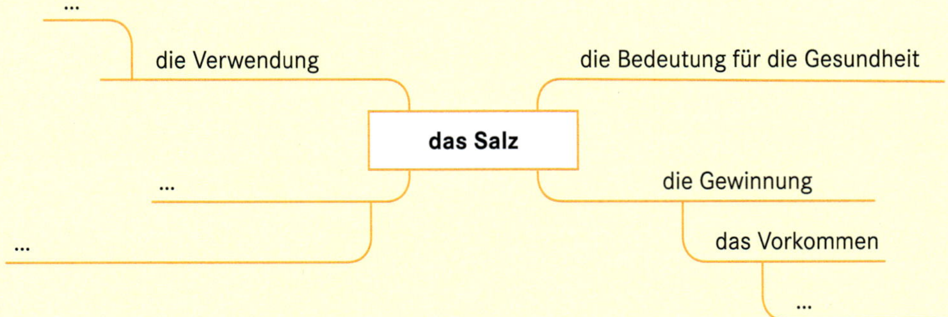

In diesem Kapitel beschäftigt ihr euch mit dem Thema Salz.
Dabei übt ihr, aus Sachtexten und Grafiken Informationen zu entnehmen und einen informierenden Text zum Thema zu verfassen. Außerdem könnt ihr für die Abschlussprüfung üben, indem ihr eine Projektarbeit zum Thema Salz vorbereitet, durchführt und präsentiert.

Informationen aus Sachtexten und Grafiken entnehmen

In diesem Kapitel übst du, aus verschiedenen Sachtexten und Grafiken Informationen zum Thema Salz zu entnehmen.
Anschließend verfasst du mit diesen Informationen einen eigenen informierenden Text.

Arbeitstechniken zum Üben:
Das eigene Lernen und Lesen einschätzen ► S. 191
Einen Sachtext und eine Grafik erschließen ► S. 196–197

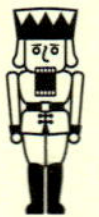

Textknacker ► S. 293

1 Lies den folgenden Sachtext und wende den 1. und 2. Schritt des Textknackers an.

1. Schritt:
Vor dem Lesen

2. Schritt:
Das erste Lesen

Salz – Grundlage des Lebens

1 Nach der langen Entwicklung vom Einzeller im salzigen Urmeer zum Säugetier tragen auch wir Menschen noch „das Meer in uns". Wie zu Urzeiten werden immer noch unsere Billionen Körperzellen von salziger Flüssigkeit umspült.

2 Salz ist also ein lebenswichtiger Stoff. Warum ist das so? Der menschliche Organismus braucht das Salz, um das lebensnotwendige Wasser im Körper zu binden und Flüssigkeiten ausscheiden zu können. Es ermöglicht den Stoffwechsel, also die Nahrungsumwandlung im Blut. Bei einem Leben ohne große körperliche Anstrengungen benötigt ein erwachsener Mensch 1 g Salz pro Tag. Einem körperlich aktiven Menschen reichen 3–5 g pro Tag. Bei starkem Schwitzen und schwerer körperlicher Arbeit (z. B. in den Tropen oder beim Sport) sind gelegentlich 20 g pro Tag und mehr erforderlich.

3 In früheren Zeiten war das Salz ein wertvolles Gut, das nicht allen Menschen in ausreichender Menge zur Verfügung stand. Es fehlte das sprichwörtliche „Salz in der Suppe", was durchaus gesundheitliche Konsequenzen haben konnte. Wer zu wenig Salz zu sich nahm, konnte an chronischer Müdigkeit, Schwindel- und Schwächegefühlen, arthritischen Beschwerden[1] oder Schwächung der Knochenstruktur leiden. Heute wissen wir, dass Salzmangel noch weitere gesundheitliche Folgen nach sich ziehen würde. So lässt bei einem Verbrauch von unter einem Gramm Salz das Kurzzeitgedächtnis und die Konzentrationsfähigkeit nach. Salzmangel kann also auch bedenkliche Folgen für das Gehirn haben.

4 In unserem täglichen Leben ist es jedoch kaum möglich, zu wenig Salz zu sich zu nehmen. Menschen und Tiere sind meist auf natürliche Weise durch den Verzehr von Fleisch und Fisch mit Salz versorgt.

1 arthritische Beschwerden: entzündete Gelenke

Menschen, die sich vegetarisch[2] oder vegan[3] ernähren, müssen aber zusätzlich Kochsalz zu sich nehmen. Auch Tiere, die ausschließlich Pflanzen fressen (z. B. Kühe), benötigen zusätzlich Salz, das sie als Futterzusatz oder als Leckstein erhalten.

5 Andererseits ist zu viel Salz gefährlich. So darf ein Schiffbrüchiger im Meer seinen Durst nicht mit Meerwasser löschen. Denn Meerwasser enthält mehr Salz als das Blut. Das überschüssige Salz kann dann nicht mehr über den Schweiß oder die Nieren ausgeschieden werden. Schiffbrüchige können also mitten im Meerwasser verdursten.
Auch bereits erhöhter Salzkonsum kann gesundheitsschädlich sein: Salzempfindliche Personen können einen zu hohen Blutdruck entwickeln. Diese sogenannten Hypertoniker können ihren Blutdruck senken, indem sie salzärmere Kost zu sich nehmen. Die Gefahr des Bluthochdrucks gilt allerdings nicht für alle Menschen. Manchen macht erhöhter Salzkonsum nichts aus.

2 vegetarisch: fleischlos
3 vegan: rein pflanzlich, ohne tierische Produkte

3. Schritt:
Den Text genau lesen

2 Lies den Text noch einmal genau – Absatz für Absatz.
a. Im Text sind die Schlüsselwörter hervorgehoben.
Schreibe die Schlüsselwörter zu jedem Absatz heraus und lasse eine Zeile für eine Zwischenüberschrift frei.
b. Ordne den einzelnen Absätzen eine passende Zwischenüberschrift vom Rand zu und schreibe sie in die leere Zeile.

Salzversorgung heute
Folgen von zu viel Salz
Salz – ein lebenswichtiger Stoff
Salzversorgung früher
„Das Meer in uns"

3 Kläre unbekannte Wörter und Fachbegriffe mit Hilfe der Fußnoten oder schlage sie im Lexikon nach.
Tipp: Trage für dich wichtige Fremdwörter (z. B. **Organismus**, **Konsequenzen, vegetarisch, vegan** …) in ein Fremdwörterheft ein.

ein Fremdwörterheft anlegen ► **S. 215**

4 Fasse mit Hilfe der Schlüsselwörter schriftlich zusammen, warum Salz als **Grundlage des Lebens** bezeichnet wird.

5 Was hast du Neues zum Thema **Salz** erfahren? Ergänze deine Mindmap aus Aufgabe 4 von S. 27.

4. Schritt:
Nach dem Lesen

Wofür verwenden wir Salz? Woher und wie bekommen wir es? Die folgenden Sachtexte geben Antworten auf diese Fragen.

W **6** **a.** Sieh dir zunächst alle Sachtexte an (Material 1, S. 30–31; Material 2, S. 31–32; Material 3, S. 33) und wende den 1. Schritt des Textknackers an.
b. Wähle dann einen, zwei oder auch drei Sachtexte aus.

1. Schritt: Vor dem Lesen

7 **a.** Erschließe die Sachtexte, die du ausgewählt hast, mit dem Textknacker (2. Schritt und 3. Schritt).
b. Notiere die Schlüsselwörter und Zwischenüberschriften für die Absätze.

Tipps:
- Unter den Sachtexten findest du jeweils Aufgaben, die dir beim Erschließen helfen.
- Im Internet kannst du nach weiteren Informationen recherchieren. Am Rand findest du Recherchetipps und Lesetipps.

2. Schritt: Das erste Lesen

3. Schritt: Den Text genau lesen

im Internet recherchieren ► S. 294

Lies Material 1:

Material 1

W Salz – Rohstoff für über 10 000 Produkte

Wenn wir von Salz sprechen, meinen wir meist Kochsalz. Dieses entsteht – wie alle anderen Salze auch – durch eine chemische Reaktion. Unser Kochsalz besteht aus dem giftigen Metall Natrium und dem giftigen Chlorgas, das man beispielsweise zur Desinfektion von Schwimmbädern benutzt. Bei der chemischen Reaktion von Natrium und Chlor zu Natriumchlorid verändern sich deren Eigenschaften und sie verlieren ihre Gefährlichkeit.
Salz war und ist nicht nur ein wichtiges Genuss- und Konservierungsmittel[1]. Seit dem 18. Jahrhundert wird der Großteil des Salzes von der chemischen Industrie als Grundstoff für die Herstellung unzähliger Dinge verwendet, die aus unserem Leben nicht mehr wegzudenken sind, wie z. B. Glas und Seife.
Der Grundstein wurde im 18. Jahrhundert gelegt, als Ludwig der XVI. in Frankreich einen Preis für denjenigen aussetzte, der es schaffte, aus Kochsalz Soda[2] herzustellen.

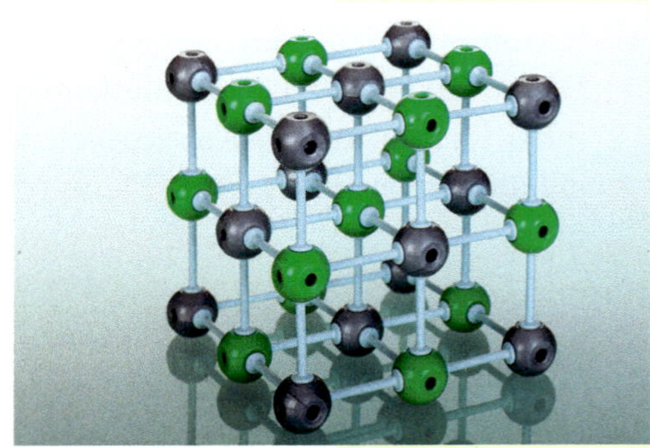
NaCl-Molekülkette

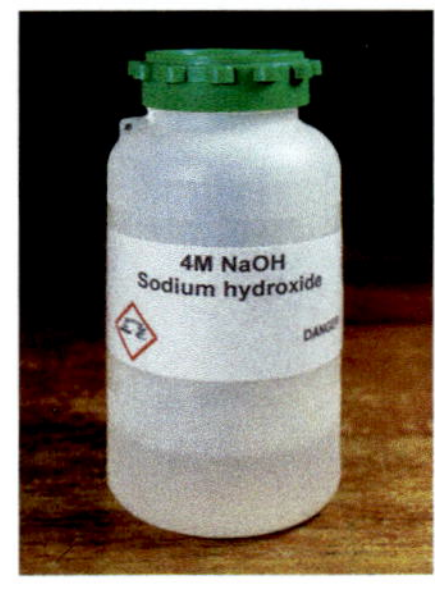

Soda

Recherchetipps:
- Die wirtschaftliche Bedeutung von Salz
- Berufe in der Salzproduktion

1 das Konservierungsmittel: Mittel, um Lebensmittel haltbar zu machen
2 die (oder das) Soda (Natron): eine wichtige Grundchemikalie für die Herstellung von Seife, Glas und Waschmitteln und zur Desinfektion

<table>
<tr><th>Speisesalz 5 %</th><th>Gewerbesalz 30 %</th><th colspan="3">Industriesalz 65 %</th></tr>
<tr><td rowspan="2">zum Würzen, Verbrauchen, Verarbeiten und Konservieren von Lebensmitteln:
- Gurken
- Schinken
- Käse
u. a.</td><td rowspan="2">- zum Gerben von Leder
- zur Wasserenthärtung (z. B. in der Spülmaschine)
- zum Färben von Stoffen
- als Lecksteine für Tiere
- für Keramikglasuren
u. a.</td><td colspan="3">zur Herstellung von:</td></tr>
<tr><td>Chlor
für
- Harze, Lacke
- Feuerlöschmittel
- Desinfektionsmittel
- PVC/Kunststoff
u. a.</td><td>Natronlauge
für
- Zellulose
- Papier
- Seife
- Aluminium
u. a.</td><td>Soda
für
- Farben
- Glas
- Waschmittel
- Medikamente
u. a.</td></tr>
</table>

Tabelle:
Produkte mit Salz

Der Sachtext enthält eine Tabelle mit zusätzlichen Informationen.

8 **a.** Erschließe die Tabelle mit dem Textknacker. Notiere dazu Stichworte.
b. Welche Aussage aus dem Text wird durch die Informationen in der Tabelle ergänzt? Notiere die Zeilenangabe.

Textknacker für Grafiken ► **S. 294**

Extra Sprache: Eine Tabelle als Text formulieren ► **S. 36, Aufgaben 1, 2**

9 Wozu wird der Rohstoff Salz benötigt? Erkläre es schriftlich.

Lies Material 2:

Material 2

Salzvorkommen und Salzgewinnung

Woher aber bekommen wir unser Salz? Die Erde selbst hat riesige Salzvorkommen: Ein Salzreservoir[1] sind die Weltmeere mit einem durchschnittlichen Salzgehalt von 3,5 Prozent; pro Liter Meerwasser sind das 35 Gramm Salz, davon 28 Gramm reines Natriumchlorid (Kochsalz). Die Verdunstung des Meerwassers in natürlichen oder künstlich angelegten Becken, sogenannten Meersalinen, ist das älteste Verfahren der Salzgewinnung. Die ersten Salinen wurden höchstwahrscheinlich in Ägypten am Roten Meer betrieben.

Das grundlegende Abbauprinzip ist einfach: Meersalz wird in die Becken einer Saline geleitet, in deren Mitte sich die sogenannten Kristallisationsbecken[2] befinden. In diesen Becken aus Lehm oder Ton bilden sich abhängig von der Stärke der Sonneneinstrahlung und dem Wind, der die Wasserverdunstung begünstigt, Meersalzkristalle.

Diese Art der Salzgewinnung lohnt sich auch noch heute. Etwa 60 Millionen Tonnen werden jährlich auf diese Weise gewonnen, besonders in südlichen Ländern, weil dort aufgrund der höheren Temperaturen das Meerwasser besser verdunsten kann.

Meersalzbecken in einer Saline

Fortsetzung des Sachtextes ► **S. 32**

1 das Reservoir (sprich: reservoa): größerer Behälter, in dem etwas gespeichert wird

2 das Kristallisationsbecken (Plural: die); kristallisieren: Kristalle bilden

Die größten Salzvorräte lagern jedoch in der Erdrinde. Dieses Steinsalz stammt ursprünglich auch aus dem Meer. Vor etwa 600 Millionen Jahren entstanden Salzlagerstätten. Es wird angenommen, dass einige Landstriche absanken und dann vom Meer überflutet wurden. Bei einer späteren Abtrennung vom Meer entstanden natürliche Becken, die nach und nach austrockneten. Unmengen an Salz blieben zurück und wurden von Erdschichten überdeckt.

Recherchetipps:
- Salzbauern in der Bretagne
- Salz aus Salzseen
- Die Salzbergwerke in Heilbronn und Stetten oder Wieliczka in Polen

Lesetipp:
„Das Tote Meer stirbt"
► S. 280–281

Die Entstehung einer Salzlagerstätte

Das Steinsalz kann auf verschiedene Arten gewonnen werden: Man baut es zum Beispiel bergmännisch ab, wie andere Bodenschätze auch, oder man pumpt es als Sole[3] aus der Erde. Salzlagerstätten können durch Bohrungen aufgeschlossen werden (Bohrlochsolung). Das Salz wird dann durch Süßwasser gelöst, das in das Bohrloch eingebracht wird.

10 Erkläre schriftlich den Fachbegriff **Bohrlochsolung**. Du kannst dazu im Internet recherchieren.

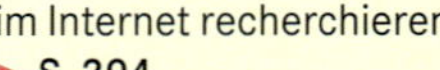

im Internet recherchieren
► S. 294

11 Ordne die Informationen zum Salzvorkommen und zur Salzgewinnung aus dem Text mit Hilfe deiner Schlüsselwörter und schreibe sie auf.

Starthilfe
- Salzvorkommen:
  Weltmeere, Erdrinde, Salzlagerstätten ...
- Salzgewinnung:
  aus Salinen, durch Verdunstung ...

Die Grafiken geben zusätzliche Informationen zum Text.

12 **a.** Erschließe die Grafiken 1 und 2.
b. Welche Textstellen werden durch sie näher erklärt? Notiere die Zeilenangaben.

Textknacker für Grafiken
► S. 294

13 Fasse die in den Grafiken gegebenen Informationen schriftlich in ganzen Sätzen zusammen.
Tipp: Auf S. 36 findest du Übungen, die dir dabei helfen.

Extra Sprache:
Eine Grafik als Text darstellen
► S. 36, Aufgaben 3, 4

3 die Sole: salzhaltiges Wasser

Lies Material 3:

W Salziger Nebeneffekt

Material 3

Ein Gradierwerk

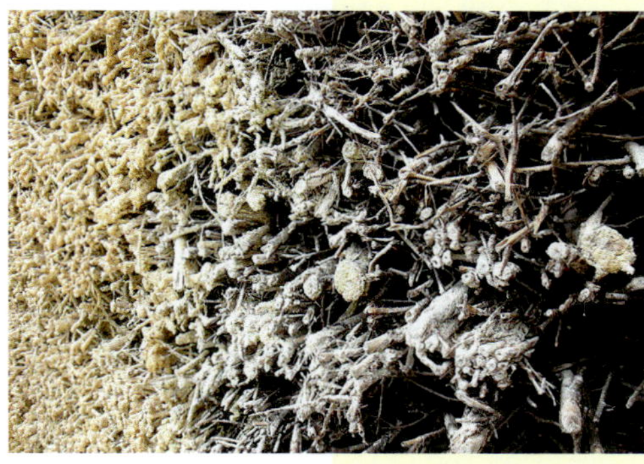

Schwarzdorn mit Salzkristallen

Die Art und Weise der Salzgewinnung in früheren Zeiten machen sich heute zahlreiche Kurorte zunutze. Um den Salzgehalt der aus der Erde geförderten Sole zu erhöhen, baute man seit dem 16. Jahrhundert sogenannte Gradierwerke[1]. Man pumpte die Sole in den oberen Teil des Gradierwerkes und ließ sie dann über ein Gestrüpp von Dornen herabrieseln. So wurde der Salzgehalt von 6 auf 27 Prozent erhöht. Durch diese neue Methode wurde der Salzertrag erheblich gesteigert und das Herstellungsverfahren billiger. Außerdem lagerten sich Verunreinigungen der Sole an den Dornen ab; dadurch wurde die Qualität des erzeugten Salzes erhöht. Nach verschiedenen Versuchen, die Wände mit Stroh, Birkenreisig, Schilf und Rohr zu bestücken, erwies sich Schwarzdorn als beständigstes Material.

Das Gradieren hatte noch einen Nebeneffekt. Durch das ständige Herabrieseln der Sole wird die Luft durch den Wind mit feinen Soletröpfchen angereichert. Dadurch werden winzige Partikel (z. B. Pollen), die in der Luft schweben, an die Wassertröpfchen (Salzaerosole) gebunden. Ähnlich wie die Seeluft wirkt sich das bei Asthmatikern[2] und Allergikern günstig aus. Je nach Windrichtung halten sich die Patienten auf der dem Wind abgewandten Seite des Gradierwerkes auf. Beim Einatmen werden die Atemwege durch die Salzaerosole befeuchtet und auf diese Weise intensiv von Bakterien gereinigt. So können die Schleimhäute abschwellen und die Betroffenen wieder tief durchatmen. Ärzte empfehlen daher Patienten mit Atemwegserkrankungen einen längeren Aufenthalt an der See oder in Kurorten mit Gradierwerken. Was also im 16. Jahrhundert als technische Innovation galt und half, Energie einzusparen, dient heute der Gesundheit. Ein praktischer Nebeneffekt.

1 das Gradierwerk: vom Verb **gradieren**: etwas verstärken, auf einen höheren Grad bringen

2 der Asthmatiker: jemand, der an Asthma erkrankt ist; Asthma: anfallsweise auftretende Atemnot, Kurzatmigkeit

14 Wie funktioniert ein Gradierwerk? Erkläre es in eigenen Worten schriftlich.

Du hast nun weitere Informationen zum Thema Salz erarbeitet.

4. Schritt: Nach dem Lesen

15 Was hast du Neues erfahren? Ergänze deine Mindmap aus Aufgabe 5 auf S. 29.
Tipp: Überlege, welche neuen Linien und Verzweigungen du in deiner Mindmap ergänzen kannst.

Aufgabe 5 ► **S. 29**

Recherchetipps:
- Salz in Namen und Redensarten
- Märchen und Geschichten über Salz

Einen informierenden Text schreiben

Mit deinen Arbeitsergebnissen schreibst du nun einen eigenen informierenden Text zu einem Teilthema. Deinen Text kannst du später für eure Projektarbeit verwenden.

einen informierenden Text schreiben ► S. 295
Fit für die Prüfung! Eine Projektarbeit präsentieren ► S. 39–41

1. Schritt: Das Thema aussuchen

1 Du hast nun mehrere Sachtexte zum Thema **Salz** gelesen.
Über welches Teilthema möchtest du einen informierenden Text schreiben?
Markiere dieses Thema in deiner Mindmap aus Aufgabe 15 von S. 33.

Mindmap: Aufgabe 15 ► S. 33

2. Schritt: Die Informationen für die Adressaten auswählen

2 **a.** Lies deine Notizen zu deinem Teilthema noch einmal durch.
b. Überlege, wen du über das Teilthema informieren möchtest.
Welche Informationen könnten für die Leserinnen und Leser interessant sein? Markiere diese Informationen in deinen Notizen.

3. Schritt: Den Text gliedern

3 **a.** Ordne deine Notizen zu deinem Teilthema.
Tipps:
- Schreibe Fragen auf, die du in deinem Text beantworten möchtest.
- In welcher Reihenfolge möchtest du die Fragen beantworten? Nummeriere die Fragen.

1. Was ist Salz?
2. Welche Bedeutung hat Salz für das Leben?
3. …

b. Erstelle eine Gliederung für deinen informierenden Text.

Überschrift: …
Einleitung: …
Hauptteil:
a. Bedeutung und Funktion im Körper
b. Versorgung des Körpers
Schluss: …

4. Schritt: Den Text schreiben

4 Überlege dir eine passende Überschrift und schreibe sie auf. Die Überschrift sollte deutlich machen, was man von deinem Text erwarten kann.

5 Formuliere eine Einleitung, die zum Weiterlesen anregt.
Du kannst z. B. dein Teilthema vorstellen, mit einer Frage zum Teilthema hinführen oder eigene Erfahrungen zum Teilthema beschreiben.
Tipp: Am Rand findest du Formulierungen, die du verwenden kannst.

> Salz ist ein ganz besonderer Stoff, deshalb ...
>
> Mit Salz habe ich ...
>
> Muss man sich nicht wundern, dass Salz ...

6 Informiere im Hauptteil über dein Teilthema. Verwende deine Gliederung aus Aufgabe 3b als Schreibplan.
Tipps:
- Formuliere einfache und klare Sätze.
- Verwende Fachbegriffe.
- Zitiere korrekt, wenn du Zitate verwendest. Auf S. 37 kannst du das Zitieren üben.
- Lasse unwichtige oder nicht zum Teilthema gehörende Informationen weg.
- Schreibe sachlich.

Extra Sprache: Richtig zitieren ► S. 37

7 Schreibe einen Schluss für deinen informierenden Text:
Formuliere einen zusammenfassenden Satz oder eigene Gedanken.
Tipp: Am Rand findest du Formulierungen, die du verwenden kannst.

> Salz benötigen wir also ...
>
> Salz ist ein wertvoller Rohstoff ...
>
> Darum ist Salz also so wichtig ...

Richtig rund wird dein informierender Text, wenn du ihn überarbeitest.

8 **a.** Bildet Tandems und lest gegenseitig eure informierenden Texte.
b. Überprüft eure Texte gegenseitig anhand der Checkliste.

Checkliste: Einen informierenden Text schreiben	*Ja*	*Nein*
– Sind die Informationen für die Leserinnen und Leser interessant?	■	■
– Sind die Informationen sinnvoll gegliedert?	■	■
– Verrät die Überschrift, was man vom Text erwarten kann?	■	■
– Regt die Einleitung zum Weiterlesen an?	■	■
– Enthält der Hauptteil nur wichtige, zum Thema gehörende und sachliche Informationen?	■	■
– Enthält der Text einen Schluss mit einem zusammenfassenden Satz oder eigenen Gedanken?	■	■
– Ist die Sprache verständlich?	■	■
– Ist die Rechtschreibung korrekt?	■	■

Rechtschreib-Check ► S. 222

9 Möchtest du deinen Text ändern oder ergänzen? Überarbeite deinen Text, wenn nötig.

Eine Tabelle und eine Grafik als Text darstellen

W Der Sachtext „Salz – Rohstoff für über 10 000 Produkte" enthält eine Tabelle. Wenn du diesen Text gelesen hast, kannst du hier üben, die Tabelle als zusammenhängenden Text darzustellen.

Sachtext: „Salz – Rohstoff für über 10 000 Produkte"
► S. 30–31

1 Was erfährst du in der Tabelle auf S. 31?

a. Ergänze den folgenden Text mit den passenden Angaben aus der Tabelle.

b. Schreibe selbst weitere Sätze mit den Informationen aus der Tabelle auf.

Aus der Übersicht in der Tabelle geht hervor, dass die größte Salzmenge als ______ genutzt wird. An zweiter Stelle steht ______.
Nur etwa ______ werden als ______ genutzt. Speisesalz braucht man zum Beispiel, um ______ zu ______, aber auch ______.

2 Hast du die wichtigsten Informationen der Tabelle auf S. 31 richtig wiedergegeben? Überprüfe deinen Text aus Aufgabe 1 mit Hilfe der Fragen.

- Wird deutlich, worüber die Tabelle informiert?
- Welche Fragen lassen sich mit Hilfe der Tabelle beantworten?

W Wenn du den Sachtext „Salzvorkommen und Salzgewinnung" gelesen hast, kannst du hier üben, wie du die Grafiken zur Entstehung einer Salzlagerstätte in einem Text erklären kannst.

Sachtext: „Salzvorkommen und Salzgewinnung"
► S. 31–32

3 Hast du die Grafiken 1 und 2 auf S. 32 verstanden? Erkläre mit Hilfe der Begriffe am Rand die Grafiken und ergänze dazu den folgenden Text.

(die) Salzlagerstätte
verdunsten
(der) Gips
(das) Salz
(das) Salzwasser
(die) Staubwinde
(der) Kalk

Die Grafik zeigt, wie das ______ in der Erdkruste entsteht, indem ______ in einer Senke durch Sonneneinstrahlung ______.
Die linke Grafik zeigt zusätzlich, dass unter dem ______ Schichten aus ______ und ______ liegen.
Die rechte Grafik zeigt, wie sich ______ über das Salz legen und so die ______ entsteht.

4 Eine Checkliste kann dir helfen, Grafiken zu erschließen. Formuliere mit Hilfe der Arbeitstechnik im Anhang eine Checkliste.

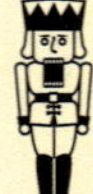

Textknacker für Grafiken
► S. 294

Checkliste: Grafiken erschließen	*Ja*	*Nein*
1. Schritt: Vor dem Lesen		
– Habe ich die Überschrift gelesen?	■	■
– …	■	■

Richtig zitieren

Wenn du einen informierenden Text schreibst, kannst du besonders wichtige Informationen auch wörtlich aus einem Sachtext zitieren. Die Regeln beim Zitieren kennst du schon.

1 Was musst du beim Zitieren beachten? Wiederhole die Regeln zum Zitieren.
Tipp: Im Anhang kannst du die Regeln nachlesen.

zitieren ► S. 299

2 Erkläre die Regeln beim Zitieren einer Lernpartnerin oder einem Lernpartner.

3 Jana hat in ihrem informierenden Text ein Zitat verwendet. Sie hat aber vergessen, es zu kennzeichnen.
- **a.** Das Zitat stammt aus dem Sachtext „Salz – Grundlage des Lebens". Finde Janas Zitat in dem Sachtext.
- **b.** Schreibe das Zitat ab und kennzeichne es mit Anführungszeichen.

Sachtext: „Salz – Grundlage des Lebens" ► S. 28–29

Salz ist ein ganz besonderer Stoff, deshalb ist er lebenswichtig: Der menschliche Organismus braucht das Salz, um das lebensnotwendige Wasser im Körper zu binden und Flüssigkeiten ausscheiden zu können.

Nun kannst du üben, den folgenden Auszug aus dem Sachtext „Salzvorkommen und Salzgewinnung" richtig zu zitieren.

Sachtext: „Salzvorkommen und Salzgewinnung" ► S. 31–32

Ein Salzreservoir sind die Weltmeere mit einem durchschnittlichen Salzgehalt von 3,5 Prozent; pro Liter Meerwasser sind das 35 Gramm Salz, davon 28 Gramm reines Natriumchlorid (Kochsalz).

4 Probiere die folgenden Möglichkeiten aus.
- **a.** Zitiere den vollständigen Satz.
- **b.** Zitiere nur die blau gedruckten Informationen in einem eigenen Satz.
  - Denke daran, dass du Zitate mit Anführungszeichen kennzeichnen musst.
  - Gib auch an, wo du das Zitat gefunden hast.

5 Erkläre deinen Leserinnen und Lesern den Inhalt des Zitats.
Beantworte z. B. diese Fragen:
- Woher bekommen wir unser Salz?
- Wie viel Salz benötigt der menschliche Körper täglich?
- Für wie viele Menschen reicht das Salz eines Liters Meerwasser?

6
- **a.** Jeder schreibt eine Textstelle aus einem Sachtext aus dem Kapitel auf.
- **b.** Tauscht eure Textstellen aus und zitiert die Textstellen wie in Aufgabe 4.
- **c.** Überprüft, ob ihr richtig zitiert habt.

Einen informierenden Text überarbeiten

Lisa hat einen informierenden Text über Salz geschrieben. Sie möchte darüber informieren, was Salz ist und warum es ein lebenswichtiger Stoff ist. Allerdings sind ihr ein paar Fehler unterlaufen – findet ihr sie? Überprüft euer Wissen und Können.

Das alles kann Salz

Das Salz, das wir essen, ist sogenanntes Kochsalz. Es entsteht durch eine chemische Reaktion zwischen einem Metall und einem Gas: Natrium und Chlor. Beide Stoffe sind eigentlich giftig, verlieren ihre Giftigkeit jedoch bei der chemischen Reaktion zu Natriumchlorid, also Kochsalz.

Salz ist nicht nur zum Kochen da: Der menschliche Organismus braucht das Salz, um das lebensnotwendige Wasser im Körper zu binden und Flüssigkeiten ausscheiden zu können. Es hilft dem Körper, das lebensnotwendige Wasser im Körper zu binden. Deswegen benötigen wir jeden Tag 2 bis 3 Gramm Kochsalz, die wir zum größten Teil über unsere Nahrung aufnehmen, vor allem bei Fisch und Fleisch. Salz wird entweder bergmännisch abgebaut oder als Sole aus dem Meer gepumpt. Zu viel Salz ist allerdings auch nicht gut: Trinkt man zum Beispiel Meerwasser in größeren Mengen, kann man daran sterben, weil der Körper das überschüssige Salz nicht mehr verarbeiten und ausscheiden kann. Das kann also total gefährlich sein. Salz ist ein wertvoller Rohstoff: nicht nur lecker, sondern auch heilsam und vor allem lebenswichtig. Ein Glück, dass so viel davon im Meerwasser und in der Erde vorhanden ist!

Achtung: Fehler!

1 a. Überprüft in Partnerarbeit Lisas Text mit Hilfe der Checkliste von S. 35. Notiert alles, was euch auffällt.
Tipp: Lest oben nochmals nach, worüber Lisa informieren möchte.
b. Was würdet ihr ändern oder ergänzen? Schreibt Verbesserungsvorschläge auf.

Checkliste: Einen informierenden Text schreiben ► S. 35

2 Besprecht eure Arbeitsergebnisse aus Aufgabe 1.

Reflektiere abschließend über deine Erfahrungen beim Schreiben deines informierenden Textes.

3 Was fällt dir leicht? Was möchtest du noch üben? Schreibe es auf.
Tipp: Hefte deinen Text in dein Lernwegetagebuch oder in dein Portfolio.

Arbeitstechnik zum Üben: Ein Portfolio anlegen ► S. 194–195

Fit für die Prüfung! Eine Projektarbeit präsentieren ► S. 39–41

Weiterführendes: Eine Hausarbeit anfertigen ► S. 42–43

Eine Projektarbeit präsentieren

W Teil der Abschlussprüfung ist die Projektarbeit, für die du in einer Gruppe ein Thema deiner Wahl präsentierst. Hier kannst du mit deinen Mitschülerinnen und Mitschülern am Thema Salz dafür üben.

1. Schritt: Die Projektarbeit vorbereiten

1 **a.** Was weißt du schon über das Thema **Salz**? Sieh dir deine Mindmap von S. 33 und deinen informierenden Text von S. 35 noch einmal genau an.
b. Mit welchem Teilthema möchtest du dich gerne näher beschäftigen? Markiere dies in deiner Mindmap von S. 33.

Mindmap: Aufgabe 15 ► S. 33
einen informierenden Text schreiben ► S. 34–35

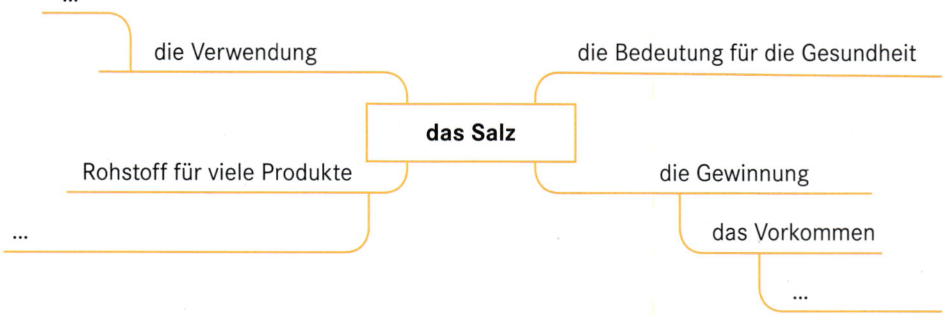

2 Welche Mitschülerinnen und Mitschüler interessieren sich für dasselbe Teilthema? Setze dich mit diesen Mitschülerinnen und Mitschülern zusammen.

Tipps:
- Eine Arbeitsgruppe sollte höchstens aus fünf Mitgliedern bestehen.
- Sollten sich mehr Schülerinnen und Schüler für ein Thema interessieren, überlegt, ob ihr das Thema weiter aufteilen könnt oder zwei Projektgruppen zum selben Thema arbeiten.

3 **a.** Legt ein Teilthema für eure Gruppe fest und schreibt es auf.
b. Überlegt gemeinsam und notiert:
- Worüber benötigt ihr noch mehr Informationen?
- Wie sollen die Informationen später präsentiert werden (Vortrag, Folienpräsentation, Modelle ...)?

Tipp: Im Kapitel findet ihr am Rand Recherchetipps und Lesetipps für zusätzliche Informationen.

4 Wer erarbeitet und präsentiert welche Informationen?
Entwerft gemeinsam einen Arbeitsplan, in dem ihr die folgenden Fragen beantwortet:
- Was muss noch recherchiert oder organisiert werden?
- Bis wann sollte die Recherche abgeschlossen sein?
- Wer übernimmt welche Aufgabe?

Tipp: Ihr könnt alleine oder mit einem weiteren Gruppenmitglied recherchieren.

im Internet recherchieren ► S. 294

Starthilfe

Aufgabe	Wer?	Bis wann?	Was?
Salzbergwerke in unserer Gegend	Jana/Rieke	...	Lexikon, Internetrecherche, Landkarte ...
Berufe in der Salzproduktion	Kevin	...	Internetrecherche ...
Die wirtschaftliche Bedeutung von Salz	Dennis	...	...

5 **a.** Beschreibt eure Projektarbeit in einem kurzen Text. Ihr könnt die Formulierungen am Rand verwenden.
b. Zeigt eurer Lehrkraft eure Beschreibung und euren Arbeitsplan. Bittet um ein Feedback.
c. Überarbeitet, wenn nötig, eure Beschreibung und euren Arbeitsplan.

Mit unserer Projektarbeit wollen wir darstellen, wie ...

Unser Ziel ist es, mit unserer Projektarbeit ...

Unsere Projektarbeit gliedert sich in ...

Feedback ► S. 300

6 Bereitet ein Projektarbeitstagebuch vor, in dem ihr eure Arbeit während der Durchführung dokumentieren könnt.
- Was haben wir erledigt?
- Was lief gut? Wo hatten wir Probleme? Warum?

2. Schritt: Die Projektarbeit durchführen

7 **a.** Erledigt eure Aufgaben so, wie ihr es im Arbeitsplan festgelegt habt.
b. Tragt eure Arbeitsergebnisse regelmäßig zusammen und sprecht darüber.
Tipp: Legt einen Projektarbeitsordner an, in dem ihr alle Informationen sammelt.

8 Prüft und aktualisiert euer Projektarbeitstagebuch.
- Haben wir uns an unseren Arbeitsplan gehalten?
- Haben wir alle Informationen und ausreichend Material recherchiert?
- Müssen wir noch Aufgaben ergänzen?

9 Diskutiert, in welcher Form ihr eure Projektarbeit präsentieren wollt. Seht euch dazu nochmals eure Ideen aus Aufgabe 3b an.
Tipp: Im Anhang findet ihr wichtige Arbeitstechniken dazu.

eine Präsentation mit dem Computer gestalten ► S. 300
Aufgabe 3b ► S. 39

10 Bereitet nun eure Präsentation vor. Findet passende Überschriften und erstellt eine Gliederung für euren Vortrag.

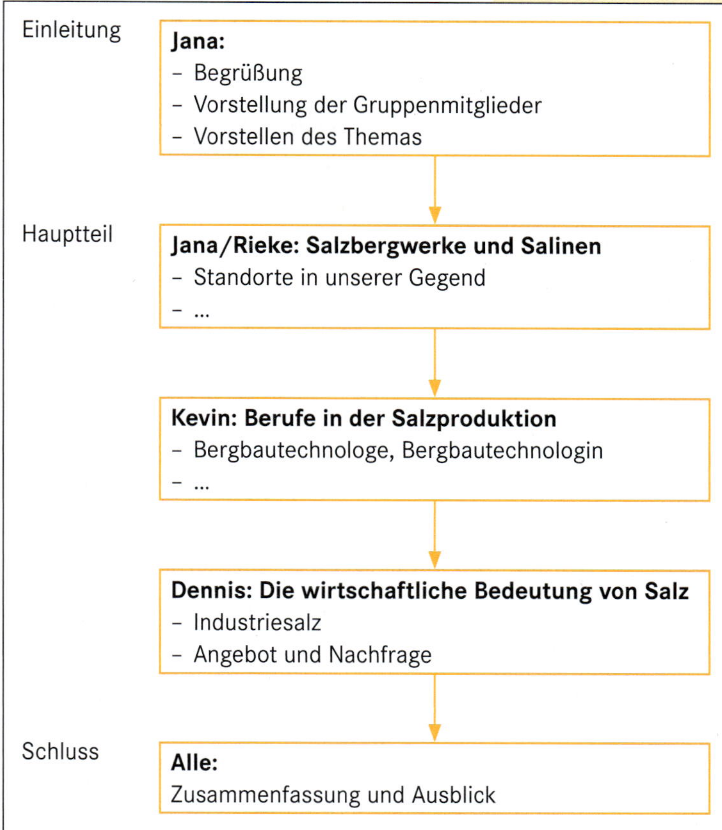

Einleitung
Jana:
- Begrüßung
- Vorstellung der Gruppenmitglieder
- Vorstellen des Themas
Hauptteil
Jana/Rieke: Salzbergwerke und Salinen
- Standorte in unserer Gegend
- ...
Kevin: Berufe in der Salzproduktion
- Bergbautechnologe, Bergbautechnologin
- ...
Dennis: Die wirtschaftliche Bedeutung von Salz
- Industriesalz
- Angebot und Nachfrage
Schluss
Alle:
Zusammenfassung und Ausblick

11 a. Bereitet die Teile der Präsentation vor, z. B.:
- Notiert die wichtigsten Informationen in Kurzform auf Folien oder Karteikarten.
- Ergänzt mit passenden Bildern, Grafiken etc.

b. Überlegt, was ihr an Technik und Material für die Präsentation benötigt (Beamer, Magnete ...).

12 Übt die Präsentation gemeinsam mehrere Male.
Tipp: Präsentiert eure Projektarbeit Mitschülerinnen und Mitschülern, die nicht mit dem Thema befasst sind.

eine Präsentation frei vortragen ► S. 300

3. Schritt: Die Projektarbeit präsentieren und auswerten

13 Präsentiert eure Projektarbeit in der Klasse.

14 Bittet eure Lehrkraft um ein „Prüfungsgespräch“ zur Übung, in dem die präsentierten Inhalte und der Projektarbeitsablauf reflektiert werden.

15 Zum Abschluss könnt ihr eure Projektarbeit in eurer Gruppe auswerten.
- Habt ihr ein Feedback bekommen? Was habt ihr erfahren?
- Wertet euer Projektarbeitstagebuch aus.
- Wie lief die Präsentation und das „Prüfungsgespräch“?
- Was könnt ihr bei der nächsten Projektarbeit genauso machen, was könnt ihr verbessern?

Feedback ► S. 300

16 Formuliert eure drei wichtigsten Ergebnisse eurer Auswertung als Ziele für eure nächste Projektarbeit.

Starthilfe
- Für die nächste Recherche nutzen wir ...
- Für das nächste Prüfungsgespräch wollen wir ...
- ...

Eine Hausarbeit anfertigen

Die GFS – Gleichwertige Feststellung von Schülerleistungen – dient der selbstständigen Erarbeitung eines Themas. Das kannst du hier anhand des Themas Salz üben und eine Hausarbeit am Computer anfertigen.

1 a. Was weißt du schon über das Thema **Salz**? Sieh dir deine Mindmap aus Aufgabe 15 von S. 33 noch einmal genau an.
b. Sieh dir noch einmal die Teilthemen an, über die du im Laufe des Kapitels Informationen gesammelt hast. Gehe dazu erneut alle Sachtexte auf den S. 28 bis 33 und deine Notizen durch.
c. Recherchiere in der Bibliothek gegebenenfalls weitere Informationen und Materialien.
d. Worüber möchtest du deine Hausarbeit schreiben? Entscheide dich für ein Teilthema und notiere es.

Mindmap: Aufgabe 15 ► S. 33

Informationen aus Sachtexten und Grafiken entnehmen ► S. 28–33

Lesetipp: „Eine Gabe der Götter oder das weiße Gold“ ► S. 281

Bevor du deine schriftliche Hausarbeit anfertigst, solltest du formale Kriterien und organisatorische Fragen klären.

2 Kläre mit deiner Lehrerin oder deinem Lehrer z. B. den Umfang, die Schriftgröße und die Seitenränder, den Abgabetermin …

3 Erstelle eine Gliederung für deine schriftliche Ausarbeitung. Notiere Stichworte zu jedem Punkt.
Tipp: Deine Gliederung kann dir als Inhaltsverzeichnis für deine schriftliche Ausarbeitung dienen.

Thema: Salz und seine Geschichte **S. 1**

I. Einleitung S. 2
- Hinführung zum Thema

II. Hauptteil
1. Salz im Volksglauben …
   1.1 Salz – eine Gabe der Götter …
   - Salz gilt in vielen Kulturen als heilig …

   1.2 Salz in Redewendungen und Sprichwörtern …
   - Beispiele und Bedeutungen erklären …

   1.3 Salz in Märchen …
   - Beispiele und die Bedeutung im Märchen erklären (z. B. „Prinzessin Mausehaut“ …)
2. Die wirtschaftliche Bedeutung von Salz in der Antike und im Mittelalter …
   2.1 Alte Handelsstraßen …
   - z. B. im antiken Rom …

   2.2. Wichtige „Salzstädte“ …
   - z. B. Lüneburg …

III. Fazit/Ausblick …
- Salz und seine Bedeutung früher und heute

4 a. Besprich mit einer Lernpartnerin oder einem Lernpartner deine Gliederung.
- Ist der Aufbau logisch?
- Entstehen sinnvolle Übergänge?
- Sind die Beispiele sinnvoll?

b. Überarbeite deine Gliederung gegebenenfalls.

5 Gib deine Gliederung rechtzeitig vor der Abgabe der schriftlichen Hausarbeit deiner Lehrerin oder deinem Lehrer und bitte um ein Feedback.

Feedback ► S. 300

6 a. Schreibe nun anhand der Gliederung zu jedem Themenpunkt einen informierenden Text. Denke daran, korrekt zu zitieren.

b. Ergänze auch gegebenenfalls passendes Bildmaterial aus Büchern oder aus dem Internet.

einen informierenden Text schreiben ► S. 295
zitieren ► S. 299
im Internet recherchieren ► S. 294

Alle verwendeten Quellen musst du belegen können. Damit zeigst du, dass du zuverlässige Informationen beschafft hast.

7 Erstelle nach dem Muster in der Arbeitstechnik ein Quellenverzeichnis zu deiner Hausarbeit.

Arbeitstechnik

Ein Quellenverzeichnis erstellen

Für deine Hausarbeit kannst du die Quellen aus Büchern, Zeitungen und Zeitschriften sowie aus dem Internet nach diesem Muster angeben:
- **Buch:** Worch-Rohweder, Wilfried: Salz – das weiße Gold. Husum Druck- und Verlagsgesellschaft 2017. (Beim Zitieren einer Passage auch die Seitenzahl angeben.)
- **Zeitungen/Zeitschriften:** Das weiße Gold von Timbuktu. Aus: NZZ Folio: Die Zeitschrift der Neuen Zürcher Zeitung, 2002, Ausgabe 9.
- **Internet:** Scheele, Angela: Das Tote Meer stirbt. Aus: http://www.daserste.de/information/wissen-kultur/w-wie-wissen/sendung/2009/das-tote-meer-stirbt-100.html, abgerufen am 02.11.2018 (Datum des letzten Besuchs) © Bayerischer Rundfunk, Anstalt des öffentlichen Rechts.

Eure Hausarbeiten solltet ihr vor der Abgabe noch einmal überprüfen.

8 a. Arbeitet zu zweit. Tauscht eure Hausarbeiten aus und lest sie gegenseitig Korrektur. Achtet auf korrekte Rechtschreibung und Grammatik. Macht Verbesserungsvorschläge.

b. Überarbeitet, wenn nötig, eure Hausarbeiten und gebt sie dann eurer Lehrerin oder eurem Lehrer.

Rechtschreib-Check ► S. 222

Ein Beruf für dich

- Sich und andere über Berufe informieren
- Sich in Vorstellungsgesprächen präsentieren

Die Bilder zeigen verschiedene Ausbildungsberufe.

1 Sprecht über die Ausbildungsberufe auf den Bildern.

a. Beschreibt die Tätigkeiten und den Arbeitsplatz.

b. Ordnet den abgebildeten Tätigkeiten passende Berufsbezeichnungen zu.

Hörakustiker/-in

Bankkaufmann/-frau

IT-System-elektroniker/-in

Bevor ihr euch um eine Ausbildungsstelle bewerbt, solltet ihr herausfinden, welche Anforderungen in diesem Beruf gestellt werden und welche ihr erfüllen könnt.

Bankkaufmann/-frau (m/w/d)[1]

Sie sind auf der Suche nach einem abwechslungsreichen und fachlich interessanten Ausbildungsplatz als Bankkauffrau / Bankkaufmann? Dann sind Sie genau richtig bei uns in der AB Bank. Als eine der besten Banken bilden wir Sie aus.
Sie sind fit am Computer und können mit dem Zehnfingersystem an der Tastatur schreiben?
Sie haben mathematische Fähigkeiten? Das brauchen Sie, weil Sie Berechnungen durchführen müssen.
Sie sind kontaktfähig und scheuen sich nicht, mit Menschen zu sprechen und diese zu beraten?
Sie sind freundlich, pünktlich und achten auf Ihr Äußeres?
Sie haben einen Mittleren Schulabschluss?
Dann bewerben Sie sich! Bitte legen Sie eine ausführliche Bewerbungsmappe mit Lichtbild und Zeugniskopie bei.
Unsere Adresse: AB-Bank Stuttgart, Löwenstraße 33A, 70000 Stuttgart

1 m/w/d: Abkürzung für drei Geschlechter, die in Deutschland angegeben werden können: männlich, weiblich oder divers

2 Welche Informationen enthält die Stellenanzeige auf S. 44? Schreibt auf:
- Was erfahrt ihr über den Beruf und die Ausbildung?
- Was wird von den Bewerbenden gefordert?

In allen Berufen werden neben den fachlichen Anforderungen bestimmte Fähigkeiten erwartet. Sie werden als Schlüsselqualifikationen bezeichnet.

3 **a.** Ordnet den Schlüsselqualifikationen im linken Kasten die passenden Erklärungen aus dem rechten Kasten zu.
b. Findet weitere Schlüsselqualifikationen und erklärt sie.
c. Sprecht darüber, warum der Begriff **Schlüsselqualifikationen** für solche Fähigkeiten verwendet wird.

Info

die Qualifikation:
Eignung, Befähigung, Tauglichkeit

1 die Kreativität
2 die Konzentration
3 die Zuverlässigkeit
4 die Lern- und Leistungsbereitschaft
5 die Ausdauer
6 die Belastbarkeit
7 die Gewissenhaftigkeit
8 die Kritikfähigkeit
9 die Kommunikationsfähigkeit

A die genaue und strenge Beurteilung einer Handlung annehmen
B sich einer Sache eine lange Zeit und ohne Nachlassen widmen
C große Aufmerksamkeit zeigen
D die Fähigkeit, etwas über längere Zeit auszuhalten
E sich auf jemanden verlassen können
F sorgfältig und gründlich arbeiten
G der Wille, zu lernen und Leistung zu zeigen
H Ideenreichtum, etwas gestalten
I die Fähigkeit und Bereitschaft, mit anderen erfolgreich zu kommunizieren

4 Schreibt auf, welche Schlüsselqualifikationen in der Stellenanzeige auf S. 44 indirekt gefordert werden.

5 Warum werden diese Schlüsselqualifikationen für den Beruf Bankkaufmann/-frau gefordert? Sprecht darüber und begründet eure Meinungen.

In diesem Kapitel setzt ihr euch mit Berufen, Schlüsselqualifikationen sowie euren Stärken und Fähigkeiten auseinander. Ihr übt, wie ihr euch und andere über Berufe informiert. Am Ende des Kapitels wisst ihr, wie ihr euch gut in Vorstellungsgesprächen präsentieren könnt.

Tipp: Heftet wichtige Informationen und Tipps rund um eure Berufsorientierung in eure Berufe-Portfolios.

Sich und andere über Berufe informieren

Einen Zeitungsartikel über Berufswünsche und Berufsanforderungen auswerten

Welcher Beruf ist für dich geeignet? Worauf es neben deinen Wünschen und Interessen noch ankommt, erfährst du in dem folgenden Zeitungsartikel.

Bevor du dich über Berufe informierst, solltest du über deine Wünsche und Interessen nachdenken.

1 Was ist dir im Beruf besonders wichtig?
Stelle dir selbst Fragen und beantworte sie.

Starthilfe

- Was bedeutet mir der Kontakt mit anderen Menschen?
- Möchte ich mich beruflich weiterentwickeln können?
- Wie wichtig ist mir ein guter Verdienst?
- ...

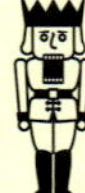

Textknacker ► S. 293

Bilder ► S. 47, 48

2 Lies nun den folgenden Zeitungsartikel und wende den 1. und 2. Schritt des Textknackers an.

a. Betrachte die Bilder im Text und lies die Überschrift.
b. Überfliege den Text. Schreibe auf, was dir besonders auffällt.
c. Schreibe deine Vermutungen zum Inhalt des Artikels auf.

Zwischen den Vorstellungen von Unternehmen und Azubis liegen oft Welten

Manche Dinge ändern sich nie. Als Holger Schwanecke neulich auf einer Handwerksveranstaltung war, wurde eine Gruppe von Jungen gefragt, welche Ausbildung sie am liebsten machen würden. Geschlossen hätten sie „Kraftfahrzeugmechatroniker" geantwortet, erzählt der Generalsekretär des Zentralverbands des Deutschen Handwerks. Und bei den Mädchen, fügt er hinzu, sei die Bürokauffrau bzw. die Kauffrau für Büromanagement, wie der Beruf mittlerweile heißt, sehr beliebt. „Dabei gibt es 140 Ausbildungsberufe im Handwerk und darüber hinaus auch noch viel mehr!" Er schüttelt den Kopf. „Darunter sind so viele spannende und innovative Berufe, die weniger bekannt sind, wie technische/-r Modellbauer/-in oder IT-Systemelektroniker/-in."
Andere Branchen sind zwar bekannt, müssen sich aber trotzdem anstrengen. Im Hotel- und Gastgewerbe etwa bleiben überdurchschnittlich viele Plätze leer. Das hat mit den Arbeitszeiten und Überstunden zu tun, aber sicher auch mit dem rauen Ton in vielen Häusern. Im Ausbildungsreport des Deutschen Gewerkschaftsbundes (DGB) jedenfalls landen diese Berufe regelmäßig auf den hinteren Plätzen.
Zu dem mangelnden Wissen über die Vielfalt der Ausbildungsmöglichkeiten kommt

der demografische Wandel[1] hinzu. So spüren nun auch die freiberuflich Tätigen in Rechtsanwaltskanzleien oder Architekturbüros deutlich, dass die Jahrgänge kleiner werden. Früher sind die Steuerberaterkanzleien überrannt worden, obwohl die Ausbildung Steuerfachangestellte/-r anspruchsvoll ist. Inzwischen aber hat sich der Wettbewerb um geeignete Auszubildende deutlich verschärft. „Drei Viertel der Jugendlichen stürzen sich auf 40 Berufe, dabei gibt es in Deutschland insgesamt über 300 Berufe, in denen man eine Lehre absolvieren kann", weiß Raufer, Ausbildungsreferent in einem großen Chemieunternehmen. Es sei auch Aufgabe der Industrie, hier für mehr Transparenz[2] zu sorgen.

„Top Ausbildungen, etwa im Maschinenbau, bietet der Mittelstand", sagt DIHK[3]-Mann Pahl. Aber davon hätten viele Schüler/-innen noch nie gehört. Auch hier herrsche noch Nachholbedarf beim „Ausbildungsmarketing". Das mangelnde Wissen über die Vielfalt der Ausbildungsmöglichkeiten und die Qualifikationsanforderungen führen dazu, dass viele Auszubildende ein falsches Bild von ihrem Ausbildungsberuf haben. Allein im Handwerk werden deshalb fast 30 Prozent der Ausbildungsverträge wieder gelöst.

Auch Florian hatte zunächst keine Idee, welchen Beruf er gerne erlernen würde, deshalb informierte er sich im Internet unter www.planet-beruf.de darüber, welche seiner Stärken und Interessen zu welchen Berufen passen könnten. „Ich wollte schon immer gern im Büro arbeiten und trotzdem Kontakt zur Kundschaft haben", erzählt Florian. „Über Planet Beruf habe ich schnell herausgefunden, welche Berufe zu mir passen könnten. Durch ein Praktikum hat sich mein Berufswunsch dann gefestigt: Heute mache ich eine Ausbildung zum Medienkaufmann Digital und Print bei einer großen Tageszeitung. Besonders gut gefällt mir die Arbeit in der Anzeigenabteilung des Zeitungsverlages."

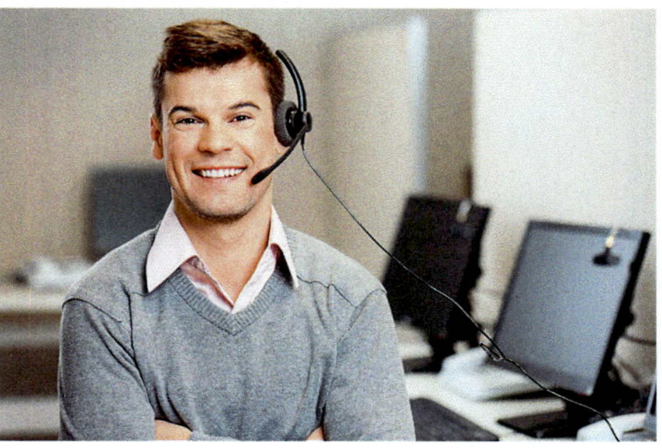

Die Wege zu einem Ausbildungsplatz können ganz unterschiedlich verlaufen. Anna-Lena wollte eigentlich Kfz-Mechatronikerin werden. In den Sommerferien vor dem letzten Schuljahr schrieb sie Adressen aus dem Branchenbuch heraus und bewarb sich. Doch mit der Ausbildungsstelle klappte es nicht. Also suchte sie eine Alternative: „Ich entschied mich, Industriemechanikerin zu werden", erzählt die Absolventin[4] einer Gemeinschaftsschule. Die Unterlagen für die Bewerbung als Industriemechanikerin stellte sie sorgfältig zusammen. „Ich habe meine Praktikumszeugnisse aus dem Kfz-Bereich beigelegt", sagt sie.

1 der demografische Wandel: die Veränderung der Bevölkerungsentwicklung, z. B. die Veränderung der Altersverteilung in der Bevölkerung

2 die Transparenz: die Durchschaubarkeit, die Nachvollziehbarkeit

3 DIHK: Deutscher Industrie- und Handelskammertag: Verein der deutschen Industrie- und Handelskammern

4 die Absolventin: eine Person, welche die vorgeschriebene Ausbildungszeit abgeschlossen und einen Abschluss erworben hat

„Im Anschreiben habe ich erklärt, dass ich mich sehr für Technik interessiere und in der Schule im Wahlpflichtfach Technik gewählt habe“, erzählt sie. So konnte sie überzeugen und wurde zum Eignungstest eingeladen.

Prinzipiell wissen die zukünftigen Beschäftigten genau, was sie einmal erwarten: einen sicheren Job, in dem sie sich persönlich weiterentwickeln können, der aber auch genug Freiraum für Familie und Freizeit lässt. Allerdings sind sich rund 30 Prozent der Schülerinnen und Schüler noch nicht sicher, was sie nach ihrem Abschluss wirklich machen wollen. Zum Beispiel Laura: Die 16-jährige Schülerin schwankt zwischen einer Ausbildung zur Bankkauffrau oder zur Alten- bzw. Gesundheits- und Krankenpflegerin. „Ich möchte einen Beruf, bei dem ich mit Menschen zu tun habe und in dem ich Verantwortung tragen kann“, sagt sie selbstbewusst. Um auf Nummer sicher zu gehen, absolviert sie nach dem Mittleren Schulabschluss ein Freiwilliges Soziales Jahr. Erst danach will sie sich endgültig entscheiden. Die nötigen Voraussetzungen – gute Noten und soziale Kompetenzen[5] – hat sie für beide Berufe.

Das ist nicht immer bei allen Jugendlichen der Fall, wie die aktuelle Ausbildungsumfrage des Deutschen Industrie- und Handelskammertags (DIHK) unter mehr als 10 000 Unternehmen belegt. Viele beklagen die unzureichende Qualifikation der Bewerbenden – vor allem in Deutsch und Mathematik. Viele Betriebe reagieren auf die mangelnde Ausbildungsreife, indem sie ihren Auszubildenden internen Unterricht anbieten, um die schulischen Defizite[6] abzubauen. In kleineren Betrieben setzt sich hierfür der Chef zum Teil persönlich mit den Jugendlichen zusammen.

Aber es fehlt nicht nur an Fachwissen. Die Unternehmen sind unzufrieden mit der Leistungsbereitschaft, Belastbarkeit und Disziplin der Bewerbenden, loben aber auch die steigende IT- und Medienkompetenz.

Was erwartet die Wirtschaft eigentlich von den Bewerbenden, um sie zu guten Fachkräften ausbilden zu können? Unentbehrlich ist die grundlegende Beherrschung der deutschen Sprache in Wort und Schrift sowie das Beherrschen einfacher Rechentechniken. Auch an einem Nachweis sogenannter Schlüsselqualifikationen – also berufsübergreifender und überfachlicher Fähigkeiten – kommt heute niemand mehr vorbei. Das Hauptaugenmerk der Betriebe liegt dabei zunächst auf den stark persönlichkeitsbezogenen Qualifikationen wie Zuverlässigkeit, Lern- und Leistungsbereitschaft sowie Ausdauer, Belastbarkeit und Gewissenhaftigkeit. Erst dann kommen die unmittelbar auf die Arbeit ausgerichteten Fähigkeiten wie Konzentration, logisches Denken, Selbstständigkeit, Fähigkeit zur Kritik und Selbstkritik, planvolles Arbeiten oder auch Kreativität zum Zuge.

5 die sozialen Kompetenzen: Fähigkeiten, die für den Umgang mit Menschen nützlich oder notwendig sind, z. B. Konflikte lösen zu können, Teamgeist oder Einfühlungsvermögen zu zeigen
Lesetipp: „Soziale Kompetenz ein Leben lang“ ► S. 282–283

6 das Defizit: der Mangel

Bei den finanztechnischen Berufen wird der Kommunikationsfähigkeit eine höhere Bedeutung beigemessen als in den gewerblich-technischen Berufen. Der Grund: Beim Handeltreiben, Kaufen und Verkaufen, Werben und Vermarkten stehen die Sprache und das kommunikative Verhalten stärker im Vordergrund.
Die Beschäftigten von morgen müssen sich überdies durch soziale Kompetenzen wie Teamfähigkeit, Freundlichkeit und Toleranz ausweisen.
Nach Aussage des Instituts der Deutschen Wirtschaft tolerieren die Betriebe fachliche Leistungsdefizite eher als Defizite bei den Schlüsselqualifikationen.
Denn mangelhafte Mathekenntnisse lassen sich eher ausräumen als Schwächen in der Persönlichkeitsentwicklung.

3 Lies den Zeitungsartikel mit dem 3. Schritt des Textknackers genau.

Nach dem genauen Lesen wertest du den Zeitungsartikel aus.

4 **a.** Erkläre, wie sich die Bewerbenden auf die Ausbildungsberufe verteilen.

Starthilfe
Viele Jungen und Mädchen haben denselben ...

b. Schreibe Gründe für diese Verteilung auf.

Starthilfe
Andere Branchen sind zwar bekannt, aber ...

5 Welche Möglichkeiten, einen passenden Beruf zu finden, werden in dem Artikel aufgezeigt? Beantworte die Frage schriftlich.

6 In den Zeilen 99 bis 179 wird erläutert, warum „zwischen den Vorstellungen von Unternehmen und Azubis oft Welten" liegen.
a. Vergleiche die Erwartungen von Unternehmen und Bewerbenden.
b. Schreibe auf, wie Unternehmen auf die Probleme reagieren.

7 **a.** Schätze deine Aussichten ein, einen Ausbildungsplatz in deinem Wunschberuf zu bekommen, und begründe deine Einschätzung.
b. Schreibe auf, welche Schlüsselqualifikationen wichtig sind und wie du sie entwickeln könntest.
Tipp: Recherchiere dazu im Internet.

Starthilfe

Schlüsselqualifikationen	Wie kannst du die Schlüsselqualifikationen entwickeln?
– Kritik- und Konfliktfähigkeit	– bei Meinungsverschiedenheiten ...

im Internet recherchieren ► S. 294
Arbeitstechnik zum Üben: Online-Formulare ausfüllen ► S. 210–211

Informationen mit einem Handout[1] präsentieren

1 das Handout (engl.): Informationsmaterial

Nils hat für sein Referat über die Ausbildung IT-Systemelektroniker/-in zwei Handouts entworfen. Eins will er verteilen, damit die Klasse dem Referat gut folgen und wichtige Informationen später nachlesen kann.

 **1** Sprecht über beide Entwürfe:
- Was ist in den Handouts gelungen?
- Welches Handout würdet ihr verteilen?
- Was würdet ihr verbessern?

IT-Systemelektroniker/-in (m/w/d) 2.5.20...
Ein Unternehmen möchte E-Mail-Konten für die Beschäftigten einrichten und dazu braucht es 25 Telefone mit eigener Nummer – für IT-Systemelektroniker/-innen ist das kein Problem. Sie sind darauf spezialisiert, individuelle Kundenwünsche zu erfüllen.
Ausbildungsdauer: 3 Jahre
Schulische Voraussetzungen: meist Mittlerer Schulabschluss
Schlüsselqualifikationen und Anforderungen:
- mathematisches Verständnis, logisches Denkvermögen
- Ausdauer haben und sich auf neue Situationen einstellen können

Typische Tätigkeiten:
- Beschäftigte von Unternehmen beraten und schulen
- alle notwendigen IT-Geräte und Netzwerke installieren und warten

Perspektiven und Aufstiegschancen: sehr gut (z. B. Techniker/-in Fachrichtung Informatik, Fachwirt/-in für Computermanagement)
Ähnliche Berufe: Mechatroniker/-in, Informationselektroniker/-in, Mediengestalter/-in

Referat: Berufsvorstellung im Fach Deutsch,
Nils Koch, 9d
IT-Systemelektroniker/-in (m/w/d)
Sie planen und installieren kundenspezifische Systeme der IT-Technik, konfigurieren sie und nehmen sie in Betrieb. Sie warten die Systeme, analysieren Fehler und beseitigen Störungen. Sie beraten und schulen die Kundschaft.
Bei der Aufstellung der Geräte achten sie auf leichte Zugänglichkeit und komfortable Bedienbarkeit.
Sie sind Elektrofachkräfte im Sinne der Unfallverhütungsvorschriften.

Nun kannst du selbst ein Handout erstellen.

  **2**
a. Recherchiere Informationen zu einem Ausbildungsberuf deiner Wahl.
b. Erstelle mit Hilfe der Arbeitstechnik ein Handout zu diesem Beruf.
c. Präsentiere das Handout anderen und bitte um ein Feedback: Was ist gut gelungen? Was könntest du verbessern?

im Internet recherchieren ► S. 294
Feedback ► S. 300

Arbeitstechnik

Ein Handout erstellen

Ein gutes Handout entlastet die Zuhörer/-innen, indem es die Gliederung einer Präsentation veranschaulicht und Informationen schriftlich zusammenfasst.
- Schreibe das **Fach**, das **Datum**, deinen **Namen** und das **Thema** auf.
- Schreibe die Überschriften in einer sinnvollen Reihenfolge entsprechend deiner Präsentation als **Gliederung** auf.
- Schreibe zu jeder Überschrift die **wichtigsten Stichworte** auf.
- Gib die **Informationsquellen** an (Internet ...).
- Gestalte dein Handout **übersichtlich** und **gut lesbar**.

Eine Mitschrift anfertigen

Ramona besucht mit ihrer Klasse im Rahmen der Berufs- und Studienorientierung einen Goldschmiedebetrieb. Der Goldschmied dort informiert über diesen Ausbildungsberuf. Ramona und Tim fertigen jeweils eine Mitschrift für sich an.

Goldschmiedin Ramona D.
Ausbildungsdauer: 3,5 Jahre, Verkürzung auf 2,5–3 Jahre möglich
Schulische Voraussetzungen:
kein Schulabschluss ist vorgeschrieben, aber die Betriebe bevorzugen den Mittleren Schulabschluss oder Abitur
Schlüsselqualifikationen und Anforderungen:
- kreativ sein
- handwerkliches Geschick haben
- sorgfältig mit Materialien umgehen
- Sinn für Farben und Formen haben

Typische Tätigkeiten:
- Behandeln von Oberflächen: Schleifen, Polieren, Bürsten
- Anfertigen von Scharnieren und Verschlüssen
- Legieren, Schmelzen und Glühen von Metallen
- Justieren von Fassungen für Steine
- Aufarbeitung und Reparatur von Schmuckstücken
- Verbindung von Kettengliedern durch Einhänge zu Ketten

Perspektiven und Aufstiegschancen:
wenige Ausbildungsplätze vorhanden
Weiterbildung:
z. B. Goldschmiedemeisterin, Gestalterin der Fachrichtung Edelmetall, Technikerin für Betriebswissenschaft;
als Meisterin kann man einen eigenen Betrieb gründen oder Führungsaufgaben im Betrieb übernehmen
Ähnliche Berufe: Silberschmiedin, Graveurin, Uhrmacherin

Tim N. 15.10.20...

Der Beruf des Goldschmiedes
- 3,5 Jahre
- kreativ
- gut in Bildender Kunst oder Technik
- möglichst Mittlerer Schulabschluss oder Abitur
- Es gibt nur wenige Ausbildungsplätze.
- Man kann sich weiterbilden und sogar einen eigenen Betrieb aufmachen.

 **1** **a.** Vergleiche Ramonas und Tims Mitschrift.
b. Besprecht, welche Informationen der Mitschriften wichtig sind und welche eher weggelassen werden können.
Tipp: Recherchiere selbst Informationen über den Beruf Goldschmied/-in.

im Internet recherchieren ► S. 294

2 Überarbeite Tims Mitschrift. Wähle dazu wichtige Informationen aus Ramonas Notizen aus und gliedere sie. Verwende auch deine Informationen aus Aufgabe 1b.

 **3** Vergleicht eure Ergebnisse und ergänzt, wenn nötig, weitere Informationen.

Ein Vorstellungsgespräch vorbereiten

Inge hat die erste Hürde genommen und eine Einladung zu einem Vorstellungsgespräch erhalten.

Sehr geehrte Frau de Riso,

wir freuen uns, dass Sie sich für die Ausbildung zur Groß- und Außenhandelskauffrau in unserer Firma interessieren. Nachdem wir die Fülle der Bewerbungen gesichtet haben, möchten wir Sie am 21. Februar 20… um 8:30 Uhr zu einem persönlichen Vorstellungsgespräch in unsere Geschäftsräume einladen. Gegebenenfalls werden wir Sie später zu einem Eignungstest[1] bitten. Im Falle einer Verhinderung bitten wir um eine umgehende Nachricht.

Mit freundlichen Grüßen
i. A. B. Heinemann

1 Welche wichtigen Informationen enthält die Einladung?
Schreibe in Stichworten auf, was Inge wissen und beachten muss.
Tipp: Denke auch an Inges Anfahrt.

2 Wie könnte Inge den Termin für das Vorstellungsgespräch bestätigen?

a. Sprecht über die Vor- und Nachteile verschiedener Möglichkeiten.

Starthilfe
- Anruf: …
- …

b. Formuliere eine schriftliche Bestätigung.

Bis zu dem Vorstellungsgespräch hat Inge noch Zeit. Sie ist jetzt schon aufgeregt und weiß nicht, woran sie zuerst denken soll.

3 Schreibe in Stichworten auf, woran Inge jetzt schon denken sollte.

Starthilfe
sich über den Betrieb informieren …

1 der Eignungstest: Es gibt verschiedene Arten von Eignungstests, mit denen die Unternehmen prüfen, ob die Bewerbenden geeignet sind, zum Beispiel auch im Rahmen eines Assessment-Centers, siehe Weiterführendes ► S. 60–61.

Inge überlegt, welche Fragen im Vorstellungsgespräch auf sie zukommen könnten. Sie informiert sich darüber.

4 Was möchte der Betrieb mit jeder Frage herausfinden?
Ordne die Fragen 1–6 den passenden Absichten A–F zu.

Mit diesen Fragen musst du rechnen:

1 Warum haben Sie sich bei uns beworben?
2 Weshalb soll es diese Ausbildung sein?
3 Was sind Ihre Stärken?
4 Wo sehen Sie bei sich Schwächen?
5 Weshalb sollten wir uns für Sie entscheiden?
6 Was sind Ihre Lieblingsfächer?

Der Betrieb möchte herausfinden,

A wie du dich deiner Meinung nach von anderen unterscheidest.
B ob du in den Fächern gut bist, die zur Ausbildung passen.
C ob du dich über die Firma gut informiert hast.
D ob du dich über den Beruf informiert hast.
E ob deine Stärken zum Beruf passen.
F ob du bei unangenehmen Fragen cool bleibst und ehrlich bist.

Inge überlegt sich eigene Fragen, die sie stellen möchte. So kann sie ihr Interesse am Unternehmen und an der Ausbildung zeigen.

5 Formuliere mit Hilfe der Wortgruppen am Rand Fragen, die Inge stellen könnte.

die Organisation der Ausbildung

die Arbeitsbedingungen

das Gebäude

der Ablauf des Bewerbungsverfahrens

Inge informiert sich auch über Körpersprache, denn die Körpersprache kann viel aussagen.

6 Wie wirkt die Körpersprache der Bewerbenden auf den Bildern? Beschreibt die Mimik und Gestik.

7 Welche Signale der Körpersprache könnten im Vorstellungsgespräch einen positiven Eindruck vermitteln?
Erstellt eine Übersicht in Form eines Clusters.

Cluster ► S. 295

Mimik — **Körpersprache** — Gestik

Ein Vorstellungsgespräch im Rollenspiel erproben

Um in einem Vorstellungsgespräch sicher und überlegt zu reagieren, könnt ihr den Ablauf in einem Rollenspiel trainieren.

  **1** Wähle eine Stellenanzeige aus, die dich interessiert.

a. Was wird von der Bewerberin oder dem Bewerber erwartet? Schreibe Schlüsselqualifikationen und Anforderungen auf.

b. Formuliere passende Fragen und Antworten, die du erwartest.

c. Was möchtest du über den Betrieb und die Ausbildung erfahren? Schreibe Fragen auf, die du stellen könntest.

d. Wie kannst du bei der Begrüßung einen guten Eindruck machen? Schreibe Stichworte auf.

Starthilfe

Die Ausbildungsleitung mit Namen ansprechen …

Extra Sprache: Sich in Vorstellungsgesprächen präsentieren ► S. 56–57

  **2** **a.** Bildet Dreiergruppen und kopiert eure Stellenanzeigen für eure Gruppe.

b. Welche Fragen könnte die Ausbildungsleitung jeweils stellen? Bereitet drei Rollenspiele vor und schreibt zu jeder Stellenanzeige passende Fragen auf.

Tipp: Die Fragen aus Aufgabe 4 von S. 53 helfen euch.

c. Überlegt euch, wie das Vorstellungsgespräch ablaufen soll, und schreibt eure Ideen dazu auf.

Aufgabe 4 ► S. 53

Starthilfe

1. Begrüßung
2. Die Ausbildungsleitung stellt sich und den Betrieb vor.

…

 **3** Entwickelt gemeinsam einen Beobachtungsbogen am Computer, mit dem ihr eure Rollenspiele auswerten könnt. Worauf kommt es jeweils bei der Bewerberin oder dem Bewerber an? Die folgenden Wortgruppen können helfen.

sieht … an … / weg … offen
deutlich/undeutlich ruhig
freundlich ängstlich direkt
ausweichend interessiert
aufmerksam namentlich
lässt (nicht) ausreden höflich

Beobachtungsbogen für die Bewerberin / den Bewerber

Die Körpersprache

– Wie wirkt die Körperhaltung?	■ *offen* ■ *…*
– Wie ist der Blick und wohin schaut sie/er?	
– Gesichtsausdruck …?	

Das Gesprächsverhalten

– Wie antwortet …?	
– Wie wirken die Fragen …?	
– Wie lässt sich das Gesprächsverhalten insgesamt beschreiben?	

 **4** **a.** Die Bewerberin oder der Bewerber und die Ausbildungsleitung führen das Vorstellungsgespräch.
b. Die Beobachterin oder der Beobachter macht sich auf dem Beobachtungsbogen Notizen.
c. Wertet nach jedem Durchgang euer Vorstellungsgespräch aus.
- Die Bewerberin oder der Bewerber beschreibt, wie sie oder er die Situation erlebt hat.
- Die Ausbildungsleitung beschreibt ihren Eindruck. Würde sie die Bewerberin oder den Bewerber einstellen?
- Die Beobachterin oder der Beobachter gibt der Bewerberin oder dem Bewerber ein Feedback mit Hilfe des Beobachtungsbogens.

Feedback geben ► **S. 300**

Vorstellungsgespräche sollten gut vorbereitet sein.

 **5** Was solltet ihr vorbereiten und woran solltet ihr denken? Schreibt die Checkliste für Vorstellungsgespräche am Computer und ergänzt sie. Verwendet dafür eure Ergebnisse von den S. 52–53.

„Ein Vorstellungsgespräch vorbereiten" ► **S. 52–53**

Checkliste: Ein Vorstellungsgespräch vorbereiten	*Ja*	*Nein*
– Habe ich den Termin für … bestätigt?	■	■
– Habe ich den Weg …?	■	■
– Habe ich mir die Informationen über … noch einmal durchgelesen?	■	■
– Weiß ich, wer meine Ansprechpersonen sind?	■	■
– Habe ich alle Unterlagen dabei?	■	■
– Habe ich mir überlegt, welche Fragen … und wie ich die Fragen …?	■	■
– Habe ich mir … überlegt?	■	■
– Habe ich mir Gedanken über die Körpersprache gemacht und überlegt, wie ich einen positiven …?	■	■
– Habe ich mir die passende Kleidung zurechtgelegt?	■	■
– …	■	■

Zum Abschluss solltest du das Rollenspiel für dich auswerten.

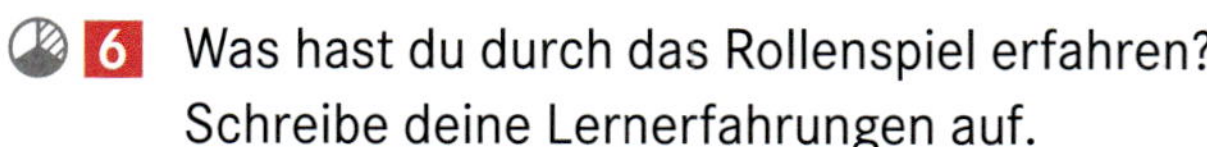

6 Was hast du durch das Rollenspiel erfahren? Schreibe deine Lernerfahrungen auf.
- Kannst du deine Fähigkeiten und Stärken überzeugend präsentieren?
- Wo bist du unsicher? Was möchtest du verbessern?

Tipp: Hefte deinen Text in dein Berufe-Portfolio.

Sich in Vorstellungsgesprächen präsentieren

In einem Vorstellungsgespräch geht es nicht nur um Anforderungen, sondern auch darum, dass ihr euch überzeugend präsentiert.

1 a. Erzählt euch gegenseitig in einigen Sätzen etwas über euch. Was könnt ihr gut? Wo liegen eure Interessen?

b. Stellt euch nun vor, dass ihr mit einem fremden Erwachsenen über euch sprecht, nicht mit befreundeten Personen. Stellt euch nochmals gegenseitig vor. Die folgenden Wortgruppen können euch Anregungen geben.

- Ich bin 15 Jahre alt ... Zurzeit besuche ich ...
- Ich bin im Computerclub / bei den Schülerlotsen / in der Streitschlichter-AG / in der Fußballmannschaft / in der Schülerband / Ich bin bei den Schulsanitäterinnen und Schulsanitätern ...
- Ich interessiere mich für den Schulblog / für Filme / fürs Klettern ...
- Ich möchte gern anderen Menschen helfen / mich um Tiere kümmern / in einem Büro arbeiten / etwas Handwerkliches tun ...
- Ich bin sportlich / zuverlässig / ordentlich / Klassensprecher/-in ...
- Ich kann gut zuhören / Geschichten schreiben / etwas zusammenbauen ...

Inge wurde zu einem Vorstellungsgespräch als Kauffrau im Groß- und Außenhandel eingeladen. Nun überlegen Inge und ihr Freund Nico, welche Stärken und Fähigkeiten sie präsentieren könnte.

2 Folgende Stärken haben Inge und Nico herausgefunden:
- Inge ist gut in Englisch und Deutsch.
- Inge kann gut organisieren.

a. Überlege zu jeder Stärke von Inge eine Begründung und schreibe sie auf.

b. Stellt euch eure Sätze gegenseitig vor. Sind sie überzeugend?

Starthilfe
Inge ist gut in Englisch und Deutsch, darum wird sie gut Briefe ...

3 a. Was ist in deinem Wunschberuf wichtig? Notiere wichtige Schlüsselqualifikationen und Fähigkeiten.
Tipp: Du kannst deine Notizen aus Aufgabe 7 von S. 49 verwenden.

Aufgabe 7 ► S. 49

b. Schätze ein, welche der Schlüsselqualifikationen und Fähigkeiten deinen Stärken entsprechen. Markiere sie.

c. Wobei hast du deine Stärken unter Beweis gestellt? Schreibe Begründungen wie in Aufgabe 2 auf.

Auch deine Schwächen können in einem Vorstellungsgespräch angesprochen werden. Dabei geht es darum, ob du sie kennst und bereit bist, an ihnen zu arbeiten.

4 **a.** Überlege dir Antworten auf folgende Fragen:

A Was würden Sie als Ihre größte Schwäche bezeichnen?
B Wie gehen Sie damit um?

b. Tragt euch eure Antworten gegenseitig vor.
c. Überlege dir eine weitere Schwäche und beantworte dazu die Fragen wie in Aufgabe 4a.

Starthilfe
- Ich bin manchmal unorganisiert und möchte mehrere Dinge gleichzeitig erledigen. Dann hilft mir meine Checkliste.
- Häufig bin ich zu ungeduldig und ...

5 Fasse nun in einem Text zusammen:
- Wie schätzt du deine Persönlichkeit ein?
- Welche Fähigkeiten und Stärken hast du?
- Welches ist deine größte Schwäche und wie arbeitest du daran?

Tipps:
- Sprich auch mit befreundeten oder anderen Personen, die dich gut kennen, über deine Fähigkeiten und Stärken.
- Du kannst deinen Text in dein Berufe-Portfolio heften.

In einem Vorstellungsgespräch wird von dir erwartet, dass du Fragen stellst und so dein Interesse an dem Unternehmen zeigst.

6 Gute Fragen zu stellen, ist nicht immer leicht.
a. Überlege: Welche der folgenden Fragen machen keinen guten Eindruck? Warum?
b. Formuliere die ungeschickten Fragen um.
c. Formuliere weitere Fragen.

A Wie ist der Ablauf in der Ausbildung?
B Gibt es eine Ansprechpartnerin oder einen Ansprechpartner für die Auszubildenden?
C Darf ich hier auch meine Lieblingsjeans tragen?
D Bis wann kann ich mit einem Bescheid rechnen?
E Wann gibt es den ersten Urlaub?
F Haben Sie eine Kantine im Haus?
G Wie heißen die anderen Auszubildenden?

7 Besprecht eure Arbeitsergebnisse aus Aufgabe 6.

Sich in Vorstellungsgesprächen präsentieren

Hier kannst du überprüfen und bewerten, wie Inge sich in ihrem Vorstellungsgespräch präsentiert.

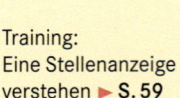

Frau Heinemann: Guten Tag, Frau de Riso. Ich freue mich, dass ich Sie heute persönlich kennen lernen darf. Wie war Ihre Fahrt zu uns?

Inge: Guten Tag, Frau Heinemann. Vielen Dank für die Einladung. Die Fahrt war ganz unproblematisch.

Frau Heinemann: Bitte beschreiben Sie sich zunächst einmal selbst.

Inge: Ich bin 16 Jahre alt, besuche zurzeit die 9. Klasse. In meiner Freizeit spiele ich gern Basketball und chille gern mit meiner Clique.

Frau Heinemann: Welche Stärken und Schwächen haben Sie?

Inge: Ich bin pünktlich und teamfähig. Streit mag ich nicht, den versuche ich immer zu schlichten. Und die Schwächen? Na ja, ich bin nicht so ordentlich, aber ich weiß immer, wo ich wichtige Dinge abgelegt habe.

Frau Heinemann: Ihre Noten sind im Großen und Ganzen ganz gut, wenn man von Mathe absieht. Warum haben Sie darin eine Vier?

Inge: Ich glaube, Herr Zenker hält nicht so viel von mir. Da traue ich mich nicht, nachzufragen, wenn ich etwas nicht verstanden habe.

Frau Heinemann: Das ist ja nicht so schön. Bitte erzählen Sie, warum Sie sich als Auszubildende zur Groß- und Außenhandelskauffrau bei uns beworben haben.

Inge:

Frau Heinemann: Warum sollten wir gerade Sie einstellen?

Inge: Weil

Frau Heinemann: Wie gut können Sie mit anderen Personen ins Gespräch kommen?

Inge:

Frau Heinemann: Haben Sie Fragen zur Ausbildung?

Inge: Ja, ich habe auch noch Fragen. Wie viele Tage Urlaub würde ich bekommen? Gibt es eine Kleidervorschrift?

1 Was könnte Inge antworten? Schreibe die fehlenden Antworten für die Zeilen 21, 23 und 26 auf.

2 Präsentiert Inge sich überzeugend? Überarbeite ungeschickte Antworten und Fragen. Schreibe Alternativen auf, die Inge positiver wirken lassen.

3 Sprecht über eure Ergebnisse aus den Aufgaben 1 und 2. Was ist gut gelungen, was könnte noch geschickter formuliert werden?

Training:
Eine Stellenanzeige verstehen ► S. 59

Weiterführendes: Sich auf einen Eignungstest vorbereiten: das Assessment-Center ► S. 60–61

Eine Stellenanzeige verstehen

In diesem Kapitel hast du dich mit Stellenanzeigen und Schlüsselqualifikationen auseinandergesetzt. Hier kannst du noch einmal üben, die Anforderungen aus einer Stellenanzeige herauszuarbeiten.

1 Lies die folgende Stellenanzeige.

Wir bieten eine Ausbildung zum **Koch (m/w/d)**!

In der Nähe des wunderschönen Rheins in Knielingen liegt der Gasthof „Schiffsküche“, eine weithin bekannte Einkehr- und Erholungsstätte. Zur Teamverstärkung suchen wir dringend eine Auszubildende / einen Auszubildenden.

Ihr Profil:
- Hauptschulabschluss
- gute Deutsch-/Englischkenntnisse
- ausgeprägter Geschmackssinn
- körperliche Belastbarkeit
- Kreativität
- Bereitschaft für Schicht- und Wochenend- sowie Feiertagsarbeit

Unser Angebot:
- eine angemessene Bezahlung
- eine kompetente Begleitung während der Ausbildungszeit durch unser Team
- geregelte Arbeitszeiten, kaum Überstunden
- eine langfristige Anstellung nach der Ausbildung

Wir sind ein lockeres und freundliches Team und freuen uns auf Sie. Wenn diese Voraussetzungen Sie reizen, dann bewerben Sie sich. Bitte legen Sie eine ausführliche Bewerbungsmappe mit Lichtbild und Zeugniskopie bei.

Unsere Adresse:
Restaurant Schiffsküche, Römergasse 7, 70000 Knielingen

2 Lies die Stellenanzeige noch einmal genau.
Welche schulischen Voraussetzungen werden gefordert? Schreibe sie auf.

3 In der Stellenanzeige werden auch Schlüsselqualifikationen gefordert.
Schreibe die Schüsselqualifikationen auf.

Schlüsselqualifikationen
► S. 45

4 Warum sind die geforderten Schlüsselqualifikationen wohl wichtig für diesen Beruf? Schreibe deine Vermutungen dazu auf und begründe sie.

5 Würdest du dich für diesen Beruf interessieren? Schreibe auf, warum du dich für diesen Beruf interessierst oder warum nicht.
Tipp: Hefte deinen Text in dein Berufe-Portfolio.

Sich auf einen Eignungstest vorbereiten: das Assessment[1]-Center

1 assessment (engl.): die Beurteilung

Besonders größere Unternehmen laden ihre Bewerbenden gern zu einem Assessment-Center ein. Bei der Beurteilung der Bewerbenden unterscheiden die Betriebe zwischen vorhandenen Fähigkeiten und Potenzialen, also deinen Anlagen, die noch entwickelt werden können.

1 Was kannst du schon? Was steckt noch in dir?

a. Schreibe eine Liste mit Fähigkeiten und Schlüsselqualifikationen, die für einen Ausbildungsbetrieb deiner Wahl interessant sein könnten.
Tipp: Verwende dazu auch deine Notizen von S. 56–57.

b. Schätze auf einer Skala von 1 (kaum) bis 10 (sehr) ein, in welchem Maße sie bei dir vorhanden sind und wie sehr sie entwickelt werden können.

Extra Sprache:
Aufgabe 3 ► S. 56
Aufgabe 5 ► S. 57

Starthilfe

Fähigkeit/Schlüsselqualifikation	vorhanden	kann entwickelt werden
Ausdauer	4	3
Umgang mit Zahlen	8	2
Kommunikationsfähigkeit	...	...

Während eines Assessment-Centers wird das Verhalten der Bewerbenden in einer Gruppe in verschiedenen Situationen beurteilt.

2 Was können Unternehmen in einer Gruppe besser über jemanden erfahren als im Einzelgespräch? Sprecht darüber in der Lerngruppe.

Gut geplant ist halb gewonnen. Was könnte in der Vorbereitung für ein Assessment-Center besonders wichtig sein?

3 Sprecht in der Lerngruppe darüber, warum die folgenden Tipps für eine gute Vorbereitung wichtig sein können.

1 Manche Betriebe schicken vorab einen Plan, wie das Assessment-Center ablaufen wird. Dieser sollte genau gelesen werden.

2 Über den Betrieb sollten wichtige Informationen gesammelt werden.

3 Über die Stelle und die Anforderungen sollte man sich gut informieren.

4 Auf mögliche Aufgaben im Assessment-Center sollte man sich vorbereiten.

5 Bewerbende sollten sich über Aktuelles in Politik und Wirtschaft informieren.

4 **a.** Wo könnt ihr Informationen über einen Betrieb finden? Sammelt in der Lerngruppe verschiedene Möglichkeiten und schreibt sie auf.
b. Diskutiert darüber, welche Informationen wichtig sind und welche nicht.

In einem Assessment-Center werden unterschiedliche Aufgaben gestellt.

5 Lies den Text über drei gängige Aufgaben in einem Assessment-Center.

A Die Vorstellung: Das Unternehmen und die Bewerbenden stellen sich in der Gruppe vor. Die Bewerbenden erhalten dafür eine genaue Zeitvorgabe, meist sind das nur wenige Minuten. Dabei sollen sie auch auf ihre Eignung für die Ausbildungsstelle eingehen.

B Die Gruppendiskussion: Vier bis sechs Bewerbende bekommen ein Thema vorgegeben, über das sie diskutieren sollen. Sie müssen dabei ihren eigenen oder einen vorgegebenen Standpunkt vertreten. Für diese Aufgabe stehen zwischen 15 bis 45 Minuten zur Verfügung.

C Das Rollenspiel: Die Bewerbenden sollen nach einer Vorbereitungszeit oft im Zweiergespräch eine vorgegebene Situation aus der Arbeitswelt durchspielen: z. B. ein Beschwerdegespräch oder ein Verkaufsgespräch. Meist übernimmt ein/-e Assessment-Center-Beobachter/-in die andere Rolle und versucht, den Bewerbenden durch verschiedene Verhaltensweisen herauszufordern oder zu provozieren.

6 Die Aufgaben in einem Assessment-Center werden aus bestimmten Gründen gestellt. Was wollen die Fachleute damit herausfinden?
a. Ordne die Fragen vom Rand den entsprechenden Aufgaben **A**, **B** und **C** zu.
b. Ergänze weitere Fragen, die zu den Aufgabenstellungen passen.

7 **a.** Informiere dich im Internet über typische Assessment-Center-Aufgaben: die **Präsentation**, die **Postkorbübung**, die **Fallstudie**, das **Interview**.
b. Stelle die Aufgaben in der Lerngruppe vor und erkläre, was getestet wird.

8 **a.** Schreibe auf, wie du dich auf die Aufgaben vorbereiten könntest.
b. Vergleicht in der Lerngruppe eure Vorschläge.

Starthilfe
- Sätze formulieren, mit denen ich mich vorstelle
- ...

Nun kannst du für ein Assessment-Center trainieren.

9 Warum bist du für die Ausbildungsstelle in deinem Wunschberuf besonders geeignet? Stelle dich in einer 3-minütigen Präsentation vor. Als Material erhältst du ein DIN-A3-Blatt und einen Stift.
Tipp: Hefte deine Präsentation in dein Berufe-Portfolio.

1. Wie schätzt die Bewerberin / der Bewerber sich selbst ein?
2. Wie überzeugend ist sie/er?
3. Wie gut kann sie/er auf andere eingehen?
4. Wie gut kann sie/er sich selbst Zeit einteilen?
5. Kann sie/er Ursachen von Problemen erkennen und Lösungen entwickeln?

im Internet recherchieren ► S. 294

Alles aus Kunststoff?

- Einen Sachtext erschließen und auswerten
- Eine lineare Erörterung schreiben

Habt ihr schon einmal darüber nachgedacht, ...
... wie oft ihr jeden Tag Gegenstände aus Kunststoff benutzt?
... welche Gegenstände das sind und wofür ihr sie braucht?
... was mit den Gegenständen geschieht, wenn ihr sie nicht mehr braucht?
... ob es Alternativen für diese Gegenstände gibt?

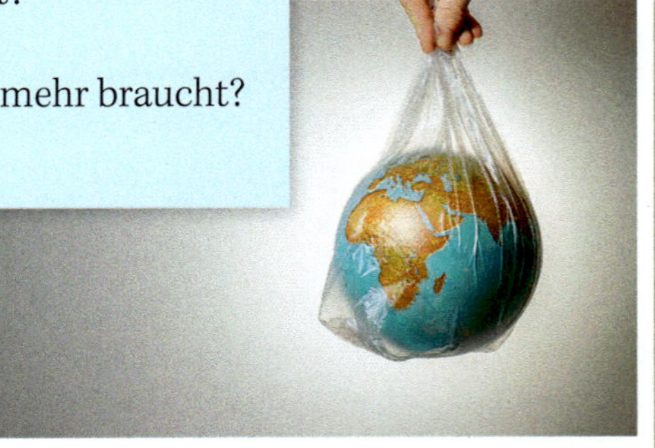

Brauchen wir das alles noch?

1

2

3

Oder gibt es andere Möglichkeiten?

1 Was ist auf den Bildern 1 bis 6 dargestellt? Sprecht über diese Fragen:
- Wo kommen diese Gegenstände in unserem Alltag vor?
- Aus welchen Materialien werden die Gegenstände hergestellt?
- Gab es diese Dinge auch früher schon und woraus wurden sie damals hergestellt?

2 Was wisst ihr über Kunststoff?
Sammelt Informationen in einem Cluster.

Cluster ► **S. 295**

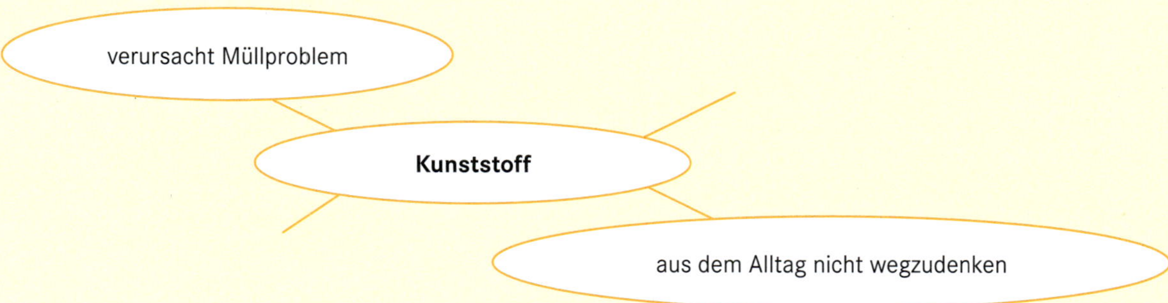

3 Welche Gedanken habt ihr zu den Bildern 4 bis 6? Sprecht darüber.

In diesem Kapitel erschließt ihr einen Sachtext zum Thema **Kunststoffe** und wertet ihn aus. Ihr erarbeitet Argumente zu diesem Thema und schreibt eine lineare Erörterung zu einer dieser Fragen:
- Warum sind Kunststoffe nützlich?
- Warum sind Kunststoffe gefährlich?

Einen Sachtext erschließen und auswerten

In dem folgenden Sachtext findest du Informationen zum Thema. Mit dem Textknacker kannst du ihn erschließen.

1 Lies Teil 1 und 3 oder alle drei Teile des Sachtextes. Wende den 1. und 2. Schritt des Textknackers an.

Textknacker ► S. 293

1. Schritt: Vor dem Lesen

2. Schritt: Das erste Lesen

Alles aus Kunststoff

Teil 1: Kunststoffe sind überall

1 Fast überall ist Kunststoff enthalten. Einkaufstüten und Sonnenbrillen, Haarspangen, Eierlöffel – unglaublich viele Dinge, die wir Tag für Tag in die Hand nehmen oder in den Mund stecken, bestehen aus Kunststoffen. Lange Zeit haben Menschen von einem Material geträumt, das je nach Bedarf die Eigenschaften von Eisen, Gummi oder Holz hat und das künstlich hergestellt werden kann.

2 Wenn wir heute eine 1,5-Liter-Flasche aus PET (Polyethylenterephthalat) in einen Einkaufskorb aus PVC (Polyvinylchlorid) legen, dann tragen wir über 100 Jahre Chemie-Geschichte mit zur Kasse. Der belgisch-amerikanische Chemiker Leo Hendrik Baekeland (1863–1944) erfand einen unlöslichen, formbaren und hitzebeständigen Stoff, den er 1907 unter dem Namen Bakelit patentieren[1] ließ. In den 1920er und 1930er Jahren bekam das braune und schwarze Bakelit Konkurrenz. Immer mehr Kunststoffe, die auch beliebig eingefärbt werden können, wurden entwickelt, was viele Vorteile mit sich brachte.

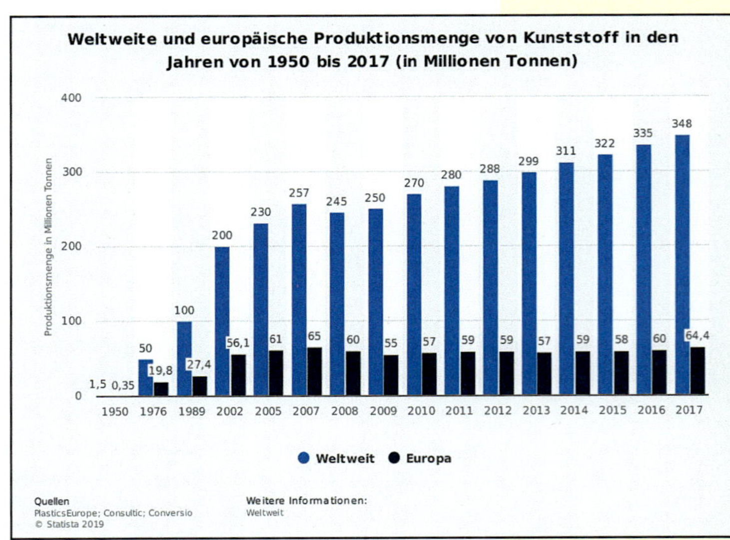

Die Entwicklung der Kunststoffproduktion

Teil 2: Die Eigenschaften von Kunststoff

3 Die vielen unterschiedlichen Eigenschaften von Kunststoff sind erstaunlich. Wie kommt es aber, dass Dinge wie Schutz- und Sturzhelme oder Karosserieteile von Autos aus Duroplaste leicht und unzerstörbar sind? Dass Gegenstände wie Reifen oder elastische Gummibänder aus Elastomeren ihre Gestalt zwar verändern, aber immer wieder in ihre ursprüngliche Form

1 patentieren: (z. B. eine Erfindung) rechtlich schützen

zurückkehren können? Oder dass unsere mittlerweile weit verbreiteten PET-Flaschen, die zur Familie der Thermoplaste gehören, durch Erhitzung und Formung entstehen?
Woraus besteht dieses „Material-Chamäleon[2]" namens Kunststoff? Seine Grundbausteine sind die Monomere („monos", griechisch: allein, einzig), kleine Moleküle, die man aus Erdöl gewinnt. Sie lassen sich zu Ketten von gewünschter Länge zusammensetzen. Daran können weitere Moleküle angedockt[3] werden, sodass vernetzte, verzweigte und verschlungene Molekülketten, die Polymere („poly", griechisch: viel) entstehen. Im Grunde besteht eine PET-Flasche aus millionenfach sich wiederholenden Polyethylenterephthalat-Teilen, so wie sich der Einkaufskorb aus millionenfach sich wiederholenden Polyvinylchlorid-Teilen zusammensetzt.
Die Roh-Kunststoffe können — je nachdem, welchen Zweck sie erfüllen sollen — mit Farbpartikeln oder anderen chemischen Zusätzen verändert werden, beispielsweise durch Weich- oder Hartmacher.

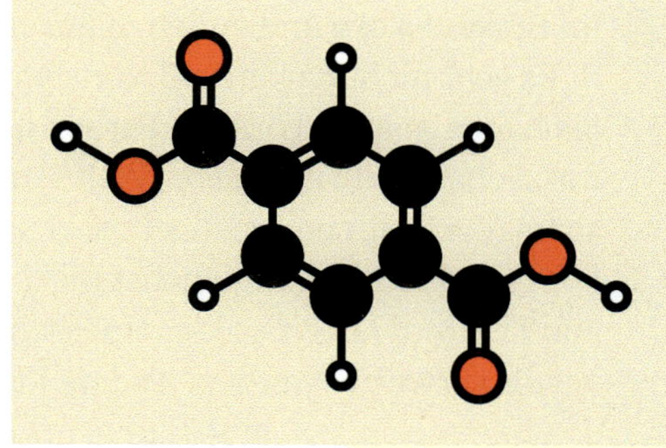

PET-Molekülkette

Teil 3: Die Problematik der Kunststoffe

4 In das Loblied vom Kunststoff mischen sich allerdings auch Misstöne. Einerseits werden Weichmacher gebraucht, um spröde[4] Kunststoffe weicher, biegsamer und dehnbarer zu machen. Sie können dann einfacher bearbeitet werden oder erzeugen erst die Eigenschaften, die das Endprodukt haben soll. Andererseits können die Weichmacher aus dem Material austreten und so in die Umwelt und dann in die Nahrungskette von Mensch und Tier gelangen. Solche Weichmacher stecken in Textilien, sie werden in Lacken[5] und Dichtungsmassen verwendet und auch in Fußbodenbelägen. Sie kommen auch in Plüschtieren, Kunststoffschnullern und Kinderspielzeug vor. Zwar werden sie durch Wasser aus dem Kunststoff gespült, können aber so dennoch schlimmstenfalls zu Erkrankungen führen.
Das PET, das in der Lebensmittelindustrie neben Flaschen auch für Lebensmittelverpackungen genutzt wird, ist also nicht ganz frei von Schadstoffen.

5 Zu einem echten Problem ist ausgerechnet einer der größten Vorzüge von Kunststoffen geworden: ihre Langlebigkeit, ja, ihre Unzerstörbarkeit. Denn was wird aus den Millionen Tonnen von Plastikmüll? Jede geleerte Shampooflasche, jeder leere Joghurtbecher, jedes weggeworfene Kinderspielzeug muss entsorgt werden.

6 Das Entsorgen von Kunststoffprodukten ist jedoch problematisch: Weder Säuren noch Laugen können die Kunststoffe zersetzen. Viele Dinge, die aus Kunststoff bestehen, werden als Wegwerfartikel hergestellt. Sie verrotten nicht und „leben" über eine sehr, sehr lange Zeit von Hunderten von Jahren in Böden und im Wasser. Auch Mikroorganismen[6] wie die Bodenbakterien „beißen" sich an Kunststoffen „die Zähne" aus[7].

2 das Chamäleon: eine Echse, die ihre Hautfarbe an die Umgebung anpassen kann; hier: anpassungsfähiges Material

3 andocken: verketten, verknüpfen

4 spröde: leicht brechend

5 der Lack, die Lacke (die Lackfarbe)

6 die Mikroorganismen: mikroskopisch kleine Lebewesen

7 sich die Zähne ausbeißen: hier: Auch die Bodenbakterien können die Kunststoffe nicht zersetzen.

7 Mittlerweile treiben mehrere Millionen Tonnen Kunststoffmüll auf den Weltmeeren. Im Nordpazifik hat sich ein Mahlstrom[8] aus dem „Alleskönner" gebildet, der die Größe Mitteleuropas hat. Zwar zerreiben und zerreißen die Kräfte des Ozeans die Kunststoffe, aber in diesem Zustand werden sie von den Meeresbewohnern zusammen mit dem nahrhaften Plankton aufgenommen. Ihre Verdauung versagt, sie sterben qualvoll – oder sie werden von uns Menschen gefangen, landen im Einkaufskorb und enden in unseren Mägen.

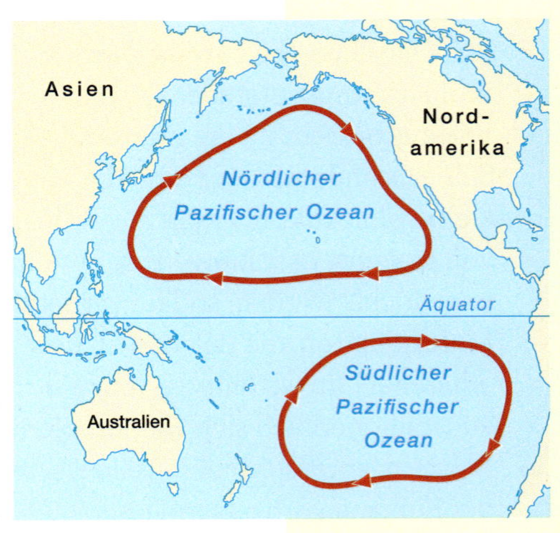

Kunststoffmüll im Nordpazifik

mehr zum Thema: „Recycling – ein Ausweg aus dem Kunststoffmüll" ► S. 75

Lesetipp: „Sind wir Matrosen auf einem Müllschiff?" ► S. 284

8 Es geht nicht darum, auf Kunststoffe zu verzichten. Sie haben in allen Formen, Farben und Zuständen ihren nützlichen Platz in unserer Welt. Aber wir müssen lernen, sorgsam mit ihnen umzugehen.
So sollte Kunststoff möglichst recycelt werden. Beispielsweise können Dinge aus Thermoplasten wieder eingeschmolzen, anders geformt und wiederverwertet werden. Andere Kunststoffe, beispielsweise Schaumpolystyrol-Verpackungen, können zur Bodenverbesserung in der Landwirtschaft oder bei der Herstellung von Schaumpolystyrol-Beton verwendet werden. Es lassen sich mittlerweile etliche Produkte, z. B. Fußbodenbeläge oder PVC-Rohre, erneut zu Verpackungen oder Produkten wie Blumen- und Getränkekästen, Gießkannen usw. einsetzen. Auch PET-Flaschen können ungefähr zwanzig Mal wieder in den Umlauf gebracht werden, bevor Millionen von ihnen zu kleinen Flakes[9] zerhäckselt werden. Diese Flakes werden granuliert[10] und aus dem Granulat entstehen wieder neue PET-Flaschen; oder die Flakes werden als Feuerungsmittel in Heizkraftwerken und Müllverbrennungsanlagen genutzt. Neben dem Recycling werden gegenwärtig auch sogenannte Bio-Kunststoffe entwickelt. Zum Beispiel lassen sich etliche Verpackungsmaterialien heute schon aus Stärke[11] herstellen. Aber sind sie die Lösung?

Kunststoff-Flakes

Der Sachtext ist in acht Absätze gegliedert.

2 Lies den Sachtext noch einmal genau – Absatz für Absatz.

3. Schritt: Den Text genau lesen

8 der Mahlstrom: eine Strömung
9 flake (engl.): Flocke
10 granulieren: in eine körnige Form bringen
11 die Stärke: hier: ein wichtiger Speicherstoff in Pflanzen, der z. B. aus Kartoffeln oder Getreide gewonnen wird

Schlüsselwörter sind für das Verstehen besonders wichtig.

3 a. Lege eine Folie über den Text und markiere die Schlüsselwörter.
Tipp: Am Anfang des Textes sind einige Schlüsselwörter schon blau hervorgehoben.
b. Schreibe für jeden Absatz eine Zwischenüberschrift auf eine Karteikarte.
c. Schreibe zu jeder Zwischenüberschrift die Schlüsselwörter darunter.

Unbekannte Wörter solltest du klären, damit du den Inhalt besser verstehst.

4 Kläre unbekannte Wörter.
Tipp: Im Text sind einige schwierige Fachbegriffe orange hervorgehoben. Auf der Seite „Extra Sprache" findest du Übungen, die dir helfen, diese Fachbegriffe zu erschließen.

Extra Sprache: Fachbegriffe erschließen ► S. 72

Die Grafiken geben dir zusätzliche Informationen.

5 a. Erschließe das Säulendiagramm mit Hilfe des Textknackers.
b. Welche Textaussage wird durch die Grafik ergänzt? Notiere die Zeilen.
c. Fasse die zusätzlichen Informationen aus der Grafik in ganzen Sätzen zusammen.

Starthilfe

Die Grafik zeigt, wie sich die Kunststoffproduktion seit 1950 europaweit und weltweit entwickelt hat.
1950 betrug die Produktion von Kunststoffen in Europa 0,35 ...

Säulendiagramm: „Die Entwicklung der Kunststoff-produktion" ► S. 64

Textknacker für Grafiken ► S. 294

6 Welche Gründe könnte es für den ständigen Anstieg der Kunststoffproduktion geben? Recherchiere dazu im Internet.

im Internet recherchieren ► S. 294

7 Worüber informiert die Karte? Beschreibe die Karte.

Starthilfe

Es ist ein Ausschnitt aus der Weltkarte mit den Kontinenten ... Im Pazifik sind ...

Karte: „Kunststoffmüll im Nordpazifik" ► S. 66

Im Sachtext „Alles aus Kunststoff" hast du Informationen über den Nutzen und die Gefahren von Kunststoffen gefunden.

Sachtext: „Alles aus Kunststoff" ► S. 64–66

4. Schritt: Nach dem Lesen

8 Was hast du im Sachtext Neues zum Thema erfahren?
a. Ergänze deinen Cluster aus Aufgabe 2 von S. 63 mit Hilfe deiner Arbeitsergebnisse aus den Aufgaben 3, 5 und 7.
b. Beantworte mit Hilfe deines Clusters die Fragen in ganzen Sätzen.
- Welchen Nutzen haben Kunststoffe?
- Welche Gefahren sind mit der Verwendung von Kunststoffen verbunden?

Tipp: Beziehe dich auf die Teile des Textes, die du gelesen hast.

Aufgabe 2 ► S. 63

Argumente erarbeiten

Du hast im Sachtext „Alles aus Kunststoff" etwas über Nutzen und Gefahren von Kunststoffen erfahren. Inga, Samira, Marc und Onur unterhalten sich über das Thema.

Sachtext: „Alles aus Kunststoff" ► S. 64–66

Kunststoffverpackungen sind doch nicht so gut, wie man meist denkt. Sie können ein Problem für die Umwelt werden. Wenn man sie einfach verbrennt, entstehen Treibhausgase.

Onur

Kunststoffe sind sehr praktisch, sie sind leicht und die Dinge, die daraus hergestellt werden, sind lange haltbar. Ich benutze meine Plastik-Brotdose schon viele Jahre.

Marc

Ja, aber Kunststoffe kann man nur schwer entsorgen, denn sie verrotten nicht. Uraltes weggeworfenes Spielzeug findet man sehr oft.

Samira

Für Verpackungen sind Kunststoffe besonders nützlich. Lebensmittel können damit hygienisch[1] verpackt werden. Obst trocknet dann nicht so schnell aus.

Inga

1 Wer von den vier Schülerinnen und Schülern meint, dass Kunststoffe nützlich sind? Wer hält sie eher für gefährlich? Sprecht in der Klasse darüber.

2 Was behaupten die vier Schülerinnen und Schüler über den Nutzen und die Gefahren von Kunststoffen?

a. Übertrage die Tabelle in dein Heft.

b. Schreibe zu jeder Person die Behauptung auf. Die beiden anderen Spalten lässt du frei.

Behauptung

Starthilfe

	Behauptung	**Begründung**	**Beispiel**
Marc	Kunststoffe sind sehr praktisch.		
...	...		

3 Im Sachtext „Alles aus Kunststoff" kannst du weitere Behauptungen über den Nutzen und die Gefahren von Kunststoffen finden.

a. Finde jeweils eine Behauptung als Antwort auf die Fragen:
- Welchen Nutzen haben Kunststoffe?
- Welche Gefahren haben Kunststoffe?

b. Ergänze diese Behauptungen in deiner Tabelle.

1 hygienisch: hinsichtlich der Sauberkeit und der Gesundheit einwandfrei

Damit aus den Behauptungen Argumente werden, musst du sie begründen.

4 Wie begründen die vier ihre Behauptungen?
Schreibe ihre Begründungen in deine Tabelle.

Starthilfe

	Behauptung	**Begründung**	**Beispiel**
Marc	Kunststoffe sind sehr praktisch.	Kunststoffe sind leicht und lange haltbar.	
...	...	...	

Begründung

5 Welche Begründungen werden im Sachtext „Alles aus Kunststoff“ zu den Behauptungen aus Aufgabe 3 gegeben? Notiere sie ebenfalls.

Sachtext: „Alles aus Kunststoff“ ► **S. 64–66**
Aufgabe 3 ► **S. 68**

Wenn du deine Begründungen mit Beispielen belegst, werden sie überzeugender.

6 Mit welchen Beispielen belegen die vier ihre Argumente?
Schreibe die Beispiele in deine Tabelle.

Starthilfe

	Behauptung	**Begründung**	**Beispiel**
Marc	Kunststoffe sind sehr praktisch.	Kunststoffe sind leicht und lange haltbar.	Ich benutze meine Plastik-Brotdose schon viele Jahre.
...	...	...	...

Beispiel

7 **a.** Finde nun Beispiele für deine Begründungen aus Aufgabe 5.
b. Trage die Beispiele in deine Tabelle ein.

Die folgenden Argumente A und B sind noch nicht vollständig.

A Kunststoffe sind geeigneter als andere Materialien.

B Kunststoffe verleiten uns zum sorglosen Umgang mit der Natur.

8 **a.** Finde zu den Behauptungen **A** und **B** passende Begründungen und Beispiele. Du kannst die Wortgruppen aus dem Kasten verwenden.
b. Formuliere mit den Behauptungen **A** und **B**, deinen Begründungen und Beispielen aus Aufgabe 8a vollständige Argumente.
c. Ergänze deine Tabelle mit deinen Argumenten aus Aufgabe 8b.

Tabelle ► **S. 68–69**

leicht und einfach zu formen, sehen gut aus · leicht zu pflegen · überall und schnell verfügbar · oft achtlos weggeworfen statt wiederverwendet · Behältnisse für ... · Wandverkleidungen ... · Transportflaschen und -behälter

Eine lineare Erörterung planen und schreiben

Kunststoffe sind nützlich, sie sind aber auch gefährlich. Warum ist das so? Für die Schülerzeitung schreibst du eine lineare Erörterung.

1 **a.** Lege dir eine Tabelle nach diesem Muster an.
b. Was musst du mit Argumenten begründen und belegen? Ergänze es in der rechten Spalte. Die Sätze am Rand können helfen.

Starthilfe

welche Frage ich erörtere	was ich dabei begründen und belegen muss
Warum sind Kunststoffe nützlich?	Ich muss begründen, dass ... Dazu ...
Warum sind Kunststoffe gefährlich?	Ich ... Dazu brauche ich Beispiele, die ...

W **2** Wähle die Frage aus Aufgabe 1 aus, zu der du deine lineare Erörterung schreiben möchtest.

Für deine Erörterung sammelst du Argumente.

3 In deiner Tabelle hast du Argumente gesammelt. Wähle drei Argumente aus, die zu deiner Erörterungsfrage aus Aufgabe 2 passen.

Eine Erörterung gelingt, wenn du die Argumente nach ihrer Überzeugungskraft gewichtest. Am Rand findest du Kriterien.

4 **a.** Lies deine ausgewählten Argumente noch einmal genau, Wort für Wort.
b. Welches der drei Argumente ist deiner Meinung nach am überzeugendsten? Begründe.
c. Welches deiner Argumente ist deiner Meinung nach am schwächsten? Begründe.

5 **a.** Tauscht euch über die Ergebnisse von Aufgabe 4 aus.
b. Nummeriert eure Argumente:
- Nr. 1 ist das schwächste Argument.
- Nr. 2 ist das zweitstärkste / ein mittelstarkes Argument.
- Nr. 3 ist das stärkste Argument.

Du hast nun für deine Erörterung drei Argumente ausgewählt und gewichtet. Nun kannst du deine vollständige Erörterung schreiben.

Info

Fragen für eine **lineare Erörterung** beziehen sich auf einen bestimmten Sachverhalt. Sie sind meist als W-Fragen formuliert, die man nicht einfach mit Ja oder Nein beantworten kann.

Kunststoffe sind nützlich.

Kunststoffe sind nutzlos.

Kunststoffe sind gefährlich.

Kunststoffe braucht man nicht.

Tabelle ► S. 68–69

Kriterien für besonders überzeugende Argumente:

kein Einwand möglich

sachlich richtig

mit Fakten belegt

fußt auf persönlichen Erfahrungen

für jeden nachvollziehbar

wissenschaftlich nachgewiesen

 **6** Schreibe die Einleitung deiner linearen Erörterung.
a. Worum geht es? Nenne das Thema (die Frage).
b. Deine Einleitung soll bei den Leserinnen und Lesern Neugier wecken. Am Rand findest du Hinweise.
Du kannst auch eine der beiden folgenden Einleitungen verwenden.

aktuelle Fakten
Hintergründe
...

Ganze Inseln aus Plastikabfällen treiben schon auf den Weltmeeren. Meeresbewohner nehmen kleinste Teilchen mit der Nahrung auf. Das zeigt schon, dass Kunststoffe gefährlich sind. Aber: Warum sind Kunststoffe so gefährlich?

Bevor Kunststoffe erfunden wurden, kamen unsere Vorfahren mit natürlichen Rohstoffen aus. Heute sind Kunststoffe aus unserem Leben nicht mehr wegzudenken. Kunststoffe haben einen großen Nutzen für uns. Aber: Warum sind Kunststoffe so nützlich?

7 Nenne im Hauptteil deiner Erörterung deine drei Argumente aus den Aufgaben 4 und 5 von S. 70. Denke an die drei B.
- Ordne die Argumente wie in der Grafik an.
- Verwende passende Textverknüpfer.

Tipp: Auf der Seite „Extra Sprache“ findest du Übungen zu passenden Textverknüpfern.

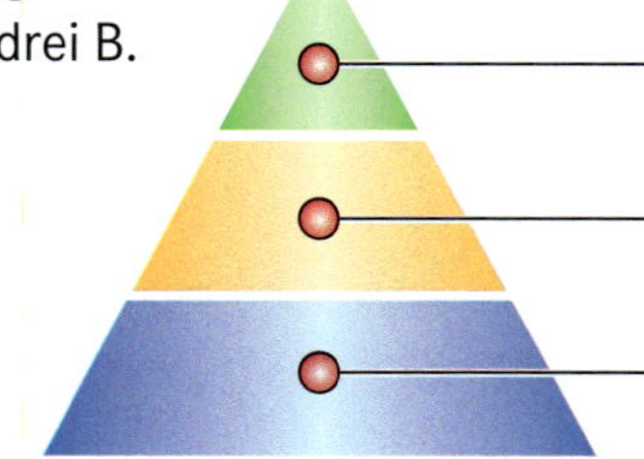

Nr. 1 ist das schwächste Argument.
Nr. 2 ist das zweitstärkste / ein mittelstarkes Argument.
Nr. 3 ist das stärkste Argument.

8 Schreibe nun den Schlussteil deiner Erörterung.
- Formuliere deine Schlussfolgerung.
- Was kannst du vielleicht empfehlen? Schreibe es auf.

Extra Sprache: Textverknüpfer verwenden ► **S. 73**

Daher komme ich zu dem Schluss, dass ...

Aus diesem Grund empfehle ich ...

Arbeitstechnik

Eine lineare Erörterung schreiben

In einer **linearen Erörterung** setzt du dich mit einem Sachverhalt auseinander. Oft ist dies eine W-Frage zu einem Thema.

1. Schritt: Die Erörterung planen
- Sammle zunächst mehrere Argumente, die zu deiner Frage passen.
- Wähle dann die wichtigsten Argumente aus und ordne sie nach ihrer Überzeugungskraft.

2. Schritt: Die Erörterung schreiben
- Deine **Einleitung** soll Neugier wecken. Du kannst z. B. auf aktuelle Informationen oder Hintergründe eingehen. Schreibe, worum es geht: **Nenne** die **Frage**, das **Thema** und die **Textsorte**, wenn du dich auf einen Text beziehst.
- Führe im **Hauptteil** zur Beantwortung der Frage **mehrere überzeugende Argumente** (Behauptung, Begründung, Beispiel) an. Beginne mit dem schwächsten Argument; nenne das stärkste Argument zuletzt.
- Im **Schlussteil** formulierst du deine **Schlussfolgerung**, die sich aus deinen Argumenten ergibt. Zusätzlich kannst du etwas empfehlen oder einen Vorschlag machen.

Beachte bei deiner Darstellung:
- Verwende Textverknüpfer.
- Schreibe sachlich.
- Achte auf eine korrekte Rechtschreibung und Grammatik.

Fachbegriffe erschließen

Sachtexte enthalten häufig Fachbegriffe. Ihre Bedeutung kannst du oft aus dem Zusammenhang erschließen.

1 Lies den Text.

Viele Kunststoffe – ein Grundbaustein

1 Es gibt ganz verschiedene Arten von Kunststoffen, eine davon sind die Thermoplaste. Thermoplaste (das griechische Wort „thermos" bedeutet „warm") sind Kunststoffe, die beim Erhitzen schmelzen, sodass man sie beliebig formen kann. Nach dem Abkühlen sind die so geformten Gegenstände hart. Einige Thermoplaste bleiben auch nach dem Bearbeiten flexibel. Sie sind also elastisch und biegsam, sodass sie in der Form ihrer Umgebung angepasst werden können.

2 Für alle Arten von Kunststoffen gilt aber, dass sie aus ein und demselben Grundbaustein hergestellt werden, den sogenannten Monomeren. Das sind kleine Moleküle, die man aus Erdöl gewinnt. Diese kleinen Bausteine lassen sich zu beliebig langen Ketten zusammensetzen. Wenn man diese Ketten chemisch miteinander verknüpft, erhält man ganz unterschiedliche Rohkunststoffe. Da diese Rohkunststoffe aus vielen Monomeren aufgebaut sind, bezeichnet man sie auch als Polymere („poly" kommt aus dem Griechischen und bedeutet „viel").

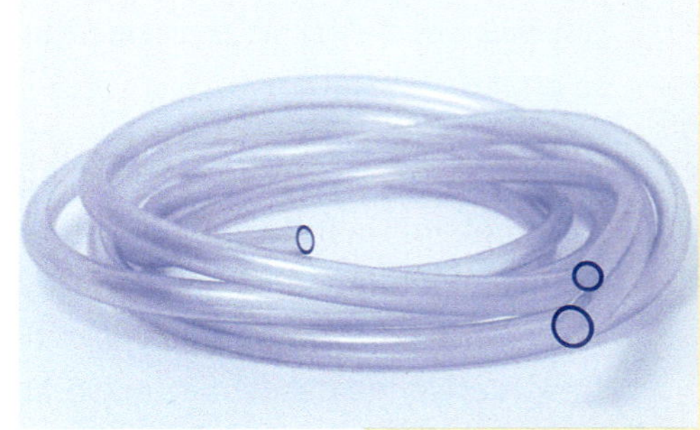

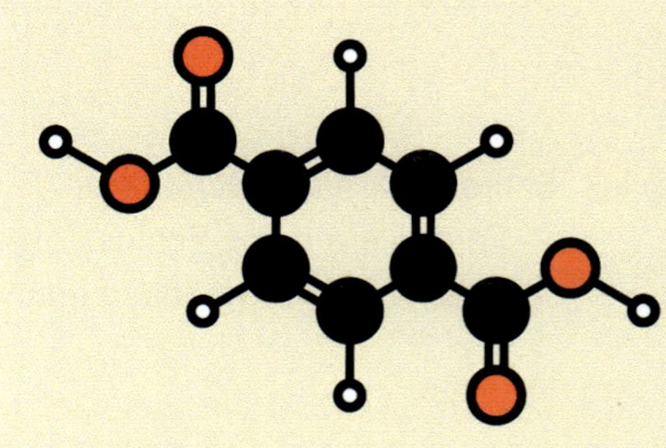

PET-Molekülkette

2 Im ersten Absatz sind zwei Fachbegriffe hervorgehoben, zu denen es Erklärungshilfen im Text gibt.

a. Finde im Text die Erklärungshilfen und schreibe sie zusammen mit den Fachbegriffen auf.

b. Erkläre nun die Fachbegriffe in eigenen Worten. Schreibe die Erklärungen auf.

Tipp: Der Informationstext hilft dir.

Thermoplaste	Das griechische Wort „thermos" bedeutet „warm", die Kunststoffe ...

3 Im zweiten Absatz kommen weitere Fachbegriffe vor.

a. Schreibe drei Fachbegriffe auf.

b. Notiere zu jedem Fachbegriff die passenden Erklärungshilfen aus dem Informationstext.

c. Erkläre schriftlich die Fachbegriffe in eigenen Worten.

Info

So werden **Fachbegriffe in Texten** häufig erklärt:

- Ein Fachbegriff aus anderen Sprachen wird zerlegt und übersetzt.
- Ein Fachbegriff wird mit Zusammensetzungen aus bekannten Wörtern erklärt.
- Ein Fachbegriff wird mit einer Wortgruppe umschrieben.
- Ein Fachbegriff kann durch einen anderen Fachbegriff erklärt werden.
- Der Fachbegriff wird durch eine Grafik erklärt.

Textverknüpfer verwenden

Mit Textverknüpfern kannst du in deinen Argumenten die Zusammenhänge zwischen den drei B besser verdeutlichen.

Behauptung
Begründung
Beispiel

1 Lies Argument **A** oder Argument **A** und **B**.
Achte dabei auf die Textverknüpfer.

A Ich nutze meine Brotbox aus Kunststoff täglich, denn sie ist sehr praktisch. So sind beispielsweise meine Snacks auch am Nachmittag noch knackig und frisch. Folglich sind Brotboxen aus Kunststoff nützlich.

B Immer mehr Menschen verzichten auf Plastik, da vor austretenden Giften gewarnt wird, die z. B. von Weichmachern stammen. Deshalb achte ich bei solchen Produkten auf das Gütesiegel. Daraus folgt, dass ich sie dann bedenkenlos verwenden kann.

2 In den Sätzen sind Textverknüpfer hervorgehoben.
Was wird in den Sätzen jeweils miteinander verknüpft?
Ordne die Textverknüpfer in einer Tabelle zu.

Starthilfe

Textverknüpfer für Behauptung mit Begründung	Textverknüpfer für Begründung mit Beispiel	Textverknüpfer für Argument mit Schlussfolgerung
denn ...	...	...

3 Ordne auch diese Textverknüpfer in die Tabelle ein:

weil sodass zum Beispiel wegen infolgedessen darum

jedoch daher deswegen somit andererseits aber

4 **a.** Wie können in den Argumenten **A** und **B** die drei B sowie die Schlussfolgerung miteinander verknüpft werden? Finde passende Textverknüpfer in deiner Tabelle.
b. Schreibe den Text auf. Ergänze dabei die Textverknüpfer in den Lücken.

A Kunststoffverpackungen belasten die Umwelt, ______ jede leere Packung muss entsorgt werden, ______ in Verbrennungsanlagen. ______ gelangen noch mehr Treibhausgase in die Atmosphäre.

B ______ muss ich zugeben, dass Kunststoffverpackungen für Lebensmittel sehr praktisch sind, ______ sie sind lange haltbar und schützen den Inhalt vor Verunreinigungen, wozu es zum Beispiel in Selbstbedienungstheken sehr schnell kommen kann. ______ werden sie von vielen Kunden auch gern gekauft.

Eine Erörterung überarbeiten

Hier kannst du üben, Ausschnitte aus Erörterungen zu überarbeiten.

1 Lies die Ausschnitte aus den Erörterungen.

Marc und Inga haben erörtert, warum Kunststoffe nützlich sind.

1 Jm täklichen Leben sind wir überall von Kunststoffen umgeben. Es gibt häute wohl kaum einen Bereich, in dem wir wegen ihrer nützlichkeit auf sie verzichten könen. Das wirft die Frage auf: Warum sind Kunststoffe nützlich? Darauf möchte ich im Folgenden genauer eingehen.

2 Zunächst kann man doch davon ausgehen, dass Kunststoffe sehr praktisch sind und uns das Leben erleichtern. Sie sind wesentlich leichter als andere Materialien. Jch trage beim Radfahren einen Schutzhelm aus Plastik, der leicht und wetterbeständig ist. So stört er mich beim Radfahren gar nicht. Das wäre bei einem Helm aus Metall sicher anders.

Achtung: Fehler!

Onur und Samira haben erörtert, warum Kunststoffe gefährlich sind.

3 Täglich bombardieren uns die Medien mit Meldungen darüber, dass Kunststoffe für das Leben auf der Erde verdammt stark gefährlich sind. Jmmer mehr Menschen sehen das inzwischen auch so und liken diese Auffassung. Deshalb möchte ich mich in meiner Erörterung mit der Frage auseinandersetzen: Warum sind Kunststoffe gefährlich?

4 Sehr gefährlich ist es, wenn große Plastikgegenstände im Meer umherschwimmen. Solche Partikeln nehmen Fische zum Beispiel mit ihrer Nahrung auf. Denn man weiß inzwischen, dass Plastikgegenstände durch das Umherschwimmen im Meer zu winzigen Partikeln zerrieben werden.

Informieren ... darüber, dass ...

Berichten ... darüber, dass ...

erreichen uns in ... Meldungen

außerordentlich

sehr, besonders

teilen, stimmen ... zu

sind auch dieser ...

2 Überarbeite die vier Ausschnitte aus den Erörterungen.

a. Prüfe und korrigiere die Rechtschreibung im Ausschnitt 1.
b. Schreibe die drei B im Ausschnitt 2 mit passenden Textverknüpfern auf.
c. Finde im Ausschnitt 3 unsachliche Formulierungen. Schreibe den Text so um, dass alles sachlich ausgedrückt wird. Die Formulierungen am Rand können helfen.
d. Prüfe im Ausschnitt 4 die Reihenfolge der drei B. Schreibe sie in der richtigen Reihenfolge auf.

Rechtschreib-Check ► S. 222

Fit für die Prüfung! Eine lineare Erörterung schreiben ► S. 75–77

Weiterführendes: Eine dialektische Erörterung schreiben ► S. 78–79

Eine lineare Erörterung schreiben

In deiner Abschlussprüfung kann eine lineare Erörterung verlangt werden. Hier übst du, wie du selbstständig eine lineare Erörterung schreibst. Dein Thema lautet: Was bringt uns das Recyceln von Kunststoffen?

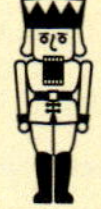

Textknacker ► S. 293

1 Lies den folgenden Sachtext mit dem Textknacker.

Recycling – ein Ausweg aus dem Kunststoffmüll

In der Natur können wir beobachten, dass vor allem abgestorbene Pflanzen und auch verendete Wildtiere durch natürliche Abbauprozesse, z. B. Verrottung, wieder in den natürlichen Kreislauf gelangen. Das kann ohne menschliches Zutun geschehen. Auf diese Weise entsteht aus den biologischen Abfällen Kompost, der in der Natur, aber auch im Garten als natürliches Düngemittel genutzt wird. Bei Kunststoffen funktioniert das leider nicht, denn sie verrotten nicht. Und Mikroorganismen können ihnen kaum etwas anhaben, wenn sie auf einer Deponie[1] entsorgt werden. Deshalb müssen andere Wege gesucht werden, wenn man Kunststoffe wieder in den Kreislauf zurückführen und Unmengen von Plastikmüll vermeiden will: Sie müssen recycelt werden. Der Begriff „Kunststoff-Recycling“ bezeichnet die Wiederverwertung von Produkten aus Kunststoff. Dabei ist menschliches Einschreiten notwendig.

Das Recycling von Kunststoffen kann auf unterschiedliche Weise vor sich gehen: Man kann in einem sehr teuren und aufwendigen Verfahren die Ausgangsstoffe zurückgewinnen und diese dann für die Produktion neuer Kunststoffe nutzen. Das geschieht heute schon. Häufiger aber werden Kunststoffprodukte von Recyclingfirmen zurückgenommen und direkt weiterverarbeitet, indem man sie z. B. granuliert oder einschmilzt. So können dann neue Produkte daraus hergestellt werden. Recycling von Kunststoffen ist somit auch eine wichtige Maßnahme zum Schutz der Umwelt. Dafür wurden viele gesetzliche Vorschriften erlassen, damit immer weniger Kunststoffe auf der Mülldeponie landen.

Plastikgranulat

Lesetipp: „Neue Aufgaben für alte Kunststoffe“ ► S. 284–285

2 Beantworte die folgenden Fragen:

- Was geschieht mit den Kunststoffen, wenn sie recycelt werden?
- Was geschieht mit den Kunststoffen, wenn sie auf einer Deponie entsorgt werden?

1 die Deponie: ein Abladeplatz für Müll

Was bringt uns das Recyceln von Kunststoffen?
Für deine lineare Erörterung brauchst du Argumente.

3 a. Lies die Sätze in der Tabelle genau. Welche drei B können jeweils ein Argument sein?
Tipp: Lege eine Folie über die Tabelle und markiere in unterschiedlichen Farben.
b. Schreibe die Argumente mit passenden Textverknüpfern auf.

Behauptung
Begründung
Beispiel

Textverknüpfer ► S. 73

Behauptung	Das Recyceln von Kunststoffen ist eine wichtige Aufgabe für alle Menschen und wird immer notwendiger.
Begründung	Die Kunststoffe werden getrennt vom restlichen Hausmüll von der Müllabfuhr abtransportiert.
Begründung	Immer noch entsorgen manche Menschen ihre Kunststoffabfälle einfach in der Natur, was für Tiere gefährlich sein kann.
Behauptung	Das Sammeln und Recyceln von Kunststoffen kann teure Rohstoff-Importe sparen und kommt allen zugute.
Beispiel	So gelangen sie in zentrale Sammelstellen, wo sie für die Weiterverarbeitung vorbereitet werden und unsere Umwelt nicht mehr verschmutzen können. Die Jungstörche aus unserem Nachbardorf könnten dann heute noch leben.
Beispiel	Im vergangenen Jahr sind in unserem Nachbardorf Jungstörche an Plastikmüll erstickt.
Behauptung	Das Sammeln von Kunststoffen für das Recycling bereitet wenig Mühe, wenn man den Müll trennt.
Begründung	Durch technische Verfahren kann Kunststoffmüll in seine Ausgangsstoffe zurückverwandelt werden.
Beispiel	Ein Ausgangsstoff ist Erdöl, das dann nicht zusätzlich gefördert werden muss, sondern für die Weiterverarbeitung wieder genutzt werden kann.

Starthilfe

Das Recyceln von Kunststoffen ist eine wichtige Aufgabe für alle Menschen ...
Denn immer noch entsorgen ...
Im vergangenen Jahr sind zum Beispiel ...
...

4 Du kannst auch ein eigenes Argument ergänzen.
- Notiere eine zum Thema passende Behauptung und begründe sie.
- Belege deine Begründung mit einem passenden Beispiel.

5 a. Lies deine Argumente noch einmal genau.
b. Ordne deine Argumente nach ihrer Überzeugungskraft.
Tipp: Nr. 1 ist das Argument mit der geringsten Überzeugungskraft.

Nun kannst du deine vollständige Erörterung schreiben und überarbeiten.
Tipp: Schreibe nur in jede zweite Zeile.

6 a. Überlege für deine Einleitung, wie du das Interesse deiner Leserinnen und Leser wecken kannst.
Tipp: Die Stichworte am Rand helfen dir.
b. Schreibe deine Einleitung.

7 Stelle im Hauptteil deine Argumente aus Aufgabe 5 von S. 76 dar.
Tipps:
- Formuliere sachlich.
- Verknüpfe deine Argumente mit passenden Textverknüpfern.

8 Schreibe den Schlussteil deiner Erörterung.
a. Lies noch einmal den Hauptteil deiner Erörterung zusammenhängend.
b. Überlege, welche Schlussfolgerung sich daraus ableiten lässt.
Tipp: Anregungen findest du auch im Text auf S. 75.
c. Ergänze im Schlussteil auch Antworten auf diese Fragen:
- Wie bist du zu dieser Schlussfolgerung gelangt?
- Was kannst du deinen Leserinnen und Lesern vielleicht empfehlen?

Nun überarbeitest du deine Erörterung mit Hilfe einer Checkliste.

9 a. Schreibe mit Hilfe der Arbeitstechnik von S. 71 eine passende Checkliste.
b. Prüfe mit Hilfe der Checkliste deine Erörterung.
c. Überarbeite deine Erörterung.
Tipp: Verwende dafür die leeren Zeilen.

Checkliste: Eine lineare Erörterung schreiben	*Ja*	*Nein*
Einleitung:		
– Weckt die Einleitung …?	■	■
– …	■	■
Hauptteil:		
– Werden mehrere Argumente …?	■	■
– Bestehen die Argumente aus …?	■	■
– …	■	■
Schlussteil:		
– …	■	■
Sprache, Rechtschreibung und Grammatik:		
– Werden passende …?	■	■
– Ist die Erörterung sachlich …?	■	■
– Ist alles richtig geschrieben?	■	■
– Werden die richtigen Zeitformen verwendet?	■	■

Arbeitstechnik: Eine lineare Erörterung schreiben ► S. 71

Einleitung

Berichterstattung in den Medien

eigene Erlebnisse/ Beobachtungen

Fragen

Hauptteil

Aufgabe 5 ► S. 76
Textverknüpfer ► S. 73

Schluss

Wenn …, dann ist es notwendig, dass …

Ich könnte mir auch vorstellen, dass …

Sicher werden/ wird dabei auch …, aber …

Falls das Recyceln …, dann wäre es wichtig, dass …

Sicher ist, dass …

Arbeitstechnik zum Üben: Prüfungsaufgaben verstehen ► S. 192–193

passende Grammatikübungen zum Thema ► S. 256–257

Eine dialektische Erörterung schreiben

Sollte man Kunststoffe an unserer Schule verbieten?
Bei der Beantwortung dieser Frage gehen die Meinungen auseinander, sicher auch an deiner Schule.
Du übst nun, wie du diese Frage dialektisch erörtern kannst.

1 a. Was hast du zu diesem Thema schon gehört? Notiere es.
b. Markiere in unterschiedlichen Farben.
- Welche Aussagen passen eher zu einem Verbot?
- Welche Aussagen sind eher gegen ein Verbot?

2 a. Entscheide dich für eine Meinung: dafür oder dagegen.
b. Formuliere deine Meinung als These in einem Satz.

In deiner Stoffsammlung schreibst du deine Argumente auf.

3 Lies die Behauptungen im Kasten und ordne sie in eine Tabelle ein.
Tipp: Du kannst auch eigene Behauptungen ergänzen.

Starthilfe

Kontra: Argumente gegen meine These	Pro: Argumente für meine These
...	...

Behauptungen:
Plastikmüll belastet auch in unserer Schule die Umwelt.
Man kann auch in der Schule nicht auf Plastik verzichten.
Verpackungen aus Plastik sind praktisch.
Einwegverpackungen oder Einwegbehälter belasten die Umwelt besonders stark.
Viele Plastikgegenstände sondern giftige Stoffe ab.
Kunststoffe sind auch in unserer Schule notwendig.

4 Um deine These zu erörtern, brauchst du jeweils drei Argumente für deine These (Pro) und gegen deine These (Kontra).
a. Wähle jeweils drei Behauptungen aus deiner Tabelle aus.
b. Vervollständige deine Stoffsammlung durch passende Begründungen und Beispiele zu den Behauptungen.

Begründungen und Beispiele:
verrottet nicht   auch Unterrichtsmittel aus Plastik   nicht zu ersetzen
wiederverwendbare Behältnisse   Unterrichtsmaterialien schon schwer genug
unsichtbare Dämpfe   gefährliche Weichmacher   nicht wiederverwendbar

Info
Bei der **dialektischen Erörterung** geht es darum, Argumente (Pro) und Gegenargumente (Kontra) zu einer **These** abzuwägen. Die These gibt die Meinung der Verfasserin / des Verfassers zunächst ohne Begründung wieder.

Nun kannst du deine dialektische Erörterung gliedern.

5 a. Gewichte deine Argumente aus Aufgabe 4 von S. 78 nach ihrer Überzeugungskraft. Die Grafik kann helfen.
b. Erarbeite für deine dialektische Erörterung eine Gliederung nach dem Sanduhrprinzip wie in der Grafik.

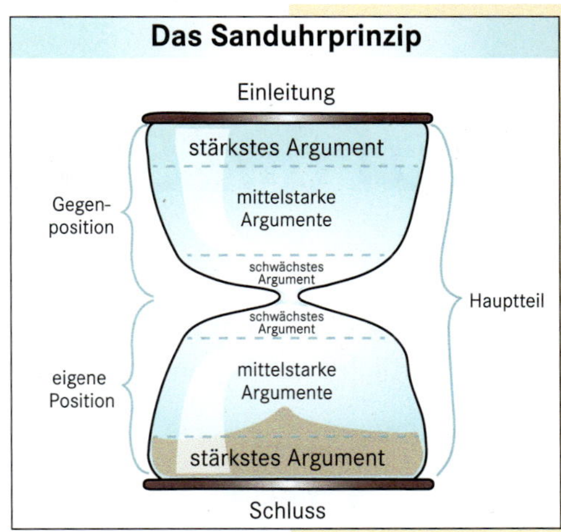

Deine dialektische Erörterung baust du dreiteilig auf: Einleitung, Hauptteil und Schluss.

6 Schreibe eine Einleitung zu deiner Erörterung.

... wird diskutiert, dass ... Dabei gehen ... auseinander
... möchte ich ... darlegen/klären/erörtern ...

7 Im Hauptteil stellst du das Pro und Kontra eines Verbots von Kunststoffen in der Schule dar und wägst die Argumente gegeneinander ab. Gehe nach der Gliederung aus Aufgabe 5b vor.

8 Schreibe den Schlussteil deiner Erörterung:
a. Stelle dar, zu welcher Schlussfolgerung du gelangt bist.
b. Schreibe auf, was du vielleicht empfiehlst, z. B.:
Wie könnte man ein Verbot durchsetzen?
Oder: Kann es auch ein eingeschränktes Verbot geben?

9 Überprüfe und überarbeite deine Erörterung mit Hilfe der Arbeitstechnik.

Arbeitstechnik

Eine dialektische Erörterung schreiben

In einer **dialektischen Erörterung** setzt du dich mit einer These zu einer strittigen Frage auseinander, indem du dazu Kontra- und Pro-Argumente darstellst.

1. Schritt: Die Erörterung planen
- Formuliere deine Antwort auf die Frage zunächst als These.
- Sammle zunächst mehrere Argumente für deine These (Pro) und gegen deine These (Kontra).
- Wähle dann die wichtigsten Argumente aus und ordne sie nach ihrer Überzeugungskraft.

2. Schritt: Die Erörterung schreiben
- Deine **Einleitung** soll Neugier wecken. Du kannst z. B. auf aktuelle Informationen oder Hintergründe eingehen. Schreibe, worum es geht: **Nenne** die **Frage**, das **Thema** und die **Textsorte**, wenn du dich auf einen Text beziehst.
- Führe im **Hauptteil** zur Erörterung deiner These jeweils **mehrere überzeugende Pro-Argumente** und **Kontra-Argumente** (Behauptung, Begründung, Beispiel) an. Beginne mit dem stärksten Argument der Gegenseite; nenne das schwächste zuletzt. Stelle dann die Argumente deiner These dar. Beginne mit dem schwächsten Argument.
- Im **Schlussteil** formulierst du deine **Schlussfolgerung**, die sich aus deinen Argumenten ergibt. Zusätzlich kannst du etwas empfehlen oder einen Vorschlag machen.

Einleitung

Hauptteil

Viele sind der Auffassung, dass ...

Ihr wichtigstes Argument ist ...

Auch diese Argumente führen sie an ...

Besonders aber spricht ...

Schluss

Aus dem Dargestellten schlussfolgere ich ...

... schlage ich vor / empfehle ich / sollten wir ...

Wenn ..., dann ist auch wichtig, dass ...

Vor allem aber sollte man ...

Wenn man anderer Meinung ist, sollte man auch bedenken, dass ...

Auf der Suche nach dem Glück

- Gestaltende Schreibformen als Interpretationshilfe nutzen
- Auszüge aus einem Jugendbuch zum Thema „Glück“ schriftlich analysieren und interpretieren

Das Glück liegt in uns, nicht in den Dingen.

François de La Rochefoucauld, französischer Schriftsteller (1613–1680)

Viele Menschen versäumen das kleine Glück, während sie auf das große vergebens warten.

Pearl S. Buck, amerikanische Schriftstellerin (1892–1973)

1 福 [sprich: fu]: ein chinesisches Zeichen für Glück

2 fortune (engl.): to seek one's fortune: sein Glück suchen

1 Sprecht über die Wörter, die Bilder und die Zitate von S. 80.
- Bei den Wörtern handelt es sich um verschiedene Ausdrücke zum Thema **Glück**. Könnt ihr sie verstehen und laut vorlesen?
- Welche weiteren Ausdrücke kennt ihr? In welchen Sprachen?
- Warum könnten die Menschen auf den Bildern glücklich sein?
- Welche Vorstellungen vom Glück findet ihr in den Zitaten?

2 **a.** Sprecht über das Thema:
- Was ist Glück für euch? Wann seid ihr glücklich?
- Wonach sucht ihr?

b. Vergleicht die Glücksvorstellungen in den Zitaten mit euren Ansichten. Welcher stimmt ihr zu? Begründet eure Meinungen.

Auch die Jugendbücher in diesem Kapitel beschäftigen sich mit der Suche nach dem Glück.

Glückskeks-Momente (Klappentext) Cora Gofferjé

Janne bringt mit ihren Videos Schwung in jede Party. Aber ihr eigenes Leben ist alles andere als ein großes Fest. Es ist durchgeplant, vorhersehbar – kurzum: festgefahren. Bis der Zettel in einem kleinen Glückskeks[1] alles über den Haufen wirft …

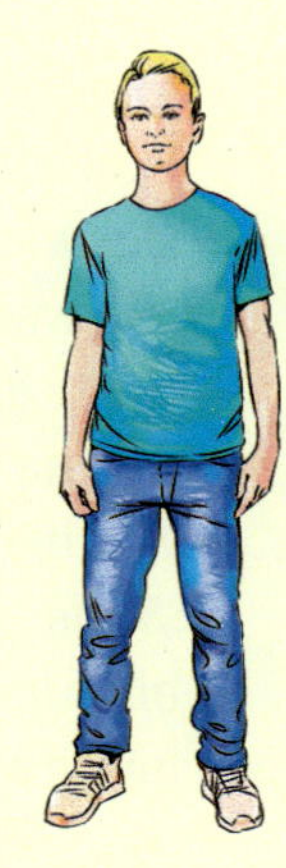

Erst wirst du verrückt und dann ein Schmetterling (Klappentext) Sjoerd Kuyper

„Es war ein Sonntag, an dem man sicher war, alles zu können. Fliegen zum Beispiel."
Was Kos stattdessen gerade erlebt, gleicht eher einer Bruchlandung: der Herzinfarkt seines Vaters, der mehr ist als sein bester Freund, drei starrköpfige Schwestern, mit denen er das Familienhotel am Laufen halten muss. Und dann ist da noch Isabel – die hat er immer noch nicht geküsst.
Er braucht dringend Auftrieb. Aber im Moment sieht es nicht danach aus …

3 Was könnten beide Jugendbücher mit dem Thema **Glück** zu tun haben? Um welche Glücksvorstellungen könnte es gehen? Sprecht darüber.

In diesem Kapitel geht es um **Glück**. Dazu lest ihr Auszüge aus zwei Jugendbüchern. Dabei übt ihr, wie ihr produktive Schreibformen als Interpretationshilfe nutzen und so ein vertieftes Textverständnis erarbeiten könnt. Außerdem lernt ihr, wie ihr einen Text aus einem Jugendbuch schriftlich analysieren und interpretieren könnt.

1 der Glückskeks: ein kleines Gebäckstück, in dessen Innerem sich ein kleiner Zettel mit einem Sinnspruch befindet

Ein Jugendbuch gestaltend interpretieren

Im Jugendbuch „Glückskeks-Momente“ begleitest du Janne auf ihrer Suche nach dem Glück.

Glückskeks-Momente Cora Gofferjé

Hallo, Janne!
Abendessen ist im Kühlschrank – Wir haben Dir die Reste von dem Buffet für die Krügers dagelassen.
Lena schläft heute bei Anna.
Bei uns wird's spät. Küsschen, Mama! →

Gerade als ich den Zettel wütend zerknüllen will, weil ich so eine Stinkwut auf meine Mutter habe, sehe ich den Pfeil, der andeutet, dass der Brief auf der Rückseite noch weitergeht.

PS: Der Brief von der Gastronomie-Akademie[1] aus Genf ist gekommen, habe ihn auf Dein Bett gelegt. Rufst Du uns sofort an, wenn Du ihn geöffnet hast?!

In Windeseile sprinte ich die Treppenstufen hoch. Das Telefon klingelt. Egal, ich habe jetzt keine Zeit. Dann gehe ich doch dran, es könnte ja etwas Wichtiges sein. Es ist was Wichtiges, nämlich Pauline.
„Hi, was ist los? Doch sauer? In der Schule bist du mir heute auch aus dem Weg gegangen. Dachte, ich könnte uns 'ne schön scharfe Pizza Vulcano bestellen und dazu ziehen wir uns 'ne Staffel *Gilmore-Girls* rein.“
„Sonst gerne, aber meine Eltern haben den Kühlschrank bis zum Anschlag vollgestopft mit Fressalien. Außerdem ist heute schlecht ...“
„Du bist doch sauer!“
„Nein! ... Ja! ... Vielleicht! ... Ach, ich weiß auch nicht. Du hast mir so viel um die Ohren gehauen, das muss ich erst mal verdauen!“
„Können wir doch gemeinsam, beim Plündern eures Kühlschranks. Los, Janne, sei kein Frosch, ich komme jetzt rüber und dann reden wir noch mal über alles, okay? Ich weiß, manchmal bin ich wie ein ICE und überrolle dich einfach auf offener Strecke.“
„Ich hab Post!“, höre ich mich plötzlich sagen.
„Hä?“
„Na ja, hier liegt ein Brief auf dem Bett von der Gastronomie-Akademie und ich wollte ihn gerade öffnen.“
„Warte auf mich ... bin gleich da!“

Info
Cora Gofferjé (geboren 1965) ist eine deutsche Redakteurin, Film- und Fernsehproduzentin, Lektorin und Autorin. Sie schreibt Drehbücher und Jugendbücher.

1 die Gastronomie-Akademie: eine Schule, in der man das Kochen, das Servieren und das Hotelfach lernen kann

Bevor ich etwas entgegnen kann, hat sie aufgelegt. Dabei wollte ich heute Abend lieber alleine sein und noch mal in Ruhe über alles nachdenken, auch über Marc und so.

1 Worum geht es in dem Auszug aus dem Jugendbuch? Beantworte dazu die Fragen schriftlich.
- Wer ist die Hauptfigur? Wie ist ihre Situation? Warum sprintet sie „in Windeseile“ die Treppe herauf?
- Um welche Figuren geht es noch?
- Was könnte in Z. 23 mit dem Ausdruck „verdauen“ gemeint sein?

Vorher gab es eine Auseinandersetzung zwischen Janne und Pauline.

„Weißt du Janne, ich finde, du solltest dein Leben endlich einmal selbst in die Hand nehmen!“

[...]

„Also, ich weiß, dass es superschwer für dich ist, über *dich* zu reden. [...] du arbeitest dich brav ein, machst, was man von dir verlangt, während deine Eltern *deine* Zukunft für dich verplanen. Und irgendwie finde ich, dass du mit Marc ähnliche Sachen laufen hast. Ich meine, Marc will dich heiraten. Das ist auch so was: ER will DICH heiraten. Was ist mit dir?“ [...]

[...] Wütend denke ich, dass Pauline ja auch nicht viel besser ist als die anderen, schließlich hat sie mir doch auch sofort Kontaktlinsen aufgequatscht und mich zum Friseur geschleppt. Was ist also mit *ihren* Bevormundungen?

[...]

2 Welche Dinge, die Pauline anspricht, machen Janne wütend? Überlege auch, warum Janne wohl wirklich so wütend ist. Schreibe Stichworte auf.

Janne denkt nach ...

Janne, das ist jetzt recht blöd und feige von dir. Du sitzt hier im Badezimmer rum und glotzt deine Zehen an, anstatt den Brief zu öffnen, der dein Leben verändern kann.

Langsam schlurfe ich zurück in mein Zimmer und steuere direkt auf mein Bett zu. Ehrfürchtig[2] nehme ich den Umschlag in die Hand. Das Papier sieht richtig exklusiv aus, selbst die Briefmarke vermittelt einen Hauch von Luxus. Richtig eingeschüchtert gestehe ich mir ein, dass ich ja eigentlich nichts auf so einer Elite-Schule[3] zu suchen habe und dass ich das Geld dafür ja nie im Leben zusammenkriege, auch wenn Papa und Mama mich noch so sehr unterstützen wollen. Dann reiße ich den Umschlag auf. Wenn hier jetzt drinsteht, dass die mich [...] annehmen, dann ... Ja, was dann? [...]

3 Den Brief öffnet Janne nicht gleich. Warum lässt sich Janne so viel Zeit? Wovor hat sie Angst? Schreibe eine Vermutung auf.

2 ehrfürchtig: voller Respekt

3 die Elite-Schule: eine gute und teure Schule

Pauline kommt, um mit Janne zu sprechen.

Dann legt sie den Kopf schief und sieht mich eindringlich an.

„Bist du glücklich?"

Und dann bricht plötzlich dieses New-York-Virus aus, mit dem Joe mich infiziert hat, und ich erzähle ihr von dem Wettbewerb.

„Joe hat mir da so einen Floh ins Ohr gesetzt. [...] Also, er findet meine Filme richtig klasse, vor allem den letzten Film bei den Stöndals[4]. Na ja, und die Filmwerkstatt Rhein-Ruhr hat einen Wettbewerb mit dem Thema Liebe ausgeschrieben und da passt mein Film genau rein, ich meine, ich bräuchte noch nicht einmal einen zu drehen, ich könnte den dort einschicken, ich muss nur noch die Stöndals fragen, ob sie damit einverstanden sind ... Da kann man einen Preis gewinnen: sechs Wochen Workshop in New York! Das stell ich mir echt super vor, aber ich traue mich nicht!", beende ich meinen Ausbruch.

Mit großen Augen starrt Pauline mich an. „[...] Mensch Janne, das ist genau dein Ding. Ich gebe Joe recht, deine Filme sind wirklich genial und die Filmerei, das ist es doch, was dich *wirklich* interessiert, und nicht der Catering-Service. [...] Du musst dich bewerben, Janne."

Ich sacke in mich zusammen.

4 die Stöndals: ein Ehepaar, dessen Feier zum Hochzeitstag Janne gefilmt hat

4 Welchen Wunsch hat Janne? Gib den Textauszug in eigenen Worten wieder.

5 Überlege, was in Janne vorgehen könnte. Schreibe mit Hilfe der Nomen am Rand ihre Gedanken auf.

der Freund
die Zukunft
der Ausbildungsplatz
der Filmwettbewerb
...

6 Pauline denkt über Janne nach. Versetze dich in Pauline und schreibe einen Tagebucheintrag aus Paulines Sicht.

Heute besuchte ich Janne. Zunächst dachte ich ja, sie wäre sauer auf mich. Aber dann bemerkte ich doch, dass es etwas ganz anderes bei ihr war ...

Jannes Eltern wundern sich über Jannes Verhalten. Es kommt zum Streit ...

[...] „Findest du nicht", Mama lässt sich auf einen Barhocker fallen, „du hättest uns davon in Kenntnis setzen sollen, dass du deine Beziehung mit Marc beendet hast?"

[...] „Ich *finde*, ich muss darüber erst einmal *alleine* nachdenken. So einfach war das für mich auch nicht. Und ich hätte euch schon davon ‚in Kenntnis gesetzt', aber erst dann, wenn ich meine, dass der richtige Zeitpunkt da ist!"

„Aber wir hängen doch auch sehr an Marc!", schluckt Mama schwer.

[...]

„Weißt du eigentlich, wie ich mir vorkomme? Ständig mischst du dich in mein Leben ein. Wie oft soll ich dir noch sagen, dass du das lassen sollst?! Ich mische mich doch auch nicht in deins ein", schnauze ich plötzlich los. „Pass mal auf, meine liebe Janne, wenn du weiter in diesem Ton mit mir sprichst, brechen wir das Gespräch jetzt am besten hier ab."
[...] ⊛

Janne muss Entscheidungen treffen.

W **Jannes Konflikt kannst du mit Hilfe der Arbeitstechnik Gestaltend interpretieren bearbeiten. Wähle Aufgabe 7, 8 oder 9.**
Tipp: Auf S. 90 findest du Übungen, die dir helfen.

Extra Sprache: Produktiv schreiben ► S. 90

7 Janne geht nach dem Streit mit ihrer Mutter in ihr Zimmer und ordnet ihre Gedanken. Diese will sie ihrer Mutter in einem Brief mitteilen. Beachte die Form eines persönlichen Briefs. Die Hinweise am Rand können dir beim Schreiben helfen.

Ort, Datum

passende Anrede

Einleitung: Anlass für den Brief

Hauptteil

Gruß

Unterschrift

8 Wie könnte Janne ihrer Freundin Pauline den Konflikt erklären? Schreibe einen Dialog auf.

Pauline: Was ist denn eigentlich dein Problem?
Janne: Ich ...

Hilfen zum Schreiben des Dialogs: Aufgabe 2 ► S. 90

9 Verfasse einen inneren Monolog, der sich mit Jannes innerem Konflikt auseinandersetzt.

Hilfen zum Schreiben des inneren Monologs: Aufgabe 3 ► S. 90

einen inneren Monolog schreiben ► S. 299

Arbeitstechnik

Gestaltend interpretieren

Produktive Schreibformen können eine Interpretationshilfe sein, mit der du ein vertieftes Textverständnis erarbeiten kannst. Du kannst z. B. **innere Monologe**, **Dialoge**, **Briefe** oder **Tagebucheinträge** entwerfen oder eine **Fortsetzung** schreiben. Auf diese Weise kannst du z. B. einen inneren Konflikt einer Figur erarbeiten und so gestaltend interpretieren. Beim Schreiben solltest du dich immer auf den Originaltext beziehen. Dazu kannst du dir diese Fragen stellen:
- Passen die dargestellten Gedanken oder Handlungen zu der Figur oder den Figuren im Originaltext?
- Ist dein Text ausführlich genug?
- Passt die sprachliche Gestaltung (Wortwahl, Satzbau)?
- Hilft der Text dabei, die Figur(en) und den Originaltext besser zu verstehen?

10 Diskutiert in der Klasse über die Fragen:
- Wie könnte Jannes Reaktion auf ihre Situation aussehen? Wie könnte ihre Geschichte enden?
- Was hat die Geschichte von Janne mit dem Thema **Glück** zu tun?

Ein Jugendbuch analysieren und interpretieren

Die Familie in diesem Jugendbuch erlebt nicht nur glückliche Zeiten ...

1 Lies zunächst den Titel und den roten Text. Welche Themen könnte die Hauptfigur Kos auf das Tonband sprechen? Schreibe Stichworte auf.

Info

Sjoerd Kuyper (1952 in Amsterdam, Niederlande, geboren) schreibt Kinder- und Jugendbücher sowie Drehbücher.

Erst wirst du verrückt und dann ein Schmetterling — Sjoerd Kuyper

Der Roman spielt an der niederländischen Nordseeküste. Der dreizehnjährige Kos ist die Hauptfigur. Kos hat den Traum, Fußballer zu werden, und fiebert einem Testfußballspiel entgegen, das ihn in die Nachwuchsmannschaft von Ajax Amsterdam bringen soll. Kos hat drei Schwestern: Libbie ist neunzehn, Briek fünfzehn und Pel neun. Kos besitzt ein ungefähr 60 Jahre altes Tonband und nimmt darauf sein Tagebuch auf. Auf die Idee hat ihn Walput, der Koch im Hotel seines Vaters, gebracht.

Jetzt muss ich mit meinem Tagebuch anfangen. Meinem Tagetonband. Zu Walput habe ich gesagt, ein Tagebuch sei doch was für Mädchen, so wie Gedichte schreiben, und nichts für Jungs. „Für erwachsene Männer aber schon. Komisch, was?“, meinte er. Und es könne einem helfen, die Gedanken zu ordnen. Dabei weiß ich nicht mal, ob ich noch Gedanken habe. Oder war das jetzt ein Gedanke? Ich bin zu müde, um schlafen zu können. So was gibt es also tatsächlich. Ich hatte gedacht, nur alte Leute kennen das. Hey! Das ist ein Gedanke! Heute sind wir Meister geworden, mein Vater hatte einen Herzinfarkt, wir waren im Krankenhaus, haben das Hotel am Laufen gehalten, bis um elf Uhr die Bar und der Speiseraum leer waren, und danach haben wir noch abgewaschen. Körperlich bin ich fix und fertig, aber was mir durch den Kopf geht, will nicht schlafen. Ich meine, wenn man die Augen zumacht, wird die Welt dunkel, aber im Kopf bleibt das Licht an. [...] Heute hätte ich beinahe geheult, also macht ein Tagebuch den Kohl auch nicht mehr fett.

[...]

Dass mein Vater jeden Samstag oder Sonntag mit zum Fußball geht, ist wichtig, auf meine Schwestern dagegen kann ich so gut verzichten wie auf einen Strafstoß. Wenn die am Spielfeldrand stehen und irgendwelchen Quatsch rufen, kann es leicht passieren, dass der Gegner uns sieben Tore reinknallt. [...] Als Mama sagte, dass sie Krebs habe und sterben würde, habe ich eine ganze Nacht lang geheult. Sie tröstete mich. Dabei hätte ich *sie* trösten müssen. Aber bei ihrem Tod habe ich nicht geheult, auch nicht beim Begräbnis und danach überhaupt nie mehr. Egal was passierte. Ich hatte es so beschlossen. Als ich mir das Handgelenk brach, habe ich keine einzige Träne vergossen. Weil Mama nicht mehr da war, um mich zu trösten. Sie konnte unwahrscheinlich gut trösten. So, dass man nach einer halben Stunde schlapp vor Lachen war. Mein Vater ist als Tröster eine ziemliche Niete. Das kommt daher, dass er nie üben konnte. Mama hat es immer gemacht und später haben wir nicht mehr geheult. Libbie meint, sie müsste uns die Mutter ersetzen, und Mütter heulen nicht. Briek ist dauernd so wütend, dass sie gar nicht zum Heulen kommt, und Pel tut, als würde Mama noch leben. […] Wenn die Mutter tot ist, hat der Vater keine Frau mehr. Dann heult man nicht, weil man seinem Vater nicht noch mehr Kummer machen will. Mein Vater ist der Einzige, der mir die Haare zausen darf. Manchmal denke ich, dass er mein bester Freund ist, aber das stimmt nicht ganz, er ist viel mehr als das. Er ist immer da. Wenn ich mit einem Freund gestritten habe, läuft der davon und ich sehe ihn tagelang nicht oder überhaupt nie mehr. Ein Vater läuft nie davon. Jedenfalls nicht meiner. Einen Vater kann man anfassen und festhalten, er nimmt einen in seine starken Arme. So was geht bei einem Freund nicht.

2 Worum geht es in dem Jugendbuchauszug? Schreibe mit Hilfe der Handlungsbausteine die wichtigsten Informationen auf.

Handlungsbausteine ► S. 294

3 Um welches Thema geht es in diesem Jugendbuch? Schreibe einen Satz dazu auf.
Tipp: Lies dazu nochmals den Klappentext auf S. 81.

„Erst wirst du verrückt und dann ein Schmetterling" (Klappentext) ► S. 81

Starthilfe
In dem Jugendbuch geht es um einen 13-jährigen Jungen, der immer wieder vor Herausforderungen …

In dem Jugendbuch bestimmen die Figuren und ihr Verhältnis zueinander die Handlung.

4 Was erfährst du über die Hauptfigur Kos? Schreibe die äußeren und die inneren Merkmale auf. Schreibe die Zeilenangaben dazu.

Starthilfe
Kos:
äußere Merkmale: 13 Jahre alt, Halbwaise …
innere Merkmale: möchte …, will „Stärke" zeigen (Zeile 28–30, 38–40) …

äußere Merkmale:
das Aussehen
das Alter
die Lebensumstände
die Familie

innere Merkmale:
die Gefühle
die Gedanken
die Verhaltensweisen
die Wünsche

5 Beschreibe das Verhältnis von Kos zu seiner Familie in ganzen Sätzen und belege mit dem Text (Zeilenangaben).
- Welche Bedeutung hat der Vater für Kos?
- Welche Bedeutung haben die Geschwister für Kos?

6 Der Jugendbuchauszug wird aus der Sicht von Kos in der Ich-Form erzählt. Überlege, warum der Autor diesen Erzähler gewählt haben könnte. Schreibe es auf.

Starthilfe
Die Geschichte wird aus der Sicht von ... erzählt. Dadurch ...

7 Untersuche die sprachliche Gestaltung.

a. Untersuche die Zeitform. Schreibe auf:
- Welche Zeitformen verwendet der Autor?
- Was wird in welcher Zeitform erzählt?

Zeitformen der Verben ► S. 307

Starthilfe
Kos spricht seine augenblicklichen Gedanken und Gefühle auf ein Tonband, sie werden im Präsens erzählt. Seine Erlebnisse werden im ...

b. Untersuche die Wortwahl und den Satzbau. Notiere Auffälligkeiten und belege deine Aussagen mit dem Text.

c. Wie wirkt die sprachliche Gestaltung? Beschreibe sie.

die Wortwahl/Ausdrucksweise (Jugendsprache, Umgangssprache)
die Satzlänge

Starthilfe
Kos erzählt wie in einem Tagebuch von seinen ... Der Autor verwendet ... Ausdrücke und ... Als Leser/-in hat man das Gefühl ...

So geht die Geschichte weiter: Kos' Vater hat einen Herzinfarkt und ist im Krankenhaus. Es haben sich 7000 Euro Schulden angesammelt. Die Kinder versuchen, das Hotel zu leiten, doch die Gäste sind unzufrieden und reisen ab. Als letzte Rettung soll Briek bei einem Schönheitswettbewerb für 15-Jährige 5000 Euro gewinnen, doch Briek weigert sich, weil sie Liebeskummer hat.

„Ist ja 'ne Kleinigkeit, so eine Misswahl. Ein bisschen mit dem Hintern wackeln und damit hat sich' s. So was kann jeder." Und dann machte ich die größte Dummheit meines Lebens. Echt wahr. Was ich alles zu Isabel gesagt habe, ist ein Dreck dagegen. Ich nahm Mamas Perücke, setzte sie auf und stolzierte wie eine Dame durchs Zimmer.

Pel hörte auf zu kauen. Libbie starrte mich mit offenem Mund an. Briek riss die Augen weit auf. Ich frage, was denn los sei.

„Mama", sagte Pel. „Briek", sagte Libbie. „Viel schöner als Briek", sagte Pel. „Wahnsinn", sagte Briek. Schlagartig begriff ich.

„Das könnt ihr vergessen!", rief ich. Ich zog mir die Perücke vom Kopf, legte sie wieder auf Brieks Tisch und ging zur Tür.

„Fünftausend Euro für zehn Minuten, Kos", sagte Libbie, „und Papas Hotel ist gerettet!" *

Kos nimmt tatsächlich an der Misswahl teil. Wie könnte die Geschichte weitergehen?

W **8** a. Entscheide dich, ob du die Misswahl ausgestalten oder einen Schluss des Jugendbuchs schreiben möchtest.
b. Sammle Ideen und notiere Stichworte.
c. Wähle die Ideen aus, die in deinem Text vorkommen sollen.

Extra Sprache: Produktiv schreiben ► S. 91

9 Schreibe einen zusammenhängenden Text. Dein Text soll zum Originaltext passen. Orientiere deine sprachliche Gestaltung daran und verwende dieselbe Zeitform.
Tipp: Sieh dir dazu nochmals deine Ergebnisse aus Aufgabe 7 an.

Arbeitstechnik: Gestaltend interpretieren ► S. 85

Aufgabe 7 ► S. 88

10 a. Lest die Auszüge aus dem Jugendbuch in der Leseecke.
b. Lest dann eure Texte aus Aufgabe 9 gegenseitig.
c. Sprecht über eure Texte.
- Passen sie zu den Figuren und zum Jugendbuch?
- Habt ihr den Text durch die Schreibaufgabe besser verstanden?

Lesetipp: „Erst wirst du verrückt und dann ein Schmetterling" ► S. 286–287

Nun könnt ihr die Aussage der Auszüge zusammenfassen.

11 a. Überlegt, welche Vorstellung von Glück in den Jugendbuchauszügen deutlich wird. Bezieht dazu auch die Auszüge in der Leseecke mit ein. Beantwortet dazu schriftlich die Fragen:
- In welchem Konflikt befindet sich Kos?
- Wann empfindet er Glück?
- Was verhindert sein Glück?

b. Stellt eure Ergebnisse aus Aufgabe 11a in der Klasse vor.

Die Arbeitstechnik fasst zusammen, welche Fragen du stellen kannst, wenn du einen erzählenden Text analysieren und interpretieren sollst. Auf den S. 94–95 lernst du, wie du deine Arbeitsergebnisse als zusammenhängenden Text formulieren kannst.

Fit für die Prüfung! Eine Textbeschreibung zu einem Jugendbuchauszug verfassen ► S. 94–95

Arbeitstechnik

Einen erzählenden Text analysieren und interpretieren

1. Erschließe den **Inhalt** des erzählenden Textes.
   - Kannst du den Inhalt in eigenen Worten wiedergeben?
   - Wie kannst du das Thema in einem Satz beschreiben?
2. Arbeite die **Besonderheiten** heraus, z. B. können diese Aspekte eine Rolle spielen:
   - Spielt die Handlung an einem besonderen Ort, in einer besonderen Zeit?
   - Wie kannst du die Figuren und ihr Verhältnis zueinander beschreiben?
   - Wer ist der Erzähler? Warum wird der Text so erzählt?
3. Untersuche den Text auf **sprachliche Besonderheiten**.
   - Wie ist die Wortwahl (Vergleiche, sprachliche Bilder ...)?
   - Wie ist der Satzbau (kurze Hauptsätze, längere Satzgefüge ...)?
4. Untersuche die **Wirkung** und **Bedeutung** der Besonderheiten.
   - Wie wirkt die Gestaltung und was könnte sie bedeuten?

Produktiv schreiben

Im Jugendbuch „Glückskeks-Momente“ habt ihr die Hauptfigur Janne kennen gelernt. Mit der folgenden Übung könnt ihr Janne besser verstehen. Probiert es einmal aus.

„Glückskeks-Momente“ ► S. 82–85

Was ist denn jetzt dein Wunsch, Janne?
Hallo, ich bin Janne ...
Ich fühlte mich nicht verstanden, weil ...
Eigentlich würde ich gerne ...
Janne, warum hast du dich so geärgert?

 **1** **a.** Arbeitet in Gruppen zu fünft oder zu sechst zusammen und bildet einen Sitzkreis. In die Mitte setzt sich eine Person, die in die Figur der Janne hineinschlüpft.

b. Die anderen im Sitzkreis stellen Janne Fragen. Diese antwortet aus Sicht der Figur.

Tipp: Diese Übung könnt ihr auch mit anderen Figuren durchführen.

2 Janne spricht mit Pauline über ihren Konflikt.
Schreibe den Dialog ab und ergänze mit Hilfe der Wortgruppen vom Rand den Dialog.

Pauline: Was ist denn eigentlich dein Problem?
Janne: Ich weiß einfach nicht, was ich machen soll. Es wäre vernünftig, ___.
Pauline: Aber macht dich das ___? Das Filmen ist doch dein Ding.
Janne: Ja, schon, aber ich ___. Und ich weiß nicht, ob ___. Und was ist mit Marc? Was ist, wenn es doch ein Fehler ist, dass ich mich trenne?
Pauline: Es ist richtig, dass du ___. Du bist doch schon lange nicht mehr glücklich mit ihm. Du solltest das mit dem Workshop in New York ___. Das ist eine tolle Chance!

- im Catering-Service arbeiten
- die Eltern enttäuschen
- sich trauen
- sich trennen
- glücklich sein
- versuchen

3 Lena hat einen inneren Monolog aus Jannes Sicht geschrieben. Schreibe den Anfang ab und setze den inneren Monolog fort. Du kannst die Wortgruppen vom Rand verwenden.

Starthilfe

Eigentlich wollte ich doch mit meiner Mutter heute gar keinen Streit anfangen. Aber es hat mich so verletzt, dass sie nie zuhört und da ist einfach alles aus mir herausgeplatzt. Sie versteht mich einfach nicht. Immer geht es nur um ihre Wünsche und Träume. Warum fragt sie nicht mal, was ich mir wünsche? Aber verstehe ich mich eigentlich selbst? Ich bin so ... Und dann noch Marc ...

- Wenn ich nur wüsste ...
- Ist es richtig, dass ... oder ...?
- Aber ...
- Macht mich das glücklich?
- ..., es ist mein Leben.
- Vielleicht probiere ich ...

Suri hat zum Jugendbuch „Erst wirst du verrückt und dann ein Schmetterling“ einen Text über die Misswahl geschrieben. Ganz gelungen ist der Text ihr nicht.

„Erst wirst du verrückt und dann ein Schmetterling“ ► S. 86–88

4 a. Überprüfe Suris Text mit Hilfe der Arbeitstechnik **Gestaltend interpretieren**.
b. Notiere alles, was dir auffällt.

Arbeitstechnik: Gestaltend interpretieren ► S. 85

Da stand er also – Kos. Verkleidet als Mädchen mit einer Perücke auf.
Und neben ihm steht Jsabel. Sie schaut ihn genau an. Kos blickt zu ihr hinüber.
Er denkt: „Hoffentlich erkennt sie mich nicht.“ Doch sie erkannte ihn. Jetzt rief sie laut: „Das ist ja Kos!“ Da liefen alle hinzu. Die Jury wurde böse. Kos musste gehen.
Kos ist ausgeschieden.
...

Achtung: Fehler!

5 a. Besprich mit einer Lernpartnerin oder einem Lernpartner deine Einschätzung zu Suris Text.
b. Schreibt Verbesserungsvorschläge auf.

Was könnte in Kos während der Misswahl vorgehen? Gedanken und Gefühle kannst du gut mit Verben mit dem Reflexivpronomen **mich** ausdrücken.

6 Schreibe die Verben vom Rand mit dem Reflexivpronomen **mich** auf.

- schämen
- kümmern
- ärgern
- weigern
- beeilen

7 Schreibe Suris Text mit Hilfe deiner Notizen aus den Aufgaben 4 und 5 neu.
Tipp: Verwende Verben mit dem Reflexivpronomen **mich**.

Ihr habt mehrere produktive Schreibformen ausprobiert, um ein vertieftes Textverständnis zu erarbeiten.

8 Erarbeitet mit Hilfe der Arbeitstechnik **Gestaltend interpretieren** von S. 85 eine Checkliste.
Tipp: Arbeitet am Computer. So könnt ihr die Checkliste immer wieder verwenden.

Arbeitstechnik: Gestaltend interpretieren ► S. 85

Checkliste: Gestaltend interpretieren	*Ja*	*Nein*
– Passen die dargestellten Gedanken oder Handlungen zu der Figur oder den Figuren im Originaltext?	■	■
– ...	■	■
– ...	■	■
– ...	■	■

Jugendbuchtexte analysieren, interpretieren und dazu schreiben

Hier kannst du überprüfen, ob du einen Text gestaltend interpretieren kannst.

1 Leon hat zum Jugendbuch „Glückskeks-Momente" eine E-Mail aus Jannes Sicht geschrieben.

a. Lies den Anfang der E-Mail.

b. Wie könnte der Streit zwischen Janne und ihrer Mutter zu Ende gegangen sein? Übertrage die angefangene E-Mail in dein Heft und schreibe sie zu Ende.

„Glückskeks-Momente" ► S. 82–85

Hallo, Pauline,
ich hab' voll den Streit mit meiner Mutter gehabt, denn die glaubt, ich hätte ihnen vom Schlussmachen gleich erzählen sollen, denn sie hängen ja so an Marc, aber mal im Ernst – das habe ich ihr auch gesagt – das geht sie doch nichts an, naja, ganz so habe ich das nicht gesagt, aber fast und dann haben wir uns gegenüber gesetzt und ich habe ihr endlich gesagt, dass sie sich nicht mehr in mein Leben einmischen soll.
...

2 a. Überprüfe deine E-Mail aus Aufgabe 1b mit Hilfe der Checkliste **Gestaltend interpretieren** aus Aufgabe 8 von S. 91.

b. Überarbeite deine E-Mail gegebenenfalls.

Aufgabe 8 ► S. 91

Fit für die Prüfung! Zu einem Jugendbuch schreiben ► S. 93

Im Kapitel habt ihr Auszüge aus dem Jugendbuch „Erst wirst du verrückt und dann ein Schmetterling" analysiert und interpretiert.

„Erst wirst du verrückt und dann ein Schmetterling" ► S. 86–88

3 Welche Fragen könnt ihr stellen, um einen erzählenden Text zu analysieren und zu interpretieren?
Arbeitet zu zweit. 

a. Seht euch die Arbeitstechnik **Einen erzählenden Text analysieren und interpretieren** auf S. 89 an.

b. Entwickelt eine Checkliste am PC. Diese könnt ihr dann immer wieder verwenden.

Arbeitstechnik: Einen erzählenden Text analysieren und interpretieren ► S. 89

Fit für die Prüfung! Eine Textbeschreibung zu einem Jugendbuchauszug verfassen ► S. 94–95

Weiterführendes: Was ist Glück? – Einen Sachtext erschließen ► S. 96–97

Checkliste: Einen erzählenden Text analysieren und interpretieren	*Ja*	*Nein*
1. Den Inhalt erschließen	■	■
– ...	■	■

Prüfungsaufgaben zu einer Lektüre bearbeiten

Zu einem Jugendbuch schreiben

In diesem Kapitel hast du dich in Auszügen mit dem Jugendbuch „Erst wirst du verrückt und dann ein Schmetterling“ und seinen Figuren auseinandergesetzt.

„Erst wirst du verrückt und dann ein Schmetterling“ ► S. 86–88

Produktive Aufgaben können dir zeigen, wie gut du dich in die Situation und die Figuren hineindenken kannst.
Daher können produktive Aufgaben auch in deiner Abschlussprüfung vorkommen. Hier kannst du dafür üben.

1 Kos und seine Familie haben nicht nur glückliche Zeiten erlebt. Versetze dich in die Hauptfigur Kos oder in seine Schwester Briek und bearbeite die folgende Aufgabe.

So lautet deine Prüfungsaufgabe:

Schreibe aus der Sicht von Kos oder von Briek einen persönlichen Brief an einen Freund oder eine Freundin.
- Erzähle von Kos' oder Brieks Problemen und davon, wie die Situation sich zum Schluss entwickelt hat.
- Beachte dabei die Form eines persönlichen Briefs.

Brief ► S. 85

2 **a.** Arbeite mit einer Lernpartnerin oder einem Lernpartner zusammen. Stellt euch gegenseitig eure Briefe vor und sprecht über eure Eindrücke.
b. Überprüft mit Hilfe eurer Checkliste **Gestaltend interpretieren** eure Texte.
c. Notiert gegebenenfalls Verbesserungsvorschläge.
d. Anschließend könnt ihr eure Briefe überarbeiten. Übernehmt nur die Verbesserungsvorschläge, die ihr gerne aufgreifen möchtet.

Checkliste: Gestaltend interpretieren: Aufgabe 8 ► S. 91

Wie gut ist dir die Bearbeitung der Prüfungsaufgabe gelungen? Reflektiere darüber.

3 **a.** Was gelingt dir gut, was möchtest du noch üben? Das sind deine Ziele für deine Prüfungsvorbereitung. Schreibe sie auf.
b. Bitte deine Lehrkraft um ein Feedback.
Tipp: Hefte deinen Text mit deinen Zielen in dein Lernwegetagebuch oder in dein Entwicklungs-Portfolio.

Feedback ► S. 300

Eine Textbeschreibung zu einem Jugendbuchauszug verfassen

In deiner Abschlussprüfung kann die Textbeschreibung zu einem erzählenden Text verlangt werden.
Hier lernst du, wie du zum Jugendbuch „Erst wirst du verrückt und dann ein Schmetterling" mit Hilfe deiner Arbeitsergebnisse eine Textbeschreibung verfassen kannst.

„Erst wirst du verrückt und dann ein Schmetterling" ► S. 86–88
Arbeitsergebnisse ► S. 87–89

Eine Textbeschreibung besteht aus einer Einleitung, einem Hauptteil und einem Schluss.

Einleitung

1 Schreibe eine Einleitung. Nenne den Titel, den Autor, die Textsorte und das Thema.
Tipp: Sieh dir dazu auch deinen Satz aus Aufgabe 3 an.

Aufgabe 3 ► S. 87

Starthilfe
Das Jugendbuch „..." wurde von ... verfasst. Der Text handelt von ...

Hauptteil

Im Hauptteil formulierst du die Ergebnisse deiner Analyse und Interpretation.

2 **a.** Gib den Inhalt der Auszüge in eigenen Worten wieder. Verwende dazu auch deine Notizen aus Aufgabe 2.

Aufgabe 2 ► S. 87

Starthilfe
In den Textauszügen geht es um ...

b. Beschreibe die Hauptfigur Kos und ihr Verhältnis zum Vater und zu den Geschwistern. Verwende dazu deine Notizen aus den Aufgaben 4 und 5.

Aufgaben 4, 5 ► S. 87

Starthilfe
Die Hauptfigur Kos ...

c. Beschreibe den Erzähler des Jugendbuchs. Verwende dazu deine Notizen aus Aufgabe 6.

Aufgabe 6 ► S. 88

Starthilfe
Die Geschichte wird aus der Sicht von ... erzählt. Dadurch ...

d. Beschreibe die sprachlichen Besonderheiten mit Hilfe deiner Ergebnisse aus Aufgabe 7.
Beachte dabei:
- Belege deine Aussagen mit dem Text.
- Beschreibe, wie die Gestaltung auf die Leserin oder den Leser wirkt.

Aufgabe 7 ► S. 88
zitieren ► S. 299

Starthilfe
Die Hauptfigur erzählt ...
Als Leser-/in hat man das Gefühl ...

3 Fasse die Aussage der Auszüge zusammen. Verwende dazu deine Notizen aus Aufgabe 11.

Starthilfe
In den Jugendbuchauszügen wird von ... erzählt.

Aufgabe 11 ► S. 89

4 Schreibe einen Schluss, der deine Textbeschreibung abrundet. Schreibe deine Gedanken zum Jugendbuch auf.
- Du kannst zum Jugendbuch Stellung nehmen und schreiben, wie es auf dich wirkt.
- Du kannst auch einen Bezug zu deinem Leben herstellen.
- Du kannst schreiben, was dich zum Nachdenken anregt.

Starthilfe
Ich könnte mir vorstellen, dass ...

Schluss

Nun überprüft und überarbeitet ihr eure Textbeschreibungen.

5 **a.** Überprüft eure Textbeschreibungen gegenseitig. Die Arbeitstechnik kann euch helfen.
b. Notiert, was ihr überarbeiten würdet.

6 Überarbeite deine Textbeschreibung, wenn nötig.

Du hast nun Schritt für Schritt eine Textbeschreibung verfasst. Mit der folgenden Arbeitstechnik kannst du eine Textbeschreibung zu anderen erzählenden Texten verfassen.

Arbeitstechnik

Eine Textbeschreibung zu einem erzählenden Text verfassen

In einer Textbeschreibung analysierst und interpretierst du einen Text.
Schreibe **sachlich** und im **Präsens**.
In der **Einleitung** nennst du den **Titel**, die **Autorin** oder den **Autor**, die **Textsorte** und das **Thema**.
Hauptteil:
- Gib den **Inhalt** in eigenen Worten wieder.
- Formuliere deine Analyse und Interpretation, z. B. können diese Aspekte eine Rolle spielen:
  - Beschreibe den **Raum** / den **Ort** und die **Zeit**.
  - Beschreibe die **Figuren** und ihr Verhältnis zueinander.
  - Beschreibe den **Erzähler**.
  - Stelle die **sprachlichen Besonderheiten** dar (z. B. Wortwahl, Satzbau ...).
  - Überlege bei allen Aspekten, welche **Wirkung** und **Bedeutung** die Gestaltung jeweils hat.
- **Belege** deine Aussagen **mit dem Text** (Zitate, Zeilenangaben).
- Fasse die **Aussage** des Textes **zusammen**.

Im **Schlussteil** kannst du schreiben, wie der Text auf dich wirkt oder was dich zum Nachdenken anregt.

Info

Hinweis: In deiner **Abschlussprüfung** können die Aspekte, die du beschreiben sollst, genau vorgegeben werden.
Lies deine Prüfungsaufgaben genau und beachte ihre Reihenfolge.

Arbeitstechniken zum Üben:
Prüfungsaufgaben verstehen ► S. 192–193
Eine Textbeschreibung zu einem Jugendbuchauszug verfassen ► S. 201–205

Was ist Glück? – Einen Sachtext erschließen

Die Glücksforschung ist die Erforschung der Bedingungen, unter denen sich Menschen als glücklich bezeichnen und/oder glücklich sind.

1 Welche Quellen des Glücks gibt es eurer Meinung nach? Sammelt Quellen des Glücks und schreibt sie auf.

die Freunde eine Partnerschaft eigene Ziele erreichen …

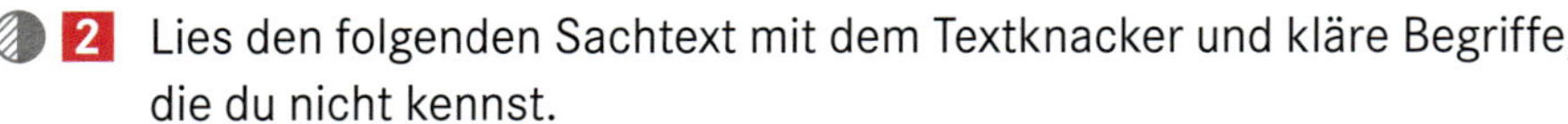

2 Lies den folgenden Sachtext mit dem Textknacker und kläre Begriffe, die du nicht kennst.

Textknacker ► S. 293

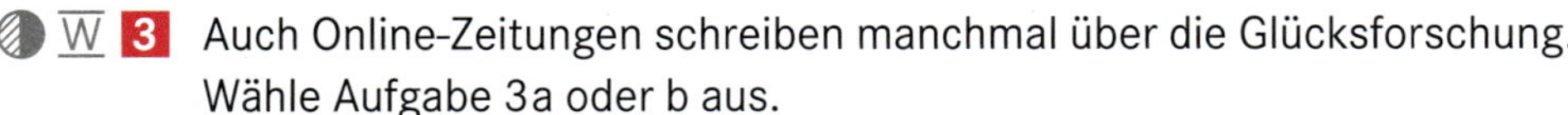

3 Auch Online-Zeitungen schreiben manchmal über die Glücksforschung. Wähle Aufgabe 3a oder b aus.
- **a.** Fasse den folgenden Artikel in eigenen Worten zusammen.
- **b.** Informiere deine Lerngruppe in einem Kurzreferat über den Artikel.

die Glücksfaktoren
die Wahrnehmung von Glück

ein Referat vorbereiten ► S. 300

Wissenschaftler korrigieren unser Bild vom Glück

Marcus Mockler

Müssten die beiden Lottospieler, die jetzt den Jackpot geknackt haben, nicht ganz besonders glücklich sein? Nicht unbedingt, behaupten Glücksforscher: Statistisch gesehen sei ein Lottomillionär kaum glücklicher als Menschen, die jeden Euro zweimal umdrehen müssten. Aber was macht uns eigentlich glücklich?
Wer in einer Internet-Buchhandlung […] das Stichwort „Glück“ eingibt, erhält inzwischen rund 14 000 Treffer. Doch die Ratgeber auf diesem Sektor werden wieder bescheidener. „Glück, was ist das?“ heißt das jüngste Buch zum Thema, das von dem Psychiater Hans Förstl und der Journalistin Helwi Braunmiller (beide München) im Herder-Verlag (Freiburg) veröffentlicht wurde. Statt vollmundiger Versprechen der Kategorie „So kriegen Sie alles, was Sie wollen“ erläutert es in verständlicher Sprache die wissenschaftlich erforschten Faktoren, die uns glücklich machen. Wobei Glück in erster Linie nicht als philosophischer Begriff, sondern ganz einfach als Lebensgefühl definiert wird.
Wer glücklich sein will, braucht demnach nicht einen großen Gewinn, sondern manchmal einen riesigen Verlust. Viele Krebskranke mussten beispielsweise erst ihre Gesundheit verlieren, um schätzen zu lernen, was sie am Leben haben.
Peter Herschbach von der Technischen Universität München hat bei der Auswertung von 30 Studien mit 11 000 untersuchten Menschen herausgefunden: Krebskranke beurteilen ihre Lebensqualität besser als viele Gesunde. Das liegt unter anderem daran, dass die Krankheit sie wieder achtsam macht für die kleinen Glücksmomente des Alltags, während

gesunde Menschen sich permanent mit denen vergleichen, denen es (noch) besser geht als ihnen.
Alle internationalen Studien belegen, dass Glücksgefühle eng mit interessanten Aktivitäten verbunden sind. Malen, Klettern, Musizieren, kreative Lösungen austüfteln – all das bringt das menschliche Gehirn in einen Zustand, den der amerikanische Glücksforschungspionier Mihály Csíkszentmihályi als „Flow" (Fließen) bezeichnet hat. Auch eine feste Partnerschaft macht, statistisch gesehen, glücklich – und zwar noch häufiger mit Trauschein als ohne, wie mehrere Studien gezeigt haben. Wer zudem regelmäßig etwas Sport treibt, den belohnt der Körper mit einer Extraportion Dopamin, das für das gute Lebensgefühl mitverantwortlich ist. Komplizierter verhält sich der Zusammenhang zwischen Glück und Religion. Die Belege, dass Menschen mit einem tiefen Glauben sehr viel häufiger glücklich sind als etwa Atheisten, sind Legion[1]. Allerdings scheint das vor allem in Ländern zu gelten, die insgesamt stark religiös sind. In säkularen[2] Nationen kommen auch die Nichtreligiösen auf ein ansehnliches Glücksniveau.
Gerade dieses Thema macht ein Dilemma deutlich, vor dem die Glücksforschung bis heute steht. Sie kann schwer beurteilen, was zuerst da war: das Glück oder der Glücksfaktor. Sind religiöse Menschen glücklicher – oder neigen glückliche Menschen zur Religion? Sind aktive Menschen glücklicher – oder neigen glückliche Menschen zu mehr Aktivitäten? So lange diese Frage nicht entschieden ist, dürfen auch beim Lottomillionär keine voreiligen Schlüsse gezogen werden. Sollte er oder sie nach der Auszahlung der 32 Millionen glücklich sein, dann ist es sehr wahrscheinlich, dass diese Person auch ohne das viele Geld ein glücklicher Mensch gewesen wäre.

4 Warum diskutieren wir überhaupt über Glück? Sprecht in eurer Lerngruppe darüber.

mehr zum Thema: „Gibt es ein Rezept für Glück?" ► S. 196–197

W **Du hast dich in diesem Kapitel mit dem Thema Glück auseinandergesetzt. Formuliere Tipps für ein glückliches Leben. Wähle Aufgabe 5 oder 6.**
Tipp: Beziehe dich dabei auf die im Text genannten Glücksfaktoren, beachte aber auch, dass es „schwer [zu] beurteilen [ist], was zuerst da war: das Glück oder der Glücksfaktor" (Zeilen 72–74).

5 Verfasse einen Artikel für die Schülerzeitung mit Tipps, wie ein glückliches Leben aussehen könnte.

W **6** Was würden die Wissenschaftler den Hauptfiguren aus den Jugendbüchern in diesem Kapitel raten? Schreibe eine E-Mail an Janne oder Kos, in der du ihr oder ihm Tipps für ein weiteres glückliches Leben gibst.

„Glückskeks-Momente" ► S. 82–85
„Erst wirst du verrückt und dann ein Schmetterling" ► S. 86–88

1 Legion sein: Redewendung, die in Anlehnung an eine Legion (Gruppe) in der römischen Armee eine große Anzahl ausdrücken soll
2 säkular: weltlich, nicht kirchlich

Auftritt im Netz

- Funktionen von Texten im Internet unterscheiden
- In medialen Kommunikationssituationen adressatenbezogene Beiträge formulieren
- Gefahren der Mediennutzung kennen und reflektieren

Viele Menschen sind täglich im Netz unterwegs.

1 Welche Internetdienste nehmt ihr in Anspruch, um mit anderen zu kommunizieren? Welche, um euch zu informieren? Welche dienen euch zur Unterhaltung? Sprecht darüber.

Mit einem Blog kann man eine Vielzahl von Menschen erreichen. Blogs können ganz unterschiedliche Inhalte haben.

2 Lest die folgenden Blogs und sprecht darüber.
- Worum geht es in den Blogs?
- Welche übergeordneten Themen könnt ihr den Blogs zuordnen?
- Was fällt euch an der Sprache auf?
- An welche Zielgruppen könnten die Blogs adressiert sein?

Azubi-Blog der Firma Muster & Co., Mannheim

Jugend- und Auszubildendenvertretung

Veröffentlicht am 21. September 20...

Wir begrüßen die neuen Azubis bei Muster & Co.! Wir sind als Jugend- und Auszubildendenvertreter für die Auszubildenden unserer Firma da.
Wir kümmern uns um alle Fragen, die eure Ausbildung betreffen.
Ihr könnt in den Sprechzeiten zu uns kommen und euer Anliegen – natürlich vertraulich – mit uns besprechen.
Wir sind eure Vertreter:
- Vera R., Ausbildungsberuf Maschinen- und Anlagenführerin, Tel. ...
- Rafik W., Ausbildungsberuf Zerspanungsmechaniker, Tel. ...

Veröffentlicht unter Ausbildung | Kommentar hinterlassen || 2 Kommentare

Kommentar 1: Maxi: Ich finde es toll, dass ihr uns unterstützt! Wann genau sind denn eure Sprechzeiten?
Antwort Vera: Ich bin montags bis mittwochs zwischen 14–16 Uhr zu erreichen, Rafik donnerstags und freitags zwischen 15–17 Uhr.

Kommentar 2: Laura: Ich würde mich auch gerne als Jugend- und Ausbildungsvertreterin engagieren. Was muss ich denn dafür tun?
Antwort Rafik: Im März finden die nächsten Wahlen statt. Dafür musst du ...

Archiv

Blogroll

RSS

Jubiläumsfeier

Jimmys Technik-Blog

Archiv
Januar 20...
Februar 20...
März 20...
April 20...
Mai 20...
Juni 20...

 RSS

Sonntag, 1. Juli 20...
Im Test heute der neue Lautsprecher von Jon...
Hey Leute, heute hab ich mich rangesetzt und den neuen Lautsprecher von Jon... getestet.
Was soll ich sagen – geiles Ding einfach!
Das Design, fette Beats und super Größe!
Und über die App superleicht zu bedienen.
Der ist seinen Preis echt wert.
Ich danke meinen Sponsoren: Jon...

Werbung!

Kommentare
Kim, Montag, 2. Juli 20...
Hey, den hol ich mir auch! Klingt smart – was kostet der?
Jimmy, 2. Juli 20...
590 €
Mian, Dienstag, 3. Juli 20...
Das ist ja voll übertrieben. Und dein Test ist echt schlecht, da weiß ich auch nich mehr als vorher. Mach das mal gründlicher.
Sunny, 4. Juli 20...
du bist echt dumm

Über mich:
Jimmy, 17 Jahre, Schüler
Mein Profil vollständig anzeigen

Meine Blogroll:
beispiel./de/techniktestermirco
beispiel./de/technik4u&me.de
beispiel./de/technicandstyle

Schlagwort:
Musik Apps
Must have
Test
Partyaccessoires

Ein Blog enthält bestimmte Merkmale.

Info

Der Begriff **Blog** oder **Weblog** setzt sich aus der Abkürzung **Web** für **World Wide Web** und **Log** für **Logbuch** zusammen. Oft werden damit Internet-Tagebücher bezeichnet, in denen mindestens eine Person Ereignisse oder Gedanken aufzeichnet. Außerdem führt die Autorin oder der Autor häufig persönliche Linklisten und postet Bilder, Audio- und Videobeiträge. Die Informationen werden in regelmäßigen Abständen aktualisiert. Die Leserinnen und Leser können die Beiträge in Kommentaren ergänzen und bewerten. Auch geschäftlich werden Blogs genutzt, z. B. werden sie von Medien wie Tageszeitungen betrieben, die auf diese Weise ihren Leserkreis erweitern und Rückmeldungen von ihren Leserinnen und Lesern erhalten.

3 Im Informationstext sind einige Merkmale von Blogs blau hervorgehoben. Wo findet ihr die Merkmale in den Blogs auf S. 98 und 99? Erklärt.

4 Welche Blogs kennt ihr und welche lest ihr regelmäßig? Sprecht über eure Erfahrungen.

In diesem Kapitel lernt ihr Merkmale von Blogs kennen. Ihr untersucht Blogs inhaltlich und sprachlich. Außerdem verfasst ihr selbst einen Kommentar zu einem Blogeintrag und erstellt einen eigenen Blog. Dabei lernt ihr, Gefahren bei der Mediennutzung einzuschätzen und euch richtig zu verhalten.

Blogs untersuchen und dazu schreiben

Blogs setzen sich aus vielen Elementen zusammen.

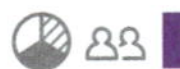 **1** Lest den Job-Blog.

Startseite

16. 2. 20… **von Konstanze**
Live-Bericht von der Bildungsmesse in Ravensburg

Heute früh startete die Bildungsmesse.
Für wen ist diese Messe interessant? Für alle, die sich für Ausbildung, Studium, Fort- oder Weiterbildung interessieren. Besonders spannend ist es natürlich, mit möglichen Arbeitgebern in Kontakt zu treten oder sich direkt bei den Azubis über ihre Ausbildungsbedingungen zu informieren.
http://beispiel./de/konstanzes.job.blog
Zur Fotostrecke:

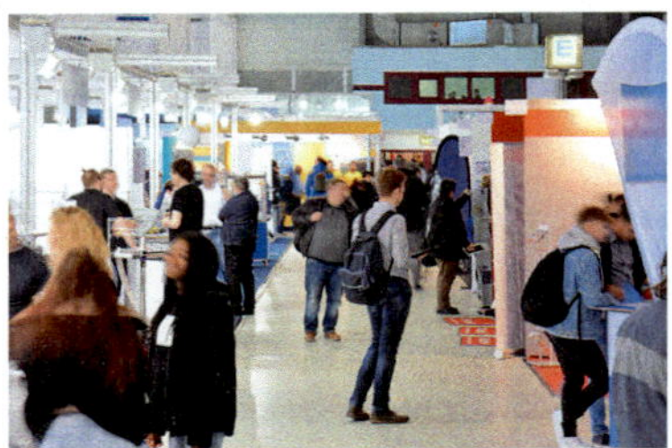

Kommentare zu diesem Post:

Mira 16. 2. 20…
Mir hat es da heute auch sehr gut gefallen. Vor allem den Stand von der Stadtverwaltung kann ich empfehlen, die geben einem richtig gute Informationen zu Lehrstellen im Landkreis.

Konstanze 16. 2. 20…
Danke für den Tipp! Den schaue ich mir auch noch an!

Max 16. 2. 20…
Wie lange ist die Messe denn noch und was kostet der Eintritt?

Konstanze 17. 2. 20…
Der Eintritt ist kostenlos und die Messe geht noch bis zum …

Über diesen Blog

Suchbegriff 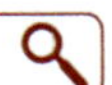

interessante Webseiten und Blogs:
ausbildung-me.de
planet-beruf.de
blog.ausbildung.de

ältere Beiträge:
Januar 20…
Dezember 20…
November 20…
Oktober 20…
 RSS

Interview mit dem Organisator der Bildungsmesse

Kommentarrichtlinie Datenschutz

2 Wie sind die Elemente im Blog angeordnet?
Ordnet die Elemente, die in den folgenden Kästen erklärt werden, den passenden Stellen im Blog zu.

Info

Posts und Kommentare: Die Artikel einer Blog-Autorin oder eines Blog-Autors nennt man Posts. Sie sind nach Datum geordnet, der neueste Post steht an oberster Stelle. Nutzer/-innen können die Posts kommentieren, sodass eine Diskussion entsteht.

Info

Permalink: Jeder Eintrag, bei manchen Blogs auch jeder Kommentar, besitzt eine eindeutige und sich nicht verändernde, permanente Webadresse (URL). So können Nutzer/-innen z. B. einzelne Einträge auf anderen Blogs verlinken.

Info

Blogroll: Eine Blogroll ist eine öffentliche Linksammlung zu anderen Blogs. Sie ist meist gut sichtbar auf der Startseite und allen Unterseiten platziert.

Info

RSS-Feed: Mit Hilfe eines RSS-Feeds erhält man einen kurzen Überblick über aktuelle Veränderungen einer Webseite oder eines Blogs, ohne die Seite besuchen zu müssen.

Blogs richten sich an bestimmte Adressaten.

3 **a.** Seht euch den Blog von S. 100 nochmals an. Beschreibt mit Hilfe der Hinweise am Rand die Sprache, die Schreibform und die Funktion.
b. An welche Zielgruppe richtet sich der Blog? Schreibt eure Vermutung auf.

Sprache:
Fachsprache
Jugendsprache
Umgangssprache
...

Schreibformen:
informierend
appellierend
unterhaltend
...

Blogs können sehr unterschiedliche Inhalte haben.

4 **a.** Vergleiche einen Blog von S. 98–99 mit dem Blog von S. 100. Gehe dabei so vor wie in Aufgabe 3.
b. Welcher Blog würde dich mehr ansprechen und warum? Begründe deine Meinung.

Funktionen:
Information
Kommunikation
Werbung
...

5 Stellt Blogs vor, die zurzeit populär sind. Beschreibt Inhalt und übergeordnetes Thema, Layout, Sprache, Schreibform und Funktion sowie die Zielgruppe des Blogs.

mögliche Zielgruppen:
Senioren
Jugendliche
...

In der Regel können Leser/-innen in Blogs Kommentare schreiben. Dafür gibt es Richtlinien.

6 Warum gibt es Kommentarfunktionen in Blogs? Sammelt Vor- und Nachteile. Lest dazu auch noch einmal die Kommentare zu den Blogeinträgen auf den S. 98, 99 und 100 durch.

7 Recherchiert und notiert, wie Kommentarrichtlinien für einen seriösen Blog lauten sollten. Präsentiert eure Ergebnisse in der Klasse.

Info

Kommentarrichtlinien regeln den Austausch in einem Blog. Die Nutzer/-innen wissen so, an welche Regeln sie sich halten müssen (z.B. dass sie niemanden beleidigen dürfen) und wie mit ihren Beiträgen umgegangen wird (z.B. ob die Beiträge vor der Veröffentlichung geprüft werden).

im Internet recherchieren
► S. 294

Der folgende Blogeintrag befasst sich mit einem Gerichtsurteil.

Richter entscheiden gegen soziales Netzwerk
Mutter darf auf Nachrichten ihrer verstorbenen Tochter zugreifen

Mit dem Urteilsspruch des Bundesgerichtshofs in Karlsruhe[1] endete heute ein langwieriger Rechtsstreit. Die Mutter einer verstorbenen Teenagerin hatte gegen ein soziales Netzwerk Klage eingereicht. Sie verlangte die Herausgabe der Nachrichten ihrer Tochter. Diese war unter ungeklärten Umständen ums Leben gekommen. Die Mutter erhoffte sich durch den Zugriff auf ihre Gespräche auf dem sozialen Netzwerk Aufschluss darüber, was direkt vor dem Tod der Tochter möglicherweise geschehen war.

Der Bundesgerichtshof hat mit seinem Urteil der Mutter das Erbrecht am Netzwerk-Account ihrer Tochter zugestanden.
Es mag nachvollziehbar sein, dass die Mutter wissen möchte, was vor dem Tod ihrer Tochter geschah. Allerdings bedeutet der Urteilsspruch auch einen großen Eingriff in die Privatsphäre der Lebenden, die in Kontakt mit der Tochter standen. Das Gericht hielt im Urteil fest, dass Chatpartner-/innen nicht davon ausgehen dürfen, dass Nachrichten nach dem Tod des anderen vertraulich bleiben.

8 Worum geht es bei diesem Urteil? Notiere Stichworte zum Inhalt dieses Blogeintrags.

Starthilfe
- tote Teenagerin, Klage gegen ..., Mutter darf ...
- das bedeutet: großer ..., Gericht hielt fest ...

Nun kannst du zu dem Blogeintrag einen Kommentar schreiben.

9 Das Urteil regelt in diesem Fall eine Form des „digitalen Nachlasses“. Wie sollte deiner Meinung nach damit umgegangen werden? Schreibe einen kurzen Kommentar zu dem Blogeintrag.
Tipp: Schreibe sachlich, auch wenn es um deine Meinung geht.

Mit diesem Blog will der Verfasser informieren. Häufig sollen Leser/-innen jedoch von etwas überzeugt werden.

10 **a.** Überlegt euch, in welchen Textsorten die Verfasser/-innen überzeugen oder überreden wollen.

Starthilfe
politische Rede, Werbung ...

b. Recherchiert ein Beispiel und stellt es in der Klasse vor. Zeigt, woran ihr erkennen könnt, dass die Leser/-innen überzeugt oder überredet werden sollen.
- Welche Positionen werden aufgewertet oder abgewertet?
- Wie wird versucht, die Leser/-innen zu beeinflussen?

1 Urteil des Bundesgerichtshofs: Der Bundesgerichtshof (BGH) ist das oberste Gericht in Deutschland; hier geht es um das Urteil vom 12. Juli 2018 – III ZR 183/17.

Legal und fair im Netz

Wer im Netz einen eigenen Blog betreibt oder auf anderen Blogs postet, bewegt sich nicht in einem rechtsfreien Raum. Da einmal ins Netz gestellte Daten häufig nicht gelöscht werden können, ist es wichtig, sich darüber zu informieren, was erlaubt und was strafbar ist.

 **1** a. Was ist erlaubt? Was ist strafbar? Lest die folgenden Fälle.
b. Entscheidet bei jedem Fall, was eurer Meinung nach erlaubt und was strafbar ist.
c. Schreibt in Stichworten eine Begründung für eure Entscheidung auf.

Fall 1:
Du hast während des letzten Schulfestes Videoaufnahmen von dir und deinen Mitschülerinnen und Mitschülern bei einem Talentwettbewerb gemacht. Jetzt möchtest du sie in deinem Blog veröffentlichen.

mehr zum Veröffentlichen von Bildern: Gesetzestexte lesen und verstehen ► **S. 199–200**

Fall 2:
Deine Klasse plant, ein Umweltprojekt durchzuführen. Du findest nützliche Links, die du in deiner Blogroll aufnehmen willst.

Blogroll ► **S. 101**

Fall 3:
Du bist als Musikkenner/-in im Freundeskreis bekannt. Einige der Titel, die du gekauft hast, bearbeitest du und würdest sie als Remix auch gerne in deinem Blog posten.

Bei Veröffentlichungen im Internet müssen das Urheberrecht und das Persönlichkeitsrecht beachtet werden.

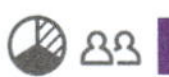 **2** Überprüft eure Entscheidungen aus Aufgabe 1 mit Hilfe der Informationstexte zum Urheberrecht und Persönlichkeitsrecht.

Informationstext zum Persönlichkeitsrecht ► **S. 104**

Info

Urheberrecht: Urheber eines Werkes ist sein Schöpfer. Das kann ein/-e Autor/-in, Fotograf/-in, Musiker/-in usw. sein. Im Urheberrecht ist festgelegt, dass die Urheberin oder der Urheber über die Nutzung ihrer/seiner Werke entscheiden darf. Inhalte (z. B. Texte, Fotos, Videos, Songs, Dateien usw.), die von anderen erstellt wurden, darf man nur verbreiten, wenn man vorher die Erlaubnis des Urhebers eingeholt hat. Das gilt auch dann, wenn diese Inhalte von einem selbst verändert oder bearbeitet worden sind. Der Verweis auf Werke anderer (z. B. durch Zitate oder Links) ist erlaubt.

Info

Das **Persönlichkeitsrecht** ist ein Grundrecht, das dem Schutz der Persönlichkeit vor Eingriffen in ihren Lebens- und Freiheitsbereich dient. Unter anderem bedeutet das auch, dass jeder Mensch selbst darüber entscheiden kann, welche Abbildungen, Videos und Tonaufnahmen von ihm veröffentlicht werden.

Aber auch auf eure eigenen Daten solltet ihr besonders achtgeben.

3 a. Wie würdet ihr euch in dem folgenden Fall verhalten? Lest den Fall und besprecht, wie ihr euch verhalten würdet.
b. Schreibt in Stichworten eine Begründung für eure Entscheidung auf.

Fall 4:
Du willst eine neue App herunterladen und wirst aufgefordert, den Nutzungsbedingungen zuzustimmen. Die App darf dann auf deinen Standort, deine Fotos und deine Kontakte zugreifen.

4 a. Überprüft eure Einschätzung aus Aufgabe 3 mit Hilfe des Informationstextes zum Datenschutz.
b. Notiert, welche Daten unbedingt geschützt werden sollten.

Info

Datenschutz: Das Grundgesetz gewährt den Bürgerinnen und Bürgern die Freiheit, selbst über die Verwendung und Preisgabe ihrer Daten zu bestimmen.
Im Internet hinterlassen jedoch auch Menschen, die eigentlich ihre Daten schützen wollen, oft Datenspuren. Dies geschieht beispielsweise, indem sie Nutzungsbedingungen von Anwendungen zustimmen, ohne sich deren Konsequenzen bewusst zu machen. So können ihre Daten erhoben, gespeichert und zum Beispiel für Werbezwecke verwendet werden.
Bei der Nutzung des Internets sollte man unbedingt auf den Schutz seiner Daten achten und nicht leichtsinnig persönliche Informationen über sich preisgeben.

5 Sprecht in der Klasse über eure Ergebnisse aus den Aufgaben 1–4.

Aufgaben 1 und 2
► S. 103

Wenn du einen eigenen Blog betreibst, musst du eine Datenschutzerklärung abgeben.

6 Informiert euch darüber, was die Datenschutzerklärung enthalten muss.
Tipp: Im Internet könnt ihr Muster für Datenschutzerklärungen finden.

im Internet recherchieren
► S. 294

Bestimmte Inhalte dürfen weder veröffentlicht noch verbreitet werden (z. B. durch Verlinken auf andere Seiten, Einbetten von Videos).

 **7** Was versteht man unter illegalen Inhalten?

a. Informiert euch darüber.

b. Tragt die Informationen zusammen.

im Internet recherchieren ► S. 294

Starthilfe

Extremismus, Gewaltverherrlichung, Beleidigungen ...

8 **a.** Recherchiert: Welche Maßnahmen gibt es, um illegale Inhalte im Netz zu bekämpfen? Welche Maßnahmen wären eurer Meinung nach zusätzlich erforderlich?

b. Stellt eure Ergebnisse in der Klasse vor.

Starthilfe

Maßnahmen: illegale Inhalte an die Verantwortlichen der Seite melden, Internetbeschwerdestelle informieren, Uploadfilter installieren ...

Menschen können durch Veröffentlichungen belästigt, verletzt oder bedroht werden. Es ist wichtig, sich und andere vor Cybermobbing zu schützen.

Info

Unter **Cybermobbing** versteht man das absichtliche und zielgerichtete Beleidigen, Bloßstellen oder Bedrohen von Personen im Internet. Cybermobbing ist in Deutschland kein genereller Straftatbestand. Allerdings sind einzelne Formen von Cybermobbing strafbar.

 **9** Sprecht darüber, welche Fälle von Cybermobbing euch bekannt sind und wie ihr darauf reagiert habt oder reagieren würdet.

10 **a.** Manche Menschen behalten ihre Erfahrungen mit Cybermobbing für sich. Schreibt auf, welche Gründe es dafür geben könnte.

b. Informiert euch über die seelischen Folgen für Betroffene und stellt eure Ergebnisse in der Klasse vor.

W **Ihr habt euch damit beschäftigt, wie ihr legal und fair im Netz unterwegs seid. Gestaltet dazu ein Plakat und wählt Aufgabe 11a, 11b oder 11c.**

11 Gestaltet ein Plakat zu **Gefahren aus dem Internet**.

a. Schreibt Tipps für einen sicheren Umgang mit dem Internet auf.

b. Informiert über Hilfsmöglichkeiten für Betroffene von Cybermobbing.

c. Informiert über den **Safer Internet Day**.

Plakat ► S. 295

Info

Die Initiative **klicksafe** der Europäischen Union kümmert sich um mehr Sicherheit im Internet und richtet jährlich den **Safer Internet Day** aus.

Projektidee: Einen Job-Blog erstellen

Ihr könnt in einem eigenen Job-Blog über eure Praktikumserfahrungen berichten, Berufe vorstellen und euch mit euren Leserinnen und Lesern über interessante Fragen rund um das Thema **Beruf** austauschen.

1 a. Besprecht in der Klasse, für welche Zielgruppe euer Blog gedacht ist und was genau ihr mit eurem Blog erreichen wollt (Funktion).
b. Sammelt Teilthemen, die ihr in eurem Blog präsentieren wollt.

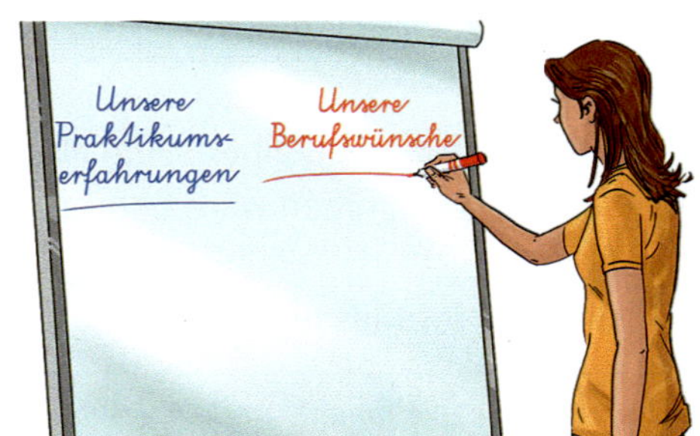

2 Bildet Gruppen nach euren Interessen und verteilt die Teilthemen auf die Gruppen.

3 Jede Gruppe entwickelt einen Arbeitsplan. Legt fest,
- wer zu welchem Teilthema einen Post verfasst,
- welche Funktion der Post haben soll und
- welche Hilfsmittel und Informationsquellen dazu benötigt werden.

Starthilfe

Autor/-in	Thema	Schreibform/ Textsorte	Hilfsmittel	Informations-quellen
Sina und Lea	Mein Praktikum beim Tierarzt	Interview	PC, Aufnahmegerät	Sina
Hannes und Ida	Arbeitsplatz-beschreibung Feinoptiker/-in	informierend	PC, Fotoapparat	Feinoptiker/-in befragen

Textsorten:
Interview
Bericht
Fotostory

Schreibformen ► S. 101

4 Schreibt eure Posts auf dem Computer mit einem Textverarbeitungsprogramm.
Tipp: Die Schreibform sollte natürlich zu der Zielgruppe und Funktion eures Blogs passen.

5 a. Tauscht eure Texte untereinander aus und gebt euch zu folgenden Punkten Feedback:
- Sind die Texte verständlich und interessant?
- Gibt es passende Bilder und Links zum Inhalt oder fehlen Informationen?
- Ist die Rechtschreibung korrekt?

b. Überarbeitet eure Posts anhand der Rückmeldungen.

Feedback ► S. 300

Rechtschreib-Check ► S. 222

Euer Blog ist inhaltlich gut vorbereitet – jetzt fehlt nur noch die Technik.

6 Bei welchem Anbieter kann man kostenlos Blogs erstellen? Recherchiert im Internet und entscheidet euch gemeinsam.

7 a. Besprecht, welche Elemente ihr in eurem Blog verwenden wollt.
b. Entscheidet, wie ihr die Elemente des Blogs anordnen wollt. Schneidet dazu farbige beschriftete Papierschnipsel aus und schiebt die Elemente auf einem Blatt hin und her, bis euch die Anordnung gefällt.

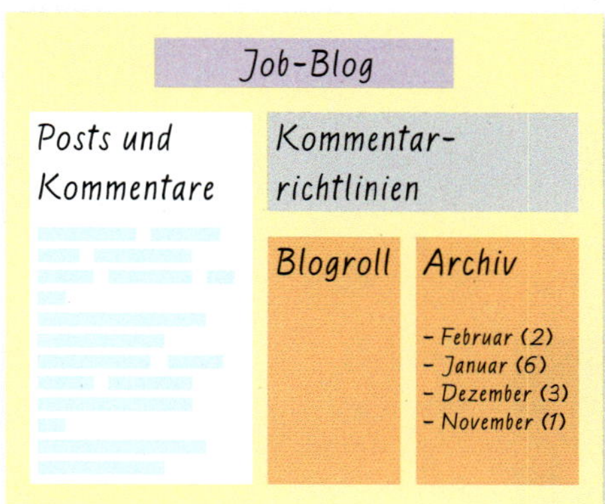

8 Legt gemeinsam einen Account bei einem Anbieter an und gestaltet euren Blog. Die Arbeitstechnik hilft euch dabei.

Arbeitstechnik

Einen Blog einrichten

Bei der Gestaltung des Blogs achtet ihr auf Folgendes:
- Einigt euch auf einen passenden **Namen für den Blog**.
- Einigt euch auf sinnvolle **Gestaltungselemente**, wie zum Beispiel Hauptspalten und Seitenspalten und die Blogroll.
- Gestaltet ein ansprechendes und dem Inhalt entsprechendes **Layout** mit Hintergrundbild, Blogname und Schriftart für die Posts.
- Legt fest, wer auf eurem Blog Posts veröffentlichen darf, wer sie lesen darf und wie ihr die Kommentarfunktion verwaltet. Erstellt dazu eine **Kommentarrichtlinie**.
- Formuliert eine **Datenschutzerklärung** für euren Blog (Muster findet ihr im Internet).

Euer Blog ist nun fertig eingerichtet. Jetzt könnt ihr ihn mit Inhalten füllen.

9 Postet eure Beiträge in eurem Blog.
a. Kopiert die Texte in die Eingabemaske eures Blogs.
b. Gestaltet die Texte, zum Beispiel mit einem Bild. Beachtet dazu den Gesetzestext zum Umgang mit Bildern auf S. 199.
c. Ladet anschließend eure Einträge als Posts auf euren Blog hoch.
d. Fordert eure Leser/-innen dazu auf, die Kommentarfunktion zu nutzen. So könnt ihr mit ihnen in einen Austausch kommen.

Info

Vorsicht: Bei der Wahl des Anbieters sollte darauf geachtet werden, dass keine störende Werbung am Rand des Blogs eingeblendet wird.

im Internet recherchieren ► S. 294

Elemente eines Blogs ► S. 100–101

Kommentarrichtlinie ► S. 101

Datenschutzerklärung ► S. 104

Arbeitstechnik zum Üben: Gesetzestexte lesen und verstehen ► S. 199–200

„Tschick“ – ein Roman und seine Verfilmung

- Inhalte und Handlungen wiedergeben und erläutern
- Einen Roman und seine Verfilmung vergleichen
- Die Sprache eines Films analysieren

Der Roman „Tschick“ von Wolfgang Herrndorf erschien 2010 und wurde 2016 vom Regisseur Fatih Akin verfilmt.
Hier seht ihr das Buchcover und das Filmplakat.

1 a. Vergleicht die Gestaltung des Buchcovers und des Filmplakats.
- Welche Gemeinsamkeiten und welche Unterschiede gibt es?
- Welche Wirkung erzielen das Buchcover und das Filmplakat jeweils? Wodurch kommt die Wirkung zustande?

> **Starthilfe**
> mögliche Wirkung:
> düster, unheimlich, lustig, dynamisch, unruhig, aggressiv ...

b. Welche Gestaltung spricht euch mehr an oder macht euch neugieriger? Begründet eure Meinungen.

2 Worum könnte es in dem Roman und in dem Film gehen?
Bezieht in eure Vermutungen den Titel sowie das Buchcover und das Filmplakat mit ein.
Tipp: Lest das Buch und seht euch gemeinsam den Film an.

Hier findet ihr Informationen zu dem Schriftsteller Wolfgang Herrndorf und zu dem Regisseur Fatih Akin.

3 Lest die Informationstexte. Was würdet ihr gerne noch über die Personen wissen wollen? Notiert hierzu Fragen.

Info

Wolfgang Herrndorf wurde 1965 in Hamburg geboren. Er studierte in Nürnberg Malerei und arbeitete als Illustrator und Autor für Zeitschriften. Im Jahr 2002 erschien sein erster Roman „In Plüschgewittern“. Mit dem Roman „Tschick“ gelang Herrndorf 2010 der Durchbruch. „Tschick“ wurde in über 36 Sprachen übersetzt und war über ein Jahr lang auf der deutschen Bestsellerliste. Herrndorf erhielt für den Roman den Deutschen Jugendliteraturpreis, den Clemens-Brentano-Preis sowie den Hans-Fallada-Preis.
Für den 2011 erschienenen Roman „Sand“ bekam Herrndorf 2012 den Preis der Leipziger Buchmesse.
Als 2010 bei Herrndorf ein Gehirntumor festgestellt wurde, fing er an, in einem Blog über seine Krankheit und sein Leben zu schreiben. 2013 nahm Wolfgang Herrndorf sich das Leben. Nach seinem Tod wurde sein Blog „Arbeit und Struktur“ als Buch veröffentlicht. 2014 erschien sein unvollendeter Roman „Bilder deiner großen Liebe“.

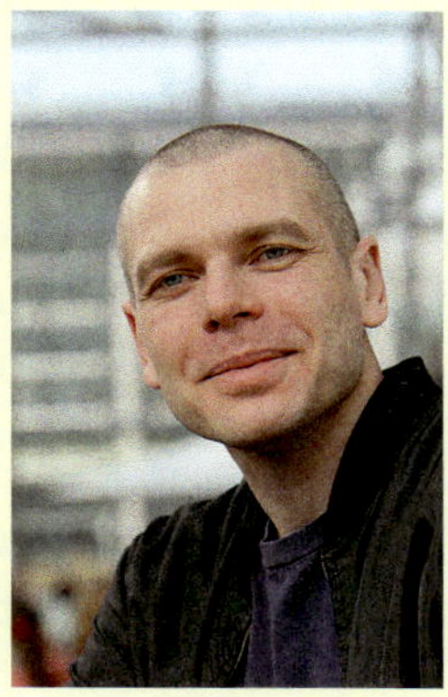
Wolfgang Herrndorf, 2007

Info

Fatih Akin wurde 1973 in Hamburg geboren, wo er auch heute lebt. Er arbeitet als Regisseur, Drehbuchautor, Darsteller und Produzent. Von 1994 bis 2000 studierte er in Hamburg Visuelle Kommunikation. In seinen Filmen steht oft das Leben von Menschen mit Migrationshintergrund im Mittelpunkt.
Für seinen ersten Spielfilm „Kurz und schmerzlos“ erhielt er 1998 den Bayerischen Filmpreis als bester Nachwuchsregisseur. 2004 erschien sein Film „Gegen die Wand“, der zahlreiche nationale und internationale Preise gewann. Nachdem 2014 sein Film „The Cut“ von den Kritikern sehr unterschiedlich aufgenommen wurde, gelang Akin mit der Verfilmung des Romans „Tschick“ 2016 ein großer Erfolg. So wurde Akin im Jahr 2017 sowohl mit dem Bayerischen Filmpreis, als auch mit dem Europäischen Filmpreis ausgezeichnet. Auch sein 2017 realisierter Film „Aus dem Nichts“ war sehr erfolgreich und wurde mehrfach ausgezeichnet.

Fatih Akin, 2019

4 Recherchiert Interviews mit dem Autor oder dem Regisseur zu „Tschick“ und lest sie oder hört sich euch an. Was sagen die beiden zu ihrem Werk und ihrer Motivation, sich mit der Thematik zu beschäftigen? Sprecht darüber.

In diesem Kapitel vergleicht ihr einen Roman mit dessen Verfilmung. Ihr lernt filmische Gestaltungsmittel kennen und reflektiert deren Wirkung. Ihr setzt einen Textauszug medial um und verwendet dabei filmische Gestaltungsmittel.

Die Figuren und die Handlung untersuchen

Die Hauptfiguren im Roman

Tschick (Auszug) Wolfgang Herrndorf

Der 14-jährige Maik ist ein Außenseiter und lebt mit seinen Eltern in Berlin. Als er einen neuen Mitschüler bekommt, tut sich endlich etwas in seinem langweiligen Leben.

Wagenbach kam also rein [...] und hinter ihm her schleppte sich dieser Junge, der wirkte, als wäre er kurz vorm Koma oder so. [...] „Wir haben hier einen neuen Mitschüler. Sein Name ist Andrej –" Und dann schaute er auf seinen Notizzettel, und dann schaute er wieder den Jungen an. Offenbar sollte der seinen Nachnamen selber sagen. Aber der Junge guckte mit seinen zwei Schlitzaugen durch den Mittelgang ins Nichts und sagte auch nichts. [...] Er war ein Russe, wie sich dann rausstellte. Er war so mittelgroß, trug ein schmuddeliges weißes Hemd, an dem ein Knopf fehlte, 10-Euro-Jeans [...] und braune, unförmige Schuhe, die aussahen wie tote Ratten. Außerdem hatte er extrem hohe Wangenknochen und statt Augen Schlitze. Diese Schlitze waren das Erste, was einem auffiel. Sah aus wie ein Mongole, und man wusste nie, wo er damit hinguckte. Den Mund hatte er auf einer Seite leicht geöffnet, es sah aus, als würde in dieser Öffnung eine unsichtbare Zigarette stecken. Seine Unterarme waren kräftig, auf dem einen hatte er eine große Narbe. Die Beine relativ dünn, der Schädel kantig.

[...]

„Andrej Tsch...Tschicha...tschoroff."

Der Russe nuschelte irgendwas.

„Bitte?"

„Tschichatschow", sagte der Russe, ohne Wagenbach anzusehen.

[...]

„Schön, Tschischaroff. Andrej. Willst du uns vielleicht kurz was über dich erzählen? [...]"

Er drehte den Kopf ganz leicht zur Seite, als hätte er Wagenbach erst in diesem Moment bemerkt. Er kratzte sich am Hals, drehte sich wieder zur Klasse und sagte: „Nein."

[...]

1 Beschreibe deinen ersten Leseeindruck:
- Was fällt dir an den Figuren und der Handlung auf?
- Was gefällt dir, was gefällt dir nicht? Nenne einzelne Textstellen.

2 a. Überlege, was Maik und Tschick gemeinsam erleben könnten.
b. Sprecht in der Klasse über eure Ideen.

So geht die Geschichte weiter: Der Erzähler Maik ist schwer in seine Mitschülerin Tatjana verliebt. Als Geburtstagsgeschenk hat er ein Porträt von ihrem Idol[1] Beyoncé[2] mit Tatjanas Augen gezeichnet. Jetzt muss er nur noch zu Tatjanas Party eingeladen werden.

Es war der letzte Schultag, und ich war etwas nervös, weil dieser ganze Partygedanke ja immer im Raum stand, alle redeten unaufhörlich über Werder bei Potsdam[3], aber es hatte noch keine Einladungen gegeben, oder ich hatte keine gesehen. Und man wusste ja gar nicht, wo genau das sein sollte, so klein ist Werder ja auch wieder nicht. Ich hatte den Stadtplan längst im Kopf. Und deshalb dachte ich, dass Tatjana das am letzten Schultag irgendwie bekanntgeben würde. War aber nicht so.

Stattdessen sah ich in der Federtasche von Arndt, der zwei Reihen vor mir saß, ein kleines grünes Kärtchen. Das war in Mathe. Ich sah, wie Arndt das grüne Kärtchen Kallenbach zeigte, und Kallenbach runzelte die Stirn, und ich konnte sehen, dass in der Mitte vom grünen Kärtchen ein kleiner Straßenplan war. Und dann bemerkte ich, dass alle diese grünen Kärtchen hatten. Fast alle.

[...] Wie sich später rausstellte, waren Kallenbach und ich nicht die Einzigen ohne Einladung. Der Nazi hatte auch keine, Tschichatschow nicht, und dann noch ein oder zwei. [...]

Wieder zu Hause, wusste ich nicht, was ich machen sollte. [...] Irgendwann holte ich die Beyoncé-Zeichnung raus. Ich schaute sie lange an, hielt sie mit zwei Händen vor mich hin und fing ganz langsam an, sie zu zerreißen. Als der Riss an Beyoncés Stirn war, hörte ich auf und heulte. [...]

3 Was erfährst du im Text auf S. 110 und 111 über Tschick und Maik?
a. Lege eine Tabelle für jede Figur an. Notiere äußere und innere Merkmale.
b. Vergleicht eure Ergebnisse.

äußere Merkmale:
z. B. das Alter, das Aussehen, die Lebensumstände, die Familie

innere Merkmale:
z. B. die Gefühle, die Gedanken, das Verhalten

4 Wie würdet ihr die Figuren Tschick und Maik im Film besetzen?
Sprecht über die folgenden Fragen und sammelt eure Ideen.
- Wie müssten die Schauspieler aussehen und gekleidet sein?
- Wie sollten sie sprechen und sich verhalten (Gestik, Mimik)?

1 das Idol: eine Person, die jemand sehr verehrt
2 Beyoncé: eine US-amerikanische Pop-Sängerin
3 Werder bei Potsdam: Werder ist eine Stadt in Brandenburg nahe der Landeshauptstadt Potsdam

Die Exposition des Films

Hier siehst du, wie der Regisseur Fatih Akin den Anfang der Geschichte umgesetzt hat.

> **Info**
> In der **Exposition** eines Films wird die Ausgangssituation dargestellt.

1 Beschreibe die Bilder.

Tschick kommt neu in die Klasse

Maik muss neben Tschick sitzen

Maik wird nicht eingeladen

Maik will die Zeichnung zerreißen

2 **a.** Zu welcher Textstelle passen die Bilder jeweils? Begründe die Zuordnung mit Hilfe des Textauszuges von S. 110 und S. 111.
b. Welche Bilder weichen von der Textvorlage ab?
Erläutere die Unterschiede zwischen der Textvorlage und dem Bild.

„Tschick" ► S. 110, 111

> **Starthilfe**
> Das erste Bild passt zu den Zeilen 1–26 auf S. 110, denn man kann darauf erkennen, wie der Lehrer Wagenbach ...
> Das zweite Bild hingegen ...

3 Beschreibe, wie die einzelnen Bilder wirken und warum sie so wirken.

4 **a.** Vergleicht die dargestellten Schulszenen (Bild 1 und 2) mit eurem Schulalltag. Welche Gemeinsamkeiten und welche Unterschiede fallen euch auf?
b. Warum hat sich der Regisseur wohl für diese Darstellung entschieden? Begründet eure Einschätzung.
Tipp: Seht euch dazu den Filmausschnitt (Minuten 00:07:40 – 00:14:50) an.

Filmische Gestaltungsmittel: Einstellungsgrößen

Mit verschiedenen Kameraeinstellungen können unterschiedliche Wirkungen erzeugt werden.

Info

Durch die Kameraeinstellung werden bestimmte Stimmungen erzeugt und dem Publikum gezeigt, was an der jeweiligen Szene wichtig ist. Die verschiedenen **Einstellungsgrößen der Kamera** tragen dazu bei. Mit dem Begriff **Einstellungsgröße** wird der Ausschnitt bezeichnet, den die Kamera zeigt. Die Distanz der Kamera zum Geschehen bestimmt die Einstellungsgröße und somit darüber, wie Bilder auf das Publikum wirken.
Nahaufnahme: Bei dieser Einstellungsgröße werden die Figuren von der Brust aufwärts gezeigt. Dadurch wird die Mimik der Figur in den Mittelpunkt gerückt. Die Figur und ihre Gefühle werden so intensiver wahrgenommen.
Totale: Bei dieser Einstellungsgröße ist die Kamera weit weg. Dem Publikum wird der Handlungsort gezeigt. Es erhält so Orientierung über den Ort der Handlung und über Figuren und Dinge, die für die Handlung wichtig sind. Eine Sonderform der Totalen ist der **establishing shot**. Dabei handelt es sich um das erste Bild einer Szene („Eröffnungsszene“).
Halbtotale: Die Halbtotale zeigt die Figuren in voller Körpergröße. Im Gegensatz zur Totalen rückt der Handlungsort in den Hintergrund. Im Mittelpunkt stehen Aussehen und Gestik der Figuren.
Halbnah: Die Figuren werden von der Hüfte an aufwärts gezeigt. Hierbei kann das Zusammenspiel von Gestik und Mimik in den Mittelpunkt gestellt werden.
Detail: Die Beschaffenheit von z. B. Objekten oder Körperteilen wird unnatürlich groß herausgestellt. Dadurch wird ein wesentliches Detail betont. Detailaufnahmen können die Spannung fördern.

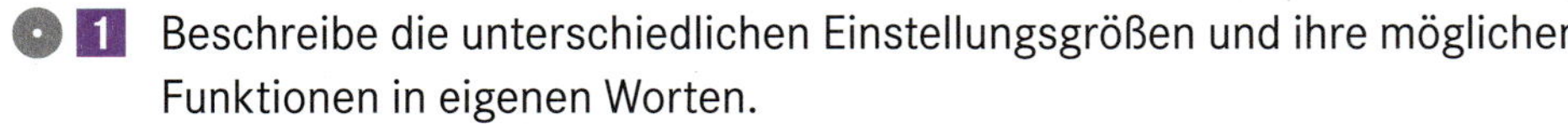

1 Beschreibe die unterschiedlichen Einstellungsgrößen und ihre möglichen Funktionen in eigenen Worten.

2 **a.** Ordne die Filmbilder auf S. 112 jeweils einer Einstellungsgröße zu.
b. Erkläre, woran man die Einstellungsgröße erkennen kann.
c. Überlege, welche Wirkung durch die jeweilige Einstellungsgröße erzielt werden soll, und schreibe eine Erklärung auf.

Starthilfe

Bei dem ersten Bild wurde die Einstellungsgröße ... gewählt. Das erkennt man daran, dass die Figuren etwa von der Hüfte an aufwärts gezeigt werden. ...

3 **a.** Welche Einstellungsgröße würdet ihr für diese Szenen wählen?

A „Den Mund hatte er auf einer Seite leicht geöffnet, es sah aus, als würde in dieser Öffnung eine unsichtbare Zigarette stecken.“ (S. 110, Z. 12–13)

B „Als der Riss an Beyoncés Stirn war, hörte ich auf und heulte.“ (S. 111, Z. 46)

b. Begründet eure Entscheidung.

Den Spannungsaufbau untersuchen

Die Verfolgungsjagd

Tschick (Auszug) Wolfgang Herrndorf

Maik und Tschick gehen mit einem gestohlenen Lada auf Reisen. Als sie in einem Dorf Station machen, werden sie von einem Polizisten entdeckt. Tschick flüchtet mit dem Auto und Maik bleibt zurück.

[...] Und ich stand die ganze Zeit wie gelähmt mit diesem Kürbis auf der Straße, als der Lada schon auf den Horizont zuhielt und der Polizist sich endlich zu mir umdrehte. Und was ich dann gemacht hab – frag mich nicht. Normal und mit Nachdenken hätte ich das garantiert nicht gemacht. Aber es war ja schon nichts mehr normal, und so dumm war es dann vielleicht auch wieder nicht. Ich rannte nämlich zum Fahrrad hin. Ich warf den Kürbis weg und rannte zum Fahrrad vom Polizisten. Ich war jetzt deutlich näher dran als der Polizist, schleuderte das Rad am Rahmen herum und sprang in den Sattel. Der Polizist brüllte, aber glücklicherweise brüllte er noch in einiger Entfernung, und ich trat in die Pedale. Bis zu diesem Moment war ich nur wahnsinnig aufgeregt gewesen, aber dann wurde es der reinste Albtraum. Ich trat mit aller Kraft und kam nicht von der Stelle. Die Gangschaltung war im hundertsten Gang oder so, und ich konnte den Hebel nicht finden. Das Geschrei kam immer näher. Ich hatte Tränen in den Augen, und meine Oberschenkel fühlten sich an, als würden sie vor Anstrengung gleich platzen. Der Polizist brauchte im Grunde nur noch die Hand nach mir auszustrecken, und dann kam ich langsam in Fahrt und fuhr ihm davon. Ich schoss über das Kopfsteinpflaster durchs Dorf. [...] [*]

1 Fasse die Handlung in eigenen Worten zusammen.

Die Handlung im Roman ist an dieser Stelle sehr spannend.

2 Wie erzeugt der Autor Spannung? Notiere drei Beispiele und erläutere, wie hier mit sprachlichen Mitteln Spannung erzeugt wird.
Tipp: Werden Ängste ausführlich beschrieben? Werden Figuren als bedrohlich beschrieben?

Starthilfe

Der Autor erzeugt dadurch Spannung, dass die Ängste des Ich-Erzählers ..., beispielsweise in den Zeilen ... Außerdem ...

3 Wie könnte man in der Verfilmung Spannung erzeugen? Sammelt eure Ideen.
Tipp: Seht euch dazu die Filmszene an (Minuten 00:46:00–00:48:00).

bedrohliche Musik
Mimik
...

Der Regisseur Fatih Akin hat die Verfolgungsjagd so umgesetzt:

1

2

3

4

5

6

7

8

9

10

11

12

4 Beschreibe die einzelnen Filmbilder.

5 Welches Bild passt zu welcher Textstelle? Notiere jeweils das Bild und die Zeilenangabe.

„Tschick" ► S. 114

6 Beschreibe die Wirkung der einzelnen Bilder. Welche drücken für dich Spannung aus und wie kommt es zu dieser Wirkung?

Die einzelnen Bilder (engl. frames) der Verfolgungsjagd wurden auf eine bestimmte Art und Weise zusammengeschnitten (montiert).

7 **a.** Beschreibt mit Hilfe des Informationstextes, mit welcher Technik die einzelnen Bilder montiert wurden.
b. Überlegt, warum der Regisseur sich für diese Technik entschieden haben könnte, und schreibt eure Vermutung auf.

Info

- **Schuss-Gegenschuss-Technik:** Zwischen den Figuren wird hin und her gesprungen.
- **Rückblende:** Von der Gegenwart wird in die Vergangenheit gesprungen.
- **Parallelmontage:** Die Handlung wird an verschiedenen Orten abwechselnd gezeigt.

Filmische Gestaltungsmittel: Kameraperspektiven, Ton und Licht

Beim Filmen einer Szene ist die Kameraperspektive wichtig, denn sie führt den Blick der Zuschauer/-innen. Entscheidend sind dabei die Höhe und die Richtung, aus denen gefilmt wird.

Info

Die Kameraperspektiven
Wenn die Kamera sich auf der gleichen Höhe wie die Figuren befindet, spricht man von **Normalperspektive**. Diese Perspektive ist weit verbreitet und wird zum Beispiel dazu verwendet, wenn man ganz normale Tätigkeiten filmen möchte oder auch, wenn ein Interview gemacht wird.
Mit dem Begriff **Vogelperspektive** werden Aufnahmen bezeichnet, die in extremer Aufsicht gefilmt werden. Die Kamera filmt dabei aus großer Höhe, so als würde ein Vogel auf das Geschehen blicken. Vogelperspektiven werden beispielsweise als Kran-, Hubschrauber- oder Drohnenaufnahmen gefilmt. Sie werden zur Eröffnung von Szenen eingesetzt oder werden verwendet, wenn Figuren ängstlich oder hilflos wirken sollen.
Mit dem Begriff **Froschperspektive** wird die Untersicht der Kamera bezeichnet. Hier scheint die Figur aus der Perspektive eines Frosches betrachtet zu werden. Dadurch können Figuren oder auch Gegenstände als besonders groß, beeindruckend oder bedrohlich dargestellt werden.

1 Erläutere die verschiedenen Kameraperspektiven und deren Wirkung.

2 Untersuche die Bilder von S. 115.
- **a.** Welche Kameraperspektive liegt bei den Bildern 2, 8, 9 und 11 vor? Ordne die Kameraperspektiven vom Rand den Bildern zu und erkläre, woran du die Kameraperspektive erkennst.
- **b.** Warum wurde diese Kameraperspektive für das jeweilige Bild gewählt? Was war dem Regisseur wohl an dieser Stelle wichtig zu zeigen? Schreibe eine begründete Vermutung auf.

Normalperspektive
leichte Aufsicht
leichte Untersicht

Filmbilder: die Verfolgungsjagd ► S. 115

3 Welche Kameraperspektive würdest du für folgende Szenen wählen? Begründe deine Entscheidung.

A Maik lässt sich nach der Verfolgung erschöpft vom Rad fallen.
B Maik und Tschick treffen sich nach der Verfolgung durch den Polizisten wieder.

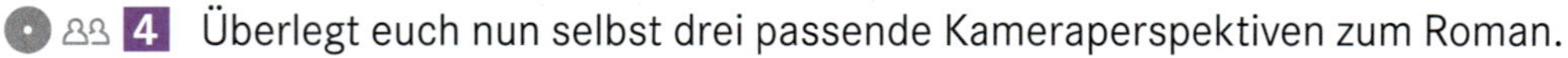

4 Überlegt euch nun selbst drei passende Kameraperspektiven zum Roman.
- **a.** Lest dazu erneut den ersten Textauszug oder, wenn er euch vorliegt, das 27. Kapitel (S. 138–143) des Romans.
- **b.** Überlegt, welche Textstellen ihr im Film durch welche Kameraperspektive umsetzen könntet. Begründet eure Wahl.

„Tschick" ► S. 110, 111

Auch der Ton entscheidet darüber, wie ein Film wirkt.

Unter den Begriff **Ton** fallen Dialoge, Musik, Geräusche und Originaltöne beim Drehen. Wenn die Tonquelle im Bild zu sehen ist, nennt man das **On-Ton**, ansonsten spricht man von **Off-Ton**. Zum Off-Ton zählen auch Sprecherstimmen, die nicht von Figuren stammen, die gerade auf dem Bild zu sehen sind. So kann z. B. ein Erzähler die Handlung kommentieren oder den Blick auf etwas Bestimmtes lenken. Geräusche und Musik entscheiden darüber, ob eine Filmszene z. B. fröhlich oder bedrohlich wirkt.

Wenn ihr den Film gesehen habt, könnt ihr Filmszenen genauer untersuchen.

5 Untersucht die Verfolgungsszene (Minute 00:46:57 – 00:47:45).

a. Notiert in einem Tonprotokoll, welche Musik, Töne und Geräusche ihr in diesem Filmausschnitt hört.

b. Notiert auch, welche Stimmung jeweils erzeugt wird.

Starthilfe

Zeit	Ton (Geräusche, Musik)	erzeugte Stimmung
00:46:57	einsetzender Geigenton ...	angespannt, bedrohlich
00:47:04	Schlagzeug ...	Spannung, energiegeladen

Die Lichtgestaltung beeinflusst ebenfalls die Wirkung einer Filmszene.

Info

Man unterscheidet die **Lichtfarbe** und den **Beleuchtungsstil**.
Mit **Lichtfarbe** bezeichnet man die Eigenfarbe des von Lampen abgestrahlten Lichts. Sie bestimmt darüber, ob eine Farbe als warm oder kalt wahrgenommen wird.
Zu den drei **Beleuchtungsstilen** zählen:
Normalstil: Hier sind hell und dunkel ausgewogen verteilt und es werden die natürlichen Sehgewohnheiten abgebildet.
Low-Key-Stil: Bei diesem Stil bleiben große Teile des Bildes dunkel. Schatten spielen eine große Rolle, wodurch Spannung erzeugt wird.
High-Key-Stil: Dabei wird eine Szene gleichmäßig bis übermäßig ausgeleuchtet. Dadurch kann z. B. eine positive Grundstimmung hervorgehoben werden oder eine Szene auch irreal wirken.

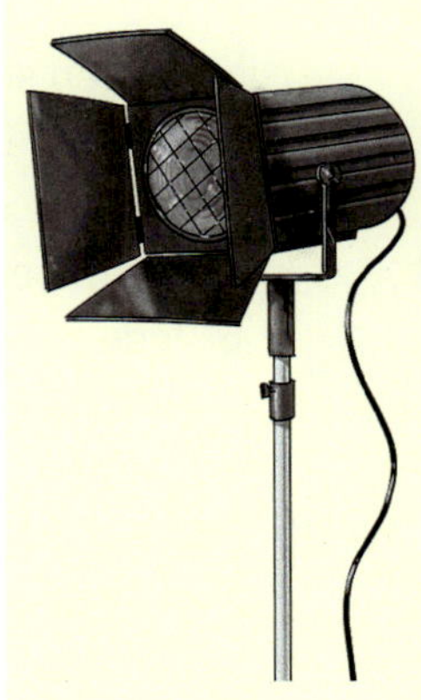

6 Auf ihrer Reise begegnen Maik und Tschick dem Mädchen Isa. Untersucht die Filmsequenz mit Isa (Minuten 01:03:00 – 01:05:38). Welcher Beleuchtungsstil liegt vor? Welche Wirkung wird dadurch erzielt?

7 Welchen Beleuchtungsstil würdest du für folgende Szenen wählen? Begründe deine Entscheidung.

A Tschick und Maik wollen aus fremden Autos Benzin klauen.
B Isa verabschiedet sich von Maik und Tschick.

Vergleich: Roman und Film

Wenn ihr den Roman ganz gelesen und den Film angesehen habt, könnt ihr beides im Gruppenpuzzle genauer vergleichen.

1 Bildet Stammgruppen mit je drei Schülerinnen und Schülern.

2 Ihr vergleicht den Film mit dem Roman. Entscheidet, wer aus eurer Stammgruppe welche Aufgabe 2a bis c bearbeitet.
Tipp: Seht euch dazu nochmals den Film an und macht euch Notizen.

a. Analysiert den Erzähler und die Hauptfiguren.
- Beschreibt den Erzähler: Wer erzählt die Geschichte jeweils und wie (Tonfall, Sprache)?
- Beschreibt die Hauptfiguren Maik und Tschick im Roman und im Film. Notiert Gemeinsamkeiten und Unterschiede.

b. Untersucht diese Szenen auf Gemeinsamkeiten und Unterschiede:
- Party von Tatjana (Roman: S. 91–94, Film: Minuten 00:24:35 - 00:27:07)
- das Ende (Roman: S. 245–254, Film: Minuten 01:21:42 -01:27:30)

c. Analysiert den Film im Vergleich zum Roman.
- Welche Szenen fehlen im Film oder werden ganz anders dargestellt?
- Warum weicht der Regisseur wohl von der Textvorlage ab? Was könnte er damit erreichen wollen?

3 **a.** Die Schüler/-innen, welche dieselbe Aufgabe bearbeitet haben, treffen sich in Expertengruppen.
b. Sprecht über eure Ergebnisse.

4 **a.** Die Experten kehren in ihre Stammgruppen zurück.
b. Jede Expertin und jeder Experte informiert seine Stammgruppe über ihre/seine Arbeitsergebnisse.

5 Diskutiert in der Lerngruppe über diese Fragen:
- Welche Stelle im Roman findet ihr am eindrucksvollsten und welche im Film?
- Wie wirkt der Roman? Was ist seine Aussage?
- Welche Gestaltungsentscheidungen und Veränderungen des Regisseurs findet ihr gelungen? Welche gefallen euch weniger?

In einer Rezension[1] kannst du deine Meinung oder Gedanken zum Roman oder zum Film formulieren.

W **6** Schreibe eine Rezension zum Buch oder zum Film. Du kannst sie z. B. in eurem Schul-Blog oder auf der Homepage eurer Schule veröffentlichen.

1 die Rezension: eine kritische Besprechung eines Buches oder einer Veröffentlichung

mehr Rezensionen
► S. 171

Projektidee: Einen Romanauszug medial umsetzen

W Nun seid ihr dran: Den folgenden Auszug aus dem Roman könnt ihr als Fotostory oder als Filmszene gestalten.

1 a. Zunächst liest jeder für sich den Textauszug.
b. Jeder gibt den Text in eigenen Worten schriftlich wieder.

Tschick (Auszug) Wolfgang Herrndorf

Als Maik und Tschick auf der Müllkippe nach Schläuchen suchen, begegnen sie einem verwahrlost aussehenden Mädchen. Das Mädchen folgt ihnen.

[...] Ich dachte auch, dass das Mädchen irgendwann von allein zurückgehen würde, aber sie lief wirklich drei oder vier Kilometer weit mit bis zu dieser Brombeerhecke. Mittlerweile hatte ich auch schon wieder Hunger und Tschick auch, und wir stürzten uns zu dritt in die Brombeeren.
„Wir müssen die irgendwie loswerden", flüsterte Tschick, und ich sah ihn an, als hätte er gesagt, wir sollten uns nicht die Füße absägen.
Und dann fing das Mädchen an zu singen. Ganz leise erst, auf Englisch, und immer unterbrochen von kleinen Pausen, wenn sie Brombeeren kaute.
„Jetzt singt sie auch noch kacke", sagte Tschick, und ich sagte nichts, denn im Ernst sang sie nicht kacke. [...] Aber sie sang wahnsinnig schön.
Ich hielt eine Ranke[1] mit Daumen und Zeigefinger vorsichtig von mir weg und schaute zwischen den Blättern durch auf das Mädchen, das da singend und summend Brombeeren kauend im Gebüsch stand. Dazu dann noch der Brombeergeschmack in meinem eigenen Mund und die orangerote Dämmerung über den Baumkronen und im Hintergrund immer das Rauschen der Autobahn – mir wurde ganz seltsam zumute.
„Wir gehen jetzt allein weiter", sagte Tschick, als wir wieder auf dem Weg standen.
„Wieso?"
„Wir müssen nach Hause."
„Da komm ich mit. Das ist auch meine Richtung", sagte das Mädchen, und Tschick sagte: „Das ist überhaupt nicht deine Richtung."
Er erklärte ihr ungefähr fünfhundert Mal, dass wir sie nicht dabeihaben wollten, aber sie zuckte nur die Schultern und lief uns hinterher, und schließlich baute Tschick sich vor ihr auf und sagte: „Ist dir eigentlich klar, dass du stinkst? Du stinkst wie ein Haufen Scheiße. Jetzt hau ab." [...] [*]

1 die Ranke: hier: Teil/Ast der Brombeerhecke

2 a. Jede/Jeder überlegt für sich, ob sie/er den Textauszug in eine Fotostory oder in eine Filmszene umwandeln möchte.

b. Bildet Fünfergruppen für die Fotostory (Aufgabe **A**) und die Filmszene (Aufgabe **B**). Ihr benötigt mindestens drei Darsteller/-innen, eine/n Regisseur/-in, eine/n Kamerafrau/-mann.

Tipps:

- In jeder Gruppe sollte mindestens eine Expertin oder ein Experte sein, die oder der sich mit den filmischen Gestaltungsmitteln auskennt.
- Ihr könnt auch eine andere Textstelle auswählen, wenn ihr das Buch gelesen habt.

filmische Gestaltungsmittel ► **S. 113, 116–117**

W A Fotostory

3 Plant eure Fotostory in einem Storyboard.

a. Legt fest, in wie vielen Fotos ihr die Szene erzählen wollt. Zeichnet dazu die einzelnen Bilder.
Tipp: Notiert dazu Einstellungsgröße und Kameraperspektive.

b. Schreibt in Sprech- und Gedankenblasen auf, was die Figuren jeweils sagen oder denken.

c. Notiert für jedes Foto einen passenden Titel.

d. Entscheidet, wo welche Fotos aufgenommen werden sollen (Schulhof, Klassenzimmer, Sportplatz ...).

Info

Ein **Storyboard** ist eine Art gezeichnetes Drehbuch. Die einzelnen Szenen werden in Bildern geplant und dabei wird bereits festgehalten, welche Gestaltungsmittel (z. B. welche Einstellungsgröße, welche Kameraperspektive) verwendet werden sollen.

W B Filmszene

4 Plant eure Filmszene in einem Drehplan.

a. Notiert genau, was passiert, wo die Handlung stattfindet und welche Figuren vorkommen.

b. Notiert ebenfalls die Sprechtexte.

Tipps:

- Haltet fest, welche Kameraperspektive und welche Kameraeinstellung ihr für die jeweilige Szene plant.
- Überlegt, welche Geräusche und/oder welche Musik ihr für die jeweilige Szene benötigt.

Starthilfe

Einstellung	Drehort, Figuren, Inhalt	Sprechtext	Kamera (Einstellungsgröße, Perspektive)	Ton (Geräusch, Musik)
1	Weg (beim Sportplatz), Tschick, Maik, Isa; Isa läuft Jungen hinterher	...	Totale, Normalperspektive	leise Schritte, Knacken (von Ästen), leise Hintergrundmusik (fröhlich)
...	...	...	...	...

Nun könnt ihr eure Fotostory oder eure Filmszene umsetzen.

5 a. Klärt, was ihr noch organisieren müsst (Kamera, Requisiten ...).

Starthilfe

Wer?	Was?	Bis wann?
Marie	Kamera besorgen	...
...	...	...

b. Legt fest, wer welche Aufgabe und wer welche Rolle übernimmt.

Starthilfe

Aufgabe/Rolle	Wer?	Partner/-in
Kamera	Lara	Fynn
...	...	...

Nun geht's ans Fotografieren und Filmen. Bearbeitet Aufgabe 6 (Fotostory) oder 7 (Filmszene). Die Regisseure achten auf die Festlegungen und geben Hinweise.

6 a. Fotografiert die einzelnen Fotos mehrmals.
b. Gestaltet mit den besten Fotos eure Fotostory am Computer. Fügt Titel, Sprech- und Gedankenblasen in die Fotos ein.
c. Druckt eure Fotostory aus.

7 a. Nehmt eure Filmszene mehrmals auf.
b. Sichtet euer Filmmaterial und schneidet es am Computer mit Hilfe eines Schnittprogramms.

Präsentiert eure Fotostorys und Filmszenen.

8 Stellt eure Fotostorys und Filmszenen der Klasse vor. Erläutert eure Gestaltungsentscheidungen.

9 Bittet eure Mitschüler/-innen um Feedback:
- Was gefällt euch oder gefällt euch nicht?
- Hättet ihr andere Momente zu dieser Szene fotografiert/gefilmt?
- Hättet ihr die Fotos anders aufgenommen / die Szene anders gefilmt?
- Wie wirkt die Fotostory / die Filmszene auf euch? Welche Stimmung wird vermittelt?

Feedback ► S. 300

10 Wertet das Feedback in euren Gruppen aus: Was würdet ihr beim nächsten Mal anders machen?

Lieder und Gedichte über das Leben

- Lieder und Gedichte über das Leben analysieren und interpretieren
- Gedichte schriftlich interpretieren

In vielen Liedern und Gedichten geht es um Wünsche und Fragen an das Leben.

1 Lest den Anfang des folgenden Liedes von Hildegard Knef mehrmals laut vor. Den vollständigen Text findet ihr in der Leseecke.
Tipp: Besorgt euch die Vertonung des Liedes und hört sie euch an.

Für mich soll's rote Rosen regnen (1968) Hildegard Knef

Mit sechszehn, sagte ich still:
Ich will,
will groß sein, will siegen,
will froh sein, nie lügen.
Mit sechzehn, sagte ich still:
Ich will,
will alles oder nichts.

Für mich soll's rote Rosen regnen,
mir sollten sämtliche Wunder begegnen,
die Welt sollte sich umgestalten
und ihre Sorgen für sich behalten.
[…]

Hildegard Knef (1925–2002) war eine deutsche Sängerin, Schauspielerin und Schriftstellerin

Lesetipp: „Für mich soll's rote Rosen regnen" ► **S. 288**

2 **a.** Sprecht über eure Eindrücke: Welche Wünsche hat das lyrische Ich an das Leben? Notiert sie.
b. Welche Bedeutung haben die „rote[n] Rosen" im Lied? Lest dazu den Informationstext. Sprecht über eure Überlegungen.

Info

Rote Rosen sollen antiken Sagen nach aus der Morgenröte (Sonnenaufgang) entstanden sein. Seither gelten sie als ein Symbol für die Liebe, die Freude und die Jugend.

3 Im folgenden Gedicht formuliert Johann Wolfgang von Goethe Fragen an das Leben. Lest das Gedicht mehrmals still.

Johann Wolfgang von Goethe (1749–1832) war einer der bedeutendsten Dichter der Weltliteratur

Beherzigung[1] (1827) Johann Wolfgang von Goethe

Ach, was soll der Mensch verlangen?
Ist es besser, ruhig zu bleiben?
Klammernd fest sich anzuhangen?[2]
Ist es besser, sich zu treiben?
Soll er sich ein Häuschen bauen?
Soll er unter Zelten leben?
Soll er auf die Felsen trauen?
Selbst die festen Felsen beben.

Eines schickt sich nicht[3] für alle!
Sehe jeder, wie er's treibe[4],
Sehe jeder, wo er bleibe,
Und wer steht, dass er nicht falle!

4 **a.** Besprecht, welche Fragen das lyrische Ich an das Leben stellt.
b. Notiert diese in eigenen Worten.

5 **a.** Überlegt, wie ihr für euch selbst die Fragen in dem Gedicht beantworten wollt.
b. Welche Antworten gibt das lyrische Ich? Notiert diese in eigenen Worten.
c. Welche weiteren Fragen könnt ihr an das Leben stellen? Schreibt sie auf.
d. Tauscht euch über eure Fragen an das Leben aus.

Ihr wisst, dass Gedichte eine besondere Sprache und Form haben.

6 Erklärt, woran ihr erkennen könnt, dass es sich bei dem Text von Johann Wolfgang von Goethe um ein Gedicht handelt.

Gedichtmerkmale ► S. 292–293

In diesem Kapitel übt ihr, Lieder und Gedichte über das Leben Schritt für Schritt zu analysieren und zu interpretieren, also zu deuten. Außerdem lernt ihr, eure Arbeitsergebnisse in einem zusammenhängenden Text darzustellen und so einen Text schriftlich zu interpretieren.

1 die Beherzigung: Nomen zu **beherzigen**: sich zu Herzen nehmen, merken und entsprechend handeln; jemandes Rat, Weisung ernst nehmen
2 klammernd sich anzuhangen: dem Trend unkritisch zu folgen
3 schickt sich nicht: hier: passt nicht
4 wie er's treibe: wie er leben möchte

Lieder und Gedichte analysieren und interpretieren

„Und am Ende der Straße …“ – Sicht auf das Leben

Der Sänger Peter Fox stellt seine Sicht auf das Leben in dem folgenden Lied dar.
Tipp: Hört und seht euch dazu das Musikvideo an.

Peter Fox (geboren 1971 in Berlin) ist ein deutscher Reggae- und Hip-Hop-Musiker

Haus am See (2008) Peter Fox

Hier bin ich gebor'n und laufe durch die Straßen,
kenn' die Gesichter, jedes Haus und jeden Laden.
Ich muss mal weg, kenn' jede Taube hier beim Namen.
Daumen raus, ich warte auf 'ne schicke Frau mit schnellem Wagen.
Die Sonne blendet, alles fliegt vorbei.
Und die Welt hinter mir wird langsam klein.
Doch die Welt vor mir ist für mich gemacht!
Ich weiß, sie wartet und ich hol sie ab!
Ich hab den Tag auf meiner Seite, ich hab Rückenwind!
Ein Frauenchor am Straßenrand, der für mich singt!
Ich lehne mich zurück und guck ins tiefe Blau,
Schließ' die Augen und lauf einfach geradeaus.

Und am Ende der Straße steht ein Haus am See.
Orangenbaumblätter liegen auf dem Weg.
Ich hab 20 Kinder, meine Frau ist schön.
Alle komm'n vorbei, ich brauch nie rauszugehen.
Ich suche neues Land mit unbekannten Straßen.
Fremde Gesichter und keiner kennt mein'n Namen!
Alles gewinnen beim Spiel mit gezinkten Karten.
Alles verlieren, Gott hat einen harten linken Haken.
Ich grabe Schätze aus im Schnee und Sand,
und Frauen rauben mir jeden Verstand!
Doch irgendwann werd ich vom Glück verfolgt
und komm zurück mit beiden Taschen voll Gold.
Ich lad' die alten Vögel und Verwandten ein.
Und alle fang'n vor Freude an zu wein'n.
Wir grillen, die Mamas kochen und wir saufen Schnaps.
Und feiern eine Woche jede Nacht.

Und der Mond scheint hell auf mein Haus am See.
Orangenbaumblätter liegen auf dem Weg.

Ich hab 20 Kinder, meine Frau ist schön.
Alle komm'n vorbei, ich brauch nie rauszugehen.
Und am Ende der Straße steht ein Haus am See [...]
Hier bin ich gebor'n, hier werd ich begraben.
Hab taube Ohr'n, 'nen weißen Bart und sitz im Garten.
Meine 100 Enkel spielen Cricket auf'm Rasen.
Wenn ich so daran denke, kann ich' s eigentlich kaum erwarten. ⊛

1 Beschreibt euren ersten Leseeindruck.
Nennt Textstellen, die bei euch hängen geblieben sind, und beschreibt, was sie euch sagen.

Das lyrische Ich drückt in dem Lied seinen erträumten Lebensweg aus.

2 Was erträumt sich das lyrische Ich in den einzelnen Strophen?

a. Zeichnet die „Straße" auf ein Plakat und tragt die Stationen des Lebensweges mit Versangaben ein.

b. Was erwartet das lyrische Ich vom Leben? Gebt den Inhalt des Liedes in eigenen Worten schriftlich wieder.

„Die Straße" ist ein sprachliches Bild für den Weg des lyrischen Ichs.

3 In dem Lied sind einige sprachliche Bilder hervorgehoben. Erklärt die Bedeutung der sprachlichen Bilder.
Tipp: Legt dazu eine dreispaltige Tabelle an.

Plakat ► S. 295
sprachliche Bilder ► S. 293

Starthilfe

Ausdruck	Vers	Erklärung
„Doch die Welt [...] Ich weiß, sie wartet"	V. 7–8	Bild für das neue Leben, welches das lyrische Ich beginnen möchte

4 Bestimme, um welche sprachlichen Bilder es sich in Aufgabe 3 handelt.

Das lyrische Ich stellt in dem Lied seine Sicht auf das Leben dar.

5 **a.** Was kann „am Ende der Straße steht ein Haus am See" für das lyrische Ich bedeuten? Schreibt eure Interpretation auf euer Plakat. Begründet mit Textbelegen.

b. Präsentiert eure Plakate in der Klasse und sprecht über eure Interpretationen.

Lesetipps:
„Stufen" ► S. 288–289
„Carpe diem!" ► S. 289

Das Leben und das Meer

Immer wieder wird in Gedichten und Liedern das Meer mit dem menschlichen Leben in Verbindung gebracht.

1 Sprecht in der Klasse darüber, was das Meer mit dem Leben zu tun haben könnte.

Die Band „Die Fantastischen Vier“ verbindet in dem folgenden Lied ihre Sicht auf das Leben mit dem Meer.

Die Fantastischen Vier, auch Fanta 4, ist eine der erfolgreichsten deutschen Hip-Hop-Bands

2 Lest den Auszug aus dem Lied mehrmals.
Tipp: Besorgt euch die Vertonung und hört sie euch an.

Tag am Meer (1993) Die Fantastischen Vier

[...]
Hast du das gewollt
Hast du Angst zu begehren
Doch jetzt ist alles anders
Denn wir sind mittendrin
Es dreht sich nur um uns
Und es ist nicht wie bisher
Es macht uns zu Brüdern
Mit dem Tag am Meer
Mit dem Tag am Meer

Du spürst das Gras
Hier und da bewegt sich was
Es macht dir Spaß
Nein, es ist nicht nur das
Denn nach dem Öffnen aller Türen
Steht am Ende der Trick des Endes
Der Suche durch das Finden im Augenblick
Du atmest ein, du atmest aus
Dieser Körper ist dein Haus
Und darin kennst du dich aus

Du lebst
Du bist am Leben
Und das wird dir bewusst
Ohne nachzudenken
Nur aufgrund der eigenen Lebenslust
Das Gefühl, das du fühlst
Sagt dir, es ist so weit
Es ändern sich Zustand
Der Raum und die Zeit
Der Verstand kehrt zurück
Doch du setzt ihn nicht ein
Jeder Schritt neues Land
Wird das immer so sein
Du spürst die Lebensenergie
Die durch dich durchfließt
Das Leben wie noch nie in Harmonie und genießt
Es gibt nichts zu verbessern
Nichts was noch besser wär’
Außer dir im Jetzt und Hier
Und dem Tag am Meer
Und dem Tag am Meer *

3 Welche Bilder und Gefühle ruft das Lied in euch hervor? Beschreibt sie.

4 **a.** Worum geht es in dem Lied? Sprecht darüber.
b. Beschreibt das Thema des Liedes in einem Satz.

Starthilfe
In dem Lied geht es um einen Aufenthalt ...

Analysiert das Lied nun genauer.

5 Wie wird der Tag am Meer beschrieben?
Arbeitet es heraus und notiert die passenden Verszeilen.
Die Nomen im Kasten können helfen.

die Sinneseindrücke   die Körperwahrnehmungen   ...

6 Wen spricht das lyrische Ich an?
Erklärt es mit Hilfe des Informationstextes.

7 Fasst die Aussage des Liedes zusammen.
Beantwortet dazu die Fragen in ganzen Sätzen.
- Warum wird wohl gerade ein Tag am Meer beschrieben?
- Welche Gedanken, Gefühle und Vorstellungen werden in dem Lied deutlich?

Info

Das **lyrische Ich** ist eine Sprecherin oder ein Sprecher in einem Gedicht. Wie ein Erzähler in Erzähltexten teilt das lyrische Ich seine Gefühle, Beobachtungen und Gedanken mit. Diese kann das lyrische Ich in der Ich-Form mitteilen oder es kann die Leserin oder den Leser direkt ansprechen (**du**, **wir**).

Nâzım Hikmet wählte das Meer, um über das Leben zu schreiben.

8 **a.** Sieh dir das Bild an. Was siehst du auf dem Bild? Beschreibe es.
b. Was könnte die Person beim Anblick des Meeres denken oder fühlen? Notiere mögliche Gedanken und Gefühle.

9 Lies das folgende Gedicht von Nâzım Hikmet still für dich.

10 Welche Gedanken und Gefühle aus Aufgabe 8b findest du im Gedicht wieder? Notiere sie.

Über dem Meer die bunte Wolke   Nâzım Hikmet

Über dem Meer die bunte Wolke
Darauf das silberne Schiff
Darinnen der gelbe Fisch

In der Tiefe blauer Tang[1]
An der Küste ein nackter Mann
Der steht da und überlegt

Soll ich die Wolke sein?
Oder das Schiff? Oder der Fisch?
Oder vielleicht der Tang?

Weder noch!
Das Meer musst du sein,
mein Sohn!

Mit seiner Wolke,
Mit seinem Schiff,
Mit seinem Fisch,
Mit seinem Tang

1 der Tang: Algen, die im Meerwasser frei herumschwimmen

Analysiere nun das Gedicht genauer und interpretiere es.

11 a. „Der steht da und überlegt“, so heißt es in Vers 6. Was könnte geschehen, wenn sich der Mann an der Küste in die Wolke, das Schiff, den Fisch oder den Tang verwandeln würde?
Schreibe deine Überlegungen dazu auf.

b. Wie gehören die Begriffe zusammen? Schreibe deine Vermutungen auf.

Starthilfe

Die Wolken, das Meer, ... und ... bilden ein ...

12 „Das Meer musst du sein, mein Sohn!“ (Verse 11–12) – Das lyrische Ich meint mit seiner Aufforderung nicht nur das wirkliche Meer.

a. Wofür könnte diese Metapher stehen? Sprecht darüber.

b. Schreibt eure Deutung auf und stellt sie der Klasse vor.

Metapher ► S. 293

Die Werke eines Dichters werden oft durch sein Leben beeinflusst.

13 a. Überlege, warum Nâzım Hikmet als Bild seiner Sicht auf das Leben das Meer gewählt haben könnte.

b. Schreibe deine Vermutung in ein bis zwei Sätzen auf.
Tipp: In der Leseecke findest du Informationen über Nâzım Hikmet.

Lesetipp:
Informationstext über Nâzım Hikmet ► S. 289

Die Arbeitstechnik fasst zusammen, welche Fragen ihr stellen könnt, wenn ihr ein Gedicht untersucht.

14 a. Untersucht das Gedicht „Beherzigung“ auf S. 123 mit Hilfe der Arbeitstechnik. Schreibt eure Fragen und Antworten auf.

b. Stellt eure Ergebnisse in der Klasse vor.

„Beherzigung“ ► S. 123

Arbeitstechnik

Ein Gedicht analysieren und interpretieren

1. Erschließe den **Inhalt** des Gedichts.
   - Kannst du den Inhalt jeder Strophe in eigenen Worten wiedergeben?
   - Wird eine Situation dargestellt oder werden Gefühle und Stimmungen zum Ausdruck gebracht?
   - Wie kannst du das Thema in einem Satz beschreiben?
2. Arbeite die Besonderheiten des **Aufbaus** heraus.
   - Wie viele Strophen mit je wie vielen Versen hat das Gedicht?
   - Welche Reimform wird verwendet?
   - Welche Auffälligkeiten gibt es noch?
3. Untersuche das Gedicht auf **sprachliche Besonderheiten**.
   - Werden Reimwörter oder Verse wiederholt?
   - Werden in dem Gedicht sprachliche Bilder verwendet?
4. Untersuche die **Wirkung und Bedeutung** der Besonderheiten.
   - Wie wirken der Aufbau, wie die sprachlichen Mittel?

Das Meer spielt auch im Gedicht von Charles Baudelaire eine Rolle.

15 Lest den Titel des Gedichts. Überlegt, was der Mensch und das Meer gemeinsam haben könnten.

16 Lies nun das Gedicht mehrmals still.

Der Mensch und das Meer   Charles Baudelaire

Auf immer, freier Mensch, wirst lieben du das Meer,
Dein Spiegel ist das Meer. Du schaust der Seele Bildnis
Im weiten Wellenspiel der ungeheuren Wildnis,
Gleich ihm ist deine Brust von Bitternissen schwer.

Gern schaust dein Bild du, das die Wellen dir enthüllen,
Mit Auge und mit Arm fasst du es, und dein Herz
Vergisst wie trunken oft den eignen lauten Schmerz
Bei dieses Klagesangs unzähmbar wildem Brüllen.

Schweigsam und dunkel seid ihr beide allezeit:
Mensch, noch drang keiner je in deine tiefsten Gründe,
Meer, noch fand keiner je den Reichtum deiner Schlünde,
So bergt ihr euren Hort in finstrer Heimlichkeit.

Jahrtausende hindurch rollt euer nimmermüder
Und mitleidloser Kampf ohn alle Reue fort.
So sehr liebt beide ihr die Schlachten und den Mord,
O ewges Kämpferpaar, o nie versöhnte Brüder!

Info

Charles Baudelaire (1821–1867) gilt heute als einer der bedeutendsten französischen Lyriker.
Die deutsche Übersetzung von seinem Gedicht „Der Mensch und das Meer" wurde 1907 veröffentlicht.

17 Worum geht es in dem Gedicht?

a. Gib den Inhalt Strophe für Strophe wieder.

> **Starthilfe**
> Strophe 1: Der freie Mensch identifiziert sich mit …

b. Beschreibe das Thema des Gedichts in einem Satz.

> **Starthilfe**
> In dem Gedicht wird … dargestellt.

Nach deinem ersten Textverständnis kannst du deinen Interpretationsansatz formulieren. Das ist deine Deutungshypothese.

Info

Eine **Hypothese** ist eine Annahme oder Äußerung, die noch nicht bewiesen ist.

18 Wie würdest du das Gedicht aus deinem ersten Textverständnis heraus interpretieren? Wähle einen Interpretationsansatz A oder B aus. Du kannst auch einen eigenen Interpretationsansatz formulieren.

A In dem Gedicht wird die Menschheit mit dem Meer verglichen.

B In dem Gedicht geht es um die Suche nach einer Identität des Menschen.

Der Aufbau eines Gedichts hat eine besondere Wirkung.

19 Analysiere den Aufbau des Gedichts:
die Strophen, die Verse, die Reimform und das Metrum.

Reimformen ► S. 292
Metrum ► S. 292

Das Ende der Verse wird oft bewusst gestaltet. Dies wird als **Kadenz** bezeichnet.

20 **a.** Sieh dir jeweils das Ende der Verse an. Welche Wirkung haben die Betonungen am Ende des Verses auf den Rhythmus? Beschreibe die Wirkung in Stichworten.
b. Notiere mit Hilfe des Merkwissens, um welche Kadenz es sich jeweils handelt.

Merkwissen

Die **Kadenz** beschreibt das **Ende eines Verses** innerhalb eines Gedichts. Die Kadenz kann den **Rhythmus und die Wirkung eines Gedichts sowie die Lesart** verändern. Man unterscheidet dabei zwei Kadenzen:

- **männliche Kadenz:** Der Vers endet auf einer betonten Silbe:
  x x́ x x́ x x́ x x́ x x́ x x́
  „Auf immer, freier Mensch, wirst lieben du das Meer"
- **weibliche Kadenz:** Der Vers endet auf einer unbetonten Silbe:
  x́ x x́ x x́ x x́ x
  „Über dem Meer die bunte Wolke"

Analysiere nun die sprachlichen Mittel.

21 In Vers 2 beschreibt Baudelaire das Meer als den „Spiegel" des Menschen.
a. Mit welchen Vergleichen und Metaphern verdeutlicht er, was damit gemeint sein könnte? Arbeite die sprachlichen Bilder heraus und notiere die Verszeilen.
b. Erkläre die Bedeutung der sprachlichen Bilder.

Starthilfe

das Meer	Übertragung auf den Menschen
– V. 3: „Im weiten Wellenspiel" – …	– Seele, Emotionen
– V. 12: „in finstrer Heimlichkeit" – …	– schwer zu durchschauen

22 Interpretiere zusammenfassend die Aussage des Gedichts.
Beantworte dazu die Frage in ganzen Sätzen:
In welchem Verhältnis stehen Mensch und Meer und wie wird dies ausgedrückt?
Beziehe dich dabei auf deinen Interpretationsansatz aus Aufgabe 18.

Aufgabe 18 ► S. 129

Ein Gedicht analysieren und interpretieren

Hier kannst du überprüfen, ob du mit Gedichten umgehen kannst.
Tipp: Wissenswertes zu den Gedichten findest du im Anhang.

Gedichte ► S. 292–293

1 a. Erkläre die Fachbegriffe **Vers**, **Strophe** und **Reim**.
b. Es gibt verschiedene **Reimformen**. Welche kennst du? Schreibe sie auf.

2 In jedem Gedicht gibt es eine Sprecherin oder einen Sprecher.
a. Wie lautet der Fachbegriff? Schreibe ihn auf.
b. Wie können die Leser/-innen und Hörer/-innen in einem Gedicht angesprochen werden? Schreibe eine Erklärung auf.
Tipp: Lies auf S. 127 nach.

3 Die Sprechmelodie eines Gedichts spielt eine wichtige Rolle.
a. Erkläre die Fachbegriffe **Metrum** und **Rhythmus**.
b. Es gibt unterschiedliche **Metren**. Welche kennst du? Schreibe sie auf.
c. Erkläre schriftlich den Begriff **Kadenz**.

4 In vielen Gedichten werden **Stilmittel** verwendet. Erkläre sie schriftlich.
a. Erkläre das Stilmittel **Wiederholung**. Was soll das Stilmittel bewirken?
b. Erkläre das Stilmittel **Enjambement**.

5 In Gedichten kommen häufig **sprachliche Bilder** vor.
a. Welche sprachlichen Bilder kennst du? Schreibe sie auf.
b. Ergänze zu jedem sprachlichen Bild ein Beispiel.

6 Welche Fragen könnt ihr stellen, um Gedichte zu analysieren und zu interpretieren? Arbeitet zu zweit.
a. Seht euch die Arbeitstechnik **Ein Gedicht analysieren und interpretieren** auf S. 128 an.
b. Entwickelt eine Checkliste am Computer. Diese könnt ihr dann immer wieder verwenden.

Arbeitstechnik: Ein Gedicht analysieren und interpretieren ► S. 128

Checkliste: Ein Gedicht analysieren und interpretieren	Ja	Nein
1. Den Inhalt erschließen	■	■
- ...	■	■
2. Die Besonderheiten des Aufbaus herausarbeiten	■	■
- ...	■	■
...	■	■

Fit für die Prüfung! Eine Textbeschreibung zu einem Gedicht verfassen ► S. 132–135

Weiterführendes: Einen Interpretationsaufsatz zu einem Gedicht schreiben ► S. 136–137

Eine Textbeschreibung zu einem Gedicht verfassen

In deiner Abschlussprüfung kann eine Textbeschreibung zu einem Gedicht als Aufgabe gestellt werden. Wie du Gedichte analysieren und interpretieren kannst, hast du schon geübt. Hier lernst du, wie du deine Arbeitsergebnisse in einem zusammenhängenden Text in einer Textbeschreibung zusammenfassen kannst.

1 **a.** Lies den Titel des Gedichts von Mascha Kaléko. Wie verstehst du ihn? Notiere Stichworte.
b. Lies das Gedicht mehrmals still für dich.

2 Beschreibe deinen Leseeindruck in Stichworten.

Info

Mascha Kaléko (geboren 1907 im heutigen Polen, gestorben 1975 in Zürich, Schweiz) entstammte einer russisch-österreichisch-jüdischen Familie. In den Dreißigerjahren des 20. Jahrhunderts lebte Kaléko in Berlin und wurde durch ihre Gedichte berühmt. 1938 musste sie in die USA emigrieren. Das Gedicht „Sozusagen grundlos vergnügt" wurde 1977 veröffentlicht.

Sozusagen grundlos vergnügt Mascha Kaléko

Ich freu mich, daß am Himmel Wolken ziehen
Und daß es regnet, hagelt, friert und schneit.
Ich freu mich auch zur grünen Jahreszeit,
Wenn Heckenrosen und Holunder blühen.
– Daß Amseln flöten und daß Immen[1] summen,
Daß Mücken stechen und daß Brummer brummen.
Daß rote Luftballons ins Blaue steigen.
Daß Spatzen schwatzen. Und daß Fische schweigen.

Ich freu mich, daß der Mond am Himmel steht
Und daß die Sonne täglich neu aufgeht.
Daß Herbst dem Sommer folgt und Lenz[2] dem Winter,
Gefällt mir wohl. Da steckt ein Sinn dahinter,
Wenn auch die Neunmalklugen ihn nicht sehn.
Man kann nicht alles mit dem Kopf verstehn!
Ich freue mich. Das ist des Lebens Sinn.
Ich freue mich vor allem, daß ich bin.

In mir ist alles aufgeräumt und heiter:
Die Diele[3] blitzt. Das Feuer ist geschürt.
An solchem Tag erklettert man die Leiter,
Die von der Erde in den Himmel führt.
Da kann der Mensch, wie es ihm vorgeschrieben,
– Weil er sich selber liebt – den Nächsten lieben[4].
Ich freue mich, daß ich mich an das Schöne
Und an das Wunder niemals ganz gewöhne.
Daß alles so erstaunlich bleibt, und neu!
Ich freu mich, daß ich … Daß ich mich freu. R

1 die Immen: Bienen
2 der Lenz: dichterisch für Frühling
3 die Diele: hier: der Wohnraum
4 In dem Vers bezieht sich die Dichterin auf ein wichtiges (religiöses) Prinzip des Zusammenlebens.

Nun kannst du das Gedicht genauer analysieren und deine Textbeschreibung vorbereiten.

1. Schritt: Den Inhalt des Gedichts erschließen

3 Worüber freut sich das lyrische Ich?
Lies in den einzelnen Strophen nach. Formuliere für jede Strophe eine passende Überschrift.

Starthilfe
Strophe 1: Freude über …
Strophe 2: …

4 „Man kann nicht alles mit dem Kopf verstehn!" (Vers 14) –
Wie verstehst du diesen Vers? Schreibe es auf.

Starthilfe
Man muss manche Dinge …

5 In Vers 22 bezieht sich die Dichterin auf die Nächstenliebe.
Erkläre diesen Vers in eigenen Worten schriftlich.
Beachte die Worterklärung am Rand.

6 **a.** Worum geht es in dem Gedicht? Gib den Inhalt des Gedichts Strophe für Strophe in eigenen Worten schriftlich wieder.
b. Was wird in dem Gedicht dargestellt? Beschreibe das Thema in einem Satz.

Starthilfe
Das Gedicht beschäftigt sich mit …

2. Schritt: Das Gedicht analysieren und interpretieren

Du analysierst den Aufbau des Gedichts und die sprachlichen Mittel. Dabei kommt es darauf an, welche Bedeutung und Wirkung der Aufbau und die Sprache haben.

7 Analysiere den Aufbau des Gedichts. Lege dazu eine Folie über den Text und markiere.
- Aus wie vielen Strophen und Versen besteht das Gedicht?
- Welche Reimform wird verwendet?
  Tipp: Die Verse 1 und 4 bilden einen „unreinen" Reim.
- Welche Verse werden wiederholt?

Strophe und Vers ► **S. 292**
Reimformen ► **S. 292**

Info
In einem **unreinen Reim** klingen die Reimwörter nur ähnlich.

8 Wie drückt das lyrische Ich seine Freude aus? Finde Beispiele in dem Gedicht und notiere die Verszeilen dazu.

Starthilfe
Viele positive Beschreibungen aus …, z. B. „…" (Vers …)

9 Das lyrische Ich drückt seine Gefühle auch indirekt aus.
a. Finde für die folgenden Erklärungen A, B und C die passenden Verse in dem Gedicht.
b. Schreibe die Verszeilen und die passende Erklärung auf.

A Das lyrische Ich ist mit sich im Reinen, hat keine Sorgen oder Nöte.
B Eine Leiter, die in den Himmel reicht, steht für Freude und Glück.
C Körper und Geist werden mit einem Haus verglichen, das ordentlich, sauber und warm ist.

10 **a.** Sieh dir deine bisherigen Arbeitsergebnisse aus den Aufgaben 7 bis 9 an und frage dich:
- Welche Wirkung wird durch die Gestaltung erzielt?
- Welche Bedeutung könnte die Gestaltung haben?

b. Ergänze deine Notizen.

Aufgaben 7 und 8 ► S. 133

Starthilfe
Bei der sprachlichen Gestaltung fällt besonders die Wiederholung der Wortgruppe „Ich freu mich" (Verse ...) auf. Insgesamt wird durch die Wortwahl (z. B. ..., Vers ...) ... ausgedrückt. Dadurch wird die Aussage des Gedichts betont.

11 Interpretiere das Gedicht in ganzen Sätzen.
a. Worin besteht das Glück für das lyrische Ich?
Beziehe auch deine Überlegungen zum Titel des Gedichts mit ein.
Ergänze dazu den Satz „Ich freu mich, daß ich ..." (Vers 26).
b. Der Text ist ein Gedicht über das Glück. Welche Glücksvorstellung wird in dem Gedicht deutlich?

Starthilfe
In dem Gedicht wird die Glücksvorstellung deutlich, dass man ...

Abschließend kannst du deine eigenen, weiteren Gedanken zum Gedicht notieren.

12 Hast du auch schon Tage erlebt, an denen du dich auf diese Weise gefreut hast? Wie war das? Was hat das mit dem Titel des Gedichts zu tun? Schreibe es auf.
Tipp: Sieh dir dazu nochmals deine Notizen aus Aufgabe 2 an.

Aufgabe 2 ► S. 132

3. Schritt: Die Textbeschreibung verfassen

Eine Textbeschreibung gliederst du in Einleitung, Hauptteil und Schluss. Die Wortgruppen am Rand helfen beim Formulieren.

13 Schreibe eine Einleitung. Nenne den Titel des Gedichts, die Autorin und das Thema.
Verwende dazu auch deinen Satz aus Aufgabe 6b.

Einleitung

In dem Gedicht mit dem Titel ...
Das Gedicht von ...
... beschäftigt sich mit ...
... geht es um ...

Aufgabe 6b ► S. 133

Im Hauptteil beschreibst du die Ergebnisse deiner Analyse und Interpretation.

Hauptteil

14 Gib den Inhalt des Gedichts Strophe für Strophe in eigenen Worten wieder. Verwende deinen Text aus Aufgabe 6a.

Aufgabe 6a ► S. 133

15 **a.** Beschreibe den Aufbau des Gedichts.

In der ersten Strophe ... Das Gedicht besteht aus ... Die Reimformen ...

b. Beschreibe die sprachlichen Mittel.
Verwende dazu deine Notizen aus den Aufgaben 7–10.

Auffallend ist, dass ... Die Wortwahl wirkt ... Die sprachlichen Bilder betonen ...

Aufgaben 7 und 8 ► S. 133
Aufgaben 9–12 ► S. 134

16 Schreibe die Aussage des Gedichts zusammenfassend auf. Verwende dazu deine Sätze aus Aufgabe 11.

Zusammenfassend lässt sich sagen, dass ...

Insgesamt wird deutlich ...

Im Schlussteil rundest du deine Textbeschreibung ab.

Schluss

17 Beschreibe deine Gedanken zum Text.
Verwende dazu deine Notizen aus Aufgabe 12.

Meiner Meinung nach ...

Für mich persönlich ...

Am Ende solltest du deine Textbeschreibung überarbeiten.

18 **a.** Überprüfe deine Textbeschreibung mit der Arbeitstechnik.
b. Überarbeite deinen Text. Achte auf eine korrekte Rechtschreibung.

Rechtschreib-Check ► S. 222

Arbeitstechnik

Eine Textbeschreibung zu einem Gedicht verfassen

In einer Textbeschreibung analysierst und interpretierst du einen Text. Schreibe **sachlich** und im **Präsens**.
In der **Einleitung** nennst du den **Titel**, die **Autorin** oder den **Autor**, die **Textsorte** und das **Thema**.
Hauptteil:
- Gib den **Inhalt** Strophe für Strophe in eigenen Worten wieder.
- Formuliere deine Analyse und Interpretation, z. B. können diese Aspekte eine Rolle spielen:
  - Arbeite den **Aufbau** des Gedichts (Strophen, Verse, Reimformen) und die **sprachlichen Mittel** (Vergleiche, Personifikationen ...) heraus.
  - Überlege auch, welche **Wirkung** und **Bedeutung** der Aufbau und die Sprache haben.
  - **Belege** deine Aussagen **mit dem Text** (Zitate, Versangaben).
  - **Fasse** die **Aussage** des Gedichts **zusammen**.

Im **Schlussteil** kannst du schreiben, wie das Gedicht auf dich wirkt oder was dich zum Nachdenken anregt.

Info

Hinweis: In deiner **Abschlussprüfung** können die Aspekte, die du beschreiben sollst, genau vorgegeben werden. **Lies deine Prüfungsaufgaben genau und beachte ihre Reihenfolge.**

Arbeitstechnik zum Üben:
Prüfungsaufgaben verstehen ► S. 192–193
zitieren ► S. 299

Einen Interpretationsaufsatz zu einem Gedicht schreiben

Hier kannst du üben, ein Gedicht selbstständig zu analysieren und zu interpretieren. Anschließend übst du, deine Arbeitsergebnisse in einem Interpretationsaufsatz zusammenhängend zu formulieren.

Info

Rainer Maria Rilke (geboren 1875 in Prag, gestorben 1926 in der Schweiz) verfasste zahlreiche Werke in Prosa und Lyrik.

1 Lies das Gedicht von Rainer Maria Rilke mehrmals.

Du musst das Leben nicht verstehen (1898) Rainer Maria Rilke

Du musst das Leben nicht verstehen,
dann wird es werden wie ein Fest.
Und lass dir jeden Tag geschehen
So wie ein Kind im Weitergehen
Von jedem Wehen
Sich viele Blüten schenken lässt.

Sie aufzusammeln und zu sparen,
das kommt dem Kind nicht in den Sinn.
Es löst sie leise aus den Haaren,
drin sie so gern gefangen waren,
und hält den lieben jungen Jahren
nach neuen seine Hände hin.

Bearbeite mit Hilfe deiner Checkliste von S. 131 die folgenden Aufgaben.

Checkliste: Ein Gedicht analysieren und interpretieren ► S. 131
lyrisches Ich ► S. 127

2 a. Gib beide Strophen in eigenen Worten wieder.
b. Wen spricht das lyrische Ich an? Erkläre es.
c. Beschreibe das Thema in einem Satz.

3 Formuliere deinen Interpretationsansatz (Deutungshypothese).

Deutungshypothese ► S. 129

Starthilfe

In dem Gedicht fordert das lyrische Ich ... auf, das Leben ...

4 Analysiere den Aufbau des Gedichts.
Tipp: Die Reimformen sind ungewöhnlich.

5 Arbeite die sprachlichen Besonderheiten heraus. Wie wirken sie und was könnten sie bedeuten?
Tipp: Zwei sprachliche Bilder sind im Text hervorgehoben.

6 Wie interpretierst du zusammenfassend die Aussage des Gedichts? Schreibe in ganzen Sätzen.

7 Überprüft und ergänzt eure Notizen mit Hilfe eurer Checkliste.

Nun kannst du deinen Interpretationsaufsatz schreiben.

8 Schreibe eine Einleitung. Nenne den Titel, das Erscheinungsjahr, den Autor, die Textsorte und das Thema. Verwende dazu deinen Satz aus Aufgabe 2c.

Im Hauptteil formulierst du deine Analyse und Interpretation.

9 Gib den Inhalt des Gedichts knapp wieder. Verwende dazu deine Notizen aus den Aufgaben 2a und 2b.

10 Formuliere deinen Interpretationsansatz (Deutungshypothese) aus Aufgabe 3. Er ist deine Überleitung zur Analyse und Interpretation.

11 Schreibe deine Analyse und Interpretation mit deinen Notizen aus den Aufgaben 4–6.
- Belege deine Aussagen mit geeigneten Textstellen.
- Erläutere die Wirkung und die Bedeutung der Gestaltungsmittel.

12 Formuliere die Aussage. Beziehe dich auf deinen Interpretationsansatz.

Im Schlussteil rundest du deine Interpretation ab.

13 Schreibe zum Schluss, wie das Gedicht auf dich wirkt. Du kannst auch einen Bezug zu deinem Leben herstellen.

14 Überarbeite deinen Interpretationsaufsatz mit der Arbeitstechnik.

Arbeitstechnik

Einen Interpretationsaufsatz zu einem Gedicht schreiben

In einem Interpretationsaufsatz analysierst und interpretierst du einen Text. Schreibe sachlich und im **Präsens**.
- In der **Einleitung** nennst du den **Titel**, das **Erscheinungsjahr** (wenn möglich), die **Autorin** oder den **Autor**, die **Textsorte** und das **Thema**.

Im **Hauptteil analysierst** und **interpretierst** du das Gedicht inhaltlich und sprachlich:
- Gib den **Inhalt** Strophe für Strophe in eigenen Worten wieder.
- Formuliere deinen **Interpretationsansatz** (Deutungshypothese).
- Arbeite den **Aufbau** des Gedichts (Strophen, Verse, Enjambements, Reimformen, Metrum, Rhythmus, Kadenz) sowie die **sprachlichen Mittel** (Wiederholungen, Vergleiche, Personifikationen, Metaphern ...) heraus.
- **Belege** deine Aussagen **mit dem Text** (Zitate, Versangaben).
- **Erläutere** die **Wirkung** und die **Bedeutung** der Gestaltungsmittel und stelle immer wieder einen Bezug zum Inhalt und zur Aussage des Gedichts her.
- Beziehe dich auf deinen **Interpretationsansatz** und **interpretiere zusammenfassend** die Aussage des Gedichts (Fazit).

Im **Schlussteil** rundest du deinen Interpretationsaufsatz ab. Du kannst auch schreiben, wie das Gedicht auf dich wirkt oder was dich zum Nachdenken anregt.

Einleitung

In dem Gedicht „...“ von ... geht es um ...

Aufgabe 2c ► S. 136

Hauptteil

Aufgaben 2a/b ► S. 136

Aufgabe 3 ► S. 136

Aufgaben 4–6 ► S. 136

Das Gedicht besteht aus ...

Eine Besonderheit ist, dass das lyrische Ich ... Es spricht ... an.

Das Gedicht „...“ lässt sich somit insgesamt deuten als ...

... ist die zentrale Aussage des Gedichts.

Schluss

Das Gedicht wirkt auf mich ..., weil ...

Es hat auch/nichts mit meinem Leben zu tun, denn ...

Es gefällt mir/gefällt mir nicht, weil ...

zitieren ► S. 299

Ein entscheidender Moment – Kurzgeschichten

- Figuren beschreiben und charakterisieren
- Kurzgeschichten analysieren und interpretieren

Ihr habt bereits gelernt, dass Kurzgeschichten bestimmte Merkmale haben.

1 Welche Merkmale von Kurzgeschichten kennt ihr? Notiert sie.

Merkmale der Kurzgeschichte ► S. 293

Die folgende Kurzgeschichte von Wolfdietrich Schnurre erzählt von einem entscheidenden Moment im Leben der Hauptfiguren. Sie lässt viel Raum, um zwischen den Zeilen zu lesen.

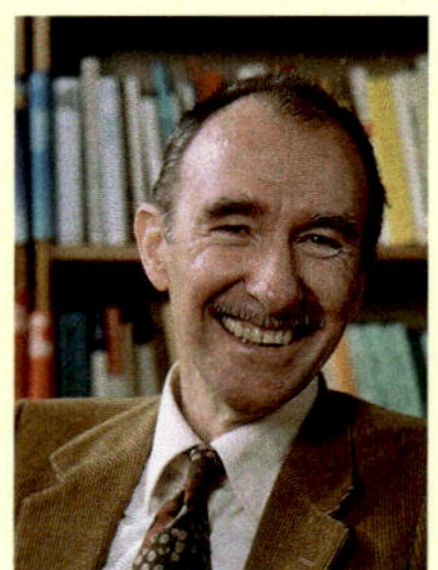

Wolfdietrich Schnurre

Info

Wolfdietrich Schnurre (1920–1989) arbeitete als Journalist, Film- und Theaterkritiker. Als Schriftsteller schrieb er Kurzgeschichten, Gedichte, Tierfabeln, die er selbst illustrierte, Hör- und Fernsehspiele sowie Kinderbücher.

2 Lest zunächst nur den Titel. Worum könnte es gehen? Welche Geschichte könnte dahinter verborgen sein? Sammelt Ideen.

Beste Geschichte meines Lebens (1978) Wolfdietrich Schnurre

Anderthalb Maschinenseiten vielleicht. Autor vergessen; in der Zeitung gelesen. Zwei Schwerkranke im selben Zimmer. Einer an der Türe liegend, einer am Fenster. Nur der am Fenster kann hinaussehen. Der andere hat keinen größeren Wunsch, als das Fensterbett zu erhalten. Der am Fenster leidet darunter. Um den anderen zu entschädigen, erzählt er ihm stundenlang, was draußen zu sehen ist, was draußen passiert.
Eines Nachts bekommt er einen Erstickungsanfall. Der an der Tür könnte die Schwester rufen. Unterlässt es; denkt an das Bett.
Am Morgen ist der andere tot; erstickt. Sein Fensterbett wird geräumt; der bisher an der Tür lag, erhält es. Sein Wunsch ist in Erfüllung gegangen. Gierig, erwartungsvoll wendet er das Gesicht zum Fenster.
Nichts, nur eine Mauer.

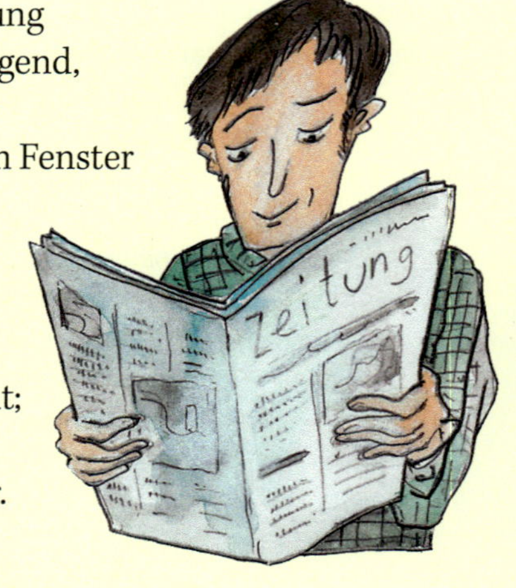

3 Sprecht über die Kurzgeschichte.
- Worum geht es in der Kurzgeschichte?
- Was hat euch eventuell überrascht?

4 Sprecht darüber, welche Bedeutung die Geschichten des Kranken haben:
- für den Kranken selbst,
- für den Zuhörer.

Starthilfe

> Der erzählende Kranke wird damit zu einer wichtigen Person.
> Der Zuhörer ...

Nun könnt ihr die Merkmale dieser Kurzgeschichte genauer analysieren und erarbeiten, warum der Text „Beste Geschichte meines Lebens“ eine Kurzgeschichte ist.

5 **a.** Die Kurzgeschichte stellt einen **entscheidenden Moment** im Leben der Hauptfiguren dar. Beschreibt diesen Moment.
b. Beurteilt das Verhalten des Kranken, der am Fenster liegen möchte.

6 Wie **beginnt** die Kurzgeschichte? Sprecht darüber.
- Was erfahrt ihr?
- Was erfahrt ihr nicht? Formuliert Fragen dazu.

7 Das **offene Ende** der Kurzgeschichte stimmt nachdenklich.
Welche Fragen bleiben offen? Notiert sie.

8 Fasst zusammen, warum der Text „Beste Geschichte meines Lebens“ eine Kurzgeschichte ist.

9 Wie interpretiert ihr die Kurzgeschichte?
a. Stellt einen Zusammenhang zwischen dem Inhalt der Kurzgeschichte und dem Titel her.
b. Sprecht darüber, welche Aussage die Kurzgeschichte eurer Meinung nach hat. Begründet mit Hilfe von Textstellen.
c. Welche Überschrift hättet ihr gewählt? Sammelt Ideen und sprecht darüber.

In diesem Kapitel erschließt ihr verschiedene Kurzgeschichten. Ihr beschreibt und charakterisiert Figuren und übt, Kurzgeschichten zu analysieren und zu interpretieren.

Lesetipp:
„Der Schritt zurück“
► **S. 290–291**

Figuren beschreiben und charakterisieren

In der folgenden Kurzgeschichte begeben sich die Leserinnen und Leser mitten in das Geschehen und begleiten die Hauptfigur einen kurzen Moment lang.

Die Kurzgeschichte von Wolfgang Borchert spielt zur Zeit des Zweiten Weltkriegs im zerstörten Hamburg – der Heimatstadt Borcherts.

Lesetipps:
Informationstext über Wolfgang Borchert ► S. 291
„Dann gibt es nur eins!" ► S. 291

Nachts schlafen die Ratten doch (1947) Wolfgang Borchert

Das hohle Fenster in der vereinsamten Mauer gähnte blaurot voll früher Abendsonne. Staubgewölke flimmerte zwischen den steilgereckten Schornsteinresten. Die Schuttwüste döste. Er hatte die Augen zu. Mit einmal wurde es noch dunkler. Er merkte, dass jemand gekommen war und nun vor ihm stand, dunkel, leise. Jetzt haben sie mich!, dachte er. Aber als er ein bisschen blinzelte, sah er nur zwei etwas ärmlich behoste Beine. Die standen ziemlich krumm vor ihm, dass er zwischen ihnen hindurchsehen konnte. Er riskierte ein kleines Geblinzel an den Hosenbeinen hoch und erkannte einen älteren Mann. Der hatte ein Messer und einen Korb in der Hand. Und etwas Erde an den Fingerspitzen.
„Du schläfst hier wohl, was?", fragte der Mann und sah von oben auf das Haargestrüpp herunter. Jürgen blinzelte zwischen den Beinen des Mannes hindurch in die Sonne und sagte: „Nein, ich schlafe nicht. Ich muss hier aufpassen."

Hamburg, 1947

Der Mann nickte: „So, dafür hast du wohl den großen Stock da?"
„Ja", antwortete Jürgen mutig und hielt den Stock fest.
„Worauf passt du denn auf?"
„Das kann ich nicht sagen." Er hielt die Hände fest um den Stock.
„Wohl auf Geld, was?" Der Mann setzte den Korb ab und wischte das Messer an seinem Hosenbein hin und her.
„Nein, auf Geld überhaupt nicht", sagte Jürgen verächtlich. „Auf ganz etwas anderes."
„Na, was denn?"
„Ich kann es nicht sagen. Was anderes eben."
„Na, denn nicht. Dann sage ich dir natürlich auch nicht, was ich hier im Korb habe." Der Mann stieß mit dem Fuß an den Korb und klappte das Messer zu.

„Pah, kann ich mir denken, was in dem Korb ist", meinte Jürgen geringschätzig, „Kaninchenfutter."

„Donnerwetter, ja!", sagte der Mann verwundert, „bist ja ein fixer Kerl. Wie alt bist du denn?"

„Neun."

„Oha, denk mal an, neun also. Dann weißt du ja auch, wie viel drei mal neun sind, wie?"

„Klar", sagte Jürgen und um Zeit zu gewinnen, sagte er noch: „Das ist ja ganz leicht." Und er sah durch die Beine des Mannes hindurch. „Drei mal neun, nicht?", fragte er noch einmal, „siebenundzwanzig. Das wusste ich gleich."

„Stimmt", sagte der Mann, „genau so viel Kaninchen habe ich."

Jürgen machte einen runden Mund: „Siebenundzwanzig?"

„Du kannst sie sehen. Viele sind noch ganz jung. Willst du?"

„Ich kann doch nicht. Ich muss aufpassen", sagte Jürgen unsicher.

„Immerzu?", fragte der Mann, „nachts auch?"

„Nachts auch. Immerzu. Immer." Jürgen sah an den krummen Beinen hoch. „Seit Sonnabend schon", flüsterte er.

„Aber gehst du denn gar nicht nach Hause? Du musst doch essen."

Jürgen hob einen Stein hoch. Da lag ein halbes Brot. Und eine Blechschachtel.

„Du rauchst?", fragte der Mann. „Hast du denn eine Pfeife?"

Jürgen fasste seinen Stock fest an und sagte zaghaft: „Ich drehe. Pfeife mag ich nicht."

„Schade", der Mann bückte sich zu seinem Korb, „die Kaninchen hättest du ruhig mal ansehen können. Vor allem die Jungen. Vielleicht hättest du dir eines ausgesucht. Aber du kannst hier ja nicht weg."

„Nein", sagte Jürgen traurig, „nein, nein."

Der Mann nahm den Korb und richtete sich auf. „Na ja, wenn du hierbleiben musst – schade." Und er drehte sich um.

„Wenn du mich nicht verrätst", sagte Jürgen da schnell, „es ist wegen den Ratten."

Die krummen Beine kamen einen Schritt zurück: „Wegen den Ratten?"

„Ja, die essen doch von Toten. Von Menschen. Da leben sie doch von."

„Wer sagt das?"

„Unser Lehrer."

„Und du passt nun auf die Ratten auf?", fragte der Mann.

„Auf die doch nicht!" Und dann sagte er ganz leise: „Mein Bruder, der liegt nämlich da unten. Da." Jürgen zeigte mit dem Stock auf die zusammengesackten Mauern. „Unser Haus kriegte eine Bombe. Mit einmal war das Licht weg im Keller. Und er auch. Wir haben noch gerufen. Er war viel kleiner als ich. Erst vier. Er muss hier ja noch sein. Er ist doch viel kleiner als ich."

Der Mann sah von oben auf das Haargestrüpp. Aber dann sagte er plötzlich: „Ja, hat euer Lehrer euch denn nicht gesagt, dass die Ratten nachts schlafen?"

„Nein", flüsterte Jürgen und sah mit einmal ganz müde aus, „das hat er nicht gesagt."

„Na“, sagte der Mann, „das ist aber ein Lehrer, wenn er das nicht mal weiß. Nachts schlafen die Ratten doch. Nachts kannst du ruhig nach Hause gehen. Nachts schlafen sie immer. Wenn es dunkel wird, schon.“

Jürgen machte mit seinem Stock kleine Kuhlen in den Schutt. Lauter kleine Betten sind das, dachte er, alles kleine Betten. Da sagte der Mann (und seine krummen Beine waren ganz unruhig dabei): „Weißt du was? Jetzt füttere ich schnell meine Kaninchen, und wenn es dunkel wird, hole ich dich ab. Vielleicht kann ich eins mitbringen. Ein kleines oder, was meinst du?“

Jürgen machte kleine Kuhlen in den Schutt. Lauter kleine Kaninchen. Weiße, graue, weißgraue. „Ich weiß nicht“, sagte er leise und sah auf die krummen Beine, „wenn sie wirklich nachts schlafen.“

Der Mann stieg über die Mauerreste weg auf die Straße. „Natürlich“, sagte er von da, „euer Lehrer soll einpacken, wenn er das nicht mal weiß.“

Da stand Jürgen auf und fragte: „Wenn ich eins kriegen kann? Ein weißes vielleicht?“

„Ich will mal versuchen“, rief der Mann schon im Weggehen, „aber du musst hier so lange warten. Ich gehe dann mit dir nach Hause, weißt du? Ich muss deinem Vater doch sagen, wie so ein Kaninchenstall gebaut wird. Denn das müsst ihr ja wissen.“

„Ja“, rief Jürgen, „ich warte. Ich muss ja noch aufpassen, bis es dunkel wird. Ich warte bestimmt.“ Und er rief: „Wir haben auch noch Bretter zu Hause. Kistenbretter“, rief er.

Aber das hörte der Mann schon nicht mehr. Er lief mit seinen krummen Beinen auf die Sonne zu. Die war schon rot vom Abend und Jürgen konnte sehen, wie sie durch die Beine hindurchschien, so krumm waren sie. Und der Korb schwenkte aufgeregt hin und her. Kaninchenfutter war da drin. Grünes Kaninchenfutter, das war etwas grau vom Schutt.

In dieser Kurzgeschichte bestimmen zwei Hauptfiguren die Handlung.

1 Was erfährst du über die Handlung in der Kurzgeschichte? Gib die Handlung in eigenen Worten schriftlich wieder.

2 **a.** Arbeite heraus, welche **äußeren Merkmale** der Hauptfiguren beschrieben werden (z. B. Alter, Aussehen, Lebensumstände, Familie ...).
b. Belege deine Angaben mit passenden Textstellen.

Info

Das Geschehen in erzählenden Texten wird auch als **äußere Handlung** und innere Handlung bezeichnet. Bei der äußeren Handlung geht es um die konkreten Ereignisse und um das, was die Figuren sagen oder tun.

Auch das, was ungesagt bleibt, sagt etwas über die Hauptfiguren aus.

3 Schreibe auf, was dem Jungen durch den Kopf gehen könnte,
- als er bemerkt, dass jemand gekommen ist (Z. 4–6),
- als ihm der Mann zunächst nicht sagt, was er in seinem Korb hat (Z. 29–30),
- als er mit seinem Stock kleine Kuhlen macht (Z. 80).

4 Schreibe auf, was der Mann denken und fühlen könnte,
- als er den Jungen mit dem Stock anspricht (Z. 14),
- als er beim Weggehen den Korb aufgeregt hin und her schwenkt (Z. 104–105).

5 Die innere Handlung der beiden Hauptfiguren wird durch Textsignale verdeutlicht. Ergänze deine Notizen aus den Aufgaben 3 und 4 und notiere die Textsignale.

Starthilfe

Jürgen hat Angst. Textsignal, Zeile 7: „Jetzt haben sie mich!"

6 Schreibe zusammenfassend die **inneren Merkmale** der Hauptfiguren auf (z. B. Gefühle, Gedanken, Verhalten ...).

Starthilfe

der Mann: innere Merkmale		
Gefühle, Gedanken, Verhalten	**Woran erkennt man das?**	**Wo steht das im Text?**
- ist fürsorglich - ...	- er macht sich Gedanken um den Jungen - ...	- Z. 45 - ...

„Nachts schlafen die Ratten doch." – Der Mann sagt das, obwohl er vermutlich weiß, dass Ratten besonders nachts aktiv werden.

7 a. Finde diese Textstelle und lies noch einmal bis zum Schluss.
b. Vergleiche das Verhalten des Jungen zu Beginn der Handlung mit seinem Verhalten nach der Begegnung mit dem Mann.
- Beschreibe die Veränderung des Verhaltens und erkläre sie.
- Belege deine Aussagen am Text.

8 Beschreibe schriftlich das **Verhältnis** der beiden Hauptfiguren zueinander.

9 Schreibe auf, wie du das Verhalten der Hauptfiguren bewertest.

10 Schreibe eine vollständige Figurencharakterisierung zu den beiden Hauptfiguren. Verwende dazu deine Arbeitsergebnisse aus den Aufgaben 2–9.

Info

Neben der äußeren Handlung gibt es auch eine **innere Handlung** in einem Geschehen: das, was die Figuren in einer Situation denken oder fühlen.

zitieren ► **S. 299**

eine Figurencharakterisierung schreiben ► **S. 297**

Aufgabe 2 ► **S. 142**

Eine Kurzgeschichte analysieren und interpretieren

In der folgenden Kurzgeschichte erzählt Ernest Hemingway von einem entscheidenden Moment im Leben eines Jungen in Amerika.

Ernest Hemingway

Info

Ernest Hemingway (1899–1961) war ein amerikanischer Schriftsteller und Journalist. In beiden Weltkriegen war er als Kriegsberichterstatter tätig. Er wurde mit der wichtigsten US-amerikanischen Auszeichnung, dem Pulitzer-Preis, geehrt und erhielt 1954 den Literaturnobelpreis.

 **1** **a.** Lies zunächst nur den Titel. Überlege dir, um welchen entscheidenden Moment es gehen könnte. Notiere deine Vermutung.

b. Lies die ganze Kurzgeschichte.

Ein Tag Warten (1950) Ernest Hemingway

Er kam ins Zimmer, um die Fenster zu schließen, während wir noch im Bett lagen, und ich fand, dass er krank aussah. Er fröstelte; sein Gesicht war weiß, und er ging langsam, als ob jede Bewegung wehtäte.

„Was ist los, Schatz?"

„Ich habe Kopfschmerzen."

„Dann geh lieber wieder ins Bett."

„Nein, ich bin ganz in Ordnung."

„Du gehst ins Bett. Ich komme zu dir, sobald ich angezogen bin."

Aber als ich herunterkam, war er angezogen und saß am Feuer und sah wie ein kranker, jämmerlicher, neunjähriger Junge aus.

Als ich ihm die Hand auf die Stirn legte, wusste ich, dass er Fieber hatte.

„Du gehst rauf ins Bett", sagte ich. „Du bist krank."

„Ich bin ganz in Ordnung", sagte er.

Als der Doktor kam, nahm er die Temperatur des Jungen.

„Wie viel hat er?", fragte ich ihn.

„Hundertundzwei."

Unten ließ der Doktor drei verschiedene Medikamente in verschiedenfarbigen Kapseln zurück, mit Anweisungen, wie sie zu nehmen waren. Das eine sollte das Fieber herunterbringen, das zweite war ein Abführmittel, und das dritte war gegen Übersäure im Magen. Die Grippebazillen können nur bei Übersäure existieren, hatte der Arzt erklärt. Er schien alles über Grippe zu wissen und sagte, es wäre nicht weiter besorgniserregend, falls die Temperatur nicht auf hundertundvier stiege. Es herrsche eine leichte Grippeepidemie, und es bestände keinerlei Gefahr, wenn keine Lungenentzündung hinzukäme.

Als ich wieder ins Zimmer kam, schrieb ich die Temperatur des Jungen auf und notierte, wann man ihm die verschiedenen Medikamente geben sollte.

„Möchtest du, dass ich dir vorlese?"

„Schön. Wenn du willst", sagte der Junge. Sein Gesicht war sehr weiß, und er hatte dunkle Schatten unter den Augen. Er lag reglos im Bett und schien gleichgültig gegen alles, was vorging.

Ich las ihm aus Howard Pyles *Piratenbuch* vor, aber ich sah, dass er nicht bei der Sache war.

„Wie fühlst du dich, Schatz", fragte ich ihn.

„Genau wie vorhin", sagte er.

Ich saß am Fußende des Bettes und las für mich, während ich darauf wartete, dass es Zeit war, ihm wieder ein Pulver zu geben. Normalerweise hätte er einschlafen müssen, aber als ich aufblickte, blickte er das Fußende des Bettes an und hatte einen seltsamen Ausdruck im Gesicht.

„Warum versuchst du nicht einzuschlafen? Ich werde dich wecken, wenn es Zeit für die Medizin ist."

„Ich möchte lieber wach bleiben."

Nach einer Weile sagte er zu mir: „Papa, du brauchst nicht hier bei mir zu bleiben, wenn es dir unangenehm ist."

„Es ist mir nicht unangenehm."

„Nein, ich meine, du brauchst nicht zu bleiben, wenn es dir unangenehm wird."

Ich dachte, dass er vielleicht ein bisschen wirr sei, und nachdem ich ihm um elf das verschriebene Pulver gegeben hatte, ging ich eine Weile hinaus.

Es war ein klarer, kalter Tag. Den Boden bedeckte eine Graupelschicht, die gefroren war, sodass es aussah, als ob all die kahlen Bäume, die Büsche, das Reisig und all das Gras und der kahle Boden mit Eis glasiert wären. Ich nahm den jungen irischen Hühnerhund zu einem Spaziergang mit, die Landstraße hinauf und dann einen zugefrorenen Bach entlang, aber es war schwierig, auf der glasigen Oberfläche zu stehen oder zu gehen, und der rotbraune Hund rutschte aus und schlidderte, und ich fiel zweimal heftig hin, und das eine Mal ließ ich meine Flinte dabei fallen, die ein ganzes Stück über das Eis wegglitt.

Wir jagten ein Volk Wachteln unter einem hohen Lehmdamm mit überhängendem Gestrüpp auf, und ich tötete zwei, als sie über die Anhöhe hinweg außer Sicht gingen. Einige stießen in die Bäume nieder, aber die meisten schwärmten in die Reisighaufen, und man musste mehrmals auf den eisüberzogenen Reisigbündeln hin- und herspringen, bis sie hochgingen. Es war schwierig, sie zu treffen, als sie aufflogen, während man unsicher auf dem eisglatten, federnden Reisig stand, und ich tötete zwei und verfehlte fünf und machte mich auf den Heimweg, vergnügt, weil ich so dicht von zu Haus ein Wachtelvolk aufgetrieben hatte, und froh, dass für einen andern Tag noch so viele übrig waren.

Zu Hause sagte man mir, dass der Junge keinem erlaubt habe, in sein Zimmer zu kommen.

„Du kannst nicht reinkommen", hatte er gesagt.

„Du darfst das nicht bekommen, was ich habe."

Ich ging zu ihm hinauf und fand ihn in genau derselben Lage, wie ich ihn verlassen hatte, weißgesichtig, aber mit roten Fieberflecken auf den Backen. Er starrte immer noch, wie er vorher gestarrt hatte, auf das Fußende des Bettes. Ich nahm seine Temperatur.

„Wie viel habe ich?"

„Ungefähr hundert", sagte ich. Es waren hundertundzwei und vier Zehntel.

„Es waren hundertundzwei", sagte er.

„Wer hat das gesagt?"

„Der Doktor."

„Deine Temperatur ist ganz in Ordnung", sagte ich. „Kein Grund, sich aufzuregen."

„Ich rege mich nicht auf", sagte er, „aber ich muss immer denken."

„Nicht denken", sagte ich. „Nimm's doch nicht so tragisch."

„Ich nehme es nicht tragisch", sagte er und sah starr vor sich hin.

Er nahm sich offensichtlich wegen irgendetwas schrecklich zusammen.

„Schluck dies mit viel Wasser."

„Glaubst du, dass es helfen wird?"

„Natürlich wird es."

Ich setzte mich hin und schlug das *Piratenbuch* auf und begann zu lesen, aber ich konnte sehen, dass er nicht folgte, darum hörte ich auf.

„Um wie viel Uhr glaubst du, dass ich sterben werde?", fragte er.

„Was?"

„Wie lange dauert es noch ungefähr, bis ich sterbe?"

„Aber du stirbst doch nicht bei einer Temperatur von hundertundzwei. Es ist albern, so zu reden."

„Ich weiß aber, dass es so ist. In der Schule in Frankreich haben mir die Jungen erzählt, dass man mit vierundvierzig Grad nicht leben kann. Ich habe hundertundzwei."

Er hatte den ganzen Tag auf seinen Tod gewartet, die ganze Zeit über, seit neun Uhr morgens.

„Mein armer Schatz", sagte ich. „Mein armer, alter Schatz. Es ist wie mit Meilen und Kilometern. Du wirst nicht sterben. Es ist ein anderes Thermometer. Auf *dem* Thermometer ist siebenunddreißig normal. Auf dieser Sorte achtundneunzig."

„Bist du sicher?"

Info

Die Kurzgeschichte „A Day's Wait" („Ein Tag Warten") spielt in den USA, wo die Temperatur nach der Fahrenheit-Skala gemessen wird. Auf der Skala sind die Werte bei gleicher Temperatur mehr als doppelt so hoch wie auf unserer Celsius-Skala. 102 Grad Fahrenheit entsprechen 38,9 Grad Celsius.

„Völlig", sagte ich. „Es ist wie mit Meilen und Kilometern. Weißt du, so wie: wie viel Kilometer machen wir, wenn wir siebzig Meilen im Auto fahren?"
„Ach", sagte er.
Aber die Starre schwand langsam aus seinem auf das Fußende seines Bettes gerichteten Blick; auch seine Verkrampftheit ließ schließlich nach und war am nächsten Tag fast ganz weg, und er weinte wegen Kleinigkeiten los, die ganz unwichtig waren.

Setze dich vor deiner Analyse mit dem Inhalt auseinander.

2 Was erfährst du über die Handlung in der Kurzgeschichte? Gib die Handlung schriftlich in eigenen Worten wieder.

3 Um welches Thema geht es in der Kurzgeschichte? Schreibe einen Satz auf.

Starthilfe
In der Kurzgeschichte geht es um einen kranken Jungen und ...

4 Verfasse eine vollständige Inhaltsangabe zur Kurzgeschichte.

eine Inhaltsangabe schreiben ► **S. 297**

Nun kannst du die Kurzgeschichte analysieren und interpretieren.

5 Wie würdest du die Kurzgeschichte aus deinem ersten Textverständnis heraus interpretieren? Wähle einen Interpretationsansatz A oder B vom Rand aus. Du kannst auch einen eigenen Interpretationsansatz formulieren.

A Die Kurzgeschichte zeigt, welche Folgen es haben kann, wenn man nicht über seine Gedanken und Gefühle spricht.

B Die Kurzgeschichte zeigt, wozu falsche Vermutungen führen können.

In dieser Kurzgeschichte spielt die Zeitgestaltung eine Rolle.

6 **a.** Schreibe auf, welchen Zeitraum die Handlung umfasst.
b. Überlege, was dies für den Jungen bedeuten könnte.

Die Hauptfiguren bestimmen in dieser Kurzgeschichte die Handlung.

7 Führt euch die Dialoge zwischen Vater und Sohn noch einmal vor Augen und lest die Dialoge mit verteilten Rollen.
Tipp: Beachtet dabei besonders die Zeilen 43–47.

8 **a.** Schreibe auf, was dem Sohn durch den Kopf gehen könnte,
- als er hört, dass er eine Temperatur von 102 Grad hat (Z. 16),
- als er den Vater mit den verschiedenen Medikamenten sieht (Z. 26),
- als er sagt, er möchte lieber wach bleiben (Z. 42),
- als er anderen verbietet, sein Zimmer zu betreten (Z. 71–72).

b. Überlege, warum er seine Gedanken dem Vater nicht mitteilt. Belege deine Vermutung mit geeigneten Textstellen.

9 Was erfährst du über das Verhältnis zwischen Vater und Sohn? Beantworte dazu die Fragen schriftlich.
- Wie verhält der Vater sich gegenüber seinem kranken Sohn?
- Was könnte der Vater denken, als er bemerkt, dass seine Bemühungen dem Sohn nicht helfen?

10 In der Kurzgeschichte gibt es einen Wendepunkt.
a. Vergleiche das Verhalten des Sohnes am Anfang mit seinem Verhalten, nachdem er von den verschiedenen Temperaturskalen erfahren hat.
Tipp: Lies noch einmal die Zeilen 14–47 und 106–118.
b. Erkläre die Veränderung und belege deine Aussagen am Text.

11 Verwende deine Arbeitsergebnisse und beschreibe die Hauptfiguren und ihr Verhältnis zueinander in ganzen Sätzen. Belege deine Aussagen mit passenden Textstellen.

zitieren ► S. 299

Auch der Erzähler gehört zur Welt der erzählten Geschichte.

12 **a.** Aus wessen Sicht wird erzählt? Bestimme die Erzählperspektive. Notiere dazu zwei Textbeispiele.
b. Schreibe deine Textbeispiele in einer anderen Erzählperspektive auf.
c. Vergleiche die Wirkung der verschiedenen Erzählperspektiven.
d. Beschreibe die Wirkung der Erzählperspektive in der Kurzgeschichte.

Starthilfe
Der Erzählter tritt ... Dadurch ...

die Erzählperspektiven ► S. 294

Für eine Analyse und Interpretation ist es wichtig, dass du dich auch mit der Textsorte auseinandersetzt.

13 Fasse in einem kurzen Text zusammen, warum „Ein Tag Warten" eine Kurzgeschichte ist.

Merkmale der Kurzgeschichte ► S. 293

Jetzt kannst du deine Interpretation der Kurzgeschichte formulieren.

14 Schreibe deine Interpretation in ganzen Sätzen auf.
a. Beantworte diese Fragen:
- Um welchen entscheidenden Moment geht es?
- Welche Bedeutung hat der Titel „Ein Tag Warten"?

b. Interpretiere zusammenfassend die Kurzgeschichte. Beziehe dich dabei auf deinen Interpretationsansatz aus Aufgabe 5.

Aufgabe 5 ► S. 147

15 Beantworte abschließend die folgenden Fragen zur Kurzgeschichte.
- Wie wirkt der Text auf dich?
- Was regt dich zum Nachdenken an?

Figuren beschreiben und charakterisieren

Hier kannst du überprüfen, ob du Figuren beschreiben und charakterisieren kannst.

1 Du hast die Hauptfiguren in der Kurzgeschichte „Nachts schlafen die Ratten doch“ beschrieben.

a. Schreibe auf, welche Aspekte du untersuchst, wenn du Figuren beschreiben sollst.

b. Vergleicht eure Notizen und überarbeitet sie, wenn nötig.

Starthilfe
- äußere Merkmale: ...
- ...

„Nachts schlafen die Ratten doch“ ► S. 140–142
Figuren beschreiben ► S. 140–143

Lara hat eine Figurencharakterisierung zu den Hauptfiguren in „Nachts schlafen die Ratten doch“ geschrieben.

2 a. Überprüfe Laras Figurencharakterisierung mit Hilfe der Arbeitstechnik im Anhang.

b. Schreibe Verbesserungsvorschläge für Laras Figurencharakterisierung auf.

eine Figurencharakterisierung schreiben ► S. 297

Jürgen sitzt in den Trümmern einer ausgebombten Stadt. Er ist neun Jahre alt und bewacht die Leiche seines toten Bruders. Dieser ist viel jünger als er. Das Wohnhaus wurde von einer Bombe getroffen. Mit einmal war das Licht im Keller weg. Und der kleine Bruder auch. Alle haben noch nach ihm gerufen.
Jürgen bewacht seinen toten Bruder. Er hält die Hände fest um einen Stock. Er will damit die Ratten verjagen. Er hat die Augen zu. Mit einmal wird es noch dunkler. Er merkt, dass jemand gekommen war und nun vor ihm steht. Jetzt haben sie mich!, denkt er. Der Mann denkt, dass er den Stock hat, um auf sein Geld aufzupassen. Aber Jürgen antwortet verächtlich: „Nein, auf Geld überhaupt nicht.“
Jürgens Äußeres wird nicht beschrieben und von dem Mann erfährt man nur, dass er krumme Beine hat. Man merkt, dass der Junge sehr entschlossen ist. Trotz der Angebote des alten Mannes, ihn zu sich nach Hause mitzunehmen, verlässt Jürgen nicht seinen Posten.
Der Mann möchte Jürgen mit zu sich nach Hause nehmen, damit er nicht Tag und Nacht vor dem verschütteten Haus sitzt. Er möchte, dass ihm nichts passiert, und will ihm ein Kaninchen schenken.
Der alte Mann kümmert sich um den Jungen, auch wenn er nur zufällig vorbeigekommen ist. Er ist fast wie ein Vater für ihn.
Vielleicht hat er selbst Kinder gehabt, die im Krieg getötet wurden.

Achtung: Fehler!

Training: Eine Kurzgeschichte analysieren und interpretieren ► S. 150–152
Weiterführendes: Einen Interpretationsaufsatz schreiben ► S. 153–155

Eine Kurzgeschichte analysieren und interpretieren

Hier kannst du noch einmal üben, eine Kurzgeschichte zu analysieren und zu interpretieren.
Tipp: Die Hinweise am Rand zeigen dir, welche Aspekte in dieser Kurzgeschichte für die Analyse und die Interpretation wichtig sind.

Sibylle Berg

Info

Sibylle Berg (geboren 1962) ist eine deutsch-schweizerische Schriftstellerin. Sie schreibt Prosa, Theaterstücke und Hörspiele.

Die folgende Kurzgeschichte von Sibylle Berg erzählt von einem Tag im Leben eines jungen Mannes.

Hauptsache weit (2001) Sibylle Berg

Und weg, hatte er gedacht. Die Schule war zu Ende, das Leben noch nicht, hatte noch nicht begonnen, das Leben. Er hatte nicht viel Angst davor, weil er noch keine Enttäuschungen kannte. Er war ein schöner Junge mit langen, dunklen Haaren, er spielte Gitarre, komponierte am Computer und dachte, irgendwie werde ich wohl später nach London gehen, was Kreatives machen. Aber das war später.

Und nun? Warum kommt der Spaß nicht?

Der Junge hockt in einem Zimmer, das Zimmer ist grün, wegen der Neonleuchte, es hat kein Fenster und der Ventilator ist sehr laut. Schatten huschen über den Betonboden, das Glück ist das nicht, eine Wolldecke auf dem Bett, auf der schon einige Kriege ausgetragen wurden. Magen gegen Tom Yan[1], Darm gegen Curry. Immer verloren, die Eingeweide[2].

Der Junge ist 18, und jetzt aber Asien, hatte er sich gedacht. Mit 1000 Dollar durch Thailand, Indien, Kambodscha, drei Monate unterwegs, und dann wieder heim, nach Deutschland.

Das ist so eng, so langweilig, jetzt was erleben und vielleicht nie wieder zurück. Hast du keine Angst, hatten die blassen Freunde zu Hause gefragt, so ganz alleine? Nein, hatte er geantwortet, man lernt ja so viele Leute kennen unterwegs. Bis jetzt hatte er hauptsächlich Mädchen kennen gelernt, nett waren die schon, wenn man Leute mag, die einen bei jedem Satz anfassen. Mädchen, die aussahen wie dreißig und doch so alt waren wie er, seit Monaten unterwegs, die Mädchen, da werden sie komisch. Übermorgen würde er in Laos[3] sein, da mag er jetzt gar nicht dran denken, in seinem hässlichen Pensionszimmer, muss Obacht geben, dass er sich nicht aufs Bett wirft und

1 Tom Yan: eine saure, scharfe Suppe
2 die Eingeweide (Plural): die inneren Organe
3 Laos: Land in Südostasien; beliebtes Urlaubsziel für Rucksacktouristen

weint, auf die Decke, wo schon die anderen Dinge drauf sind. In dem kleinen Fernseher kommen nur Leute vor, die ihm völlig fremd sind, das ist das Zeichen, dass man einsam ist, wenn man die Fernsehstars eines Landes nicht kennt und die eigenen keine Bedeutung haben. Der Junge sehnt sich nach Stefan Raab, nach Harald Schmidt[4] und Echt[5] . Er merkt weiter, dass er gar nicht existiert, wenn er nichts hat, was er kennt. Wenn er keine Zeitung in seiner Sprache kaufen kann, keine Klatschgeschichten über einheimische Prominente lesen, wenn keiner anruft und fragt, wie es ihm geht. Dann gibt es ihn nicht. Denkt er. Und ist unterdessen aus seinem Zimmer in die heiße Nacht gegangen, hat fremdes Essen vor sich, von einer fremdsprachigen Serviererin gebracht, die sich nicht für ihn interessiert, wie niemand hier. Das ist wie tot sein, denkt der Junge. Weit weg von zu Hause, um anderen beim Leben zuzusehen, könnte man umfallen und sterben in der tropischen Nacht, und niemand würde weinen darum. Jetzt weint er doch, denkt an die lange Zeit, die er noch rumbekommen muss, alleine in heißen Ländern mit seinem Rucksack, und das stimmt so gar nicht mit den Bildern überein, die er zu Hause von sich hatte. Wie er entspannt mit Wasserbüffeln spielen wollte, in Straßencafés sitzen und cool sein. Was ist, ist einer mit Sonnenbrand und Heimweh nach den Stars zu Hause, die sind wie ein Geländer zum Festhalten. Er geht durch die Nacht, selbst die Tiere reden ausländisch, und dann sieht er etwas, sein Herz schlägt schneller.

Ein Computer, ein Internet-Café. Und er setzt sich, schaltet den Computer an, liest seine E-Mails. Kleine Sätze von seinen Freunden, und denen antwortet er, dass es ihm gut gehe und alles großartig ist, und er schreibt und schreibt und es ist auf einmal völlig egal, dass zu seinen Füßen ausländische Insekten so groß wie Meerkatzen[6] herumlaufen, dass das fremde Essen im Magen drückt. Er schreibt seinen Freunden über die kleinen Katastrophen, und die fremde Welt um ihn verschwimmt, er ist nicht mehr allein, taucht in den Bildschirm ein, der ist wie ein weiches Bett, er denkt an Bill Gates und Fred Apple[7], er schickt eine Mail an Sat 1[8], und für ein paar Stunden ist er wieder am Leben, in der heißen Nacht weit weg von zu Hause.

1 Was erfährst du über die Handlung in der Kurzgeschichte? Gib den Inhalt schriftlich in eigenen Worten wieder.

den Inhalt wiedergeben

2 Beschreibe die Orte, an denen die Handlung spielt.

den Raum / den Ort beschreiben

4 Stefan Raab und Harald Schmidt: bekannte Fernsehmoderatoren
5 Echt: deutsche Musikband
6 Meerkatzen: eine Affenart
7 Bill Gates und Fred Apple: bekannte US-amerikanische Geschäftsmänner im IT-Markt
8 heute Sat.1: deutscher, privater Fernsehsender

3 Beschreibe die äußeren Merkmale der Hauptfigur.

die Hauptfigur beschreiben

äußere Merkmale:
das Alter
das Aussehen
die Hobbys
die beruflichen Pläne

Auch über die inneren Merkmale der Hauptfigur erfährst du einiges.

4 **a.** Beantworte die folgenden Fragen:
- Mit welchen Erwartungen bricht die Hauptfigur nach Asien auf?
- Wie empfindet die Hauptfigur Deutschland?
- Wie reagieren die Freunde auf die Reisepläne der Hauptfigur?

b. Schreibe auf, welche Erfahrungen der junge Mann auf seiner Reise macht. Belege deine Aussagen mit passenden Textstellen.

Starthilfe
- hässliches Pensionszimmer (Z. 25–26) ...

c. Dass der junge Mann weint, „stimmt so gar nicht mit den Bildern überein, die er zu Hause von sich hatte." (Z. 42–43)
Beschreibe dieses Selbstbild und vergleiche es mit den Gedanken und Gefühlen während der Reise.

5 Der junge Mann belügt seine Freunde.
a. Was sagt er ihnen? Zitiere die entsprechende Textstelle.
b. Überlege, warum er dies tut, und schreibe deine Vermutung auf.

zitieren ► S. 299

6 Als der junge Mann Reisepläne schmiedet, stellt er sich vor, eventuell nicht mehr in seine Heimat zurückzukehren. Bleibt dieser Wunsch bestehen? Begründe und belege mit geeigneten Textstellen.

7 **a.** Der Text weist ein typisches Merkmal von Kurzgeschichten auf: Er erzählt von einem entscheidenden Moment im Leben der Hauptfigur. Worin besteht der entscheidende Moment? Schreibe deine Interpretation auf und notiere die passende Textstelle.
b. Überlege, welche Bedeutung dieser Moment für die Hauptfigur haben könnte. Begründe und belege mit dem Text.

die Textsorte untersuchen

8 **a.** Beschreibe, wie die Kurzgeschichte endet.
b. Formuliere Fragen, die offenbleiben.

9 Wie würdest du die Kurzgeschichte interpretieren? Wähle eine Interpretation A oder B aus, die dir zutreffender erscheint. Du kannst auch eine eigene Formulierung aufschreiben.

den Text interpretieren

A Träume vom Glück beim Reisen werden nicht immer erfüllt.
B Der Hauptfigur gelingt es nicht, das Reiseland ohne Vorurteile zu betrachten.

10 Was hat dich beim Lesen der Kurzgeschichte besonders bewegt? Schreibe deine Gedanken dazu auf.

Einen Interpretationsaufsatz schreiben

Du hast bereits Kurzgeschichten analysiert und interpretiert. Nun gehst du noch einen Schritt weiter und schreibst einen Interpretationsaufsatz zu der folgenden Kurzgeschichte.

Julia Franck

Streuselschnecke (2000) Julia Franck

Der Anruf kam, als ich vierzehn war. Ich wohnte seit einem Jahr nicht mehr bei meiner Mutter und meinen Schwestern, sondern bei Freunden in Berlin. Eine fremde Stimme meldete sich, der Mann nannte seinen Namen, sagte mir, er lebe in Berlin, und fragte, ob ich ihn kennen lernen wolle. Ich zögerte, ich war mir nicht sicher. Zwar hatte ich schon viel über solche Treffen gehört und mir oft vorgestellt, wie so etwas wäre, aber als es so weit war, empfand ich eher Unbehagen. Wir verabredeten uns. Er trug Jeans, Jacke und Hose. Ich hatte mich geschminkt.
Er führte mich ins Cafe Richter am Hindemithplatz und wir gingen ins Kino, ein Film von Rohmer[1]. Unsympathisch war er nicht, eher schüchtern. Er nahm mich mit ins Restaurant und stellte mich seinen Freunden vor. Ein feines, ironisches Lächeln zog er zwischen sich und die anderen Menschen. Ich ahnte, was das Lächeln verriet.
Einige Male durfte ich ihn bei seiner Arbeit besuchen. Er schrieb Drehbücher und führte Regie bei Filmen. Ich fragte mich, ob er mir Geld geben würde, wenn wir uns treffen, aber er gab mir keins, und ich traute mich nicht, danach zu fragen.

Schlimm war das nicht, schließlich kannte ich ihn kaum, was sollte ich da schon verlangen? Außerdem konnte ich für mich selbst sorgen, ich ging zur Schule und putzen und arbeitete als Kindermädchen. Bald würde ich alt genug sein, um als Kellnerin zu arbeiten, und vielleicht wurde ja auch noch eines Tages etwas Richtiges aus mir. Zwei Jahre später, der Mann und ich

Info

Julia Franck (geboren 1970) ist eine deutsche Schriftstellerin. Sie verfasst hauptsächlich Romane und Erzählungen. In ihrem Werk setzt sie sich insbesondere mit der jüngeren deutschen Geschichte und mit ihrer eigenen Familiengeschichte auseinander.

1 Èric Rohmer (1920–2010): ein franz. Film- und Theaterregisseur

waren uns noch immer etwas fremd, sagte er mir, er sei krank. Er starb ein Jahr lang, ich besuchte ihn im Krankenhaus und fragte, was er sich wünsche. Er sagte mir, er habe Angst vor dem Tod und wolle es so schnell wie möglich hinter sich bringen. Er fragte mich, ob ich ihm Morphium[2] besorgen könne. Ich dachte nach, ich hatte einige Freunde, die Drogen nahmen, aber keinen, der sich mit Morphium auskannte. Auch war ich mir nicht sicher, ob die im Krankenhaus herausfinden wollten und würden, woher es kam. Ich vergaß seine Bitte. Manchmal brachte ich ihm Blumen. Er fragte nach dem Morphium und ich fragte ihn, ob er sich Kuchen wünsche, schließlich wusste ich, wie gern er Torte aß. Er sagte, die einfachen Dinge seien ihm jetzt die liebsten – er wolle nur Streuselschnecken, nichts sonst. Ich ging nach Hause und buk[3] Streuselschnecken, zwei Bleche voll. Sie waren noch warm, als ich sie ins Krankenhaus brachte. Er sagte, er hätte gerne mit mir gelebt, es zumindest gern versucht, er habe immer gedacht, dafür sei noch Zeit, eines Tages – aber jetzt sei es zu spät. Kurz nach meinem siebzehnten Geburtstag war er tot. Meine kleine Schwester kam nach Berlin, wir gingen gemeinsam zur Beerdigung. Meine Mutter kam nicht. Ich nehme an, sie war mit anderem beschäftigt, außerdem hatte sie meinen Vater zu wenig gekannt und nicht geliebt.

2 das Morphium: Rauschgift, das in der Medizin als starkes Schmerzmittel eingesetzt wird

3 buk: veraltete Form zu **backen** – **backte**

1 Schreibe eine Inhaltsangabe zur Kurzgeschichte.

eine Inhaltsangabe schreiben ► S. 297

Für deinen Interpretationsaufsatz formulierst du dein vorläufiges erstes Textverständnis und deinen Interpretationsansatz (Deutungshypothese).

2 Wähle einen Interpretationsansatz A oder B vom Rand aus, der deiner Meinung nach eher zutrifft, oder schreibe eine eigene Formulierung auf.

A In der Kurzgeschichte geht es um ein Mädchen, das seinen Vater erst mit 14 Jahren kennen lernt und versucht, eine Beziehung zu ihm aufzubauen.

B Die Kurzgeschichte erzählt von den zerbrochenen Beziehungen einer Familie.

Nun kannst du die Kurzgeschichte analysieren und interpretieren.

3 Die Zeitgestaltung der Kurzgeschichte, die sich über drei Jahre erstreckt, hat für die Hauptfiguren eine besondere Bedeutung.

a. Teile die Kurzgeschichte in zeitliche Abschnitte und beschreibe, was in jedem Abschnitt passiert.

b. Schreibe auf, welche Bedeutung der jeweilige Zeitabschnitt hat.

4 Charakterisiere die Hauptfigur und belege mit dem Text.

a. Beschreibe die äußeren und die inneren Merkmale.

b. Erläutere, mit welchen Worten die Tochter ihren Vater beschreibt und welche Gefühle dahinterstecken könnten.

c. Beschreibe das Verhältnis der Tochter zu ihrem Vater. Beziehe dazu deine Ergebnisse aus Aufgabe 3 mit ein.

Tipp: Vergleiche, wie der Vater am Anfang und am Ende genannt wird.

eine Figurencharakterisierung schreiben ► S. 297

zitieren ► S. 299

Weiterführendes

Die Erzählperspektive und der Erzählstil spielen eine wichtige Rolle.

5 a. Aus welcher Erzählperspektive wird die Kurzgeschichte erzählt? Begründe deine Antwort und belege diese am Text.
b. Beschreibe Auffälligkeiten am Erzählstil.
c. Welche Wirkung hat die Erzählperspektive und der Erzählstil? Schreibe auf und belege deine Darstellung am Text.

Starthilfe

Die Kurzgeschichte wird ... erzählt. Der Erzählstil ist sehr nüchtern. Dadurch wirkt ...

die Erzählperspektiven ► S. 294

Satzanfänge
Satzlänge
wörtliche Rede
indirekte Rede

6 Begründe, warum es sich bei dem Text um eine Kurzgeschichte handelt.

Merkmale der Kurzgeschichte ► S. 293

7 Schreibe in ganzen Sätzen auf, wie du die Kurzgeschichte interpretierst.
- Welcher Zusammenhang besteht zwischen dem Titel und dem Inhalt?
- Beziehe dich dabei auf deinen Interpretationsansatz aus Aufgabe 2.

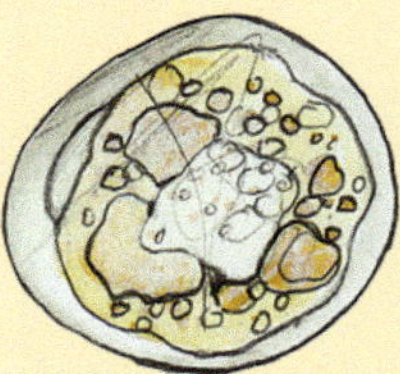

Aufgabe 2 ► S. 154

Nun kannst du einen Interpretationsaufsatz schreiben.

8 Schreibe mit Hilfe der Arbeitstechnik einen Interpretationsaufsatz und verwende dazu deine Arbeitsergebnisse aus den Aufgaben 1–7.

Aufgaben 1–4 ► S. 154

9 Überprüft mit Hilfe der Arbeitstechnik eure Interpretationsaufsätze in einer Schreibkonferenz.

Arbeitstechnik zum Üben: Eigene Texte überarbeiten ► S. 208–209

Arbeitstechnik

Einen Interpretationsaufsatz zu einem erzählenden Text schreiben

In einem Interpretationsaufsatz analysierst und interpretierst du einen Text.
Schreibe **sachlich** und im **Präsens**.
In der **Einleitung** nennst du den **Titel**, das **Erscheinungsjahr** (wenn möglich), die **Autorin** oder den **Autor**, die **Textsorte** und das **Thema**.
Hauptteil:
- Gib die äußere und die innere Handlung in einer knappen **Inhaltsangabe** wieder.
- Formuliere deinen **Interpretationsansatz** (Deutungshypothese).
- Formuliere deine Analyse und Interpretation, z. B. können diese Aspekte eine Rolle spielen:
  - Untersuche die **Raumgestaltung** (z. B. Atmosphäre ...) und **Zeitgestaltung** (z. B. Rückblenden, Vorausdeutungen ...).
  - Charakterisiere die **Figuren** und ihr Verhältnis zueinander.
  - Beschreibe den **Erzähler** und bestimme die **Erzählperspektive**.
  - Stelle die **sprachlichen Besonderheiten** dar (z. B. Satzbau, Wortwahl ...).
  - Gehe auf die **Textsorte** ein (z. B. Kurzgeschichte ...).
  - Überlege bei allen Aspekten, welche **Wirkung und Bedeutung** die Gestaltung jeweils hat, und stelle immer wieder einen Bezug zum Inhalt und zur Aussage des Textes her.
  - **Belege** deine Aussagen **mit dem Text** (Zitate, Zeilenangaben).
  - **Beziehe** dich auf deinen **Interpretationsansatz** und **interpretiere** den Text (Fazit).

Im **Schlussteil** rundest du deinen Interpretationsaufsatz ab. Du kannst auch schreiben, wie der Text auf dich wirkt oder was dich zum Nachdenken anregt.

Dramatisch! – „Der Besuch der alten Dame“

- Auszüge aus einem Drama erschließen und analysieren
- Die Figuren und die Figurenkonstellation analysieren und visualisieren
- Eine Dramenszene spielen

Info

Der Untertitel des Dramas lautet **„Eine tragische Komödie“**. Dürrenmatt verknüpft in seinem Drama Grauenvolles und Komisches. Zugleich verbindet er damit zentrale Themen der griechischen Tragödie: Schuld und Sühne, Rache und Opfer.

Friedrich Dürrenmatt erzählt in dem Drama „Der Besuch der alten Dame“ eine unfassbare Geschichte:

Der Inhalt des Dramas

Das Drama besteht aus drei Akten (Hauptabschnitten) und spielt im Ort Güllen, einer verarmten Kleinstadt, irgendwo in Europa, irgendwann Mitte des 20. Jahrhunderts. Die Milliardärin Claire Zachanassian kehrt nach 45 Jahren in ihre alte Heimatstadt zurück. Die Menschen der Stadt hoffen, dass Claire ihren Reichtum mit ihnen teilt, doch diese möchte Rache nehmen. Sie macht der Gemeinde ein unmoralisches Angebot.

1 Was erfahrt ihr über die Hauptfigur? Sprecht darüber.

Der Besuch der alten Dame (Anfang Erster Akt) Friedrich Dürrenmatt

Dramenauszug 1

Glockenton eines Bahnhofs, bevor der Vorhang aufgeht. Dann die Inschrift: Güllen. Offenbar der Name der kleinen Stadt, die im Hintergrund angedeutet ist, ruiniert, zerfallen. [...] *Vor dem Häuschen eine Bank, auf ihr vier Männer. Ein fünfter, aufs unbeschreiblichste verwahrlost, wie die andern, beschreibt ein Transparent mit roter Farbe, offenbar für einen Umzug: Willkommen Kläri.* [...] *Kreischende Bremsen. Auf allen Gesichtern drückt sich fassungsloses Erstaunen aus. Die fünf auf der Bank springen auf.*

Der Maler: Der D-Zug!
Der Erste: Hält!
Der Zweite: In Güllen!
Der Dritte: Im verarmtesten –
Der Vierte: lausigsten –
Der Erste: erbärmlichsten Nest der Strecke Venedig – Stockholm! [R] [*]

„Der Besuch der alten Dame“, Aufführung an der Deutschen Oper, Berlin 1972 mit Gerd Feldhoff (Ill) und Patricia Johnson (Claire)

2 a. Der Ort hat einen etwas seltsamen Namen: „Güllen“. Was verbindet ihr mit diesem Namen? Sprecht darüber.
b. Was erfahrt ihr über die Kleinstadt Güllen und dessen Bewohner? Notiert die Beschreibungen.

3 In der Regieanweisung in Zeile 9 steht, dass die Figuren „fassungsloses Erstaunen“ zeigen. Worüber könnten sie so erstaunt sein? Sprecht darüber.

> Info
> **Regieanweisungen** geben Hinweise, wie die Figuren sich auf der Bühne verhalten sollen.

Manchmal versteht man ein Buch oder einen Text besser, wenn man etwas über das Leben des Dichters erfährt.

> Info
> Der Schweizer Schriftsteller **Friedrich Dürrenmatt** wurde 1921 in Konolfingen (Kanton Bern) geboren und starb 1990 in Neuenburg. Sein Vater war protestantischer Pfarrer. 1935 zog die Familie nach Bern um, wo Friedrich das Abitur mit der Gesamtnote „knapp ausreichend“ bestand. Nach dem Abitur studierte Dürrenmatt in Zürich und Bern Literatur, Philosophie und Naturwissenschaften. Obwohl er auch gut malen und zeichnen konnte, entschied er sich dann für den Beruf des Schriftstellers.
> Weltweiten Ruhm erzielte er 1956 mit seinem Drama „Der Besuch der alten Dame“.
> Für sein Schaffen wurde Dürrenmatt mehrfach ausgezeichnet. Viele seiner Werke spielen vor dem geschichtlichen Hintergrund des Wirtschaftswunders in den 1950er Jahren.
> In diesem Zusammenhang stellte Dürrenmatt wiederholt die Frage nach moralischem Verhalten, aber auch nach der Korruption[1] in der Gesellschaft.

Friedrich Dürrenmatt

Dürrenmatt schrieb über sein Drama:

„‚Der Besuch der alten Dame‘ ist eine Geschichte, die sich irgendwo in Mitteleuropa in einer kleinen Stadt ereignet, geschrieben von einem, der sich von diesen Leuten durchaus nicht distanziert[2] und der sich nicht so sicher ist, ob er anders handeln würde. [...] Ich beschreibe Menschen, nicht Marionetten[3], eine Handlung, nicht eine Allegorie[4], stelle eine Welt auf [...].“

4 Sprecht über das Zitat von Dürrenmatt:
Was könnte Dürrenmatt meinen, wenn er sagt: „Ich beschreibe Menschen, nicht Marionetten“?

> Starthilfe
> Dürrenmatt versteht seine Figuren nicht als ..., sondern er möchte ...

In diesem Kapitel erschließt und analysiert ihr Auszüge aus einem Drama. Ihr lernt, die Hauptfigur und die Figurenkonstellation zu beschreiben und zu visualisieren. Außerdem übt ihr, eine Dramenszene zu spielen.

1 die Korruption: die Bestechlichkeit
2 sich distanzieren: von jemandem oder von etwas abrücken
3 die Marionette: Puppe, die an Fäden geführt wird, hier: sprachliches Bild für willenlose Menschen
4 die Allegorie: ein Sinnbild; Verkörperung eines abstrakten Begriffs

Ein Drama und seine Figuren analysieren

Die Ankunft der alten Dame

1 Lies den Auszug aus dem ersten Akt.

Der Besuch der alten Dame (Auszug Erster Akt) Friedrich Dürrenmatt

Dramenauszug 2

Von rechts kommt Claire Zachanassian, zweiundsechzig, rothaarig, Perlenhalsband, riesige goldene Armringe, aufgedonnert, unmöglich, aber gerade darum wieder eine Dame von Welt, mit einer seltsamen Grazie[1]*, trotz allem Grotesken*[2]*. Hinter ihr das Gefolge* [...] *Ein aufgeregter Zugführer begleitet die Gruppe, rote Mütze, rote Tasche.*

Claire Zachanassian: Bin ich in Güllen?

Der Zugführer: Sie zogen die Notbremse, Madame.

Claire Zachanassian: Ich ziehe immer die Notbremse.

Der Zugführer: Ich protestiere. Energisch. Die Notbremse zieht man nie in diesem Lande, auch wenn man in Not ist. Die Pünktlichkeit des Fahrplans ist oberstes Prinzip. Darf ich um eine Erklärung bitten?

Claire Zachanassian: Ich bin doch in Güllen, Moby. Ich erkenne das traurige Nest. Dort drüben der Wald von Konradsweiler mit dem Bach, wo du fischen kannst, Forellen und Hechte, und rechts das Dach der Peterschen Scheune.

Ill: *wie erwachend* Klara.

Der Lehrer: Die Zachanassian.

Alle: Die Zachanassian.

Der Lehrer: Dabei ist der gemischte Chor nicht bereit, die Jugendgruppe!

Der Bürgermeister: Die Kunstturner, die Feuerwehr!

Der Pfarrer: Der Sigrist[3]!

Der Bürgermeister: Mein Rock[4] fehlt, um Gottes willen, der Zylinder, die Enkelkinder!

Der Erste: Die Kläri Wäscher! Die Kläri Wäscher! *Er springt auf und rast ins Städtchen.*

[...]

Der Zugführer: Ich warte auf eine Erklärung. Dienstlich. Im Namen der Eisenbahndirektion.

Claire Zachanassian: Sie sind ein Schafskopf. Ich will eben das Städtchen mal besuchen. Soll ich etwa aus Ihrem Schnellzug springen?

[...]

1 die Grazie: die Anmut 2 das Groteske: das Komische, das Lächerliche
3 der Sigrist: ein Kirchendiener 4 der Rock: ein Jackett

2 Sprecht über diese Fragen:
- Habt ihr schon einmal davon gehört, dass jemand feierlich von einer Stadt oder einem Dorf empfangen wird?
- Was bedeutet es, wenn jemand so empfangen wird?
- Überlegt, was der feierliche Empfang über die Bedeutung von Claire Zachanassian für Güllen aussagt. Was zeigt die Stadt damit?

„Der Besuch der alten Dame" am Staatstheater Cottbus 2019 mit Axel Strothmann (Ill), Susann Thiede (Claire), Thomas Harms (Lehrer), Kai Börner (Polizist), Gunnar Golkowski (Bürgermeister), Rolf-Jürgen Gebert (Pfarrer)

3 Stellt die Szene aus dem Dramenauszug von S. 158 mit der ganzen Klasse als Standbild auf.

a. Verteilt die Rollen. Stellt den Bürgermeister, die Bürger, den Zugführer, Claire und z. B. den Jugendchor auf.

b. Wie stehen die Figuren? Wie ist ihre Gestik? Wohin und wie schauen sie? Sprecht euch ab.

ein Standbild bauen
► S. 301

So geht das Drama weiter:

Der Zugführer: Madame, das wird Sie teuer zu stehen kommen.

Claire Zachanassian: Gib ihm tausend, Boby.

Alle: *murmelnd* Tausend.

Der Butler gibt dem Zugführer tausend.

Der Zugführer: *verblüfft* Madame.

Claire Zachanassian: Und dreitausend für die Stiftung zugunsten der Eisenbahnerwitwen.

Alle: *murmelnd* Dreitausend.

Der Zugführer erhält vom Butler dreitausend.

Der Zugführer: *verwirrt* Es gibt keine solche Stiftung, Madame.

Claire Zachanassian: Dann gründen Sie eine.

Der Gemeindepräsident flüstert dem Zugführer etwas ins Ohr.

Der Zugführer: *bestürzt* Gnädige sind Frau Claire Zachanassian? Oh, pardon. Das ist natürlich etwas anderes. Wir hätten selbstverständlich in Güllen gehalten, wenn wir nur die leiseste Ahnung – Sie erhalten Ihr Geld zurück, gnädige Frau – viertausend – mein Gott.

Alle: *murmelnd* Viertausend.

Claire Zachanassian: Behalten Sie die Kleinigkeit.

Alle: *murmelnd* Behalten.

Der Zugführer: Wünschen gnädige Frau, daß der ‚Rasende Roland' wartet, bis Sie Güllen besichtigt haben? Die Eisenbahndirektion würde dies mit Freuden billigen. Das Münsterportal soll sehenswert sein. Gotisch. Mit dem Jüngsten Gericht.

Claire Zachanassian: Brausen Sie mit Ihrem Zug davon.

Gatte VII: *weinerlich* Aber die Presse, Mausi, die Presse ist noch nicht ausgestiegen. Die Reporter dinieren[5] ahnungslos im Speisewagen vorne.

Claire Zachanassian: Laß sie weiterdinieren, Moby. Ich brauche die Presse fürs erste nicht in Güllen. Und später wird sie schon kommen.

[...] *Der Bürgermeister tritt feierlich auf Claire Zachanassian zu. Der Maler und der Vierte auf der Bank heben die Inschrift ‚Willkommen Claire Zachanassi...' in die Höhe. Der Maler hat sie nicht ganz beendet.*

Der Bahnhofsvorstand: *hebt die Kelle* Abfahrt!

Der Zugführer: Wenn gnädige Frau sich nur nicht bei der Eisenbahndirektion beschweren. Es war ein reines Mißverständnis.

Der Zug beginnt sich in Bewegung zu setzen. Der Zugführer springt auf.

Der Bürgermeister: Verehrte, gnädige Frau. Als Bürgermeister von Güllen habe ich die Ehre, Sie, gnädige, verehrte Frau, als ein Kind unserer Heimat ...

Durch das Geräusch des davonrasenden Zuges wird der Rest der Rede des Bürgermeisters, der unentwegt weiterspricht, nicht mehr verstanden. [...]

5 dinieren: zu Abend essen

Wenn du dich mit der Hauptfigur genauer auseinandersetzt, kannst du sie besser verstehen.

4 Welche Merkmale kennzeichnen die Hauptfigur Claire?

a. Erstelle eine Skizze von Claire. Das Blatt sollte so groß sein, dass du deine Skizze im Laufe des Kapitels ergänzen kannst.

b. Lies nochmals Dramenauszug 2 (S. 158–160).

c. Schreibe Claires äußere und innere Merkmale zu deiner Skizze. Diese Fragen können helfen:

- Wie sieht Claire aus? Was ist das Besondere an Claire?
- Wie spricht sie mit anderen (z. B. mit Gatte VII, dem Zugführer)?

Sprechweise: herablassend, herrisch ...

...

Info

In einem Drama können die **äußeren** (z. B. Alter, Aussehen, Lebensumstände ...) und **inneren Merkmale** (z. B. Gefühle, Gedanken, Verhaltensweisen ...) einer Figur **direkt oder indirekt dargestellt** werden.

- **direkt:** Die Figur wird in **Dialogen** oder **Monologen**, also von anderen Figuren oder von der Figur selbst, beschrieben.
- **indirekt:** Die Figur wird in den **Regieanweisungen** beschrieben.

5 Meist treten die Figuren in einem bestimmten Status auf.

a. Beschreibe mit Hilfe der Fragen den Status von Claire.

- Wie wird Claire im Vergleich zu den übrigen Figuren dargestellt?
- Was könnte Dürrenmatt mit „seltsamer Grazie" meinen?
- In welcher Haltung steht Claire?
- Wie stehen die anderen?

b. Belege deine Einschätzung mit Zitaten aus dem Text.

Info

Status bezeichnet auf der Bühne das Machtgefälle im Verhältnis zwischen zwei Figuren. Eine Figur im **Hochstatus** verhält sich überlegen gegenüber einer Figur im **Tiefstatus**.

zitieren ► **S. 299**

Rückblende: Was in der Vergangenheit geschah

Claire und Ill sprechen im Wald über ihre Vergangenheit.

Dramenauszug 3

Der Besuch der alten Dame (Auszug Erster Akt) Friedrich Dürrenmatt

Claire Zachanassian: Auf diesem Findling[1] küßten wir uns. Vor mehr als fünfundvierzig Jahren. Wir liebten uns unter diesen Sträuchern, unter dieser Buche, zwischen Fliegenpilzen im Moos. Ich war siebzehn und du noch nicht zwanzig. Dann hast du Mathilde Blumhard geheiratet mit ihrem Kleinwarenladen und ich den alten Zachanassian mit seinen Milliarden aus Armenien. Er fand mich in einem Hamburger Bordell. Meine roten Haare lockten ihn an, den alten, goldenen Maikäfer.

Ill: Klara!

[...]

Ill: Dir zuliebe habe ich Mathilde Blumhard geheiratet.

Claire Zachanassian: Sie hatte Geld.

Ill: Du warst jung und schön. Dir gehörte die Zukunft. Ich wollte dein Glück. Da mußte ich auf das meine verzichten.

Claire Zachanassian: Nun ist die Zukunft gekommen.

Ill: Wärest du hier geblieben, wärest du ebenso ruiniert wie ich.

Claire Zachanassian: Du bist ruiniert?

Ill: Ein verkrachter Krämer[2] in einem verkrachten Städtchen.

Claire Zachanassian: Nun habe i c h Geld.

Ill: Ich lebe in einer Hölle, seit du von mir gegangen bist.

Claire Zachanassian: Und ich bin die Hölle geworden.

Ill: Ich schlage mich mit meiner Familie herum, die mir jeden Tag die Armut vorhält.

[...]

Ill: Ich führe ein lächerliches Leben. Nicht einmal recht aus dem Städtchen bin ich gekommen. Eine Reise nach Berlin und eine ins Tessin, das ist alles.

Claire Zachanassian: Wozu auch. Ich kenne die Welt.

[...] R *

„Der Besuch der alten Dame“ am Deutschen Theater Berlin 2014 mit Margit Bendokat (Claire) und Ulrich Matthes (Ill)

1 der Findling: eiszeitlicher, sehr großer Stein

2 der Krämer: frühere Bezeichnung für einen Kaufmann

1 a. Was geschah damals? Schreibe Stichworte auf.
b. Beschreibe die frühere Beziehung von Ill und Claire in Stichworten.

2 Beide Figuren hatten mehrere Partner bzw. Partnerinnen.
a. Lest noch einmal die Dramenauszüge 2 und 3.
b. Was erfahrt ihr über die Liebesbeziehungen von Claire und Ill? Notiert Stichworte.

Dramenauszug 2 ► S. 158, 159–160

Der zentrale Konflikt: Claire Zachanassian hält Gericht

Gegen Ende des 1. Akts trifft sich Claire Zachanassian mit wichtigen Güllener Bürgern im Wirtshaussaal, in dem der Bürgermeister eine Rede über Claire hält. Hier macht sie der Gemeinde ein unmoralisches Angebot.

Dramenauszug 4

Der Besuch der alten Dame (Auszug Erster Akt) Friedrich Dürrenmatt

Claire Zachanassian: Bürgermeister, Güllener. Eure selbstlose Freude über meinen Besuch rührt mich. Ich war zwar ein etwas anderes Kind, als ich nun in der Rede des Bürgermeisters vorkomme, in der Schule wurde ich geprügelt, und die Kartoffeln für die Witwe Boll habe ich gestohlen, gemeinsam mit Ill, nicht um die alte Kupplerin vor dem Hungertode zu bewahren, sondern um mit Ill einmal in einem Bett zu liegen, wo es bequemer war als im Konradsweilerwald oder in der Peterschen Scheune. Um jedoch meinen Beitrag an eure Freude zu leisten, will ich gleich erklären, daß ich bereit bin, Güllen eine Milliarde zu schenken. Fünfhundert Millionen der Stadt und fünfhundert Millionen verteilt auf alle Familien.

Totenstille

Der Bürgermeister: *stotternd* Eine Milliarde.

Alle immer noch in Erstarrung.

Claire Zachanassian: Unter einer Bedingung.

Alle brechen in einen unbeschreiblichen Jubel aus. Tanzen herum, stehen auf die Stühle[1], der Turner turnt usw. Ill trommelt sich begeistert auf die Brust.

Ill: Die Klara! Goldig! Wunderbar! Zum Kugeln! Voll und ganz mein Zauberhexchen! *Er küßt sie.*

Der Bürgermeister: Unter einer Bedingung, haben gnädige Frau gesagt. Darf ich diese Bedingung wissen?

Claire Zachanassian: Ich will die Bedingung nennen. Ich gebe euch eine Milliarde und kaufe mir dafür die Gerechtigkeit.

Totenstille.

Der Bürgermeister: Wie ist dies zu verstehen, gnädige Frau?

Claire Zachanassian: Wie ich es sagte.

Der Bürgermeister: Die Gerechtigkeit kann man doch nicht kaufen!

Claire Zachanassian: Man kann alles kaufen.

Der Bürgermeister: Ich verstehe immer noch nicht.

[...]

„Der Besuch der alten Dame" am Wiener Volkstheater 2008 mit Rainer Frieb als Ill (rechts), Vera Borek als Claire und Alexander Lhotzky als Bürgermeister (links)

1 Was erfährst du über Claires Jugend? Schreibe Stichworte auf und ergänze deine Skizze von Claire aus Aufgabe 4 von S. 160.

Skizze von Claire: Aufgabe 4 ► **S. 160**

1 „stehen auf die Stühle": stehen auf den Stühlen

2 a. Was versteht ihr unter Gerechtigkeit? Setze dich mit deiner Lernpartnerin oder deinem Lernpartner mit dieser Frage auseinander.
b. Findet Beispiele für gerechtes Verhalten und schreibt sie auf.
c. Schlagt den Begriff **Gerechtigkeit** in einem Wörterbuch oder Lexikon nach und schreibt eine Erklärung dazu auf.

3 a. Sprecht über das Angebot, das Claire der Gemeinde macht. Wie reagiert die Gemeinde darauf?
b. Stellt Vermutungen an, welche Bedingung Claire wohl stellen könnte.

Im Drama wird gegen Ende des ersten Aktes erzählt, was vor 45 Jahren geschehen ist. Lies die Zusammenfassung:

Claire Zachanassians Butler[1] entpuppt sich als jener ehemaliger Oberrichter, der vor 45 Jahren, im Jahr 1910, Kläri Wäschers Vaterschaftsklage verhandelt hat. Irgendwann hat er erkannt, dass er sich von zwei gekauften Zeugen hat täuschen lassen. Jakob Hühnlein und Ludwig Sparr sind damals von Alfred Ill mit einem Liter Schnaps bestochen worden. Sie haben beide behauptet, mit Klara Wäscher geschlafen zu haben, sodass die Vaterschaft nicht geklärt werden konnte. Einen DNA[2]-Beweis gab es damals noch nicht.
Die Vaterschaft bleibt ungeklärt, Klara verliert ihr Ansehen und ihre Ehre ist beschädigt. Ill dagegen geht straffrei aus.
Später sinnt Klara – Claire – auf Rache. Nachdem sie durch ihre verschiedenen Ehen zu großem Reichtum gekommen ist, macht sie Ludwig Sparr und Jacob Hühnlein ausfindig. Als Strafe für ihren Meineid[3] und als Rache lässt sie beide kastrieren und blenden[4]. Als blinde Eunuchen[5] Koby und Loby gehören sie nun zu ihrem Gefolge. Aus dem Oberrichter wird ihr Butler.

4 Was ist geschehen? Beantwortet die Fragen in ganzen Sätzen.
- Was hat sich vor 45 Jahren in Güllen ereignet?
- Was ist mit dem Oberrichter passiert?
- Was ist mit den angeblichen Zeugen Hühnlein und Sparr geschehen?

5 Was erfahrt ihr noch über die Beziehung von Claire und Ill? Ergänzt eure Notizen aus Aufgabe 1b von S. 161.

Aufgabe 1b ► S. 161

Nachdem alle wissen, was vor 45 Jahren geschehen ist, beginnt die „Verhandlung". Lies, wie das Stück auf der nächsten Seite weitergeht.

1 der Butler (engl., sprich: battler): ein Diener
2 die DNA: die Desoxyribonukleinsäure, das individuelle Erbgut eines Menschen
3 der Meineid: eine vorsätzliche falsche Aussage
4 kastrieren und blenden: Hoden entfernen und Augenlicht nehmen
5 der Eunuch: ein Mann, dem die Hoden oder die gesamten Genitalien entfernt wurden

Der Butler: Dies ist die Geschichte: Ein Richter, ein Angeklagter, zwei falsche Zeugen, ein Fehlurteil im Jahre 1910. Ist es nicht so, Klägerin?

Claire Zachanassian steht auf.

Ill: *stampft auf den Boden* Verjährt, alles verjährt! Eine alte, verrückte Geschichte.

Der Butler: Was geschah mit dem Kind, Klägerin?

Claire Zachanassian: *leise* Es lebte ein Jahr.

Der Butler: Was geschah mit Ihnen?

Claire Zachanassian: Ich wurde eine Dirne[1].

Der Butler: Weshalb?

Claire Zachanassian: Das Urteil des Gerichts machte mich dazu.

Der Butler: Und nun wollen Sie Gerechtigkeit, Claire Zachanassian?

Claire Zachanassian: Ich kann sie mir leisten. Eine Milliarde für Güllen, wenn jemand Alfred Ill tötet.

Totenstille.

Frau Ill: *stürzt auf Ill zu, umklammert ihn* Fredi!

Ill: Zauberhexchen! Das kannst du doch nicht fordern! Das Leben ging doch längst weiter!

Claire Zachanassian: Das Leben ging weiter, aber ich habe nichts vergessen, Ill. Weder den Konradsweilerwald noch die Petersche Scheune, weder die Schlafkammer der Witwe Boll noch deinen Verrat. Nun sind wir alt geworden, beide, du verkommen und ich von den Messern der Chirurgen zerfleischt, und jetzt will ich, daß wir abrechnen, beide: Du hast dein Leben gewählt und mich in das meine gezwungen. Du wolltest, daß die Zeit aufgehoben würde, eben, im Wald unserer Jugend, voll von Vergänglichkeit. Nun habe ich sie aufgehoben, und nun will ich Gerechtigkeit, Gerechtigkeit für eine Milliarde.

Der Bürgermeister steht auf, bleich, würdig.

Der Bürgermeister: Frau Zachanassian: Noch sind wir in Europa, noch sind wir keine Heiden[2]. Ich lehne im Namen der Stadt Güllen das Angebot ab. Im Namen der Menschlichkeit. Lieber bleiben wir arm denn blutbefleckt.

Riesiger Beifall.

Claire Zachanassian: Ich warte. [R] [*]

„Der Besuch der alten Dame“ am Theater in der Josefstadt, Wien 2018 mit Lukas Spisser (Gatte), Andrea Jonasson (Claire), Markus Kofler (Butler), Johannes Seilern (Pfarrer), Andre Pohl (Lehrer), Siegfried Walther (Bürgermeister) und Alexander Strobele (Arzt)

1 die Dirne: hier: eine käufliche Frau, Liebesdienerin (Prostituierte)

2 die Heiden: Menschen, die mit keiner Religion verbunden sind

6 **a.** Sprecht über den Konflikt. Warum fordert Claire Gerechtigkeit? Warum lehnt der Bürgermeister das Angebot ab?

b. Was sagt Claires Forderung über sie aus? Ergänzt eure Skizzen von Claire aus Aufgabe 1 von S. 162.

Skizze von Claire:
Aufgabe 4 ► **S. 160**
Aufgabe 1 ► **S. 162**

In dieser Szene ist das Theater zum Gerichtssaal geworden. Wie in einer Gerichtsverhandlung gibt es hier eine Klägerin, einen Angeklagten und einen Richter, ohne dass sie als solche genannt werden.

7 Schreibt alle Regieanweisungen aus dem Dramenauszug von S. 164 zu den verschiedenen Figuren untereinander auf.

a. Was fällt euch auf? Notiert Stichworte.

Starthilfe

Claire Zachanassian steht auf.
Ill stampft auf den Boden

b. Welche besondere Bedeutung könnten die Regieanweisungen bei Dürrenmatt haben? Schreibt eure Vermutungen auf und begründet sie.

8 Welche der Figuren stellt den Kläger, welche den Angeklagten und welche den Richter dar? Schreibe auf, wer wen jeweils darstellt.

9 Die Figuren stehen in einem Verhältnis zueinander.

a. Beschreibe ihre Beziehungen, d. h. die Figurenkonstellation, in Stichworten.

b. In einem Diagramm kannst du die Figurenkonstellation visualisieren. Es sollen mindestens Ill, Claire und die Güllener vorkommen.

Arbeitstechnik

Eine Figurenkonstellation visualisieren

Figurenkonstellationen kannst du in einem Diagramm (auch Concept Map) darstellen und so die Beziehungen visuell verdeutlichen. Dazu kannst du die Figuren in Kästchen schreiben und mit Linien und Pfeilen verbinden.

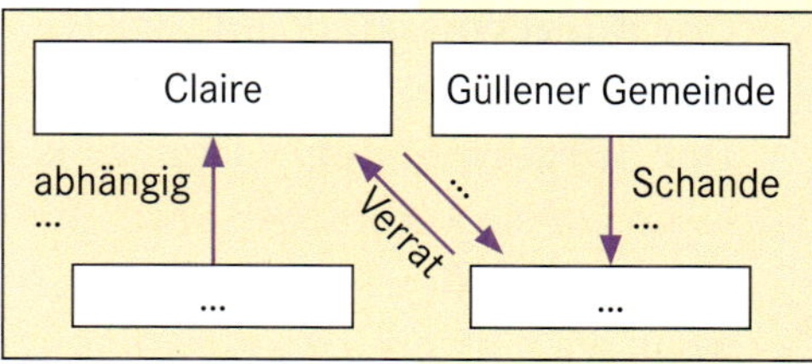

Die Dramatik des Geschehens könnt ihr durch szenisches Lesen deutlich machen.

10 **a.** Verteilt die Rollen und lest den Dramenauszug auf S. 164 szenisch.
b. Wie wirkt der Text durch das szenische Lesen? Sprecht darüber.

szenisch lesen ► S. 301

Im Drama haben Farben eine besondere Bedeutung – sie fungieren als Vorausdeutungen.

11 **a.** Im Drama kommen die Farben Schwarz und Rot immer wieder vor. Besprecht, was ihr mit diesen Farben assoziiert.
b. Untersucht dann die Dramenauszüge 1–4. Welche Formulierungen weisen auf diese Farben hin? Vergleicht mit euren Assoziationen aus Aufgabe 11 a. Notiert eure Ergebnisse.

Dramenauszug 1 ► S. 156
Dramenauszug 2 ► S. 158, 159–160
Dramenauszug 3 ► S. 161
Dramenauszug 4 ► S. 162, 164

Eine Dramenszene spielen

Einige Tage nach Claires Angebot wird im Theatersaal des Goldenen Apostels darüber abgestimmt.

Dramenauszug 5

Der Besuch der alten Dame (Auszug Dritter Akt) Friedrich Dürrenmatt

[...] *Aus dem Hintergrund kommt der Polizist in einer neuen, prächtigen Uniform, setzt sich zu Ill. Ein Radioreporter kommt, beginnt ins Mikrophon zu reden, während sich die Güllener versammeln. Alles in neuer feierlicher Kleidung, alles im Frack. Überall Pressephotographen, Journalisten, Filmkameras.*

[...]

Der Bürgermeister: Ich schreite zur Abstimmung.

Stille. Nur das Surren der Filmapparate, das Aufblitzen der Blitzlichter.

Der Bürgermeister: Wer reinen Herzens die Gerechtigkeit verwirklichen will, erhebe die Hand.

Alle außer Ill erheben die Hand.

[...]

Der Bürgermeister: Die Stiftung der Claire Zachanassian ist angenommen. Einstimmig. Nicht des Geldes –

Die Gemeinde: Nicht des Geldes –

Der Bürgermeister: sondern der Gerechtigkeit wegen –

Die Gemeinde: sondern der Gerechtigkeit wegen –

Der Bürgermeister: und aus Gewissensnot.

Die Gemeinde: und aus Gewissensnot.

Der Bürgermeister: Denn wir können nicht leben, wenn wir ein Verbrechen unter uns dulden –

Die Gemeinde: Denn wir können nicht leben, wenn wir ein Verbrechen unter uns dulden –

Der Bürgermeister: welches wir ausrotten müssen –

Die Gemeinde: welches wir ausrotten müssen –

Der Bürgermeister: damit unsere Seelen nicht Schaden erleiden –

Die Gemeinde: damit unsere Seelen nicht Schaden erleiden –

Der Bürgermeister: und unsere heiligsten Güter.

Die Gemeinde: und unsere heiligsten Güter.

Ill: *schreit auf* Mein Gott!

[...] R *

Bevor ihr diese Szene mit der ganzen Klasse spielt, solltet ihr sie analysieren.

1 Worum geht es in dieser Szene? Sprecht über diese Fragen:
- Worüber stimmt die Gemeinde eigentlich ab?
- Warum ist die Abstimmung so ausgegangen?
- Wie begründet die Gemeinde ihre Entscheidung?

2 Zur Abstimmung hat der Bürgermeister auch Journalisten, Vertreter von Rundfunk und Film eingeladen. Sprecht in der Klasse über mögliche Gründe, warum er das getan hat.

Um die Szene spielen zu können, solltet ihr eine genaue Vorstellung von der Szene und den Figuren entwickeln.

3 Ihr habt überlegt, was der Bürgermeister und die Güllener Gemeinde beabsichtigen.
  a. Überlegt, wie der Bürgermeister und die Gemeinde in dieser Szene sprechen könnten.
  b. Legt dazu eine Liste mit möglichen Sprechweisen an.

4 Verteilt die Rollen. Ihr benötigt den Bürgermeister, den Reporter, den Polizisten und Ill. Die Übrigen spielen die Gemeinde.

5 **a.** Notiert die Texte der Rollen auf Karteikarten.
  b. Schreibt auf, in welcher Weise der jeweilige Text gesprochen wird. Verwendet dazu eure Liste aus Aufgabe 3b.

6 Übt, den gesamten Text szenisch zu lesen.

szenisch lesen ► **S. 301**

Nun könnt ihr den Dramenauszug 5 gemeinsam spielen und anschließend darüber reflektieren.

7 **a.** Gestaltet das Klassenzimmer als Theatersaal. Nutzt den gesamten Raum für eure Spielszene.
  b. Spielt die Szene.

8 Sprecht über die Szene.
- Was ist gut gelungen? Was würdet ihr verändern?
- Wie habt ihr euch gefühlt, als ihr alle gemeinsam gesprochen habt? Was bewirkt das?

Dürrenmatt lässt die Gemeinde als „Chor“ sprechen.

9 Warum lässt Dürrenmatt die Gemeinde im Chor sprechen? Interpretiere diese Szene mit Hilfe des Informationstextes.

Info

Das dramatische Mittel des **chorischen Sprechens** stammt aus dem griechischen Theater. So wurde bei Sophokles, einem griechischen Dichter in der Antike, durch den Chor das demokratische Volk dargestellt. Das chorische Sprechen hat aufgrund des gemeinsamen lauten Sprechens eine besondere, nachdrückliche Wirkung.

Einen Dramentext und seine Figuren analysieren

Hier kannst du testen, ob du einen dramatischen Text und seine Figuren analysieren kannst.

Dramenauszug 6

Der Besuch der alten Dame (Auszug Dritter Akt) Friedrich Dürrenmatt

Nach der Abstimmung wird das „Urteil" vollstreckt. Die Güllener bilden eine Gasse.

Ill raucht. Der Pfarrer steht langsam auf.
Der Pfarrer: Gott sei uns gnädig.
Der Pfarrer geht langsam in die Reihen der andern.
Der Bürgermeister: Erheben Sie sich, Alfred Ill.
Ill zögert.
Der Polizist: Steh auf, du Schwein. *Er reißt ihn in die Höhe.*
Der Bürgermeister: Polizeiwachtmeister, beherrschen Sie sich.
Der Polizist: Verzeihung. Es ging mit mir durch.
Der Bürgermeister: Kommen Sie, Alfred Ill.
Ill läßt die Zigarette fallen, tritt sie mit dem Fuß aus. Geht dann langsam in die Mitte der Bühne, kehrt dem Publikum den Rücken.
Der Bürgermeister: Gehen Sie in die Gasse.
Ill zögert.
Der Polizist: Los, geh.
Ill geht langsam in die Gasse der schweigenden Männer. Ganz hinten stellt sich ihm der Turner entgegen. Ill bleibt stehen, kehrt sich um, sieht, wie sich unbarmherzig die Gasse schließt, sinkt in die Knie. Die Gasse verwandelt sich in einen Menschenknäuel, lautlos, der sich ballt, der langsam niederkauert[1]*. Stille. Von links vorne kommen Journalisten. Es wird hell.*
Pressemann I: Was ist denn hier los?
Der Menschenknäuel lockert sich auf. Die Männer sammeln sich im Hintergrund, schweigend. Zurück bleibt nur der Arzt, vor einem Leichnam[2] *kniend, über den ein kariertes Tischtuch, wie es in Wirtschaften*[3] *üblich ist, gebreitet ist. Der Arzt steht auf. Nimmt das Stethoskop ab.*
Der Arzt: Herzschlag.
Stille.
Der Bürgermeister: Tod aus Freude.
Pressemann I: Tod aus Freude.
Pressemann II: Das Leben schreibt die schönsten Geschichten.

1 niederkauern: sich in tiefer Kniebeuge hocken
2 der Leichnam: ein toter menschlicher Körper
3 die Wirtschaften: Gaststätten

Pressemann I: An die Arbeit.

[...] *Von links kommt Claire Zachanassian, vom Butler gefolgt. Sie sieht den Leichnam, bleibt stehen, geht dann langsam nach der Mitte der Bühne, kehrt sich gegen das Publikum.*

Claire Zachanassian: Bringt ihn her.

Roby und Toby kommen mit einer Bahre, legen Ill darauf und bringen ihn vor die Füße Claire Zachanassians.

Claire Zachanassian: *unbeweglich* Deck ihn auf, Boby.

Der Butler deckt das Gesicht Ills auf. Sie betrachtet es, regungslos, lange.

Claire Zachanassian: Er ist wieder so, wie er war, vor langer Zeit, der schwarze Panther. Deck ihn zu.

Der Butler deckt das Gesicht wieder zu.

Claire Zachanassian: Tragt ihn in den Sarg.

Roby und Toby tragen den Leichnam nach links hinaus.

Claire Zachanassian: Führ mich in mein Zimmer, Boby. Laß die Koffer packen. Wir fahren nach Capri.

[...]

Claire Zachanassian: Bürgermeister.

[...]

Claire Zachanassian: Der Check[4]. *Sie überreicht ihm ein Papier und geht mit dem Butler hinaus.*

[...] R *

„Der Besuch der alten Dame“ am Theater in der Josefstadt, Wien 2018 mit Andrea Jonasson (Claire) und Michael König (Ill)

1 Gib das Geschehen in eigenen Worten schriftlich wieder. Am Rand findest du Formulierungshilfen.
Tipp: Lies noch einmal die Regieanweisungen.

In dieser Szene wird ...

Die Szene erzählt ...

2 Wie erklärt der Bürgermeister Alfred Ills Tod? Sammle Gründe, warum der Bürgermeister nicht die Wahrheit sagt.

3
a. Wie reagiert Claire Zachanassian auf Alfred Ills Tod? Finde die Textstellen und notiere die Zeilenangaben.
b. Was hast du noch über Claire erfahren? Ergänze deine Skizze von Claire aus Aufgabe 6b von S. 164.

zitieren ► S. 299

Skizze von Claire:
Aufgabe 4 ► S. 160
Aufgabe 1 ► S. 162
Aufgabe 6b ► S. 164

4 Hat die Gerechtigkeit gesiegt?
a. Bewerte das Verhalten von Claire, Ill und der Gemeinde. Schreibe in ganzen Sätzen und begründe deine Einschätzung.
b. Belege deine Meinung mit passenden Zitaten.

5 Besprich mit deiner Lehrerin oder deinem Lehrer deine Arbeitsergebnisse.

Training:
Eine Dramenszene spielen ► S. 170

Weiterführendes:
Sich mit Inszenierungen auseinandersetzen ► S. 171

4 der Check (schweizerisch): der Scheck: eine Anweisung eines Kontoinhabers an seine Bank, einen Geldbetrag an einen Empfänger auszuzahlen

Eine Dramenszene spielen

Ein Drama ist ein Theaterstück, das für die Bühne geschrieben wird. Hier könnt ihr üben, eine Szene zu spielen: Claire Zachanassian macht der Gemeinde ein unmoralisches Angebot.

1 a. Bildet Dreiergruppen.
b. Jeder liest nochmals die Szene auf S. 162 für sich.
c. Worum geht es in dieser Szene? Sprecht darüber.

Dramenauszug 4 ► S. 162

Wenn ihr euch mit den Figuren genauer auseinandersetzt, könnt ihr sie besser verstehen.

2 a. Wie könnten die Figuren überzeugend dargestellt werden? Beantwortet dazu diese Fragen:
- Wie sprechen die Figuren?
- Wie ist ihre Mimik und Gestik? Wie bewegen sich die Figuren?
- Was beabsichtigen die Figuren? Was möchten sie erreichen?
- Wie spielen die Figuren miteinander?

b. Schreibt für die Figuren passende Wortgruppen mit Adjektiven auf.

Adjektive ► S. 309

Starthilfe
Claire: überlegen ...
Ill: zuerst ...
Bürgermeister: wirkt ...

3 Schreibt die Szene am Computer ab.
Tipp: Ergänzt die Regieanweisungen mit euren Wortgruppen aus Aufgabe 2.

4 a. Welche Rollen braucht ihr? Verteilt die Rollen.
b. Lest eure Szene zunächst szenisch.

szenisch lesen ► S. 301

5 Sammelt Ideen für eure Aufführung.
- Gestaltet eine „Bühne".
- Vielleicht könnt ihr auch einige Gegenstände aus eurem Klassenraum als Requisiten verwenden.

6 a. Probt eure Szene mehrmals.
b. Spielt die Szene euren Mitschülerinnen und Mitschülern vor.

7 Bittet nach der Aufführung um ein Feedback.
- Wie habt ihr die Figuren dargestellt (Sprechweise, Gestik, Mimik)?
- Wurde die Dramatik der Situation deutlich?

Feedback ► S. 300

Sich mit Inszenierungen auseinandersetzen

Nach einer Theateraufführung kann man in der Zeitung häufig Besprechungen (Rezensionen) darüber lesen. Dies sind zwei Auszüge zu verschiedenen Inszenierungen[1].

Schlammschlacht im Schauspielhaus – tolle Premiere
Victoria Winkel

[...] Als Claire beherrscht [die Schauspielerin] Susanne Stein die Szenerie. Sie spielt mit den „Güllenern", lässt sie wie Marionetten nach ihrem Willen tanzen. [Der Schauspieler] Andreas Manz-Kozár erlebt als ihr früherer Liebhaber Alfred Ill ein ganzes Potpourri[2] an Gefühlen. Vom beliebtesten Bürger des Ortes wird er zum Gejagten – ängstlich und verunsichert und schließlich wieder mehr an Selbstbeherrschung gewinnend.
In der zweieinhalbstündigen Inszenierung verlangt Regisseur Malte Kreutzfeldt seinen Darstellern einiges ab, mit echtem Schlamm auf dem Boden. Die Dörfler waten, schlittern und wälzen im Modder[3]. Die Kostüme [...], erst in Schwarz-Weiß gehalten, später mischen sich Farbtupfer in Gelb (der Farbe der Gier) darunter, haben dabei das Nachsehen. [...] ⊛

Alte Dame mal fünf *Hartmut Krug*

[...] [Der Regisseur] Bastian Kraft motzt es [das Stück] [...] grotesk auf: Simeon Meiers Bühne ist von schwarz-weißer, expressionistischer[4] Zeichenhaftigkeit[5] bestimmt. Dagmar Balds Kostüme sind wunderbar poppig, und Thies Mynther, der die Aufführung am Piano live begleitet, hat fünf Songs von Lady Gaga arrangiert. Das Ganze wirkt wie ein tönender Stummfilm. Dazu arrangiert[6] der Regisseur die fünf Claire-Darsteller, unter ihnen auch ein Mann, so geschickt, dass die alte Dame unterschiedliche Profile bekommt. Wenn die Darsteller der Claire in andere Rollen schlüpfen, begeben sie sich in Pappfiguren-Umrisse. Und den Ill gibt [der Schauspieler] Ulrich Matthes angenehm still –, anfangs hoffend, dann schnell resigniert und sein Urteil akzeptierend. Beim Mord umringen die Güllener Ill, und aus Küssen werden tödliche Bisse. [...]. ⊛

1 die Inszenierung (griech. skene = Zelt): eine vom Regisseur festgelegte Darbietung eines Theaterstückes

2 das Potpourri (franz.): Vielerlei, Mixtur

3 der Modder (umgangssprachl., norddtsch.): Schlamm, Matsch, Morast

4 expressionistisch: hier: ausdrucksstark

5 die Zeichenhaftigkeit: Symbolik

6 arrangieren (franz.): hier: künstlerisch anordnen

1 Notiere den Inhalt der Rezensionen in Stichworten.

W **2** Welche besonderen Merkmale werden in den Rezensionen herausgestellt? Vergleiche, wie die Schauspieler die Rolle darstellen (entweder Claire oder Alfred Ill) oder wie der Bühnenraum gestaltet wird.

3 Welche der beschriebenen Inszenierungen spricht dich eher an und warum? Sprecht darüber in eurer Lerngruppe.

4 a. Lest noch einmal das Zitat von Dürrenmatt und seht euch eure Vermutungen aus Aufgabe 4 auf S. 157 an.
b. Wie versteht ihr das Zitat von Dürrenmatt nun? Sprecht darüber.
c. Welche Inszenierung hat sich an diesem Zitat orientiert? Begründet.

Dürrenmatt über sein Drama ► S. 157
Aufgabe 4 ► S. 157

Kurz und knapp – kurze Texte

- Kalendergeschichten und Anekdoten erschließen und vergleichen
- Parodien kennen lernen und analysieren
- Mit erzählenden Texten produktiv umgehen

1 Sprecht über die beiden Cover.
- Was ist jeweils dargestellt?
- Was fällt euch auf?
- Worum könnte es in den Büchern jeweils gehen?

2 **a.** Lest die beiden Informationstexte über die Textsorten am Rand.
b. Ordnet die Textsorten **Kalendergeschichte** und **Anekdote** den Covern zu. Begründet eure Vermutungen.

Info

Als **Kalendergeschichten** bezeichnet man kurze, volkstümliche Erzählungen mit belehrendem und unterhaltendem Charakter. Sie wurden ursprünglich in Kalendern, die für den Hausgebrauch bestimmt waren, veröffentlicht.

Bei den erzählenden Texten auf der nächsten Seite handelt es sich um Beispiele dieser Textsorten.

Info

Eine **Anekdote** ist ein kurzer, meist witziger und pointierter Text, in dem eine bekannte Person oder eine historische Begebenheit pointiert und knapp charakterisiert wird.

3 Lest die Texte auf S. 173 und gebt in eigenen Worten wieder, worum es jeweils geht.

N. O. Scarpi

Mark Twains Frau, die er anbetete, wollte ihm bessere Manieren beibringen. Einmal, morgens, schnitt er sich beim Rasieren und fluchte fünf Minuten lang. Seine Frau wollte ihn beschämen und wiederholte jeden Fluch. Twain hörte ihr ruhig zu und sagte endlich: „Die Worte kennst du jetzt schon, mein Kind, aber die Melodie wirst du nie herauskriegen."

Mark Twain (1835–1910) war ein US-amerikanischer Schriftsteller

Johann Peter Hebel

In der Seeschlacht von Trafalgar[1], während die Kugeln sausten und die Mastbäume krachten, fand ein Matrose noch Zeit, zu kratzen, wo es ihn biss, nämlich auf dem Kopf. Auf einmal streifte er mit zusammengelegtem Daumen und Zeigefinger bedächtig an einem Haare herab und ließ ein armes Tierlein, das er zum Gefangenen gemacht hatte, auf den Boden fallen. Aber indem er sich niederbückte, um ihm den Garaus zu machen[2], flog eine feindliche Kanonenkugel ihm über den Rücken weg, paff, in das benachbarte Schiff. Da ergriff den Matrosen ein dankbares Gefühl, und überzeugt, dass er von dieser Kugel wäre zerschmettert worden, wenn er sich nicht nach dem Tierlein gebücket hätte, hob er es schonend von dem Boden auf und setzte es wieder auf den Kopf. „Weil du mir das Leben gerettet hast", sagte er; „aber lass dich nicht zum zweiten Mal attrapieren[3], denn ich kenne dich nimmer."

4 Welcher Textsorte würdet ihr die Texte jeweils zuordnen? Bezieht die Informationstexte über die Textsorten auf S. 172 in eure Überlegungen mit ein.

5 Die Titel der Texte sind nicht abgedruckt. Denkt euch jeweils einen Titel aus. Erörtert eure Vorschläge.

6 Diskutiert, worin sich eine Kalendergeschichte von einer Anekdote unterscheidet. Begründet mit Hilfe der Informationstexte auf S. 172.

In diesem Kapitel setzt ihr euch mit den Textsorten **Kalendergeschichte, Anekdote** sowie **Parodie** auseinander.
Ihr lernt die Merkmale dieser Textsorten kennen und erschließt die Aussage der Texte.

1 Seeschlacht von Trafalgar: Schlacht der Briten gegen die Franzosen und Spanier im Jahr 1805
2 den Garaus machen: töten 3 attrapieren: erwischen

Kalendergeschichten erschließen und dazu schreiben

Die folgende Kalendergeschichte erzählt von einem unverhofften Wiedersehen.

1 Lies zunächst nur die Überschrift der Kalendergeschichte. Worum könnte es gehen? Schreibe deine Vermutung auf.

2 Lies nun die ganze Kalendergeschichte mit dem Textknacker und notiere Stichworte zu den Handlungsbausteinen.

Textknacker ► S. 293

Unverhofftes Wiedersehen Johann Peter Hebel

In Falun[1] in Schweden küsste vor guten fünfzig Jahren und mehr ein junger Bergmann seine junge hübsche Braut und sagte zu ihr: „Auf Sanct Luciä[2] wird unsere Liebe von des Priesters Hand gesegnet. Dann sind wir Mann und Frau und bauen uns ein eigenes Nestlein." „Und Friede und Liebe soll darin wohnen", sagte die schöne Frau mit holdem Lächeln, „denn du bist mein Einziges und Alles, und ohne dich möchte ich lieber im Grab sein als an einem anderen Ort." Als sie aber vor Sanct Luciä der Pfarrer zum zweiten Mal in der Kirche ausgerufen hatte: „So nun jemand Hindernis wüsste anzuzeigen, warum diese Personen nicht möchten ehelich zusammenkommen", da meldete sich der Tod. Denn als der Jüngling den anderen Morgen in seiner schwarzen Bergmannskleidung an ihrem Haus vorbeiging, der Bergmann hat sein Totenkleid immer an[3], da klopfte er zwar noch einmal an ihrem Fenster und sagte ihr guten Morgen, aber keinen guten Abend mehr. Er kam nimmer aus dem Bergwerk zurück, und sie säumte vergeblich selbigen Morgen ein schwarzes Halstuch mit rotem Rand für ihn zum Hochzeitstag, sondern als er nimmer kam, legte sie es weg und weinte um ihn und vergaß ihn nie.

Unterdessen wurde die Stadt Lissabon in Portugal durch ein Erdbeben zerstört, und der Siebenjährige Krieg ging vorüber, und Kaiser Franz der Erste starb, und der Jesuiten-Orden wurde aufgehoben, und Polen geteilt, und die Kaiserin Maria Theresia starb, und der Struensee[4] wurde hingerichtet, Amerika wurde frei, und die vereinigte französische und spanische Macht konnte Gibraltar nicht erobern. Die Türken schlossen den General Stein in der Veteraner Höhle in Ungarn ein, und der Kaiser Joseph starb auch. Der König Gustav von Schweden eroberte russisch Finnland, und

Johann Peter Hebel (1760–1826) war ein deutscher Theologe und Dichter

1 Falun: eine Stadt in Schweden

2 Sanct Luciä: Fest um die Wintersonnenwende im Dezember

3 „der Bergmann hat sein Totenkleid immer an": weist auf die Gefahr des Berufs eines Bergmanns hin

4 Johann Friedrich Struensee: Regent in Dänemark und Leibarzt des dänischen Königs

die Französische Revolution und der lange Krieg fing an, und der Kaiser Leopold der Zweite ging auch ins Grab. Napoleon eroberte Preußen, und die Engländer bombardierten Kopenhagen, und die Ackerleute säeten und schnitten. Der Müller mahlte, und die Schmiede hämmerten, und die Bergleute gruben nach den Metalladern in ihrer unterirdischen Werkstatt. Als aber die Bergleute in Falun im Jahr 1809 etwas vor oder nach Johannis[5] zwischen zwei Schächten eine Öffnung durchgraben wollten, gute dreihundert Ellen[6] tief unter dem Boden, gruben sie aus dem Schutt und Vitriolwasser[7] den Leichnam eines Jünglings heraus, der ganz mit Eisenvitriol durchdrungen, sonst aber unverwest und unverändert war, also dass man seine Gesichtszüge und sein Alter noch völlig erkennen konnte, als wenn er erst vor einer Stunde gestorben oder ein wenig eingeschlafen wäre an der Arbeit. Als man ihn aber zu Tag ausgefördert hatte, Vater und Mutter, Freunde und Bekannte waren schon lange tot, kein Mensch wollte den schlafenden Jüngling kennen oder etwas von seinem Unglück wissen, bis die ehemalige Verlobte des Bergmanns kam, der eines Tages auf die Schicht gegangen war und nimmer zurückkehrte. Grau und zusammengeschrumpft kam sie an einer Krücke an den Platz und erkannte ihren Bräutigam; und mehr mit freudigem Entzücken als mit Schmerz sank sie auf die geliebte Leiche nieder, und erst als sie sich von einer langen heftigen Bewegung des Gemüts erholt hatte, „es ist mein Verlobter", sagte sie endlich, „um den ich fünfzig Jahre lang getrauert hatte und den mich Gott noch einmal sehen lässt vor meinem Ende. Acht Tage vor der Hochzeit ist er auf die Grube gegangen und nimmer gekommen." Da wurden die Gemüter aller Umstehenden von Wehmut und Tränen ergriffen, als sie sahen die ehemalige Braut jetzt in der Gestalt des hingewelkten kraftlosen Alters und den Bräutigam noch in seiner jugendlichen Schöne, und wie in ihrer Brust nach fünfzig Jahren die Flamme der jugendlichen Liebe noch einmal erwachte; aber er öffnete den Mund nimmer zum Lächeln oder die Augen zum Wiedererkennen; und wie sie ihn endlich von den Bergleuten in ihr Stüblein tragen ließ, als die einzige, die ihm angehöre und ein Recht an ihn habe, bis sein Grab gerüstet sei auf dem Kirchhof. Den anderen Tag, als das Grab gerüstet war auf dem Kirchhof und ihn die Bergleute holten, schloss sie ein Kästlein auf, legte sie ihm das schwarzseidene Halstuch mit roten Streifen um und begleitete ihn in ihrem Sonntagsgewand, als wenn es ihr Hochzeittag und nicht der Tag seiner Beerdigung wäre. Denn als man ihn auf dem Kirchhof ins Grab legte, sagte sie: „Schlafe nun wohl, noch einen Tag oder zehn im kühlen Hochzeitbett, und lass dir die Zeit nicht lang werden. Ich habe nur noch wenig zu tun und komme bald, und bald wird's wieder Tag." – „Was die Erde einmal wiedergegeben hat, wird sie zum zweiten Mal auch nicht behalten", sagte sie, als sie fortging und sich noch einmal umschaute.

5 Johannis: Gedenktag an Johannes den Täufer um die Sommersonnenwende im Juni

6 die Elle: alte Längenmaßeinheit

7 das Vitriolwasser: alte Bezeichnung für Salze der Schwefelsäure

3 Fasse mit Hilfe deiner Stichworte aus Aufgabe 2 in einer Inhaltsangabe zusammen, worum es in der Kalendergeschichte geht.

Aufgabe 2 ► **S. 174**
eine Inhaltsangabe schreiben ► **S. 297**

Starthilfe

> Die Kalendergeschichte „Unverhofftes Wiedersehen" von Johann Peter Hebel handelt von ...

4 Beschreibe, was die Frau unter Liebe versteht. Belege deine Aussagen mit Textstellen.

zitieren ► **S. 299**

Vom Verschwinden des Bergmanns bis zu seinem Auffinden vergeht viel Zeit.

5 Untersuche die Zeitgestaltung genauer. Beantworte dazu die Fragen in Stichworten.
- Wie viel Zeit vergeht in der Kalendergeschichte?
- Wie wird dies den Leserinnen und Lesern vermittelt?
- Welche Bedeutung könnte es haben, dass in der Kalendergeschichte so viel Zeit vergeht?

Mehr als dreißig deutschsprachige Schriftsteller haben sich mit der Geschichte um den Bergmann von Falun beschäftigt.

Das wahrscheinlich älteste Zeugnis findet sich in der **Meldung in der Kopenhagener Zeitschrift „Nye Tidender om lärde Sager" vom 20. 7. 1720**:

Bei der Aufnahme und Reparatur einer Kupfergrube, die fast 40 Jahre lang brach gelegen hatte, hat man bei einer eingefallenen Grube einen Menschen gefunden, dessen Kleidung sich erhalten hatte. Aber Sachen aus Eisen, wie Messer, waren vermodert, der Tote aber gänzlich erhalten, unverändert. Die medizinische Fakultät wollte diese Leiche, aber es meldete sich eine alte Frau, die anführte, dass der Tote mit ihr verlobt gewesen sei. Die medizinische Fakultät könne die Leiche ihr abkaufen und darüber verfügen.

Bergwerk in Falun, 1838

6 **a.** Vergleiche die Reaktion der Frau auf den Fund der Leiche in Hebels Kalendergeschichte mit der Reaktion der Verlobten in der Zeitungsmeldung.

b. Warum könnte sich Hebel wohl für seine Darstellung entschieden haben? Sprecht darüber.

7 a. Diskutiert in eurer Lerngruppe über die Kalendergeschichte. Was könnte so viele Autoren motiviert haben, das Schicksal des Bergmanns von Falun aufzugreifen? Welche Lehre könnte hinter den verschiedenen Erzählungen stecken?
Tipp: Denkt an die Textsorte **Fabel**, die auch eine Lehre vermittelt.
b. Begründet, warum Hebels Text eine Kalendergeschichte ist.

Info
In **Fabeln** kommen meist sprechende Tiere vor, denen bestimmte menschliche Eigenschaften zugeschrieben werden. Auf diese Weise werden menschliche Verhaltensweisen indirekt kritisiert.

Informationstext zur Kalendergeschichte ► S. 172

Auch die folgende Erzählung ist eine Kalendergeschichte.

8 Lies die Kalendergeschichte mit dem Textknacker.

Textknacker ► S. 293

Seltsamer Spazierritt Johann Peter Hebel

Ein Mann reitet auf seinem Esel nach Haus und lässt seinen Buben zu Fuß nebenherlaufen. Kommt ein Wanderer und sagt: „Das ist nicht recht, Vater, dass Ihr reitet und lasst Euern Sohn laufen; Ihr habt stärkere Glieder."
Da stieg der Vater vom Esel herab und ließ den Sohn reiten. Kommt wieder ein Wandersmann und sagt: „Das ist nicht recht, Bursche, dass du reitest und lässest deinen Vater zu Fuß gehen. Du hast jüngere Beine."
Da saßen beide auf und ritten eine Strecke. Kommt ein dritter Wandersmann und sagt: „Was ist das für ein Unverstand: Zwei Kerle auf einem schwachen Tiere; sollte man nicht einen Stock nehmen und euch beide hinabjagen?"
Da stiegen beide ab und gingen selbdritt zu Fuss, rechts und links der Vater und Sohn und in der Mitte der Esel. Kommt ein vierter Wandersmann und sagt: „Ihr seid drei kuriose Gesellen. Ist's nicht genug, wenn zwei zu Fuß gehen? Geht's nicht leichter, wenn einer von euch reitet?"
Da band der Vater dem Esel die vordern Beine zusammen, und der Sohn band ihm die hintern Beine zusammen, zogen einen starken Baumpfahl durch, der an der Straße stand, und trugen den Esel auf der Achsel heim.
So weit kann's kommen, wenn man es allen Leuten recht machen will.

9 a. Erzählt euch die Kalendergeschichte in eigenen Worten nach.
b. Formuliert eine Lehre oder ein Sprichwort zur Kalendergeschichte.

10 a. Übertrage die Lehre der Kalendergeschichte auf eine Situation aus deinem Alltag und notiere eine alltägliche Situation, die dazu passt.
b. Entwickle einen Schreibplan für eine eigene Kalendergeschichte. Die Handlungsbausteine können helfen.
c. Schreibe mit Hilfe deines Schreibplans deine Kalendergeschichte.

eine Erzählung mit den Handlungsbausteinen planen und schreiben ► S. 299

11 Tragt euch eure Kalendergeschichten gegenseitig vor und sprecht darüber, ob und warum eure Kalendergeschichten gelungen sind.

Anekdoten verstehen

Die folgenden Anekdoten erzählen von einer bekannten Persönlichkeit und witzigen Begebenheiten.

1 Lest die Anekdoten und sprecht über euren ersten Leseeindruck.

N. O. Scarpi

Mark Twain wollte sich bei seinem Nachbarn ein Buch ausleihen.
„Sie müssen es hier in meinem Hause lesen", sagte der Nachbar, „ich habe mir zur Regel gemacht, dass kein Buch meine Bibliothek verlassen darf."
Ein paar Tage später kommt der Nachbar zu Mark Twain.
„Leihen Sie mir doch, bitte, Ihre Mähmaschine."
„Ja", sagte Mark Twain, „aber Sie müssen sie auf meinem Rasen benützen.
Ich habe mir zur Regel gemacht, dass keines meiner Gartengeräte den Garten verlassen darf."

Die Reinigung Franz Hohler

In eine Wäscherei kam einmal ein Mann und brachte eine Hose, die einer gründlichen Reinigung bedurfte, denn sie war durch und durch schwarz vor Schmutz. Als er sie wieder abholen wollte, reichte ihm die Verkäuferin eine Plastiktasche und sagte, mehr sei von der Hose nicht übrig geblieben.
„Die ist ja leer!", sagte der Mann.
„Ja", sagte die Verkäuferin, „dafür ist dieser entsetzliche Dreck weg."
„Da haben Sie recht", sagte der Mann, nahm die Tasche, bezahlte die Rechnung und ging.

2 Die Anekdoten erzählen jeweils von einer witzigen Begebenheit.
- **a.** Worin besteht deiner Meinung nach jeweils die Pointe in den Anekdoten? Schreibe einen Satz hierzu auf.
- **b.** Begründe mit Hilfe des Informationstextes auf S. 172, warum es sich bei den Texten um Anekdoten handelt.

3 Könnten sich die Begebenheiten wirklich so zugetragen haben? Was spricht dafür? Was spricht dagegen? Diskutiert darüber.

4
- **a.** Überlegt euch eine passende Überschrift zu der Anekdote von Mark Twain.
- **b.** Diskutiert in eurer Lerngruppe über eure Lösungen.

Info

N. O. Scarpi (1888–1980) war ein österreichisch-schweizerischer Regisseur, Übersetzer und Schriftsteller, der Anekdoten sammelte und veröffentlichte.

Info

Franz Hohler (geb. 1943 in Biel, Schweiz) arbeitet u. a. als Kabarettist und Schriftsteller. Er hat ein umfangreiches Werk von Romanen, Theaterstücken und Kinderbüchern verfasst.

Informationstext zur Anekdote ► **S. 172**

Parodien kennen lernen, analysieren und verfassen

Den kenn ich doch … – in Parodien werden bekannte Texte nachgeahmt.

1 Lies die folgende Parodie.

Thaddäus Troll

Im Kinderanfall unserer Stadtgemeinde ist eine hierorts wohnhafte, noch unbeschulte Minderjährige aktenkundig, welche durch ihre unübliche Kopfbekleidung gewohnheitsmäßig […] genannt zu werden pflegt. Der Mutter besagter R. wurde seitens ihrer Mutter ein Schreiben zustellig gemacht, in welchem dieselbe Mitteilung ihrer Krankheit und Pflegebedürftigkeit machte, worauf die Mutter der R. dieser die Auflage machte, der Großmutter eine Sendung von Nahrungs- und Genussmitteln zu Genesungszwecken zuzustellen.
Vor ihrer Inmarschsetzung wurde die R. seitens ihrer Mutter über das Verbot betreffs Verlassens der Waldwege auf Kreisebene belehrt. Dieselbe machte sich infolge Nichtbeachtung dieser Vorschrift straffällig und begegnete beim Übertreten des amtlichen Blumenpflückverbotes einem polizeilich nicht gemeldeten Wolf ohne festen Wohnsitz.
Dieser verlangte in gesetzwidriger Amtsanmaßung Einsichtnahme in das zu Transportzwecken von Konsumgütern dienende Korbbehältnis und traf in Tötungsabsicht die Feststellung, dass die R. zu ihrer verschwägerten und verwandten, im Baumbestand angemieteten Großmutter eilend war. […] [*]

Info

Thaddäus Troll (1914–1980) stammte aus Stuttgart und schrieb Texte aus verschiedenen Genres, wie z. B. Romane, Satiren und Theaterstücke.

Hast du erkannt, welcher Originaltext dieser Parodie als Vorlage diente? Hier ist der Anfang des Originaltextes.

Es war einmal eine kleine süße Dirne[1], die hatte jedermann lieb, der sie nur ansah, am allerliebsten aber ihre Großmutter, die wusste gar nicht, was sie alles dem Kinde geben sollte. Einmal schenkte sie ihm ein Käppchen von rotem Sammet, und weil ihm das so wohl stand und es nichts anders mehr tragen wollte, hieß es nur das Rotkäppchen. Eines Tages sprach seine Mutter zu ihm: „Komm, Rotkäppchen, da hast du ein Stück Kuchen und eine Flasche Wein, bring das der Großmutter hinaus; sie ist krank und schwach und wird sich daran laben. Mach dich auf, bevor es heiß wird, und wenn du hinauskommst, so geh hübsch sittsam und lauf nicht vom Weg ab, sonst fällst du und zerbrichst das Glas, und die Großmutter hat nichts. Und wenn du in ihre Stube kommst, so vergiss nicht, guten Morgen zu sagen, und guck nicht erst in alle Ecken herum."
[…] [*]

1 die Dirne: frühere und mundartliche Bezeichnung für eine junge Frau

2 a. Recherchiere den vollständigen Märchentext.
b. Erzählt euch das Märchen gegenseitig nach.

im Internet recherchieren ► S. 294

3 Worin unterscheidet sich der Originaltext des Märchens von der Parodie? Notiere, was dir auffällt.

4 a. Lies den Informationstext zur Parodie.
b. Beschreibe in eigenen Worten, warum es sich beim Text auf S. 179 oben um eine Parodie handelt.

Parodie ► S. 179

Info

Eine **Parodie** ist eine Textsorte, in der ein bekanntes Werk oder eine Person nachgeahmt wird. Dabei wird die Textsorte oder der Inhalt des nachgeahmten Werkes beibehalten. Aus der Abweichung zwischen dem Original und der Parodie ergibt sich ein komischer Effekt.

„Rotkäppchen" einmal anders – nun könnt ihr selbst eine Parodie zum Märchen in Jugendsprache schreiben.

5 Lies zunächst den Informationstext zur Jugendsprache.

Info

Die **Jugendsprache** ist eine Sprachvariante, die insbesondere von der mündlichen Umgangssprache und dem Sprachstil einer alterstypischen Gruppensprache geprägt ist. Die Jugendsprache ist gekennzeichnet durch Wortneuschöpfungen (Neologismen), Übertreibung, Ironie, Satzverkürzungen und bildhafte Umschreibungen.

6 a. Überlegt, wie ihr das Märchen in Jugendsprache formulieren könntet.
b. Sammelt gemeinsam passende Wörter und Formulierungen, die ihr in eurer Jugendsprache häufig verwendet. Nutzt dazu auch die Hinweise aus dem Informationstext zur Jugendsprache.
c. Schreibt das Märchen in Jugendsprache um. Achtet darauf, dass ihr euch an den Inhalt des Märchens haltet.

7 Tragt eure Parodien in der Lerngruppe vor und sprecht darüber. Wodurch wirken eure Parodien witzig? Begründet eure Antworten.

Welche Parodien aus anderen Bereichen (Bilder, Musik, Film) kennt ihr?

8 Sprecht in eurer Lerngruppe über weitere Parodien. Bringt Beispiele mit und vergleicht sie mit ihrem Original.

Erzählende Texte erschließen und dazu schreiben

Hier kannst du überprüfen, ob du erzählende Texte erschließen und mit ihnen produktiv umgehen kannst.

1 Lies die beiden erzählenden Texte.

A Es ist sonst kein großer Spaß dabei, wenn man ein Rezept in die Apotheke tragen muss; aber vor langen Jahren war es doch einmal ein Spaß. Da hielt ein Mann von einem entlegenen Hof eines Tages mit einem Wagen und zwei Stieren vor der Stadtapotheke still, lud sorgsam eine große tannene Stubentüre ab und trug sie hinein. Der Apotheker machte große Augen und sagte: „Was wollt Ihr da, guter Freund, mit Eurer Stubentüre? Der Schreiner wohnt um zwei Häuser links." Dem sagte der Mann, der Doktor sei bei seiner kranken Frau gewesen und habe ihr wollen ein Tränklein verordnen, so sei in dem ganzen Haus keine Feder, keine Dinte[1] und kein Papier gewesen, nur eine Kreide. Da habe der Doktor das Rezept an die Stubentüre geschrieben, und nun soll der Herr Apotheker so gut sein und das Tränklein kochen. Item[2], wenn es nur gut getan hat. Wohl dem, der sich in der Not zu helfen weiß.

1 Dinte: alte Schreibweise für Tinte

2 item: egal

B Als sich Mark Twain auf einer Vortragstournee durch Europa befand, verbreitete sich das Gerücht, er sei plötzlich gestorben. Mark Twain kabelte daraufhin die folgende Richtigstellung nach Amerika: „Nachricht von meinem Tode stark übertrieben."

2 Gib in eigenen Worten schriftlich wieder, worum es in den Texten geht.

3 a. Finde eine Erklärung, warum wohl die dargestellten Begebenheiten erzählt werden.
b. Formuliere für beide Texte eine passende Überschrift und eine Lehre.

4 a. Lies noch einmal die Informationstexte zur Kalendergeschichte und zur Anekdote auf S. 172.
b. Ordne die beiden erzählenden Texte jeweils einer Textsorte zu und begründe deine Meinung.

Informationstexte zur Kalendergeschichte und zur Anekdote ► S. 172

5 Gestalte Text **A** zu einer Parodie um.

6 Gestalte zu den Textsorten, die du in diesem Kapitel kennen gelernt hast, jeweils ein Informationsblatt.
Tipp: Du kannst diese Seiten in dein Lernwegetagebuch oder in dein Portfolio heften.

Arbeitstechnik zum Üben: Ein Portfolio anlegen ► S. 194–195

Von Liebe und Abenteuern – Dichtung im Mittelalter

- Dichter und Texte des Mittelalters kennen lernen und verstehen
- Bezüge zwischen Texten aus dem Mittelalter und ihrer Entstehungszeit herstellen
- Sprachgeschichtliche Zusammenhänge erkennen

Literatur gab es schon im Mittelalter. Auch heute noch wird sie gelesen. Die Bücher damals waren sehr kostbar, weil sie noch nicht maschinell gedruckt werden konnten und von Hand hergestellt wurden.

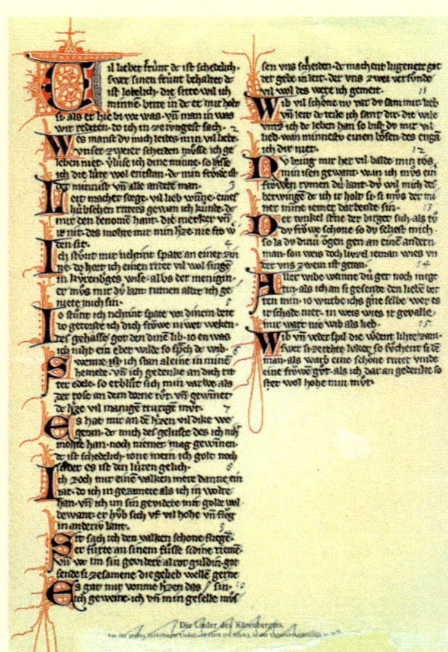

1 Die Bilder zeigen alte Liederhandschriften. Beschreibt die Bilder.
- Wie unterscheiden sich die Buchseiten von heutigen Büchern?
- Welche Themen könnten angesprochen werden?

Gebildete Menschen, die schreiben und lesen konnten, gab es meist nur in Klöstern und an Höfen, weil es noch keine allgemeine Schulpflicht gab.

2 Informiert euch darüber, wie mittelalterliche Literatur überliefert wurde, und sprecht darüber.

im Internet recherchieren
► S. 294

Im Mittelalter gab es auch Dichter, die Minnelieder[1] schrieben, eine Art Liebeslyrik.

3 Seht euch das Bild an und lest das folgende Minnelied eines unbekannten Verfassers mehrmals durch.

Dû bist mîn, ich bin dîn

Dû bist mîn, ich bin dîn:
des solt dû gewis sîn.
dû bist beslozzen
in mînem herzen:
verlorn ist daz slüzzelîn:
dû muost immer drinne sîn.

4 Sprecht über die folgenden Fragen:
- Worum geht es in dem Minnelied, was habt ihr verstanden?
- Welche Wörter habt ihr nicht verstanden? Was ist euch fremd an der Schreibweise der Wörter?
- Inwieweit unterstützt das Bild die Aussage des Gedichts?

5 **a.** Lest den Informationstext über die mittelhochdeutsche Sprache.
b. Versucht, das Minnelied mit den Übersetzungshilfen in der Tabelle in die neuhochdeutsche Sprache zu übertragen.
c. Tragt das Gedicht vor.

Info

Die **mittelhochdeutsche Sprache** umfasst verschiedene Sprachvarietäten zwischen 1050 und 1350 und war keine einheitliche Standardsprache. Die Entwicklung vom Mittelhochdeutschen zum Neuhochdeutschen, das wir heute sprechen, ist insbesondere von einem **Lautwandel** gekennzeichnet.

mehr über Standardsprache und Sprachvarietäten ► S. 274–275

mittelhochdeutsch (mhd.)	**neuhochdeutsch** (nhd.)
– Vokale **î**, **iu** und **û**: mîn niuwes hûs – Vokal **uo**: guote – Konsonant **s**: swert – Vokal **e**: angest	– **ei**, **eu/äu** und **au**: mein neues Haus – **u**: gut – **sch**: Schwert – Wegfall des Vokals **e**: die Angst

In diesem Kapitel begebt ihr euch auf eine kurze literarische Reise ins Mittelalter. Ihr lernt Dichter und Texte des Mittelalters kennen. Außerdem beschäftigt ihr euch mit dem Bedeutungswandel von Wörtern.

1 mittelhochdeutsch: die **Minne**: Liebe

Mittelalterliche Liebeslieder – die Minnelyrik

Das folgende Lied von Walther von der Vogelweide beschreibt die Liebe zu einer Frau, die jedoch nur gedanklich gemeint war.

Walther von der Vogelweide

Info

Walther von der Vogelweide lebte von etwa 1170 bis etwa 1230 und gilt als der berühmteste Dichter des Mittelalters, der vor allem politische Gedichte schrieb, aber auch Minnelieder. Im Mittelalter wurden die Gedichte gesungen, daher werden sie auch als **Minnesang** oder **Minnelyrik** bezeichnet. Oftmals geht es in den Minneliedern um das Lob auf die Damen und die Annäherung von Mann und Frau.

1 Lies das Minnelied mehrmals in der Übersetzung durch. Von welchem Thema handelt das Minnelied?

Si wunderwol gemachet wîp Walther von der Vogelweide

Si wunderwol gemachet wîp,
daz mir noch werde ir habedanc!
Ich setze ir minneclîchen lîp
Vil werde in mînen hôhen sanc.
Gern ich in allen dienen sol,
doch hân ich mir dise ûz erkorn.
ein ander weiz die sînen wol:
Die lob er âne mînen zorn;
Hab ime wîs unde wort
Mit mir gemeine: lob ich hie, sô lob er dort.

Ihr houbet ist sô wünnenrîch,
als ez mîn himel welle sîn.
Wem solde ez anders sîn gelîch?
Er hât ouch himeleschen schîn:
Dâ liuhtent zwêne sternen abe,
dâ müeze ich mich noch inne ersehen,
daz si mirs alsô nâhen habe!
sô mac ein wunder wol geschehen:
Ich junge, und tuot sie daz,
und wirt mir gernden siechen seneder
sühte baz.
[...] *

Übersetzung:

Sie vollkommenste Frau, –
Möge mir noch Dank und Lohn ihr zufallen!
Denn ihrer Schönheit räume ich ja
Den Ehrenplatz in meinem Lobgesang ein.
Wohl wünscht ich, ihnen allen zu dienen, –
Doch hab ich mir diese auserwählt.
Ein andrer wird die Seine kennen:
Er rühme sie, und mir sei's recht;
Mögen wir sogar Melodie und Wort
Gemeinsam haben: Sing ich hier
den Lobgesang, so soll er's dort tun.

Ihr Haupt ist so schön,
als sei es mein Himmel.
Wem anders sollte es auch gleichen?
Es strahlt ja himmlischen Glanz aus:
Zwei Sterne leuchten aus ihm,
in ihnen möchte ich mich wohl noch spiegeln –
ach, brächte sie sie mir so nahe!
Dann könnte ein Wunder geschehn:
Tut sie das, werde ich wieder jung,
und mir, dem Sehnsuchtskranken,
wird Heilung von Sehnsuchtsnot.
[...] *

2 Vergleicht den mittelhochdeutschen Text mit der Übersetzung.
Notiert, welche Gemeinsamkeiten und welche Unterschiede ihr feststellt.

3 **a.** Beschreibe das Verhältnis des lyrischen Ich zur Angesprochenen.
b. Welche weitere Information bieten dir das Bild am Rand und der Informationstext zu Walther von der Vogelweide? Erläutere den Zusammenhang.

lyrisches Ich ► S. 292

Bild und Informationstext ► S. 184

Auch heute gibt es viele Lieder, die von der Liebe erzählen.

4 Lies den Auszug aus dem folgenden Lied.
Tipp: Recherchiert das Lied im Internet und hört es in eurer Lerngruppe gemeinsam an.

im Internet recherchieren ► S. 294

Ein Kompliment (2002) Sportfreunde Stiller

Wenn man so will,
bist du das Ziel einer langen Reise.
Die Perfektion der besten Art und Weise,
in stillen Momenten leise,
die Schaumkrone der Woge der Begeisterung,
bergauf, mein Antrieb und Schwung.

Ich wollte dir nur mal eben sagen,
dass du das Größte für mich bist,
und sichergehen, ob du denn dasselbe für mich fühlst
[...] *

„Sportfreunde Stiller" ist eine erfolgreiche deutsche Rock-Band aus Germering bei München

Was ist heute anders als zu Zeiten Walther von der Vogelweides?

5 Vergleicht das Lied „Ein Kompliment" mit dem Minnelied von Walther von der Vogelweide. Notiert Gemeinsamkeiten und Unterschiede.

6 **a.** Beschreibe das Verhältnis des Mannes zur Frau in beiden Liedern.
b. Inwiefern hat sich das Verhältnis von Männern zu Frauen in den letzten Jahrhunderten verändert? Schreibe deine Einschätzung auf.

Was zeichnet Minnelyrik aus?

7 Gestalte ein Informationsblatt zur Minnelyrik.
Tipp: Du kannst diese Seite in dein Lernwegetagebuch oder in dein Portfolio heften.

Arbeitstechnik zum Üben: Ein Portfolio anlegen ► S. 194–195

König Artus und die Ritter der Tafelrunde – der Artusroman

Die mittelalterliche Literatur war nicht nur geprägt durch die Minnelieder, sondern vor allem von den Artusromanen, in denen sich die Handlung um den legendären König Artus und seine Ritter der Tafelrunde dreht. Bis heute wird in Theaterstücken, Musicals oder auf Mittelalterfesten die Artus-Figur dargestellt.

1 Beschreibe die beiden folgenden Bilder. Welchen Eindruck gewinnst du von König Artus und den Rittern der Tafelrunde?

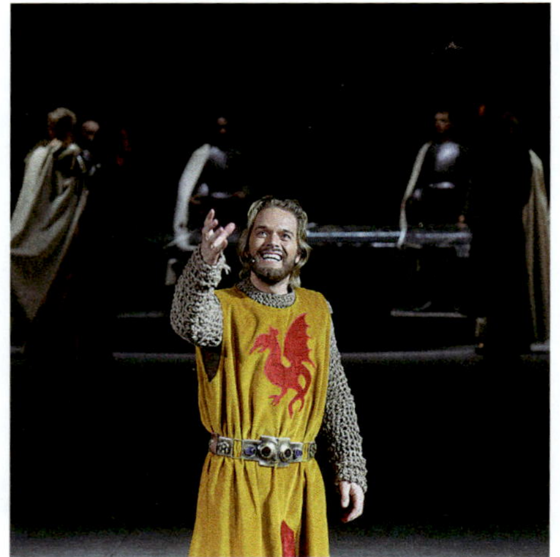

König-Artus-Musical „Camelot", im Hintergrund die Ritter der Tafelrunde

König Artus und die Ritter der Tafelrunde

Einer der Ritter der Tafelrunde ist Iwein, der Held in dem gleichnamigen Artusroman von Hartmann von Aue.

Info

Hartmann von Aue gilt als einer der berühmtesten Dichter des mittelalterlichen Artusromans. Er wurde etwa um 1160 geboren und starb nach 1210. Im Gegensatz zu vielen anderen Menschen im Mittelalter konnte Hartmann von Aue lesen und schreiben. In seinen Texten schreibt er über sich selbst, dass er ein gebildeter Ritter sei: „Ein ritter sô gelêret was, / daz er an den buochen las, / swaz er dar an geschriben vant; / der was Hartman genant. / dienstman was er ze Ouwe."

Hartmann von Aue

2 Sprecht über den mittelhochdeutschen Text auf der nächsten Seite:
- Welche Wörter und Wortgruppen könnt ihr verstehen?
- Wie ist der Text gestaltet? Beschreibt, was euch auffällt.

„Iwein" ► S. 187

3 a. Lies nun die Übersetzung des Artusromans „Iwein" von Hartmann von Aue in der neuhochdeutschen Übertragung.
b. Erzähle den Text in eigenen Worten nach.

4 Was erfährst du in dem Text über König Artus? Notiere die Informationen.

Iwein (Prolog und Schluss) Hartmann von Aue

Swer an rehte güete
wendet sîn gemüete,
dem volget sælde und êre.
des gît gewisse lêre
künec Artûs der guote,
der mit rîters muote
nâch lobe kunde strîten.
er hat bî sînen zîten
gelebet alsô schône
daz er der êren krône
dô truoc und noch sîn name treit.
des habent die wârheit
sîne lantliute:
sî jehent er lebe noch hiute:
er hât den lop erworben,
ist im der lîp erstorben,
sô lebet doch iemer sîn name.
er ist lasterlîcher schame
iemer vil gar erwert,
der noch nâch sînem sîte vert.
[...]

[...]
es was guot leben wænlich hie:
ichn weiz waz ode wie
in sît geschæhe beiden.
ezn wart mir niht bescheiden
von dem ich die rede habe:
durch daz enkan ouch ich dar abe
iu niht gesagen mêre,
wan got gebe uns sælde und êre. [*]

Übersetzung:

Wer seinen Sinn auf das wahre Gute richtet,
der erfährt Glück und Ehre.
Das lehrt uns klar
der edle König Artus,
der mit dem Sinn eines Ritters
nach Lob zu streben wusste.
Er hat zu seinen Zeiten
so vorbildlich gelebt,
dass er den Kranz der Ehren
damals trug,
wie ihn noch jetzt sein Name trägt.
Das bezeugen seine Landsleute:
Sie sagen,
er lebe heute noch.
Er hat sich Ruhm erworben,
sodass noch immer sein Name lebt,
auch wenn er selber gestorben ist.
Von schimpflicher Schande ist für immer frei,
wer noch handelt wie er.

Ein glückliches Leben war da zu erwarten.
Ich weiß aber nicht, was oder wie es
den beiden seither ergangen.
Der hat es mir nicht erzählt,
von dem ich die Geschichte habe.
Darum kann auch ich darüber
Euch nichts anderes mehr sagen als:
Gott gebe uns Glück und Ehre.

Die Artusromane erzählen vom Leben und den Abenteuern der Ritter.

5 Überlegt ausgehend vom Prolog und Schluss des Artusromans, was der Held Iwein erleben könnte. Sprecht über eure Vermutungen.

6 Lies den folgenden Informationstext über den Artusroman „Iwein" und schreibe wichtige Informationen auf.

Info

Der Artusroman „**Iwein**" entstand etwa um 1200 und war eine Bearbeitung eines französischen Stoffes (Chrétien de Troyes: „Yvain ou Le Chevalier au lion").
Die Romanhandlung lässt sich in zwei Teile gliedern (Doppelwegstruktur), in denen der Artusritter Iwein die Herrschaft sowie die Minne gewinnt und, nachdem er sie verloren hat, erneut erringen muss. Iwein erfährt am Artushof von einem geheimnisumrankten Brunnen und dessen Wächter. Er sucht dieses Land auf und gewinnt einen Zweikampf mit Askalon, dem König und Herrn des Landes. Durch den Sieg erlangt er die Minne von Laudine, der Frau des Getöteten. Sie wird nun Iweins Frau und Iwein zum neuen Wächter des Brunnens. Damit endet der erste Teil. Der Artusritter Iwein ist auf dem Höhepunkt seines ritterlichen Lebens angekommen: Er ist angesehen, er hat die Königin des Landes zur Frau bekommen und herrscht über das Land.
Im zweiten Teil verlässt Iwein gemeinsam mit seinem Freund Gawein den Hof, um bei Turnieren zu kämpfen und weiterhin als Ritter anerkannt zu sein. Da er nicht, wie mit Laudine vereinbart, nach einem Jahr zurückkehrt, wird Iwein verflucht und verliert alles. Erst nachdem er durch viele heldenhafte Taten nachweisen kann, dass er zuverlässig und mutig ist, gewinnt er Laudine sowie „sælde" und „êre" zurück.

In den Artusromanen werden ritterliche Tugenden gepriesen.

7 a. Die Begriffe „sælde" und „êre" tauchen im Prolog und im Schluss von „Iwein" auf. Versuche, die Begriffe zu übersetzen.

b. Was könnte man zur Zeit von Hartmann von Aue unter diesen Begriffen verstanden haben? Schreibe eine Erklärung auf.
Tipp: Du kannst dazu in der Bibliothek oder im Internet recherchieren.

c. Schlage die neuhochdeutschen Begriffe in einem Herkunftswörterbuch nach.

d. Beschreibe, wie sich die beiden Begriffe heute in ihrem Verständnis verändert haben.

im Internet recherchieren ► S. 294

Die Verwendung der Begriffe zeigt: Sprache wandelt sich.

8 Wie hat sich die Bedeutung der Wörter im Kasten gewandelt?

a. Notiert eure Vermutungen.

b. Schlagt die Wörter in einem Herkunftswörterbuch nach.

mhd.: arebeit: körperliche Anstrengung – nhd.: Arbeit
mhd.: herre: der Gebieter, der Vornehme, der Dienstherr – nhd.: Herr
mhd.: vrouwe: die verheiratete Frau, die Vorsteherin des Haushalts – nhd.: Frau

Info

Viele Wörter bedeuten heute etwas anderes als früher. Man spricht von einem **Bedeutungswandel**. Dabei kann sich die Bedeutung zum einen **verengen** oder **erweitern** und zum anderen **verbessern** oder **verschlechtern**.

9 Sprecht über den Bedeutungswandel. Welche Veränderungen im Alltag könnten ihn bewirkt haben?

mehr zur Herkunft von Wörtern ► S. 271

Minnelyrik verstehen

Hier kannst du überprüfen, ob du Minnelyrik verstehen kannst. Das folgende Falkenlied stammt von dem mittelhochdeutschen Dichter Der von Kürenberg, der um die Mitte des 12. Jahrhunderts tätig war.

Der von Kürenberg mit einer fürstlichen Dame

1 Lies den Auszug aus dem Falkenlied auf Mittelhochdeutsch durch. Worum könnte es gehen? Notiere Stichworte.

2 Was hast du vom Inhalt verstanden? Gib die beiden Strophen in eigenen Worten wieder.

3 Lies dann die Übersetzung mehrmals leise durch.

Ich zôch mir einen valken Der von Kürenberg

„Ich zôch mir einen valken mêre danne ein jâr.
dô ich in gezamete als ich in wolte hân
und ich im sîn gevidere mit golde wol bewant,
er huop sich ûf vil hôhe und floug in anderiu lant.

Sît sach ich den valken schône fliegen:
er fuorte an sînem fuoze sîdîne riemen,
und was im sîn gevidere alrôt guldîn.
got sende si zesamene die gerne geliep wellen sîn!"
[...] ⊛

Info
In der mittelalterlichen Literatur ist der **Falke** als Statussymbol und Symbol für Freundschaft oder eine geliebte Person zu verstehen.

Übersetzung

„Ich zog mir einen Falken mehr als ein Jahr lang.
Nachdem ich ihn gezähmt hatte, wie ich ihn haben wollte,
und ihm sein Gefieder mit Gold geschmückt hatte,
erhob er sich hoch in die Lüfte und flog in ein fremdes Land.

Seither sah ich den Falken schön fliegen.
er hatte an seinem Fuß seidene Riemen,
und sein Gefieder war ganz rotgold.
Gott führe die zusammen, die geliebt werden wollen."

4 Beschreibe das lyrische Ich. Wen spricht es an und was teilt es mit?

lyrisches Ich ► S. 292

5 Warum lässt sich das Falkenlied der Minnelyrik zuordnen? Erkläre es und beziehe das Bild und den Informationstext in deine Überlegungen mit ein.

6 Tauscht euch über eure Arbeitsergebnisse aus. Sprecht darüber, wie es euch gelungen ist, das Gedicht in seiner Aussage zu verstehen.

Arbeitstechniken

Die Arbeitstechniken im Überblick

In diesem Teil kannst du gezielt das Handwerkszeug üben, das du zum Lernen und für deine Prüfungsvorbereitung benötigst.

Arbeitstechniken anwenden und Aufgaben verstehen ► S. 191–195

Diese Seiten helfen dir beim Lernen und Üben. Du erstellst Checklisten zu deiner Selbsteinschätzung. Du übst, Aufgaben zu verstehen, die in deiner Prüfung vorkommen können.
Außerdem bekommst du Tipps, wie du ein Portfolio erstellen kannst.
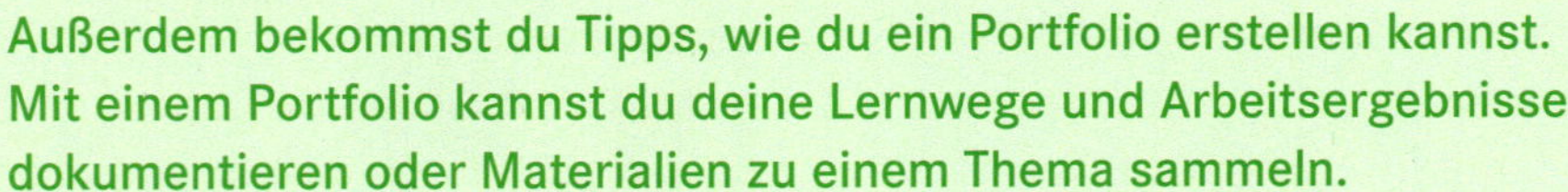
Mit einem Portfolio kannst du deine Lernwege und Arbeitsergebnisse dokumentieren oder Materialien zu einem Thema sammeln.

Texte erschließen ► S. 196–200

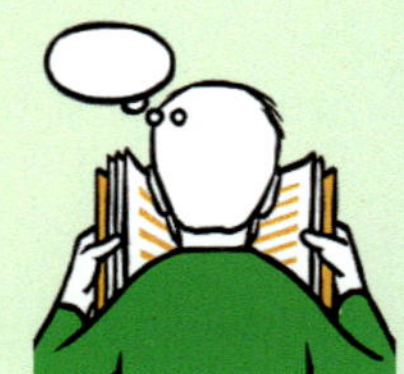

Auf diesen Seiten übst du für deine Prüfung: Du trainierst, einen Sachtext mit einer Grafik zu erschließen. Dabei hilft dir der Textknacker.
Darüber hinaus beschäftigst du dich mit Gesetzestexten.
Du lernst, wie du sie mit dem Textknacker erschließen und verstehen kannst.

Schreiben und überarbeiten ► S. 201–211

Hier wiederholst und übst du am Beispiel eines Jugendbuchauszugs Schritt für Schritt, wie du einen erzählenden Text analysieren und dazu eine Textbeschreibung verfassen kannst.
Anschließend trainierst du, wie du mit deinen Lernpartnerinnen und Lernpartnern eigene und fremde Texte in einer Schreibkonferenz überprüfen und überarbeiten kannst.
Außerdem setzt du dich mit Online-Formularen auseinander.
Du lernst, was du beachten musst, wenn du Online-Formulare ausfüllst.

Arbeitstechniken anwenden und Aufgaben verstehen

Das eigene Lernen und Lesen einschätzen

Mit Hilfe der folgenden Checkliste kannst du selbst einschätzen, was du gut kannst oder was du noch üben willst.

mehr Übungen zu Checklisten ► S. 55, 77, 91, 92, 131

1 Wie gelingt dir grundsätzlich das Lernen? Schreibe die Checkliste ab und beantworte die Fragen.

Checkliste: Arbeitsformen	*Ja*	*Nein*
– Kann ich gut alleine arbeiten?	■	■
– Kann ich gut im Tandem oder in einer kleinen Gruppe arbeiten?	■	■
– Arbeite ich gut in der Klasse mit?	■	■
– Bringe ich mich in die Gruppenarbeit ein?	■	■
– Kann ich Zeitvorgaben einhalten?	■	■

Besonders wichtig ist, dass du deine Lesekompetenz einschätzen kannst.

Textknacker ► S. 293

2 **a.** Lies die folgenden Stichworte zu den Schritten des Textknackers.
b. Was ist dir selbst beim Erschließen von Sachtexten aufgefallen? Notiere eigene Fragen und beantworte sie.
c. Formuliere mit Hilfe der Stichworte und deinen Notizen selbst eine Checkliste zur Kompetenz **Sachtexte erschließen**.

Sachtexte erschließen ► S. 28–33

Vor dem Lesen:
– Vorwissen formulieren
– aufgrund der Bilder und der Überschrift Vermutung formulieren, worum es gehen könnte

Den Text genau lesen:
– Verständnisprobleme selbstständig klären
– Schlüsselwörter notieren
– Zwischenüberschriften formulieren

Das erste Lesen:
– Auffälligkeiten notieren
– an das Vorwissen anknüpfen
– einen Text zielgerichtet überfliegen
– aufschreiben, worum es geht

Nach dem Lesen:
– überprüfen, ob die Informationen für die Fragestellung ausreichen
– den Arbeitsauftrag erfüllen

3 Sprecht über eure Ergebnisse. Ihr könnt auch eure Lehrkraft um ein Feedback bitten.

Feedback ► S. 300

Prüfungsaufgaben verstehen

Damit du Prüfungsaufgaben gut lösen kannst, musst du die Aufgabenstellung genau lesen. Hier kannst du üben, worauf du dabei achten musst.

mehr Prüfungsaufgaben ► S. 75–77, 93–95, 132–135, 240–241, 256–257

1. Schritt: Die Prüfungsaufgabe genau lesen

1 Lies die Prüfungsaufgabe mehrmals in Ruhe und Satz für Satz.

So lautet deine Prüfungsaufgabe:

Schreibe mit Hilfe des vorliegenden Textes eine lineare Erörterung zum Thema **Kunststoff**. Beantworte dabei die Frage: „Kann in der Schule auf Kunststoff komplett verzichtet werden?“.

a. Nenne in der Einleitung Titel, Thema und Textsorte.
b. Erörtere im Hauptteil die Frage: „Kann in der Schule auf Kunststoff komplett verzichtet werden?“. Wähle drei Argumente aus, die zu deiner Erörterungsfrage passen. Verwende dabei auch Zitate aus dem Text.
c. Lege am Schluss deine eigene Meinung zu der Frage dar, ob in der Schule auf Kunststoffe verzichtet werden kann.

zitieren ► S. 299

2. Schritt: Überlegen, was alles zur Lösung der Aufgabe gehört

2 **a.** Schreibe die Teilaufgaben a bis c auf.
b. Die Operatoren (Aufforderungsverben) sagen dir, was du tun sollst. Unterstreiche die Operatoren.
Tipp: Beachte trennbare Verben, die eine Satzklammer bilden.

die Felder eines Satzes ► S. 311

3. Schritt: Die Aufgabe in eigenen Worten wiedergeben

3 **a.** Wozu fordern dich die Operatoren auf? Ordne die passenden Worterklärungen vom Rand zu.
b. Schreibe die Operatoren im Infinitiv zusammen mit den Worterklärungen in eine Liste.

Starthilfe
nennen: Begriffe und Sachverhalte ...; erörtern: ...

c. Schreibe jede Teilaufgabe in eigenen Worten auf.

4 Habt ihr die Prüfungsaufgabe verstanden?
a. Vergleiche mit einer Lernpartnerin oder einem Lernpartner deine Lösung aus Aufgabe 3c.
b. Besprecht eure Lösungen mit einem weiteren Lernpaar oder mit eurer Lehrkraft.

- dazu nutzen
- Begriffe und Sachverhalte aufzählen
- sich mit einem Thema argumentativ befassen
- die eigene Meinung erläutern
- eine Auswahl treffen

Auch die folgenden Operatoren können in Prüfungsaufgaben vorkommen. Wende die Schritte 1–3 von S. 192 an.

5 **a.** Ordne die folgenden Erklärungen den passenden Operatoren vom Rand zu.
b. Ergänze mit den Operatoren deine Liste aus Aufgabe 3b.

Auffassungen herleiten und durch Argumente stützen
Figuren mit ihren spezifischen Eigenheiten darstellen
Inhalte strukturiert und auf das Wesentliche beschränkt wiedergeben

Aufgabe 3b ► S. 192

charakterisieren
zusammenfassen
begründen

6 **a.** Was könnte mit den Operatoren im Kasten verlangt werden? Ergänze deine Liste. Formuliere in eigenen Worten.
b. Vergleicht und überprüft eure Ergebnisse.

beschreiben erklären herausarbeiten formulieren unterscheiden
notieren finden entscheiden prüfen heraussuchen

In der Prüfung musst du dich auch mit der Rechtschreibung und Grammatik auseinandersetzen. So könnten diese Aufgaben aussehen.

7 Lies die Aufgabenstellungen. Was sollst du bei jeder Aufgabenstellung tun?
a. Formuliere den Auftrag in eigenen Worten.
b. Sprecht über eure Formulierungen, die ihr aufgeschrieben habt.

So lautet deine Prüfungsaufgabe:

a. Mit welcher Rechtschreibstrategie kannst du die Schreibweise der fettgedruckten Buchstaben prüfen?

run**d** – H**ä**uschen – Nu**ss**

b. Schreibe den Satz mit richtiger Zeichensetzung auf.

Das Recyceln von Kunststoffen wird von vielen Menschen unterstützt denn es ist ein wichtiger Beitrag zum Umweltschutz.

c. Suche aus dem Text „Gibt es ein Rezept für Glück?“ jeweils ein Beispiel für die Wortarten Verb, Adjektiv, Konjunktion, Pronomen heraus.

Rechtschreiben ► S. 301–305

Achtung: Fehler!

Sachtext: „Gibt es ein Rezept für Glück? ► S. 196–197

die Wortarten ► S. 306–309

Wenn du die Prüfungsaufgabe verstanden hast, kannst du sie bearbeiten.

8 Löse die Teilaufgaben a bis c der Prüfungsaufgabe.

Ein Portfolio anlegen

Ein Berufe-Portfolio kennst du schon. Hier kannst du dich genauer über die Merkmale eines Portfolios informieren.

Die Merkmale eines Portfolios

mehr Übungen zum Portfolio ► **S. 57, 59, 61, 181, 185, 198**

1 Lies den Informationstext und informiere dich über die Merkmale eines Portfolios.

Info

Das Wort **Portfolio** stammt aus dem Italienischen und wird zusammengesetzt aus den Wörtern **portare** – tragen und **foglio** – Blatt. Gemeint ist damit eine Mappe, in der verschiedene Produkte (z. B. Texte und Bilder) zu einem Thema, einer Aufgabe oder einem Projekt enthalten sind. In vielen Ländern der Erde gehören Portfolios bereits zum Schulalltag und gelten teilweise als Ersatz für eine Klassenarbeit.
Ein Portfolio kann verschiedene Funktionen erfüllen, z. B.:
- In einem Berufe-Portfolio kann alles rund um die Berufsorientierung gesammelt werden.
- In einem Entwicklungs-Portfolio können Arbeitsergebnisse und Lernwege dokumentiert werden.
- In einem Themen-Portfolio können Materialien zu einem bestimmten Thema gesammelt werden.

2 Was ist ein Portfolio? Erkläre in eigenen Worten:
- Woher kommt der Begriff **Portfolio**?
- Welche Funktionen kann ein Portfolio erfüllen?

3 Lies die folgenden Ideen für ein Portfolio.

Inhaltsangabe zu gelesenen Texten

alles zum Thema „Glück“

Referate und Fragen, die Zuhörende dazu gestellt haben

alles, was mit dem Beruf und der Berufswahl zu tun hat

besonders gelungene Texte

alles zur Prüfungsvorbereitung

Du kannst selbst ein Portfolio anlegen.

4 Was möchtest du in einem Portfolio aufnehmen? Notiere deine Ideen. Du kannst auch eine Idee aus Aufgabe 3 auswählen.

5 **a.** Tauscht euch in der Gruppe über eure Ideen aus.
b. Legt eine Liste mit euren Ideen an.

Aufbau und Inhalt eines Portfolios

6 Lies die folgende Arbeitstechnik genau.

Arbeitstechnik

Ein Portfolio anlegen

1. Das **Deckblatt** enthält **Name**, **Titel** des Portfolios, **Fach** und **Datum**.
2. Im **Inhaltsverzeichnis** werden alle **Texte** und **Materialien** des Portfolios in einer sinnvollen **Reihenfolge** angegeben. Jede Seite des Portfolios bekommt eine Seitenzahl.
3. Die **Zusammenstellung** der verschiedenen **Produkte** oder **Texte** ist das Wesentliche eines Portfolios. Die Zusammenstellung unterteilt sich z. B. nach frei wählbaren Arbeiten und Pflichtarbeiten bzw. Pflichtaufgaben.
4. Das Portfolio wird mit der **Reflexion** abgeschlossen. Bei der Reflexion werden z. B. diese Fragen beantwortet:
   - Welches Produkt gefällt mir am besten?
   - Was ist mir nicht so gut gelungen?
   - Welche Arbeiten haben mir Spaß gemacht und welche nicht?
   - An welcher Stelle gab es Schwierigkeiten?
   - Was würde ich beim nächsten Mal ändern?
5. Wenn du andere Texte (z. B. aus Büchern, Zeitungen) oder Bilder verwendest, musst du die **Quellen** dieser fremden Texte oder Bilder angeben. Dazu legst du ein Quellenverzeichnis an.
6. Vor der Abgabe oder Präsentation des Portfolios können unnötige oder nicht gelungene Arbeiten **aussortiert** werden.

7 Wie ist ein Portfolio aufgebaut?
Schreibe eine Liste.

8 Vergleicht eure Listen.

9 Überarbeite dein Portfolio mit Hilfe der Checkliste.
Tipp: Du kannst auch dein Berufe-Portfolio überarbeiten.

Checkliste: Ein Portfolio anlegen	*Ja*	*Nein*
– Enthält das Portfolio ein Deckblatt mit Name, Titel, Fach und Datum?	■	■
– Gibt es ein Inhaltsverzeichnis?	■	■
– Sind die Seiten in einer sinnvollen Reihenfolge angeordnet und sind alle Seiten nummeriert?	■	■
– Sind die Produkte oder Texte richtig zusammengestellt?	■	■
– Wird das Portfolio mit einer Reflexion abgeschlossen?	■	■
– Gibt es für die fremden Texte oder Bilder ein vollständiges Quellenverzeichnis?	■	■
– Wurden unnötige Seiten aussortiert?	■	■

Texte erschließen

Einen Sachtext und eine Grafik erschließen

mehr Sachtexte:
„Salz – Grundlage des Lebens“ ► S. 26–43
„Alles aus Kunststoff?“ ► S. 62–79
„Leseecke“ ► S. 280–281, 282–283, 284–285

In deiner Abschlussprüfung kann verlangt werden, dass du einen Sachtext erschließen und dazu Verständnisfragen beantworten musst.
Hier kannst du dafür üben.

1 Lies den Sachtext mit dem 1. und 2. Schritt des Textknackers.

Textknacker ► S. 293

Gibt es ein Rezept für Glück?

1 Jeder Mensch möchte glücklich sein. Aber was heißt das und wie findet man sein Glück? Gibt es dafür eine Anleitung, die sicher zum Ziel führt? Menschen verfolgen unterschiedliche Wege: Die einen strengen sich in ihrem Beruf besonders an oder trainieren hart für sportliche Wettkämpfe. Sie meinen, dass Erfolg und Ruhm glücklich machen. Andere suchen ihr Glück in der Liebe, in einem harmonischen Familienleben oder in einem großen Freundeskreis. Einige investieren viel in ihre Gesundheit.

2 Manche Menschen glauben, dass allein das Schicksal ihr Glück bestimmt. Während sie darauf warten, lesen sie ihr Horoskop oder deuten Zeichen, die angeblich Glück versprechen. Was man mit Glück verbindet, ist also sehr individuell. So ist es nicht verwunderlich, dass man in Ratgebern zum Thema „Glück“ auch ganz unterschiedliche Ratschläge und Meinungen findet.
Oft bestimmt die innere Einstellung eines Menschen, wie glücklich er sich fühlt. Ist er eher optimistisch oder pessimistisch? Pessimismus bedeutet, dass man schnell die negativen Seiten an etwas sieht und dann denkt: „Das kann doch nicht gut gehen!“ Ein Optimist vertraut darauf, dass schon alles klappen wird. Wer optimistisch denkt, fühlt sich häufig zufriedener als jemand mit einer eher pessimistischen Sichtweise.

3 Die dreijährige Tami freut sich über den Marienkäfer am Fenster, jauchzt beim Klettern und strahlt, nachdem sie sich zum ersten Mal allein angezogen hat. Sie genießt einfach den Augenblick.
Für das persönliche Glücksrezept kann man sich merken: Es lohnt sich, aufmerksam für die kleinen Freuden des Alltags zu bleiben. Ob man sich dann über einen Regenbogen, den Duft einer Schokolade oder das erste Ausprobieren des neuen Computerspiels so richtig freut, hängt von den persönlichen Vorlieben ab.

4 Andere Menschen glücklich zu machen, gilt für viele als der beste Weg, um selbst Glück zu empfinden. Schon kleine Gesten können viel bewirken, wenn man zum Beispiel den kleinen Bruder tröstet oder die Freundin aus Solidarität beim Lauftraining begleitet.

Man kann aber auch ehrenamtlich tätig werden: Dario liest jeden Mittwochnachmittag den Senioren im Altenheim vor, Jim säubert im Tierheim regelmäßig die Gehege und Elin trainiert montags den Tischtennis-Nachwuchs im Sportverein. Wie kann diese Arbeit – denn das ist ja Arbeit! – die Jugendlichen glücklich machen? Dazu gehört, dass die Arbeit als sinnvoll und wichtig eingeschätzt wird. Wer sie erledigt, hilft anderen damit. Und wenn diese sich darüber freuen, überträgt sich das auf die Helfer/-innen und macht sie auch glücklich.

5 Jede Woche spielen Millionen von Menschen Lotto und hoffen auf einen Gewinn. Denn Geld macht glücklich! Oder etwa nicht? Glücksforscher fanden aber heraus, dass das Glücksgefühl über einen Millionengewinn nicht länger als ein Jahr anhält. Danach haben sich die Menschen an das Geld gewöhnt und sind ernüchtert. Das tröstet jene Lotto spielende Person nicht, die seit zwanzig Jahren dieselben Zahlen tippt und erst jetzt endlich gewonnen hätte. Aber dieses Mal vergaß sie, den Lottoschein abzugeben! Es hat ihr nichts genützt, geduldig auf ihr Glück zu warten.

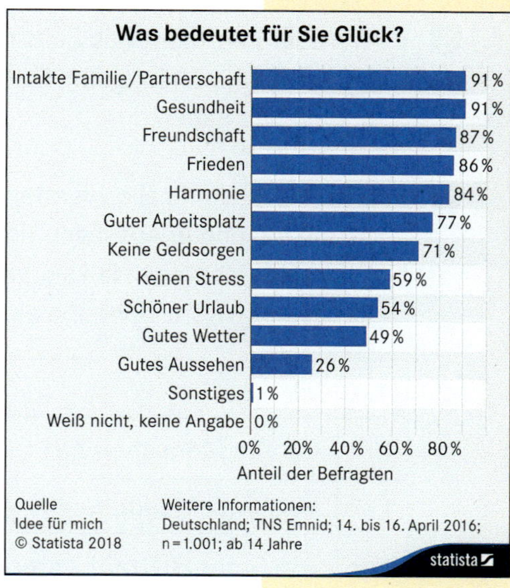

6 Gestern war Ada noch bester Laune, denn sie ist für das nächste Gruppenspiel ihrer Handballmannschaft aufgestellt. Doch heute kommen ihr Zweifel: „Der Trainer bereut es bestimmt schon. Ich bin ja gar nicht gut genug!" Diese Gedanken verunsichern sie so, dass sie beim Training unkonzentriert spielt und Fehler macht. Der Trainer kritisiert sie nun tatsächlich und will sich die Aufstellung noch einmal überlegen. Ada denkt: „Hab ich es doch gewusst!" Solch ein Denkmuster nennt man „selbsterfüllende Prophezeiung". Sie bewirkt, dass oft genau die Dinge eintreten, die man erwartet, *gerade weil* man sie erwartet. Häufig geht es dabei um negative Erwartungen wie in Adas Beispiel.

Ein Rat zum Glücklichsein wäre hier also: „Sei positiv gestimmt und glaube an den glücklichen Ausgang!" Denn die selbsterfüllende Prophezeiung funktioniert auch umgekehrt. Dies ist in vielen Experimenten bewiesen worden. Zum Beispiel bekamen zwei Trainer jeweils eine neue Anfängergruppe. Dem einen wurden besonders begabte Menschen angekündigt, dem anderen eine durchschnittliche Gruppe. Allein die unterschiedliche Erwartungshaltung der Trainer bewirkte einen unterschiedlichen Umgang mit den Menschen. In der vermeintlich begabten Gruppe engagierte sich der Trainer viel mehr, wohingegen die angeblich Unbegabten viel Kritik einstecken mussten und weniger gefördert wurden. Die Leistungen waren dementsprechend unterschiedlich. Wenn man diesen Mechanismus kennt, kann man versuchen, ihn zu durchbrechen und mit Optimismus an etwas heranzugehen.

mehr zum Thema: „Auf der Suche nach dem Glück" ► S. 80–97

Mit dem 3. Schritt des Textknackers klärst du den Inhalt deines Textes genau.

2 a. Schreibe zu jedem Absatz Schlüsselwörter auf.
Tipp: Lass vor deinen Schlüsselwörtern Platz für eine passende Zwischenüberschrift frei.
b. Kläre unbekannte Wörter. Verwende dazu ein Wörterbuch.
c. Schreibe nun zu jedem Absatz eine passende Zwischenüberschrift auf.

nachschlagen ► S. 301

3 a. Worüber informiert das Balkendiagramm? Erkläre es.
b. Nenne die fünf häufigsten Quellen des Glücks, welche die Befragten angegeben haben.

Balkendiagramm: „Was bedeutet für Sie Glück?“ ► S. 197

4 a. Überprüfe, ob du alles verstanden hast. Entscheide, ob die folgenden Aussagen richtig oder falsch sind.
b. Die drei Buchstaben links ergeben richtig zusammengesetzt ein Lösungswort. Schreibe es auf.

1. Glück ist ...		**2. Wie glücklich man sich fühlt, hängt ...**	
Unt	für alle Menschen das Gleiche.	rin	vom Horoskop ab.
Leb	eine individuelle Angelegenheit.	ild	vom Zufall ab.
Log	von Stadt zu Stadt unterschiedlich.	ens	von der inneren Einstellung ab.
3. Es kann auf Dauer glücklich machen, ...		**4. Zum Glücklichsein ist es nützlich, ...**	
ueb	sich nur um sich selbst zu kümmern.	kal	einfach still abzuwarten.
ber	nur gegen Bezahlung zu helfen.	ude	selbst etwas dafür zu tun.
fre	andere freiwillig zu unterstützen.	stu	andere verantwortlich zu machen.

5 Im Sachtext geht es um das Denkmuster der „selbsterfüllenden Prophezeiung“ (Zeile 57). Erkläre das Denkmuster in eigenen Worten.

Mit dem 4. Schritt des Textknackers arbeitest du mit dem Text.

6 Eine Mindmap hilft dir, deine Notizen übersichtlich darzustellen. Ordne die Informationen aus dem Text in einer Mindmap.

Mindmap ► S. 295

7 a. Beschreibe kurz, was für dich Glück bedeutet.
b. Ergänze deine Gedanken in der Mindmap.
Tipp: Hefte deine Mindmap in dein Themen-Portfolio, wenn du eines zum Thema **Glück** angelegt hast.

Arbeitstechnik zum Üben: Ein Portfolio anlegen ► S. 194–195

Gesetzestexte lesen und verstehen

mehr zum Thema:
„Legal und fair im Netz“
► S. 103–105

Emil fotografiert gern und veröffentlicht seine Bilder oft im Internet.

Nach einem Vortrag an der Schule ist Emil jedoch unsicher geworden:
Ist das alles erlaubt, was er macht?
Er recherchiert zwei Gesetzestexte.

1 Lies den Gesetzestext mit dem Textknacker.

Textknacker ► S. 293

Gesetz betreffend das Urheberrecht an Werken der bildenden Künste und der Fotografie, § 22

Bildnisse[1] dürfen nur mit Einwilligung[2] des Abgebildeten[3] verbreitet oder öffentlich zur Schau gestellt werden.
Die Einwilligung gilt im Zweifel als erteilt, wenn der Abgebildete dafür, dass er sich abbilden ließ, eine Entlohnung erhielt[4].
Nach dem Tode des Abgebildeten bedarf es bis zum Ablaufe von zehn Jahren der Einwilligung der Angehörigen[5] des Abgebildeten.
Angehörige im Sinne dieses Gesetzes sind der überlebende Ehegatte[6] oder Lebenspartner und die Kinder des Abgebildeten und, wenn weder ein Ehegatte oder Lebenspartner noch Kinder vorhanden sind, die Eltern des Abgebildeten.

Die Sprache in Gesetzestexten ist oft nicht einfach zu verstehen.

2 Versuche, den Inhalt der Absätze mit Hilfe der Worterklärungen zu verstehen.
Tipp: Schlage weitere unbekannte Wörter in einem Wörterbuch nach.

nachschlagen ► S. 301

3 Notiere den Inhalt des Gesetzestextes in eigenen Worten.

4 Vergleicht eure Notizen aus Aufgabe 3.

5 **a.** Erklärt euch gegenseitig den Inhalt des Gesetzestextes.
b. Sprecht darüber, welche Konsequenzen sich aus diesem Gesetz für euch persönlich ergeben.

1 die Bildnisse: die Bilder, die Fotos, auch die Videos 2 die Einwilligung: die Zustimmung
3 der/die Abgebildete: die Person auf dem Bild oder in dem Video
4 eine Entlohnung erhalten: Geld (einen Lohn) bekommen
5 der/die Angehörige: der/die Verwandte
6 der Ehegatte: der Ehepartner oder die Ehepartnerin

Auch im Strafgesetzbuch (StGB) findet Emil eine Regelung zum Umgang mit Bildern und Videos von anderen Personen.

 **6** **a.** Lies den Auszug aus dem Strafgesetzbuch mit dem Textknacker.
b. Kläre unbekannte Wörter.

Textknacker ► S. 293

§ 201 a Verletzung des höchstpersönlichen Lebensbereichs durch Bildaufnahmen

(1) Mit Freiheitsstrafe bis zu zwei Jahren oder mit Geldstrafe wird bestraft, wer

1. von einer anderen Person, die sich in einer Wohnung oder einem gegen Einblick besonders geschützten Raum befindet, unbefugt[1] eine Bildaufnahme herstellt oder überträgt und dadurch den höchstpersönlichen Lebensbereich der abgebildeten Person verletzt,
2. eine Bildaufnahme, die die Hilflosigkeit einer anderen Person zur Schau stellt, unbefugt herstellt oder überträgt und dadurch den höchstpersönlichen Lebensbereich der abgebildeten Person verletzt,
3. eine durch eine Tat nach den Nummern 1 oder 2 hergestellte Bildaufnahme gebraucht oder einer dritten Person zugänglich macht oder
4. eine befugt[2] hergestellte Bildaufnahme der in den Nummern 1 oder 2 bezeichneten Art wissentlich unbefugt einer dritten Person zugänglich macht und dadurch den höchstpersönlichen Lebensbereich der abgebildeten Person verletzt.

(2) Ebenso wird bestraft, wer unbefugt von einer anderen Person eine Bildaufnahme, die geeignet ist, dem Ansehen der abgebildeten Person erheblich zu schaden, einer dritten Person zugänglich macht. […] ⊠

7 Beantworte die folgenden Fragen zu Absatz (1) in Stichworten:
- Was wird in den Nummern 1 bis 4 des Gesetzes beschrieben?
- Wie kann man bestraft werden, wenn man dagegen verstößt?

Was bedeuten die Gesetzestexte für Emil? Was bedeuten sie für euren persönlichen Umgang mit Bildern und Videos?

8 Diskutiert über die Bedeutung der Gesetzestexte. Sammelt Beispiele, was erlaubt ist und was nicht.

9 Erstellt ein Plakat mit den wichtigsten Regelungen zum Umgang mit Bildern und Videos im Internet.

Plakat ► S. 295

1 unbefugt: nicht berechtigt sein für etwas
2 befugt: berechtigt sein für etwas

Schreiben und überarbeiten

Eine Textbeschreibung zu einem Jugendbuchauszug verfassen

mehr Übungen zur Textbeschreibung ► S. 94–95, 132–135

In deiner Abschlussprüfung kann eine Textbeschreibung verlangt werden. Wenn du eine Textbeschreibung verfassen willst, gehst du schrittweise vor. Zuerst ist das Verstehen des Textes wichtig.

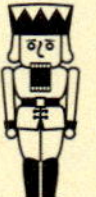

Textknacker ► S. 293

1 Lies den Text mit dem Textknacker.

Skogland Kirsten Boie

Kirsten Boie (geb. 1950 in Hamburg) ist eine erfolgreiche und bekannte deutsche Kinder- und Jugendbuchautorin

In dem Jugendroman „Skogland" beginnt alles mit einem Film-Casting, in das die 14-jährige Jarven gerät.

[...] Jarven hockte auf dem Boden und sah zu, wie ein Mädchen nach dem anderen nach oben verschwand und wieder zurückkam, manchmal zitterig, fast immer voller Hoffnung.

„Es könnte sein!", rief Kerstin und schmiss sich neben Tine auf den letzten freien Stuhl. „Ich bin eine Runde weiter! Ich komm noch in die nächste Runde! Geil!" „Jessica auch", sagte Tine. „Und Philippa. Ich will auch langsam mal rein! Musstest du was aufsagen?"

„Jarven Schönwald?", sagte die Frau im Kostüm, die hinter Kerstin die Treppe heruntergekommen war. Frau Tjarks. „Bist du das? Du bist die Nächste." Sie musterte Jarven von oben bis unten, und Jarven hatte das Gefühl, es läge abgrundtiefe Missbilligung in ihrem Blick.

Hatte sie auch nur eine der anderen so angesehen? Fragte sie sich gerade, wieso ein Mädchen, das aussah wie Jarven, sich überhaupt traute, die Zeit der Jury zu vergeuden, nachdem sie doch sehen musste, dass sie nicht den Hauch einer Chance hatte? Jarven spürte wieder, dass sie rot wurde.

„Ich drück die Daumen!", schrie Tine ihr nach. „Du machst das schon, Jarven!"

Aber Jarven wusste jetzt endgültig, was sie tun würde.

[...]

Jarven ging erst gar nicht auf die Bühne. Am Saaleingang neben dem Tisch, auf dem Handtaschen, Handys und Portmonees lagen, blieb sie stehen und suchte nach ihrer Quittung.

„Es tut mir leid, dass ich Sie aufgehalten habe", sagte sie. So war es richtig, korrekt. „Aber ich habe mir überlegt, ich möchte doch nicht." Und sie hielt Herrn Rupertus, der die Wertsachen entgegengenommen hatte, ihre Quittung hin. Die Filmleute warfen sich einen Blick zu. Vielleicht hatten sie so etwas noch nie erlebt.

„Ich kann auch gar nichts auswendig", sagte Jarven schnell. „Ich kann nichts aufsagen. Und ich – ich möchte nicht."

Der Mann nahm ihr die Quittung aus der Hand. „Du möchtest nicht?", fragte er und sah wie Hilfe suchend zu seinen beiden Kollegen. „Aber – warum denn nicht?"

Das muss ich nicht erklären, dachte Jarven. Schließlich hätte ich gar nicht erst zu kommen brauchen. Aber es wäre unhöflich gewesen, das zu diesen freundlichen Menschen zu sagen. Jarven hatte keine Übung darin, unhöflich zu sein.

Sie zuckte die Achseln. „Nur so", murmelte sie.

„Wie schade!", sagte Hilgard, und auf einmal war das werbende Lächeln auf sein Gesicht zurückgekehrt. „Ausgerechnet du ... Du hast ja heute Morgen vielleicht gemerkt, dass ich euch nachgelaufen bin ..." – er sah auf seine Liste – „Jarven. Jarven? Ist das richtig?"

Jarven nickte stumm. „Ich hatte nämlich gleich den Eindruck, dass du – dass du haargenau der Typ bist, den wir ..." Er warf Rupertus und Tjarks einen Blick zu.

„Wir hatten alle drei das Gefühl!", sagte Rupertus. „Dass du der Typ bist, den wir suchen. Haargenau der Typ."

Jarven dachte an den Blick der Frau.

„Und jetzt machst du auf einmal einen Rückzieher!", sagte Hilgard. „Dass du nichts auswendig weißt, ist doch weiter kein Problem! Sprechen kann schließlich jeder."

Jarven sah ihn verblüfft an.

„Das wird weit überschätzt!", sagte Rupertus und nickte.

„Es ist mehr – der Typ, der entscheidet!", sagte Hilgard eindringlich. „Verstehst du? Die Ausstrahlung. Du hast eine Ausstrahlung ..."

„... die ist unglaublich!", sagte Rupertus. „Das haben wir gleich gesagt, als wir dich gesehen haben. Möchtest du nicht vielleicht doch?" Tjarks blieb stumm.

Jarven hätte sich gerne hingesetzt. Sie spürte einen leichten Schwindel. Also war der junge Mann ihretwegen gekommen, heute Mittag. Es gab Filmleute, die sie schöner fanden als Tine. Die jedenfalls fanden, dass ihre Ausstrahlung stärker war.

Ausstrahlung, dachte Jarven verblüfft, natürlich, das kann stimmen. [...] Aber es konnte natürlich auch sein, dass die Rolle, für die sie jemanden suchten, gar nicht die der schönen, attraktiven Hauptperson war.

Jarven dachte an die Filme, die sie kannte. Die Jugendfilme. Fast immer gab es da auch jemanden, der dick und hässlich war und schwitzte. Jemanden mit Akne, über den alle lachen durften. Vielleicht war es auch so eine Rolle, für die sie vorgesehen war.

„Ich weiß nicht", murmelte sie. So dick war sie natürlich nicht. Sie war nur nicht gertenschlank wie Tine und Britt. Und vor allem war sie nicht blond. „Was ist denn das für eine Rolle?"

„Es handelt sich ...", sagte Hilgard, und wieder sah er zu den beiden anderen, als wolle er sich rückversichern, dass er mit seiner Äußerung nicht zu weit ging.

„Ich bitte dich aber, noch mit niemandem darüber zu sprechen! Von den anderen Mädchen haben wir es niemandem gesagt. Wenn wir es dir jetzt schon erzählen, dann nur, weil du offenbar wirklich überlegst, ob du nicht abbrechen sollst."

„Ich sag nichts", sagte Jarven. „Ich schwöre."

Hilgard nickte. „Du verstehst, dass Geheimhaltung im Filmgeschäft zu den wichtigsten Prinzipien gehört", sagte er. „Aber so viel kann ich vielleicht schon verraten. Es geht um eine Prinzessin, ja, sieh mich nicht so an! Es ist eine Art – Märchenfilm. Aber für Jugendliche. Kein Kinderkram. Und er spielt auch in der Gegenwart."

„Eine Prinzessin?", sagte Jarven verblüfft. Sie konnte sich nicht vorstellen, dass es irgendwen gab, der sich eine Prinzessin so vorstellte wie sie. [...] [*]

Nach dem genauen Lesen kannst du erste Informationen notieren.

2 Notiere den Titel, die Autorin und die Textsorte.

> **Starthilfe**
> Den Jugendroman „Skogland" schrieb ...

Die Handlungsbausteine helfen dir, den Inhalt zu verstehen.

Handlungsbausteine ► S. 294

3 Was geschieht in dem Auszug? Beantworte mit Hilfe der Handlungsbausteine die Fragen:
- Was erfährst du über die Hauptfigur und die Situation, in der sie sich befindet? Was wünscht sie sich?
- Wie reagiert sie, als die Filmleute sie überreden möchten, doch an dem Casting teilzunehmen?

4 Schreibe in einem Satz auf, worum es in dem Textauszug geht.

5 Das Ende der Situation ist hier nicht abgedruckt. Wie könnte das Film-Casting enden? Schreibe deine Vermutung auf.

> **Starthilfe**
> Ich vermute, dass Jarven ...

6 **a.** Was erfährst du über die Figuren in dem Jugendbuchauszug? Beantworte dazu die folgenden Fragen:
- Welche Gefühle haben die Mädchen zu Beginn?
- Was denkt Jarven, als sie aufgerufen wird, über Frau Tjarks?
- Welche Chancen rechnet Jarven sich aus? Warum?
- Warum ist Jarven angeblich so gut geeignet für die Rolle?

b. Beschreibe die äußeren und inneren Merkmale von Jarven.

äußere Merkmale:
das Aussehen
das Alter
die Lebensumstände
die Familie

innere Merkmale:
die Gefühle
die Gedanken
die Verhaltensweisen
die Wünsche

7 Beschreibe das Verhältnis von Jarven zu ihren Mitbewerberinnen und den Filmleuten.

a. Suche dazu nach passenden Textstellen.

b. Übertrage die Tabelle in dein Heft, fülle sie aus und notiere die passenden Zeilenangaben.

Starthilfe

Jarvens Verhältnis zu den Mitbewerberinnen	Zeile(n)	Jarvens Verhältnis zu den Filmleuten	Zeile(n)
Tine: „Ich drück die Daumen!“	Z. 16	Hilgard: „Wie schade!“	Z. 37
…	…	…	…

Ein Text kann aus verschiedenen Perspektiven erzählt werden.

8 **a.** Überlege, aus welcher Sicht der Jugendbuchauszug geschrieben ist. Entscheide, ob A, B oder C richtig ist.

A Der Er-/Sie-Erzähler beschreibt das Geschehen aus Sicht der handelnden Figur.

B Der Ich-Erzähler beschreibt das Geschehen aus seiner Sicht.

C Der Er-/Sie-Erzähler ist allwissend und kann sowohl in die Vergangenheit als auch in die Zukunft blicken.

b. Suche nach Textstellen, die deine Entscheidung begründen, und notiere sie mit der jeweiligen Zeilenangabe.

c. Warum hat die Autorin sich wohl für diesen Erzähler entschieden? Schreibe deine Vermutung auf und begründe sie.

Die Sprache eines Textes kann die Aussage des Inhalts unterstreichen.

9 Untersuche die sprachliche Gestaltung.

a. Sieh dir die Wortwahl und den Satzbau an. Notiere Auffälligkeiten und belege deine Aussagen mit einzelnen Textstellen. Notiere dazu passende Zeilenangaben.

b. Welche Wirkung hat die sprachliche Gestaltung? Beschreibe.

Starthilfe

Jarven überlegt, ob sie überhaupt an dem Film-Casting teilnehmen soll. Ihr Zögern kann man auch an der Sprache erkennen …

10 Welche Aussage wird in dem Auszug deutlich? Schreibe einen Satz auf.

Starthilfe

In dem Auszug geht es darum, dass Menschen oft glauben …

11 Welche Gedanken hast du persönlich zu diesem Jugendbuchauszug? Schreibe sie auf.

Fit für die Prüfung!

**Du hast nun den Jugendbuchauszug analysiert.
In einer Textbeschreibung kannst du deine Ergebnisse zusammenfassen.
Gliedere deine Textbeschreibung in Einleitung, Hauptteil und Schluss.**

12 Schreibe eine Einleitung. Nenne den Titel, die Autorin, die Textsorte und das Thema.
Sieh dir dazu deine Ergebnisse der Aufgaben 2 und 4 an.

**Formuliere im Hauptteil die Ergebnisse deiner Analyse und Interpretation.
Am Rand findest du Formulierungshilfen.**

13 Gib zunächst den Inhalt des Jugendbuchauszugs in eigenen Worten wieder.
Sieh dir dazu deine Ergebnisse aus Aufgabe 3 an.

14 Beschreibe die Hauptfigur Jarven und ihr Verhältnis zu den Mitbewerberinnen und zu den Filmleuten.
Verwende dafür deine Ergebnisse aus den Aufgaben 6b und 7.

15 Beschreibe die Sicht, aus der die Geschichte erzählt wird.
Nimm deine Notizen aus Aufgabe 8 zu Hilfe.

16 Arbeite die sprachlichen Besonderheiten mit Hilfe deiner Ergebnisse aus Aufgabe 9 heraus. Belege deine Aussagen am Text und beschreibe, wie die Gestaltung wirkt.

17 Fasse die Aussage des Jugendbuchauszuges zusammen.
Verwende dazu deine Notiz aus Aufgabe 10.

Der Schluss rundet deine Textbeschreibung ab.

18 Schreibe mit deinen Notizen aus Aufgabe 11 einen Schluss, der deine eigene Meinung deutlich macht. Du kannst zu dem Text Stellung nehmen, einen Bezug zu deinem Leben herstellen oder schreiben, was dich zum Nachdenken anregt.

Abschließend könnt ihr gemeinsam eure Textbeschreibungen überarbeiten.

19 **a.** Überprüft eure Textbeschreibungen, z. B. in einer Schreibkonferenz. Die Arbeitstechnik **Eine Textbeschreibung zu einem erzählenden Text verfassen** kann euch dabei helfen.
b. Notiert dabei, was ihr überarbeiten oder verbessern würdet.
Tipp: Auf den Seiten 208–209 findet ihr Aufgaben, die euch dabei helfen.

Aufgaben 2–6 ► **S. 203**
Aufgaben 7–11 ► **S. 204**

Info

Hinweis: In deiner **Abschlussprüfung** können die Aspekte, die du beschreiben sollst, genau vorgegeben werden. **Lies deine Prüfungsaufgaben genau und beachte ihre Reihenfolge.**

Arbeitstechnik zum Üben: Prüfungsaufgaben verstehen ► **S. 192–193**

Der Text beginnt …
Die Hauptfigur …
Erzählt wird die Geschichte …
Sprachlich fällt auf …
In dem Text wird …

eine Textbeschreibung zu einem erzählenden Text verfassen ► **S. 297–298**

Arbeitstechnik zum Üben: Eigene Texte überarbeiten ► **S. 208–209**

Eine Textbeschreibung in einer Schreibkonferenz überarbeiten

Rieke hat eine Textbeschreibung zu dem Auszug aus dem Jugendbuch „Skogland" von Kirsten Boie geschrieben. In der Schreibkonferenz überarbeitet sie gemeinsam mit Jana, Kevin und Dennis ihre Textbeschreibung.

Textbeschreibung zum Jugendbuchauszug „Skogland" ► S. 205

Jugendbuchauszug: „Skogland" ► S. 201–203

Textbeschreibung von Rieke

In dem Jugendbuchauszug von Kirsten Boie geht es um ein junges Mädchen, das mit vierzehn Jahren zusammen mit anderen Mädchen an einem Film-Casting teilnimmt.

Jarven – so heißt die Hauptfigur – ist eigentlich eher skeptisch, was ihre Chancen beim Casting betrifft. Als sie aufgerufen wird, verstärkt sich ihr Gefühl, dass sie eigentlich chancenlos ist, und sie will aufgeben und ihre Teilnahme absagen. Aber dann geschah etwas Komisches. Eigentlich sollte man doch erwarten, dass die Jury ihren Rückzug akzeptiert, aber genau das passiert nicht. Die Filmleute fragen nach und versuchen sie zu überzeugen, doch weiter an dem Casting teilzunehmen. Sie geben ihr das Gefühl, dass sie gute Aussichten hat, für den Film ausgewählt zu werden. Jarven wird unsicher, weil sie eigentlich gar nicht so genau weiß, welcher Typ im Casting eigentlich so gesucht wird. Schließlich sagen die Filmleute sogar, dass sie eine „Prinzessin" suchen. Der Jugendbuchauszug endet damit, dass Jarven nach wie vor sehr unsicher ist, ob sie tatsächlich für diese Rolle geeignet ist.

Die Geschichte wird aus der Sicht von Jarven erzählt, trotzdem gibt es keinen Ich-Erzähler. Sprachlich fällt auf, dass es sehr viel wörtliche Rede in diesem Text gibt und viele Sätze unvollständig sind.

Ich war sehr überrascht, dass Jarven das Casting abbrechen will. Viele träumen doch davon, eine Filmrolle zu bekommen. Ich habe mir ein Casting immer anders vorgestellt. In die Rolle der Jarven konnte ich mich gut hineinversetzen. Oft glauben Menschen, dass sie nicht schön genug sind und deshalb keine Chance haben, aber oft stimmt das gar nicht.

1 a. Bildet Gruppen mit drei oder vier Schülerinnen und Schülern.
b. Setzt euch so, dass ihr gut miteinander sprechen könnt, ohne andere Gruppen zu stören.
c. Wählt jemanden aus, der die Textbeschreibung laut vorliest. Die übrigen Gruppenmitglieder hören zu.

2 Sprecht darüber, welchen ersten Eindruck ihr vom Text habt.
a. Nennt zuerst die Dinge, die ihr für gut gelungen haltet. Begründet eure Eindrücke.
b. Benennt, was eurer Meinung nach noch überarbeitet werden muss.

3 Diskutiert zunächst über die Einleitung.

a. Besprecht, welche Dinge in der Einleitung genannt werden müssen.

b. Überarbeitet die Einleitung der Textbeschreibung.

4 Schreibt eine Checkliste, die euch beim Überarbeiten des Hauptteils hilft.

a. Überlegt und diskutiert, welche Informationen eine Textbeschreibung enthalten sollte.

Tipp: Die Arbeitstechnik **Eine Textbeschreibung zu einem erzählenden Text verfassen** kann euch dabei helfen.

b. Schreibt eine Checkliste.

eine Textbeschreibung zu einem erzählenden Text verfassen ► S. 297–298

Checkliste: Den Hauptteil einer Textbeschreibung überprüfen	*Ja*	*Nein*
– Ist der Inhalt in eigenen Worten wiedergegeben worden?	■	■
– …	■	■
– Werden die Figuren und ihr Verhältnis zueinander beschrieben?	■	■
– Wird … beschrieben?	■	■
– …	■	■
Sprache und Rechtschreibung:		
– Wird das … verwendet?	■	■
– Sind die Sätze sachlich formuliert?	■	■
– …	■	■

Rechtschreib-Check ► S. 222

5 Nutzt die Checkliste, um damit Riekes Hauptteil zu überarbeiten. Schreibt auf, welche Ergänzungen und Verbesserungen ihr an Riekes Hauptteil vornehmen wollt.

6 Überprüft und überarbeitet auch die Einleitung und den Schluss von Riekes Textbeschreibung.

- Wie hat sie ihren Schluss gestaltet? Wäre ein anderer Schluss besser gewesen?
- Was ist schon gut gelungen?
- Was müsste noch überarbeitet werden?

7 **a.** Diskutiert eure Ergebnisse und besprecht, an welchen Stellen Riekes Textbeschreibung verbessert und ergänzt werden sollte.

b. Vergleicht eure Ergebnisse mit eurem ersten Eindruck aus Aufgabe 2.

Tipp: Eure eigenen Textbeschreibungen zum Jugendbuchauszug „Skogland" könnt ihr gemeinsam in einer Schreibkonferenz überprüfen und überarbeiten. Die Aufgaben auf den S. 208–209 helfen euch dabei.

Aufgabe 2 ► S. 206

„Skogland" ► S. 201–203

Arbeitstechnik zum Üben: Eigene Texte überarbeiten ► S. 208–209

Eigene Texte überarbeiten

Den eigenen Text noch einmal zu lesen, Fehler zu finden und ihn noch einmal zu verbessern, das ist nicht immer einfach. Die Zusammenarbeit in einer Schreibkonferenz hilft euch dabei, eure Texte zu überarbeiten. Dabei solltet ihr vier Regeln beachten, die ihr schon kennt.

mehr Übungen zum Schreiben
► S. 34–35, 93–95, 132–135, 136–137, 143, 153–155

1 Bildet zunächst Gruppen mit drei oder vier Schülerinnen und Schülern. Achtet darauf, andere Gruppen beim Arbeiten nicht zu stören.

2 **a.** Fertigt Kopien eurer Texte an, die ihr gemeinsam überarbeiten möchtet.
b. Jeder liest alle Texte still, damit jeder einen ersten Eindruck gewinnt.

3 Eine Autorin oder ein Autor liest ihren/seinen Text laut vor.

Regel 1:
Die Autorin oder der Autor liest ihren/seinen Text vor.

4 **a.** Die anderen äußern ihren Eindruck dazu. Sie können auch zum Textverständnis Fragen stellen.
Tipp: Beachtet die folgende Arbeitstechnik.
b. Die Autorin / der Autor macht sich Notizen.

Regel 2:
Sagt zuerst, was euch an dem Text jeweils gefällt.

Arbeitstechnik

Feedback geben und annehmen

So gibst du Feedback:
- Gib nur dann ein Feedback, wenn dich jemand **darum bittet**.
- Beginne mit **positiven Eindrücken**.
- Beschreibe **sachlich**, was dir aufgefallen ist. Werte nicht.
- Kritisiere nur, was der **Feedback-Empfänger verändern** kann.
- Sprich **nicht zu viel** auf einmal an.
- Formuliere brauchbare **Verbesserungsvorschläge**.
- Verwende **Ich-Botschaften**.

So kannst du Kritik annehmen:
- **Entschuldige** oder **rechtfertige dich nicht**.
- **Frage nach**, wenn du einen Kritikpunkt nicht verstehst.
- **Nimm Kritik** als mögliche Hilfe **an**.

5 **a.** Klebt eure Texte auf große DIN-A3-Bögen.
b. Lest die Texte und überlegt, welche Merkmale für diese Textsorte wichtig sind und ob diese im Text berücksichtigt worden sind.
c. Schreibt eure Anmerkungen an den Rand und markiert Worte und Sätze, die euch auffallen.
Tipp: Achtet auf den Aufbau des Textes, den Satzbau, die Sprache, den Stil und die Rechtschreibung.

Regel 3:
Arbeitet gemeinsam an dem Text.

Rechtschreib-Check
► S. 222

 **6** Fasst eure Anmerkungen in einem kurzen Brief an die Autorin oder den Autor zusammen.

Tipps:
- Beginnt positiv.
- Legt den Schwerpunkt auf Verbesserungsvorschläge.

Starthilfe

Liebe(r) ...,
dein Text hat mir wirklich gut gefallen. Du hast eine interessante Erklärung zu ...
Besonders ... Wenn du noch genauer ...

7 **a.** Lest nun die einzelnen Anmerkungen zu euren Texten.
b. Notiert euch Fragen oder Hinweise.

8 Besprecht die Anmerkungen in der Gruppe.

Wie hast du das gemeint, dass ich die Aussagen von ... noch genauer erläutern sollte?
Kannst du mir bitte sagen, wie ich das Wort ... erklären soll?

 **9** Jede/Jeder überarbeitet mit Hilfe der Anmerkungen ihren/seinen Text. Entscheidet dabei selbst, welche der Hinweise ihr als hilfreich empfindet und in der Überarbeitung verwenden wollt.

Regel 4:
Die Autorin oder der Autor schreibt den überarbeiteten Text ab.

 **10** Lest nacheinander eure Überarbeitungen vor und erläutert jeweils, welche Anmerkungen euch geholfen haben und welche eher weniger hilfreich waren.

 **11** Wie hat die Zusammenarbeit in eurer Schreibkonferenz funktioniert? Wertet abschließend in der Gruppe eure Schreibkonferenz aus.
- Was ist gut gelungen?
- Was würdet ihr bei der nächsten Schreibkonferenz verbessern wollen?

Online-Formulare ausfüllen

Im Internet FSJ-Stellen recherchieren

mehr zum Thema:
„Ein Beruf für dich"
► S. 44–61

Erkan möchte nach der Schule ein Freiwilliges Soziales Jahr (FSJ) absolvieren. Im Internet informiert er sich über die freien Stellen in Baden-Württemberg. Damit er die für ihn passenden Stellen herausfiltern kann, muss er online ein Formular ausfüllen.

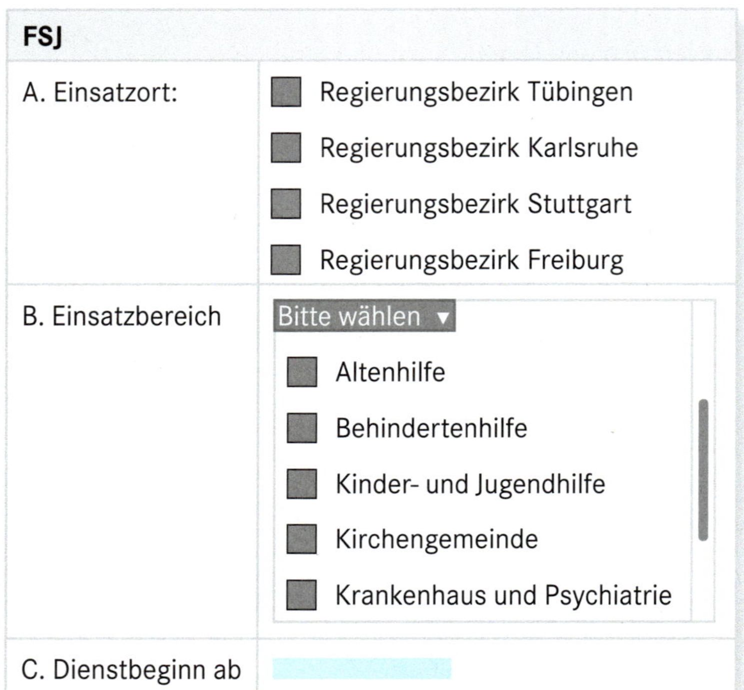

FSJ	
A. Einsatzort:	Regierungsbezirk Tübingen Regierungsbezirk Karlsruhe Regierungsbezirk Stuttgart Regierungsbezirk Freiburg
B. Einsatzbereich	Bitte wählen ▾ Altenhilfe Behindertenhilfe Kinder- und Jugendhilfe Kirchengemeinde Krankenhaus und Psychiatrie
C. Dienstbeginn ab	

Info

Es gibt auch Internetseiten von den Ministerien, auf denen alles Wichtige zum FSJ zusammengestellt ist.

Erkan muss bestimmte Informationen eingeben, damit die Suchmaschine gezielt Stellen vorschlagen kann.

1 **a.** Überlegt, warum Einsatzort und Dienstbeginn bei der Stellensuche wichtig sein könnten.

b. Sollte Erkan bei der Frage nach dem Einsatzort nur einen oder mehrere Regierungsbezirke angeben?
Sprecht über die Vor- und Nachteile der verschiedenen Möglichkeiten.

2 Als Erkan den Button **Einsatzbereich** anklickt, öffnen sich die Möglichkeiten **Altenhilfe**, **Behindertenhilfe**, **Kinder- und Jugendhilfe**, **Kirchengemeinde**, **Krankenhaus und Psychiatrie**.
Für welchen Einsatzbereich würdest du dich interessieren?
Begründe deine Entscheidung.

Sich online bewerben

Erkan hat im Internet eine passende Stelle gefunden und möchte sich nun für ein Freiwilliges Soziales Jahr bewerben. Dafür muss er ein Formular online ausfüllen.

Persönliche Daten	
Vor- und Nachname: *	
Adresse: *	
Geburtsdatum und -ort: *	
Schulabschluss (falls noch kein Abschluss vorliegt: voraussichtlicher Abschluss)*: Datum:	☐ Hauptschule ☐ Werkrealschule ☐ Berufs-/Fachschule ☐ Realschule ☐ Fachhochschulreife ☐ Abitur
Interessen und Tätigkeiten	
Deshalb möchte ich ein Freiwilliges Soziales Jahr machen:	
Ich habe schon eine ehrenamtliche Tätigkeit ausgeübt oder im sozialen Bereich gearbeitet.* Wenn Ja, in welchem Bereich:	☐ Nein ☐ Ja
So bin ich auf das Freiwillige Soziale Jahr aufmerksam geworden:	
Die mit * gekennzeichneten Felder sind Pflichtfelder.	

3 Sprecht über die verpflichtenden Angaben.
- Welche Felder müsst ihr unbedingt ausfüllen?
- Warum ist die Angabe dieser Daten wohl verpflichtend?

4 Sprecht über die freiwilligen Angaben.
- Weshalb möchte der Arbeitgeber wissen, warum man ein Freiwilliges Soziales Jahr machen möchte?
- Was solltest du eintragen, damit du als Bewerberin oder Bewerber möglichst positiv wirkst?

Info

Auf **Online-Formularen** gibt es unterschiedliche Felder: Pflichtfelder müssen ausgefüllt werden. Sie sind oft mit einem Sternchen gekennzeichnet. Die anderen Felder muss man nicht ausfüllen. Die Angabe der Daten ist freiwillig.

Rechtschreiben

Die Rechtschreibeinheiten im Überblick

In der Rechtschreibung ist die Wiederholung sehr wichtig. So wirst du beim Schreiben immer sicherer.

Auf den folgenden Seiten kannst du vieles, das du schon kennst, trainieren. Die Übungen sind für verschiedene Schwierigkeitsstufen. Wenn dir eine Übung leichtgefallen ist, kannst du eine schwierigere Übung probieren. Brauchst du mehr Hilfen, kannst du leichtere Übungen wählen.

Tipp: Lege dir ein Übungsheft für die Rechtschreibung an.

Die Arbeitstechniken ► S. 214–218

Hier findest du Arbeitstechniken, die du schon kennst und die du immer wieder anwenden kannst. Du kannst die Arbeitstechniken und die Übungen auswählen.

- Das Abschreiben
- Das Partnerdiktat
- Eine Rechtschreibkartei anlegen
- Ein Fremdwörterheft anlegen
- Übungen zu den Arbeitstechniken

Die Rechtschreibstrategien ► S. 219–223

Auf diesen Seiten kannst du deine persönlichen Fehlerschwerpunkte finden. Mit dem Rechtschreib-Check kannst du Wörter prüfen und korrigieren.

- Persönliche Fehlerschwerpunkte finden
- Das kann ich! Der Rechtschreib-Check

Die 5-Minuten-Übungen ► S. 224–227

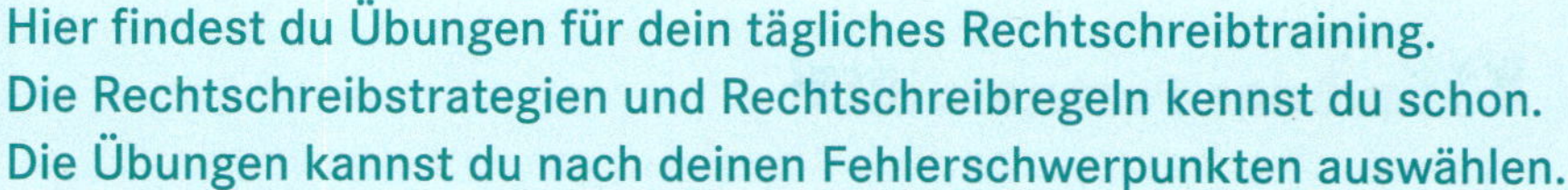

Hier findest du Übungen für dein tägliches Rechtschreibtraining.
Die Rechtschreibstrategien und Rechtschreibregeln kennst du schon.
Die Übungen kannst du nach deinen Fehlerschwerpunkten auswählen.

- Ableiten, Wortbausteine, Signalgruppen, Merkwörter (M) – Fehlerwörter finden
- Mit Wortbausteinen üben: Wörter mit den Vorsilben **un-**, **Ur-/ur-**, **re-** und Wörter mit den Nachsilben **-in/-innen**, **-nis/-nisse**
- Regelwissen anwenden: Nominalisierungen großschreiben (R)
- Regelwissen anwenden: Getrenntschreibung (R)
- Regelwissen anwenden: Zusammenschreibung (R)
- Verbreihen trainieren
- Kommasetzung bei nachgestellten Erläuterungen und Relativsätzen

Die Trainingseinheiten ► S. 228–241

In den Trainingseinheiten gibt es viele Übungen zu Wörtern, die du häufig schreibst. So ist jede Trainingseinheit aufgebaut:

- In jeder Trainingseinheit findest du eine Übersicht. Sie zeigt dir, was in der Trainingseinheit geübt wird. So kannst du die Trainingseinheiten nach deinen Fehlerschwerpunkten auswählen.
- Jede Trainingseinheit beginnt mit einem Trainingstext, den du genau liest.
- Dann bearbeitest du die Übungen zum Trainingstext.
- Am Schluss schreibst du den Trainingstext ordentlich und in richtiger Rechtschreibung ab.

Mit „Fit für die Prüfung!“ kannst du dein Rechtschreibwissen testen.

- 1. Trainingseinheit: Für mich werben
- 2. Trainingseinheit: Das Superorgan
- 3. Trainingseinheit: Die Tanzstunde
- 4. Trainingseinheit: Carl Benz
- 5. Trainingseinheit: Gestörte Kommunikation
- 6. Trainingseinheit: Das Auslaufmodell
- Fit für die Prüfung! Rechtschreibwissen testen

Die Arbeitstechniken

Das Abschreiben  und das Partnerdiktat

Richtiges Schreiben lernst du durch Schreiben, insbesondere durch Abschreiben. Richtiges Abschreiben will gelernt sein. Du brauchst deine ganze Konzentration und eine ordentliche Schrift.

Übungen
zu den Arbeitstechniken
► S. 216–218

Arbeitstechnik

Das Abschreiben

1. Schritt: Lies den Text, die Wörterreihen oder die Wörterliste **langsam** und **sorgfältig**.
2. Schritt:
- **Gliedere** den Text in **Sinneinheiten**. Mache dazu Striche nach zusammengehörenden Wortgruppen.
- **Decke** die **Wörterliste** oder die Wörterreihe zu – nur das erste Wort oder die erste Wörterreihe bleibt sichtbar.

3. Schritt: Präge dir die **Wörter** einer Sinneinheit, einer Wörterliste oder einer Wörterreihe genau **ein**.
4. Schritt: Schreibe die **Wörter auswendig** auf.
- Schreibe nur in jede zweite Zeile.
- Schreibe langsam, ordentlich und nicht zu eng.

5. Schritt: Kontrolliere Wort für Wort.
6. Schritt: Streiche **Fehlerwörter** durch und **schreibe sie richtig** darüber.
7. Schritt: Lege eine Wortkarte für deine **Rechtschreibkartei** an.

Arbeitstechnik

Das Partnerdiktat

Ein Partner diktiert.	**Der andere Partner schreibt.**
– Setze dich so hin, dass du **gut sehen** kannst, was dein Partner schreibt.	
– **Lies** den ersten Satz **vor**.	– **Höre** dir den **Satz** in Ruhe **an**.
– **Diktiere** bei Texten nacheinander die **Sinneinheiten**. – Denke an die **Satzzeichen**.	– **Schreibe** nun **Sinneinheit für Sinneinheit** auf. – Höre auf die **Satzzeichen**. – Schreibe nur in jede zweite Zeile.
– **Lies** bei Wörterlisten die **ganze Liste vor**. – **Diktiere** dann **Wort für Wort**.	– **Höre** dir die **Wörter** in Ruhe **an**. – **Schreibe Wort für Wort**.
– **Lies** bei Wörterreihen die **ganze Reihe vor**. – **Diktiere** die **einzelnen Wörter** der Reihe.	– **Höre** dir die **ganze Wörterreihe** in Ruhe an. – **Schreibe** nacheinander die **einzelnen Wörter** der Wörterreihe **auf**. – **Sage „Stopp!“**, wenn du nicht mitkommst.
– Bei einem **Fehler sage** sofort **„Stopp!“**. – **Lass** deinem Partner **Zeit**, den Fehler zu finden.	– **Lies** das zuletzt Geschriebene und versuche, den **Fehler zu finden**.
– **Hilf** ihm, wenn er unsicher ist. Zeige den Text, die Liste oder die Reihe.	– Lass dir helfen. – Streiche das **Fehlerwort** durch. – **Schreibe** das Wort **richtig** darüber.

Rechtschreibkartei und Fremdwörterheft

Arbeitstechnik

Eine Rechtschreibkartei anlegen

- Lege für jedes **Fehlerwort** eine **Wortkarte** an.
- **Lies** das **Wort laut**. Sprich es in Silben.
- Schreibe das **Fehlerwort** in die **Mitte** der **ersten Zeile** und **markiere** die **Fehlerstelle**.
- Schreibe die passende **Rechtschreibstrategie** dazu.
- Schreibe bei den **Verben** das **Personalpronomen** (**er**, **es** oder **sie**) und den **Infinitiv** (die Grundform) dazu.
- Schreibe bei den **Adjektiven** die **Steigerungsformen** dazu oder **verlängere** die Adjektive durch eine Wortgruppe.
- Schreibe die **Nomen** mit **Artikel** im **Singular** und im **Plural** auf.
- Unten kannst du noch **verwandte Wörter** oder ganze Wortgruppen dazuschreiben.
- Erweitere ständig deine Rechtschreibkartei.
- Ordne die Wortkarten nach **Fehlerschwerpunkten** (z. B. Großschreibung, Zusammenschreibung ...).

er rast
Infinitiv: rasen
Rechtschreibstrategie:
sprechschwingendes Schreiben
verwandte Wörter: Raserei: ...

die Entwicklung
die Entwicklungen
Rechtschreibstrategie: Regelwissen anwenden,
Nomen großschreiben (Tipp 4)
verwandte Wörter: ...

So übst du mit Wortkarten:
Fehlerwörter einprägen –
Wortkarte umdrehen –
auswendig aufschreiben – kontrollieren

Rechtschreiben
► S. 301–305

Arbeitstechnik

Ein Fremdwörterheft anlegen

Damit du dir die Schreibweise, die Worttrennung und die Bedeutung von Fremdwörtern gut merken kannst, kannst du dir ein Fremdwörterheft anlegen.

- Entscheide dich, wie du die Fremdwörter **sortieren** willst: nach dem Alphabet, nach ihrer Herkunftssprache, nach ihrer besonderen Schreibweise (Merkstelle) oder nach Sachgebieten.
- Schreibe jedes **Fremdwort** auf und ergänze die **Worttrennung**.
- Ergänze bei **Verben** die gebeugten Formen mit der Personalform **ich** und **ihr** im Präsens.
- Ergänze bei **Adjektiven** die erste **Steigerungsform**.
- Schreibe die **Nomen** mit **Artikel** im **Singular** und **Plural** auf.
- Ergänze **weitere Informationen** zum Fremdwort: Herkunftssprache und Erklärung.
- **Markiere** die besondere Schreibweise (Merkstelle).

annoncieren, an-non-cie-ren
ich annonciere, ihr annonciert
Herkunftssprache: Französisch
Erklärung: eine Anzeige in einer Zeitung aufgeben,
ankündigen, bekannt geben
mögliches Sachgebiet: Medien

brillant, bril-lant
Steigerung: brillanter
Herkunftssprache: Französisch
...

der Container: Plural: die Container, Con-tai-ner
Herkunftssprache: Englisch
...

So übst du mit dem Fremdwörterheft:
Fremdwörter abdecken, auswendig aufschreiben, Merkstelle markieren –
Wort einer Lernpartnerin / einem Lernpartner erklären –
Wort in einem Satz anwenden

Übungen zu den Arbeitstechniken

Die folgenden Texte, Wörterlisten und Wörterreihen kannst du durch Abschreiben oder als Partnerdiktat üben. Fremdwörter kannst du in dein Fremdwörterheft eintragen.

Abschreibtexte

Cyber Hug

Am 21. Januar bekam Marie eine exorbitante E-Mail. Ihr Vorname stand in fünf Klammern gesetzt: (((((Marie))))). Sie stutzte, doch als sie den Namen des Absenders las, wusste sie, dass ihr Freund mal wieder etwas Neues entdeckt hatte. Später las sie in der Tageszeitung, was es war. „Hugging Day – umarmt einander weltweit" stand auf der Titelseite. „In vielen Familien geht es zu unpersönlich zu", wurde der Pastor aus Michigan, USA, zitiert, der im Jahr 1986 die Idee zu dem Weltknuddeltag hatte. Mittlerweile gibt es auch in Deutschland viele Menschen, die am Hugging Day sogar Wildfremden in die Arme fallen und dann relaxt weitergehen. Nach Aussage einiger Ärzte soll das sogar gesund sein. „Stress legt sich, Atmung und Blutdruck werden besser", heißt es in dem Zeitungsartikel.

Poetry Slam

Beim täglichen Pendeln zwischen Schule und zu Hause vertreibe ich mir oft die Zeit mit dem Schreiben von kleinen Geschichten oder Gedichten. Meine Freundinnen sagen, dass sie klasse sind. Sie schlugen vor, dass ich am monatlichen Poetry Slam im örtlichen Kulturzentrum teilnehmen soll. Darum sind wir gestern auch als Zuschauer dort hingegangen, um zu sehen, was da so passiert. Es hat Spaß gemacht. Wir haben viel gelacht. Aber ob ich selbst den Mut haben würde, eigene Texte vorzulesen? Oder wäre meine Angst vor dem Publikum doch größer?

Farbenfrohe Falter

Würde es euch schwerfallen, die verschiedenen Schmetterlingsarten in der Natur zu erkennen? Bietet den farbenfrohen Faltern einen verlockenden Rast- und Nistplatz. Holt Pfauenauge, Zitronenfalter und Kaisermantel in euren Garten, indem ihr ihnen einen ökologisch einwandfrei geschützten Raum zum Eierlegen, Nisten und als Futterstelle anbietet: ein Schmetterlingshäuschen. Wenn ihr auch noch ihre Lieblingspflanze, den Schmetterlingsstrauch, anpflanzt, tut ihr Gutes für den Fortbestand der Artenvielfalt in eurer Region. Ihr selbst könnt euch im Sommer an dem Rhythmus ihres Flügelschlags erfreuen.

Europäischer Pfau-Schmetterling

Wörterlisten

häufige Fehlerwörter

vielleicht
irgendwie
aus Versehen
auf einmal
interessant
schwierig
endgültig
ziemlich

Tages- und Wochenzeiten

morgens
am Sonntagabend
vormittags
gestern Nachmittag
am Dienstag
Sonntagmorgen
mittags
der Donnerstagmorgen
abends

Fremdwörter mit V

der Vulkan
das Ventil
die Visite
das Volumen
der Vampir
die Vitamine
die Variante
der Ventilator

Merkwörter: besondere Adverbien

derzeit
deshalb
infolgedessen
keinesfalls
zurzeit
deinetwegen
immerzu
keineswegs
beizeiten
beinahe

Merkwörter mit lang gesprochenem i

das Klima
die Medizin
die Margarine
die Maschine
erwidern
die Apfelsine
die Disziplin
die Lawine
es gibt

Merkwörter: häufige Wendungen

ein bisschen
ein paar
im Allgemeinen
im Besonderen
im Großen und Ganzen
auf Abruf
in Bezug auf
im Grunde
im Voraus
in Kauf nehmen

Merkwörter: wichtige Eigennamen

die Vereinigten Staaten von Amerika
der Zweite Weltkrieg
Baden-Württemberg
Johann Wolfgang von Goethe
Ludwig van Beethoven
Rio de Janeiro
New York
Themse
Rhein
Mississippi
Libyen
Zypern
Syrien

Merkwörter: häufige Wendungen (wichtige Varianten)

zu Hause sein (zuhause sein)
nach Hause gehen (nachhause gehen)
vonseiten (von Seiten)
zumute sein (zu Mute sein)
aufs Herzlichste (aufs herzlichste)
Dank sagen (danksagen)
Rat suchend (ratsuchend)
zu Händen von (zuhanden von)

mehr Übungen zum Schreiben von Merkwörtern
► S. 221, 224, 230–231, 232–233, 234–235

Nominalisierung von Verben

schnelles Fahren
das Fliegen
zum Essen
freundliches Grüßen
das laute Rufen
mein Üben
leises Flüstern
beim Tanzen
dein Singen
das Lernen
erstauntes Rufen

Merkwörter: Fremdwörter (wichtige Varianten)

der Code (Kode)
circa (zirka)
die Soße (Sauce)
chic (schick)
der Friseur (Frisör)
der Joghurt (Jogurt)
das Foto (Photo)
potenziell (potentiell)

Wörterreihen

Verbreihen

wissen:	ich weiß – ich wusste – ich habe gewusst – ich hatte gewusst
lassen:	ich lasse – ich ließ – ich habe gelassen – ich hatte gelassen
reißen:	ich reiße – ich riss – ich habe gerissen – ich hatte gerissen
essen:	ich esse – ich aß – ich habe gegessen – ich hatte gegessen
vergessen:	ich vergesse – ich vergaß – ich habe vergessen – ich hatte vergessen
fressen:	ich fresse – ich fraß – ich habe gefressen – ich hatte gefressen
genießen:	ich genieße – ich genoss – ich habe genossen – ich hatte genossen
gießen:	ich gieße – ich goss – ich habe gegossen – ich hatte gegossen
schließen:	ich schließe – ich schloss – ich habe geschlossen – ich hatte geschlossen

mehr unregelmäßige Verben ► **S. 313–314**

Fremdwörterreihen

Metapher	Rhythmus	Theke	Physik
interessant	brillant	Laborant	elegant
Chaos	Charakter	Chance	Champignon
offiziell	speziell	funktionell	partiell
Synthese	Symmetrie	Symbol	System
negativ	relativ	positiv	demonstrativ
Programm	Produkt	Projekt	Produzent

Fremdwörterreihen – Herkunftssprachen: Französisch und Englisch

Annonce	Atelier	Container	Chaussee	Engagement
Etat	Ingenieur	Niveau	Refrain	Repertoire
Restaurant	Saison	Teint	Trikot	Genie
Action	Boykott	Recycling	Party	Power

mehr Übungen zum Schreiben von Fremdwörtern ► **S. 225, 236–237, 238–239**

Die Rechtschreibstrategien

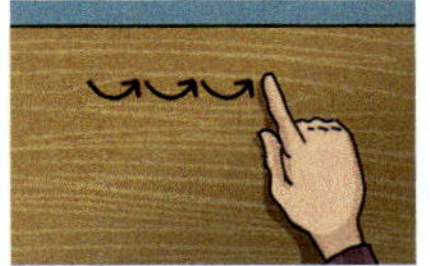

Persönliche Fehlerschwerpunkte finden

Hier kannst du mit deiner Lernpartnerin oder deinem Lernpartner testen, wie sicher deine Rechtschreibung ist, und dabei deine Fehlerschwerpunkte finden.

1 Schreibt die folgenden Wörterlisten als Partnerdiktat. 
- Schreibt in jede zweite Zeile.
- Schreibt die Nummern der entsprechenden Kästen dazu.
- Arbeitet so lange, bis jeder von euch alle Wörter, Wortgruppen und Sätze der Wörterlisten 1–11 oder 1–15 geschrieben hat.

Partnerdiktat ► S. 214

2 **a.** Überprüft eure Rechtschreibung mit Hilfe der Wörterlisten.
b. Streicht die fehlerhaften Wörter, Wortgruppen und Sätze durch und schreibt sie richtig darüber.

Wörterlisten 8–11 ► S. 220
Wörterlisten 12–15 ► S. 220

Wörterlisten 1–11

1

ehrlich
strahlen
fühlen
Höhle
wahrscheinlich
gewöhnlich
allmählich
während
belohnen
Verkehr
Wahrheit
berühmt

2

morgens
gestern Abend
sonntags
ein guter Morgen
der Vormittag
am Mittwochabend
gestern Vormittag
Freitagnachmittag
abends
am Dienstag
am Sonntagabend
am Donnerstagmorgen
heute Morgen
vormittags
am Samstag
mittags
Sonntagmorgen
heute Mittag

3

ihr
ihn
ihre
ihnen
ihren
ihrer

4

Fieber
Knie
quietschen
ausgiebig
Papier
Biene
Dienstag
viele
schieben
Krieg
frieren
Spiegel
sie fielen
sie liefen
verlieren
Brief
fliegen

5

Klima
dir
Medizin
Tiger
Kino
Maschine
erwidern
Apfelsine
Kaninchen
er gibt

6

links
schrecklich
danken
Brücke
senkrecht
wirklich
schmecken
bemerken
trocken
Rücken

7

endlich
Entschuldigung
entdecken
entzünden
Entfernung
Endspiel
endlos
enthalten
entscheiden
endgültig

8

Erlaubnis	Fröhlichkeit	Erfüllung
Geschwindigkeit	Aufregung	Tapferkeit
Überraschung	Krankheit	Müdigkeit
Besonderheit	Hindernis	Erkältung
Geheimnis	Ereignis	Mehrheit
Süßigkeit	Wahrheit	Ärgernis
Gelegenheit	Achtung	Freiheit

9

kräftig	enttäuscht	Wälder
Geräusch	träumen	Sätze
ich wäre	häufig	lächeln
quälen	äußern	du hältst
gefährlich	käuflich	sägen
häuslich	Räuber	zählen
Gebäude	gebräuchlich	mächtig

10

verschmutzen	stürzen	würzen
kratzen	Kranz	Schutz
Arzt	blitzen	spazieren
verletzen	Wurzel	spritzen
Kreuz	Witz	Sturz

11

messen	ließ	Rasen
misst	maß	Rast
gemessen	saß	Last
fressen	fraß	Nase
lassen	aß	Vase
lässt	weiß	Hase
gewusst	reißen	Los

Wörterlisten 12–15

12

Sei ruhig beim **Schreiben**.
Schnelles **Fahren** kann gefährlich sein.
Das **Fliegen** ist schön.
Komm bitte zum **Essen**.
Freundliches **Grüßen** kommt immer an.
Das laute **Reden** stört uns.
Mein **Üben** brachte Erfolg.
Leises **Flüstern** ist erlaubt.
Pass auf beim **Springen**.
Dein **Singen** gefällt mir.
Das genaue **Kontrollieren** eines Textes ist wichtig.

13

Schenke mir etwas **Schönes**.
Sag mir nichts **Falsches**.
Es gab wenig **Neues**.
Etwas **Schlimmes** ist passiert.
Es gibt wenig **Angenehmes** zu berichten.
Im Fernsehen gab es nichts **Interessantes**.
Viel **Gutes** erlebte ich nicht.
Wir entdeckten allerlei **Schönes**.
Er bemüht sich, das **Richtige** zu tun.
Sie greift gerne auf etwas **Unbekanntes** zurück.

14

Mir **ist angst und bange**.
Ich **bin pleite**.
Das Spiel **wird klasse**.
Er **ist spitze**.
Du **bist schuld**.

15

Grafik	Delfin	Zyklus
Mikrofon	Fashion	Pädagogik
Foto	Spaghetti	Psychologie
Fantasie	Mathe	Matrix
	Magnetismus	Joghurt

Jede Wörterliste enthält Übungswörter zu einem Fehlerschwerpunkt.

3 Notiert bei jeder Wörterliste, die ihr bearbeitet habt, um welchen Fehlerschwerpunkt es sich jeweils handeln könnte.

Tipp: Achtet bei den Wörterlisten 12 bis 14 nur auf die fett gedruckten Wörter.

Wörterlisten
► S. 219–220

Hier findest du eine Liste möglicher Fehlerschwerpunkte. Die Nummern entsprechen den Nummern der Wörterlisten auf den S. 219-220.

1 Wörter mit Dehnungs-h (stummem h)
2 Groß- und Kleinschreibung: Schreibweise von Tageszeiten
3 Merkwörter mit ih
4 Wörter mit ie
5 Merkwörter mit i
6 Wörter mit ck/k
7 Wörter mit Präfixen (Vorsilben): ent-/end-, Ent-/End-
8 Nomen mit Suffixen (Endsilben): -ung, -heit, -keit, -nis
9 Wörter mit äu/ä
10 Wörter mit tz/z
11 Wörter mit s-Laut
12 Nominalisierung von Verben
13 Nominalisierung von Adjektiven
14 Kleinschreibung von Nomen in Verbindung mit sein
15 Fremdwörter

4 Vergleicht und überprüft eure Vermutungen zu den Fehlerschwerpunkten aus Aufgabe 3.

Aufgabe 3 ► S. 220

5 **a.** Klärt, mit welcher Rechtschreibstrategie und welcher Arbeitstechnik ihr diese Fehler vermeiden könntet.
Tipp: Lest im Anhang nach.
b. Schreibt für jede Wörterliste passende Strategien und Arbeitstechniken auf.
c. Schreibt jeweils zwei Beispiele aus den Wörterlisten dazu.

Rechtschreiben ► S. 301–305

Starthilfe
- Wörterliste (1): Regelwissen anwenden: Wörter mit Dehnungs-h, Merkwörter üben: ehrlich, strahlen
- Wörterliste (2): Regelwissen anwenden: ...

6 **a.** Wie viele Wörter hast du in jeder Wörterliste falsch geschrieben? Notiere die Anzahl deiner Fehlerwörter pro Wörterliste.
Tipp: Zähle bei den Wörterlisten 12 bis 14 nur die Fehler bei den fett gedruckten Wörtern.
b. In welcher Wörterliste hast du mehr als zwei Wörter falsch geschrieben? Notiere die Nummern dieser Wörterlisten. Diese Wörterlisten enthalten deine Fehlerschwerpunkte.
c. Notiere die Strategien und Arbeitstechniken, die dir bei der Vermeidung deiner Fehlerschwerpunkte helfen.
Tipp: Arbeite bei den 5-Minuten-Übungen und bei den Trainingseinheiten verstärkt an deinen Fehlerschwerpunkten.

eine Rechtschreibkartei anlegen ► S. 215
„Die 5-Minuten-Übungen" ► S. 224–227
„Die Trainingseinheiten" ► S. 228–239

Der Rechtschreib-Check

Den Rechtschreib-Check kennst du schon. Mit dem Rechtschreib-Check kannst du eigene Texte prüfen und korrigieren.

Sprechschwingendes Schreiben
- Sprich das geschriebene Wort langsam Silbe für Silbe.
- Zeichne während des Sprechens die Silbenbögen unter das Wort.
- Das sprechschwingende Schreiben hilft dir, Fehler zu vermeiden oder zu erkennen.

sprechschwingendes Schreiben ► S. 302–303

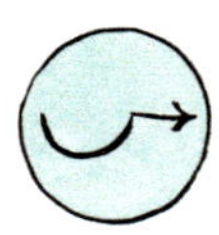

Wörter verlängern
Oft spricht man am Ende eines Wortes **p**, **t**, **k** und schreibt doch **b**, **d**, **g**. Suche eine **längere Form** des Wortes. Dann hörst du, welchen Buchstaben du schreiben musst: der Ber → die Berge – daher: der Berg.

Wörter verlängern ► S. 303

Wörter ableiten
ä und **e** klingen in vielen Wörtern ähnlich; **eu** und **äu** klingen gleich.
Du kannst die Wörter mit **ä** und **äu**
von verwandten Wörtern mit **a** und **au** ableiten:
mächtig ϟ die Macht; die Häuser ϟ das Haus.

Wörter ableiten ► S. 303

Wortbausteine richtig schreiben
- Jede Wortfamilie hat einen **Wortstamm**. Gleiche Wortstämme schreibt man gleich.
- **Präfixe** (Vorsilben) wie **ver-**, **er-**, **ent-**, **zer-**, **miss-** und **Suffixe** (Nachsilben) wie **-ig**, **-sam**, **-bar**, **-lich** werden immer gleich geschrieben.

mit Wortbausteinen üben ► S. 303

Signalgruppen erkennen
Signalgruppen wie z. B. **-imm-**, **-app-**, **-ött-**, **-öff-**, **-ick-**, **-atz-** oder **-itz-** helfen, kurz gesprochene Vokale und mehrere Konsonanten zu erkennen und richtig zu schreiben.

Signalgruppen erkennen ► S. 303

Regelwissen anwenden
Prüfe, ob du eine **Regel anwenden kannst**, z. B.:
- **Nomen werden großgeschrieben.**
- Verben und Adjektive können nominalisiert werden. Dann werden sie **großgeschrieben**.
- Wörter mit einem langen Vokal vor **l**, **m**, **n** und **r** schreibt man oft mit **Dehnungs-h** (stummem **h**).
- Wörter mit lang gesprochenem **i** werden meistens mit **ie** geschrieben.
- Wörter mit **wider** in der Bedeutung **gegen** schreibt man mit lang gesprochenem **i**.
- **Wortgruppen** schreibt man in der Regel **getrennt**.
- **Zusammengesetzte Verben** mit einer neuen Bedeutung und **zusammengesetzte Wortgruppen** schreibt man **zusammen**.

Regelwissen anwenden ► S. 303–305

Das kann ich!

In dem Text „Zweifel zulassen“ enthalten manche der hervorgehobenen Wörter Fehler.

1 Überprüfe die Schreibweise der hervorgehobenen Wörter mit dem Rechtschreib-Check.

a. Lege eine Folie über den Text und notiere die Symbole für die passende Rechtschreibstrategie über das hervorgehobene Wort.

b. Schreibe die Fehlerwörter richtig in eine Tabelle. Schreibe dazu, welche Rechtschreibstrategie dir geholfen hat.

c. Schreibe auch die blau hervorgehobenen Wörter, die richtig geschrieben sind, in die Tabelle. Begründe deren Schreibweise mit Hilfe von Rechtschreibstrategien.

Starthilfe

korrigiertes Wort	Rechtschreibstrategie
...	...

Zweifel zulassen

Achtung: 5 Fehler!

Dieser Text enthält fünf Fehler. Du findest sie nur, wenn du ser konzentriert bist und jeden Zweifel, den du beim Lesen eines Wortes hast, sofort ausräumst. Du darfst dabei nicht oberflechlich vorgehen, sondern du solltest dabei richtig pingelig sein. Es kommt eben nicht auf schnelligkeit an. Sieh genau hin und wende alle Rechtschreibstrategien an, die du kennst. Die Strategien helfen dir bestimt, die Fehler entgültig zu finden.

2 a. Lies den folgenden Text genau und finde Fehlerwörter mit dem Rechtschreib-Check.

b. Schreibe den Text fehlerfrei auf. Notiere die passende Strategie in Klammern hinter den Fehlerwörtern.

Das Problem mit dem Richtigschreiben

Achtung: 7 Fehler!

Probleme mit der Rechtschreibung ergeben sich häufik, da das deutsche eine Buchstabenschrift ist. Wie in anderen Sprachen, zum Beispiel dem Französischen, entspricht ein Buchstabe nicht immer genau einem Laut und umgekert. So muss beim schreiben immer überlegt und nachgeprüft werden, wie die einzelnen Wörter zu schreiben sind. Bei den meisten Wörtern gelingt das mit der Zeit ganz automatisch. Das Schreiben ist automadisiert. Bei anderen Wörtern müssen unterschiedliche Strategien und Arbeitstechniken angewandt werden, um die richtige Schreibweise herauszubekomen. Schwierigkeiten mit der Schreibweise ergeben sich zum teil auch, da Wörter aus anderen Sprachen übernommen wurden oder es bei einzelnen Wörtern eine Veränderung der Bedeutung und Schreibweise im Laufe der Jahrhunderte gegeben hat. Beispiele hierfür sind z. B. die Wörter „Theater“ und „Ehe“.

mehr zum Thema Herkunft der Wörter ► S. 271

Die 5-Minuten-Übungen

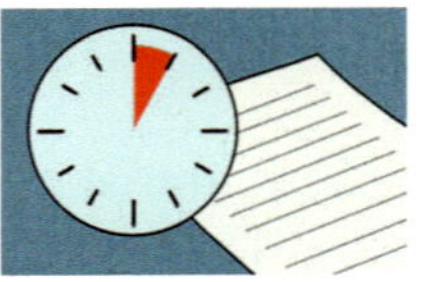

Das Geheimnis des Erfolgs ist die Wiederholung. Die folgenden Übungen eignen sich für das tägliche Training – in fünf Minuten.

W Du kannst die Übungen nach deinen Fehlerschwerpunkten und den dazugehörenden Strategien auswählen.

die Rechtschreib-strategien

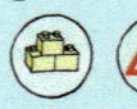

► S. 302–305

Ableiten, Wortbausteine, Signalgruppen, Merkwörter – Fehlerwörter finden

1 a. Lies die Reihen, bis du die Fehlerwörter entdeckst.
b. Schreibe die Reihen ab. Verbessere dabei das Fehlerwort.
c. Welche Rechtschreibstrategie hilft dir bei diesen Wörterreihen? Notiere die passende Strategie zu den Reihen.

spät	schräg	sägen	(der) Lerm	rückwärts	fähig
todmüde	todkrank	todsicher	toternst	tödlich	todelend
es brennt	es klappt	es knallt	es stimmt	es schwimmt	es kipt
(der) Saal	(die) Beere	(das) Boot	(der) Staat	(die) Wage	(das) Meer
groß	(der) Fuß	(der) Gruß	(die) Strasse	(der) Spaß	draußen
allmälich	fahren	(die) Wahl	bezahlt	bemüht	wahr

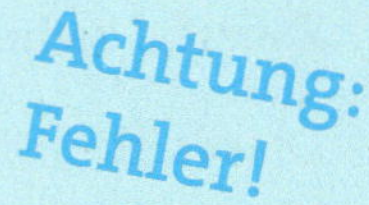

2 a. Entscheide, ob die Wörter im Kasten mit **äu** oder **eu** geschrieben werden.
b. Schreibe die Wörter richtig auf.

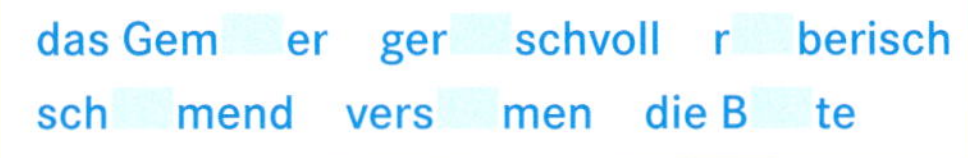

das Gem er ger schvoll r berisch
sch mend vers men die B te

Mit Wortbausteinen üben

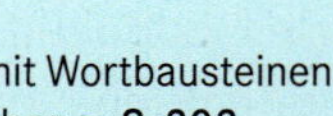

mit Wortbausteinen üben ► S. 303

Wortbausteine helfen dir, Wörter richtig zu schreiben, denn Wortbausteine werden gleich geschrieben.

3 a. Bilde neue Adjektive mit dem Präfix **un-**.
b. Schreibe diese Wörter auf.
c. Schreibe die Sätze ab und ergänze passende Adjektive.

un- + anständig appetitlich auffällig aufmerksam glaubwürdig ehrlich einsichtig empfindlich gesetzlich gültig

Das Essen stand lange auf dem Tisch, daher sah es ______ aus.
Die Fahrkarte ist leider ______ . An diesem Bein bin ich ______ .
Wenn jemand lügt, ist derjenige ______ .

4 a. Bilde mit den Nomen und Adjektiven im Kasten neue Adjektive und Nomen mit dem Präfix **Ur-/ur-**.
b. Schreibe diese Wörter auf.
c. Schreibe die Sätze ab. Ergänze dabei passende Adjektive und Nomen.

Ur-	+	die Bevölkerung die Angst das Gestein die Aufführung die Geschichte der Instinkt die Großeltern der Knall

ur-	+	gemütlich alt zeitlich menschlich plötzlich eigen komisch

Der Unfall geschah, weil ein Auto ______ aus der Einfahrt herausschoss. Die Theorie vom ______ ist eine Erklärung, wie das Universum entstanden ist.

5 a. Bilde mit den Verben im Kasten neue Verben mit dem Präfix **re-**.
b. Ordne jedem neuen Verb die richtige Bedeutung zu. Schreibe das Verb mit seiner Bedeutung auf.

re-	+	organisieren kultivieren aktivieren konstruieren agieren	den alten Zustand wiederherstellen etwas erneut / wieder ordnen / einrichten auf etwas antworten wieder in Dienst nehmen zerstörten Boden wieder als Kulturland nutzen

6 a. Schreibe die Fremdwörter mit den passenden Erklärungen untereinander auf.

signieren kapitulieren flektieren zitieren formieren	eine Textstelle wörtlich wiedergeben ein Wort beugen aufstellen/bilden unterschreiben sich ergeben

b. Die Verben im linken Kasten erhalten durch das Präfix **re-** eine neue (andere) Bedeutung. Schreibe die Verben mit dem Präfix **re-** auf.
c. Ordne jedem dieser Verben die passende neue Bedeutung vom Rand zu.

etwas verbessern/ erneuern
noch einmal zusammenfassen
aufgeben
zurückstrahlen/ nachdenken
etwas künstlerisch vortragen

7 Bei den Nomen am Rand ändern sich die Nachsilben/Suffixe, wenn du sie in den Plural setzt.
a. Schreibe die Nomen ab und bilde den Plural.
b. Markiere die Nachsilben im Singular und Plural.

Starthilfe
das Hindernis – die Hindernisse ...

c. Formuliere eine Regel für diese Form der Pluralbildung.

das Hindernis
die Ärztin
die Kenntnis
die Lehrerin
das Ereignis
die Gärtnerin
die Verkäuferin
das Zeugnis

Regelwissen anwenden: Nominalisierungen großschreiben

Nominalisierungen 
► S. 304

Manche Verben in den Wortgruppen werden als Nomen verwendet und müssen großgeschrieben werden.

8 **a.** Schreibe die Wortgruppen im Kasten richtig auf.
Entscheide dabei, ob die Verben nominalisiert werden oder nicht.

eine Prüfung BESTEHEN das leise FLÜSTERN dein REDEN
sinnvolles LERNEN das BUCHSTABIEREN mein ZUHÖREN
das laute SCHREIEN ein Bild BESCHREIBEN das schnelle FAHREN

b. Begründe, warum du dich für die jeweilige Schreibweise entschieden hast.

Wann schreibt man getrennt, wann schreibt man zusammen?
Wenn du die Regeln kennst, kannst du Fehler vermeiden.

Regelwissen anwenden: Getrenntschreibung

Regelwissen anwenden: Getrenntschreibung
► S. 304

9 Übe die Getrenntschreibung.
a. Schreibe die Sätze ab und ergänze passende Wortgruppen aus Verb + Verb vom Rand.
b. Formuliere eine Regel für diese Schreibweise.

Ich freue mich, wenn wir ein neues Spiel ___. Bei unserem neuesten Spiel kannst du die Teilnehmerinnen und Teilnehmer ___. Wichtig ist, dass die Spielerinnen und Spieler auf keinen Fall ___. Nach dem Spielen wollen wir mit allen ___.

kennen lernen
springen sehen
spazieren gehen
stehen bleiben

Regelwissen anwenden: Zusammenschreibung

Regelwissen anwenden: Zusammenschreibung
► S. 304

10 Übe die Zusammenschreibung.
a. Schreibe die Sätze ab und ergänze passende Verben mit übertragener Bedeutung vom Rand.
b. Überlege dir selbst drei Verben mit übertragener Bedeutung und bilde mit jedem Verb einen Satz.
c. Formuliere eine Regel für diese Schreibweise.

Während meines Betriebspraktikums will ich auf keinen Fall ___. Deshalb lasse ich mich ___, falls ich krank werden sollte. Da ich vor meinem Praktikum alles abgeklärt habe, werden keine Fragen ___. Ich bin gespannt auf den Betrieb. Sicherlich wird mir die Arbeit dort nicht ___.

offenbleiben
blaumachen
schwerfallen
krankschreiben

Verbreihen trainieren

Bei den unregelmäßigen Verben ändert sich der Wortstamm, wenn du sie in die Vergangenheit setzt. Diese Verben musst du dir merken und die richtige Schreibweise immer wieder üben.

11 a. Schreibe die Wörterreihen auswendig auf.
b. Schreibe den Text mit passenden Verben fehlerfrei ab.

abschreiben ► S. 214 

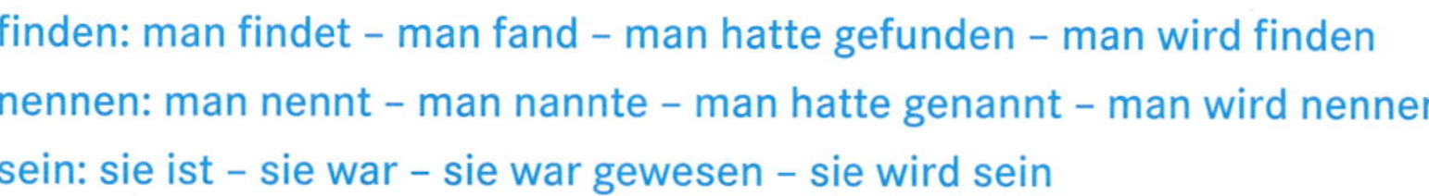
finden: man findet – man fand – man hatte gefunden – man wird finden
nennen: man nennt – man nannte – man hatte genannt – man wird nennen
sein: sie ist – sie war – sie war gewesen – sie wird sein

Wer war Lucy?

1974 ______ man in Äthiopien das Skelett eines Menschen, der vor etwa drei Millionen Jahren gelebt hat. Man ______ den Menschen Lucy. Lucy ______ nur etwas mehr als einen Meter groß.

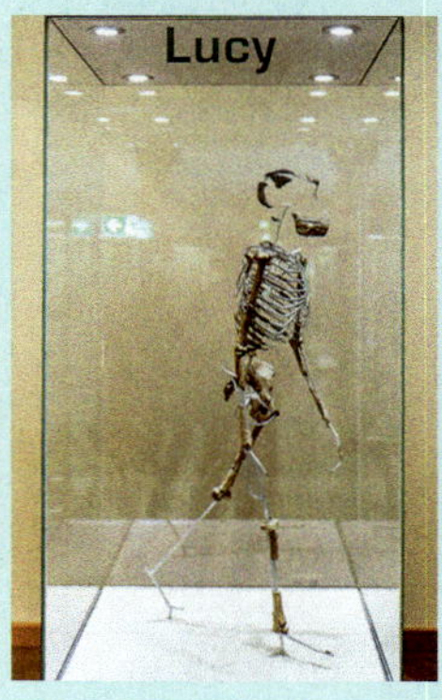

Kommasetzung bei nachgestellten Erläuterungen und Relativsätzen

Zeichensetzung ► S. 305

12 a. Schreibe die Sätze ab.
b. Unterstreiche die nachgestellten Erläuterungen.
c. Setze die fehlenden Kommas.

Achtung: Fehler!

Kochsalz wird vorwiegend in der Küche verwendet in erster Linie besteht es aus Natriumchlorid.
Große Steinsalzvorkommen finden sich überall auf der Erde z. B. in Kanada, Nordamerika und Russland.
Schon in der Jungsteinzeit wurde Salz aus Solequellen gewonnen eine Solequelle befand sich beispielsweise im heutigen Sachsen-Anhalt.
Etliche Städtenamen zeugen von der frühen Salzgewinnung zum Beispiel Schwäbisch Hall und Bad Friedrichshall.

mehr zum Thema: „Salz – Grundlage des Lebens" ► S. 26–43

13 a. Verbinde die Hauptsätze mit passenden Relativsätzen.
b. Schreibe die Sätze nach Feldern getrennt auf.
c. Setze die Kommas.
d. Markiere das Relativpronomen und zeichne einen Pfeil vom Relativpronomen zum Bezugswort.

die Felder eines Satzes ► S. 311

Eine Schlagzeile ist eine große Überschrift	das in der Öffentlichkeit umstritten ist.
Ein Interview ist eine Befragung	die als Blickfang dient.
Ein Kommentar ist eine Stellungnahme zu einem aktuellen Thema	die mit einer oder mehreren Personen durchgeführt wird.

Die Trainingseinheiten

1. Trainingseinheit: Für mich werben

- Zusammenschreibung
- Nominalisierungen
- Bindestrichschreibung
- Komma bei **dass**

Für mich werben

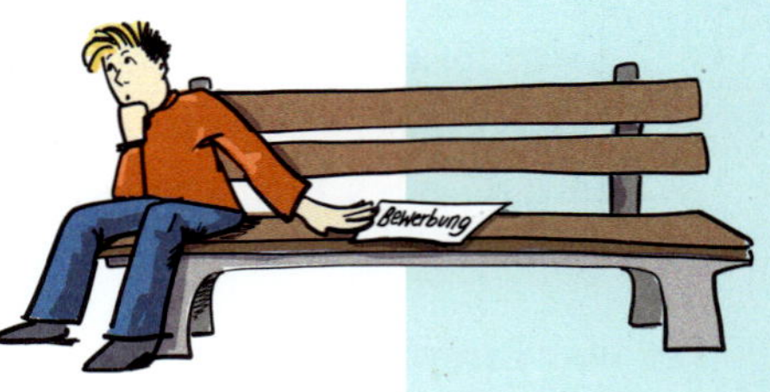

Unbedingt solltest du das Auf-die-lange-Bank-Schieben bei einer Bewerbung um einen Ausbildungsplatz vermeiden. Mit deiner Bewerbung machst du Werbung für dich selbst. Du musst den Arbeitgeber davon überzeugen, dass du sehr gut zu ihm und zu dem Betrieb passt. Dazu solltest du dein Berufe-Portfolio bereithalten. Von größter Bedeutung ist, dass du selbst an dich glaubst. Wer überzeugt ist, dass er etwas Bestimmtes erreichen bzw. bekommen kann, der hat auch eine positive Ausstrahlung und erweckt Vertrauen. Das kann manchmal schwerfallen. Doch hier heißt es: Mut, nicht aufgeben! Und dann bist du deinem Ziel beim Bewerben schon ein Stück näher gekommen. Mit der richtigen Einstellung wird dir das sicher leichtfallen.

mehr zum Thema:
„Ein Beruf für dich"
► S. 44–61

1 Beantworte die Fragen schriftlich:
- Wovon musst du den Arbeitgeber bei der Bewerbung um einen Ausbildungsplatz überzeugen?
- Wie erreicht man eine positive Ausstrahlung?

Im Text sind drei Zusammenschreibungen von Adjektiv und Verb hervorgehoben.

Regelwissen anwenden: Ⓡ
Zusammenschreibung
► S. 304

2 **a.** Schreibe die Sätze mit diesen Zusammenschreibungen ab.
b. Welche übertragene Bedeutung haben die Zusammenschreibungen? Erklärt jede Zusammenschreibung in eigenen Worten.

3 **a.** Schreibe die Zusammenschreibungen vom Rand ab.
b. Erkläre die Bedeutung jeder Zusammenschreibung schriftlich.

kaltlassen
wachhalten
schlechtmachen

Wenn bei Verbindungen aus Adjektiv + Verb die direkte Bedeutung gemeint ist, wird getrennt geschrieben.

4 Entscheide, ob die folgenden Verbindungen aus Adjektiv + Verb getrennt oder zusammengeschrieben werden müssen. Schreibe die Sätze richtig auf.

Sätze mit Verbindungen
aus Adjektiv + Verb
► S. 228–229

Einige Fragen werden wohl (offen bleiben/offenbleiben). Wir müssen ein weiteres Gespräch führen. Die Fenster müssen (offen bleiben/offenbleiben). Wir brauchen frische Luft.

Es verletzt mich sehr, dass meine Gefühle dich völlig (kalt lassen/kaltlassen).
Ich hoffe, dass die Sache dieses Mal nicht (schief gehen/schiefgehen) wird.
Vor lauter Müdigkeit konnte er sich nicht mehr (wach halten/wachhalten).

Der Trainingstext auf S. 228 enthält ein Verb und ein Adjektiv, die zu Nomen geworden sind.

5 Finde das nominalisierte Verb und das nominalisierte Adjektiv im Trainingstext. Schreibe beide Nominalisierungen mit ihren Begleitern auf.

Nominalisierungen ► S. 304

6 Schreibe die Sätze ab und ergänze die Adjektive und Verben vom Rand. Achte dabei auf die notwendige Nominalisierung.

Das ______ an Mathematik ist, dass man mit Zahlen umgeht. Mir fällt das ______ bereits seit der Grundschule leicht. Bei meinem Praktikum erlebte ich etwas ______, als ich Kosten für Waren berechnen durfte. Beim ______ fiel mir auch das ______ von Preisen leicht.

gut
interessant
kalkulieren
arbeiten
rechnen

Im Trainingstext auf S. 228 wird eine Wortgruppe als Nomen verwendet. Die einzelnen Wörter dieser nominalisierten Wortgruppe werden mit Bindestrich verbunden.

7 **a.** Schreibe den Satz mit der nominalisierten Wortgruppe aus dem Trainingstext ab.
b. Schreibe die Sätze ab und ergänze die nominalisierten Wortgruppen vom Rand.

Wenn ich mich auspowern will, gehe ich nach der Schule auf den ______.
Bei dem ______ habe ich viele lebenswichtige Handgriffe gelernt.
In den Ferien habe ich mich richtig an ______ gewöhnt.

das In-den-Tag-hinein-Leben

der Trimm-dich-Pfad

der Erste-Hilfe-Kurs

Im Trainingstext kommen Sätze mit der Konjunktion dass vor.

Zeichensetzung ► S. 305

8 **a.** Entscheide, ob in den folgenden Sätzen **dass** oder **das** geschrieben wird.
b. Schreibe die Sätze richtig ab und markiere das Komma.
Tipp: Wende die Ersatzprobe an: **das** kann durch **welcher**, **welche** oder **welches** ersetzt werden.

Wer überzeugt ist, dass/das seine Ziele gut sind, tritt sicherer auf.
Wichtig ist, dass/das du selbst an dich glaubst.
Das Bewerbungsschreiben, dass/das ich zuerst formulierte, war am besten.

9 **a.** Schreibe den Text „Für mich werben" ab.
b. Unterstreiche die Sätze mit der Konjunktion **dass**.

abschreiben ► S. 214 

2. Trainingseinheit: Das Superorgan

- untrennbare Verben
- trennbare Verben
- Merkwörter mit Qu-/qu-
- Zeichensetzung bei der wörtlichen Rede

Das Superorgan

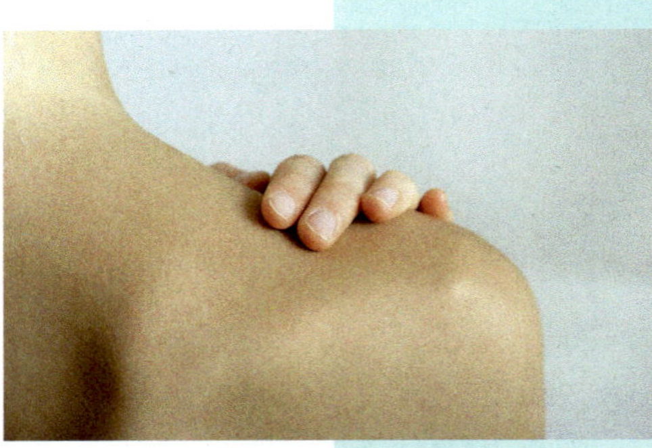

Fasziniert hörte die Klasse dem Gast zu, der über neueste Entwicklungen in der Naturwissenschaft referierte. „Ich möchte euch nicht langweilen", so hatte er seinen Vortrag begonnen. Und das war tatsächlich auch nicht der Fall. Nach dem Referat wollten mehrere Schülerinnen und Schüler gern noch weiter mit dem Gast fachsimpeln. „Gut, ich beschreibe ein biologisches Phänomen, das zeigt: Wir können uns noch so sehr anstrengen, kopfstehen, um es bildlich zu sagen, aber die größten Wunder vollbringt immer noch die Natur. Welches Organ ist das größte unseres Körpers? Es ist bis zu zwei Quadratmeter groß, ist das schwerste und funktionell vielseitigste Organ. Es erneuert sich alle vier Wochen und es kann künstlich verändert werden durch Bemalung oder Tätowierung." Jan reagierte vor allen anderen. „Ich schlussfolgere", sagte er, „das beschriebene Organ ist die menschliche Haut." Unser Gast antwortete: „Richtig. Ob es uns irgendwann einmal gelingen wird, einen Kunststoff mit ähnlich vielfältigen Eigenschaften zu entwickeln?" Das glaubte die Klasse nicht, aber alle waren sich einig: „Solch ein Gastvortrag könnte häufiger stattfinden."

mehr zum Thema:
„Alles aus Kunststoff?"
► S. 62–79

1 Beantworte die Fragen schriftlich:
- Mit welchem Satz beginnt der Referent seinen Vortrag?
- Worin waren sich alle in der Klasse am Ende dieser Stunde einig?

Im Text sind vier Verben blau hervorgehoben. Sie sind untrennbar. Diese Verben werden immer zusammengeschrieben.

2 Schreibe die blau hervorgehobenen Verben aus dem Text im Infinitiv auf.

3 Schreibe die untrennbaren Verben aus dem Kasten ab. Wende dabei die Arbeitstechnik **Das Abschreiben** an.

abschreiben ► S. 214 

kopfrechnen	notlanden	handhaben	wettrennen
liebkosen	frohlocken	sonnenbaden	nachtwandeln

4 Schreibe die Sätze ab. Ergänze passende Verben aus den Aufgaben 2 und 3.

Wegen eines technischen Problems musste das Flugzeug ______.
Man sollte seine Freizeit gut planen, um sich nicht zu ______.

Im Trainingstext sind zwei Verben orange hervorgehoben. Dies sind trennbare Verben. Sie können in einem Satz auch auseinanderstehen und eine Satzklammer bilden.

die Felder eines Satzes ► S. 311

5 Schreibe die zwei Verben aus dem Trainingstext ab.

6 Schreibe die folgenden trennbaren Verben nach dem Alphabet geordnet auf.

stattgeben leidtun teilnehmen nottun standhalten

7 Schreibe die Sätze ab und ergänze passende Verben aus den Aufgaben 5 und 6.
Tipp: Beachte die Satzklammer.

Starthilfe
Die Abschlussfeier wird am Dienstagmorgen stattfinden.
Die Abschlussfeier findet am Dienstagmorgen statt.

Die Abschlussfeier wird am Dienstagmorgen ___.
Die Abschlussfeier ___ am Dienstagmorgen ___.
An der morgigen Sportveranstaltung werde ich voraussichtlich ___.
Ich ___ an der morgigen Sportveranstaltung voraussichtlich ___.
Das Dach wird dem Druck der Schneelast nicht mehr ___.
Das Dach ___ dem Druck der Schneelast nicht mehr ___.

Im Trainingstext kommt das Wort **Quadratmeter** vor. Einige Wörter mit **Qu-/qu-** kommen häufig vor. Ihre Schreibweise musst du dir merken.

Merkwörter ► S. 217–218, 302

8 Schreibe die Tabelle ab und ordne die Wörter vom Rand ein.

Starthilfe

1 Silbe	2 Silben	3 Silben	4 Silben	5 Silben
der Qualm ...	...	...	...	...

der Quadratmeter
quälen
die Qualifikation
die Qualität
der Qualm
die Quantität
das Quartal
die Quelle
quer
quietschen
die Quittung
das Quiz
quaken

Im Trainingstext wird häufig wörtliche Rede verwendet.

9 **a.** Suche passende Textstellen zu den folgenden drei Satzbildern. Schreibe die Textstellen mit den dazugehörigen Satzzeichen auf.
b. Unterstreiche die wörtliche Rede blau und den Begleitsatz rot.

1 [wörtliche Rede] [Begleitsatz]

2 [wörtliche Rede] [Begleitsatz] [wörtliche Rede]

3 [Begleitsatz] [wörtliche Rede]

mehr Übungen zur wörtlichen Rede ► S. 249

10 Schreibe den Text „Das Superorgan" ab.

abschreiben ► S. 214 

3. Trainingseinheit: Die Tanzstunde

- Wörter mit ß
- Bindestrichschreibung
- Kleinschreibung von Nomen in Verbindung mit **sein**
- Komma bei Infinitivsätzen

Die Tanzstunde

Die vier Jungen sitzen vor dem Gebäude, in dem heute ihre erste Tanzstunde stattfinden wird. „Das ist klasse! Mensch, haben wir ein Glück, dass Evi und ihre Freundinnen bei uns im Tanzkurs sind. Mir war schon angst und bange bei dem Gedanken an die Mädchen", gesteht Tim. „Ich hoffe nur, dass ich ein paar Schritte machen kann, ohne meiner Partnerin gleich x-mal auf die Füße zu treten." „Oder dass ich Anne auffordern kann, ohne einen roten Kopf zu bekommen", fügt Max hinzu. Er findet schon seit Längerem, wie seine Freunde wissen, dass Anne wirklich spitze ist. „Hey, bleibt cool", meint Tom. „Anstatt hier herumzuquatschen, lasst uns reingehen, um gute Plätze zu bekommen. Immer die Übersicht behalten, das ist meine Devise." Seine Freunde grinsen. Sie wissen, dass auch ihm mulmig ist. Aber anstatt sich das einzugestehen, macht Tom gerne Späße.

1 Welche Sätze stehen so nicht im Text? Schreibe sie auf.

A Er findet, wie seine Freunde wissen, Anne schon seit Längerem spitze.
B Die vier Jungen sitzen vor dem Gebäude, in dem heute ihre erste Tanzstunde stattfinden wird.
C „Ich hoffe nur, dass ich ein paar Schritte machen kann, ohne meiner Partnerin in die Arme zu stolpern."

Im Trainingstext kommen Wörter mit **ß** vor.
Du kannst sie als Merkwörter üben.

Merkwörter (M)
► S. 217–218, 302

- die Süßigkeit
- der Gruß, grüßen
- die Soße
- der Kloß
- schweißen
- die Größe
- der Strauß
- der Fleiß
- das Gefäß
- heiß
- der Spieß
- die Äußerung

2 **a.** Suche die zwei Wörter mit **ß** im Text.
b. Schreibe diese Wörter im Singular und Plural auf.

3 **a.** Übertrage die Tabelle in dein Heft.
b. Ordne die Merkwörter vom Rand ein und ergänze verwandte Wörter.

Starthilfe

Nomen	Adjektive	Verben
die Süßigkeit … …	süß … …	versüßen … …

4 Bilde mit den Wörtern am Rand und passenden Merkwörtern mit **ß** aus Aufgabe 3 zusammengesetzte Nomen.
Tipp: Manchmal musst du ein **s** einfügen.

- der Geburtstag
- das Fleisch
- die Blume
- die Karte

Starthilfe

– der Geburtstag + der Gruß → der Geburtstagsgruß
– …

Verbindungen von einem einzelnen Buchstaben, einer Abkürzung oder einer Ziffer mit einem Wort schreibst du mit Bindestrich.

5 Im Trainingstext gibt es eine Bindestrichschreibung. Finde sie und schreibe sie auf.

6 Schreibe die folgenden Sätze ab und ergänze die passenden Bindestrichschreibungen vom Rand.

Unsere Verbindungslehrerin lud die SMV zum ______ Mal ein.
Die ______ bereiten vielen Schülerinnen und Schülern Schwierigkeiten.
Auch ich bin mir nie ______ sicher.

100-prozentig
s-Laute
x-ten

Im Trainingstext gibt es drei Kleinschreibungen von Nomen in Verbindung mit sein.

7 **a.** Die Kleinschreibungen von Nomen mit **sein** sind im Trainingstext blau hervorgehoben. Schreibe die Sätze ab.
b. Unterstreiche die gebeugten Verbformen von **sein** und die Kleinschreibung.

8 **a.** Schreibe die Sätze ab und ergänze passende Wortgruppen vom Rand.
b. Unterstreiche die gebeugte Verbform von **sein** und die Kleinschreibungen.

Dies ist mein letzter Euro, nun bin ich ______.
Du ______ ______ daran, dass ich zu spät zur Schule komme.
Als ich sie zum ersten Mal sah, wusste ich sofort:
„Die ______ ______."

klasse sein
leid sein
schuld sein
spitze sein
pleite sein

Der Trainingstext enthält Infinitivsätze. Sie werden vom Hauptsatz durch Komma getrennt.

9 **a.** Finde zu den Hauptsätzen in der linken Spalte die passenden Infinitivsätze in der rechten Spalte und schreibe sie auf. Denke an das Komma.
b. Stelle die Sätze um, sodass die Infinitivsätze vorne stehen.

mehr Übungen zur Kommasetzung bei Infinitivsätzen ► S. 260

Hauptsätze	Infinitivsätze
Er musste laufen ...	... anstatt die Abkürzung zu nehmen.
Sie machte einen großen Umweg ...	... um pünktlich zu sein.
Wir brauchen sicher viel Zeit ...	... um das Klassenfest gut vorzubereiten.

10 Schreibe den Text „Die Tanzstunde" ab.

abschreiben ► S. 214 

4. Trainingseinheit: Carl Benz

- Eigennamen
- Wortfamilie **Rhythmus**
- Nominalisierungen
- Zeichensetzung: Gedankenstriche und Klammern

Carl Benz

Die rasante Weiterentwicklung der Wirtschaft im 19. Jahrhundert – vor allem in den Jahren ab 1850 – erfuhr einen entscheidenden Impuls im Jahre 1886. In diesem Jahr meldete Carl Benz ein Fahrzeug mit Gasmotorenbetrieb zum Patent[1] an. In der Patenturkunde hieß es: „Das Ingangsetzen, das Stillhalten und das Bremsen geschieht durch den Hebel 9." Das Fahren von Ort zu Ort bekam einen neuen Rhythmus. Ungläubiges Staunen begleitete die erste Fahrt des dreirädrigen Fahrzeugs, das durch lautes Knattern überall die Aufmerksamkeit auf sich zog. Das Ministerium erlaubte zunächst nur ein Tempolimit (gemeint waren sechs Stundenkilometer) innerhalb einer Stadt. Außerhalb durften zwölf Stundenkilometer gefahren werden. Ministerialräte, die eingeladen waren, begutachteten die Erfindung. Sie genossen „das behagliche Dahinfahren des pferdelosen Wagens", wie sein Erfinder Carl Benz es später beschrieb. Aber es fand sich auch nach der Münchener Kraft- und Arbeitsmaschinenausstellung im Jahre 1888 keine Käuferschaft für sein inzwischen weiterentwickeltes Fahrzeug. Unbeirrt unterstützt wurde er von seiner Ehefrau Bertha. Die Pforzheimer Gemeinde erlebte – das war im Jahr 1888 – Berthas erste erfolgreiche Fernfahrt von Mannheim nach Pforzheim. Ihr Festhalten an dem „Stinkkasten" verhalf der Entwicklung zum Durchbruch.

1 das Patent: amtlich zugesichertes Recht zur alleinigen Verwertung einer Erfindung

1 Beantworte die Fragen schriftlich:
- In welchem Jahr meldete Carl Benz sein Fahrzeug zum Patent an?
- Wer unternahm mit dem Fahrzeug eine erfolgreiche Fernfahrt?

Im Text gibt es Ableitungen von geografischen Namen, die auf -er enden. Diese werden in der Regel großgeschrieben.

2 Bilde mit den Wörtern in den Kästen Eigennamen und schreibe sie auf. Ergänze dabei den bestimmten Artikel.
Tipp: Ein Wort im linken Kasten musst du zweimal verwenden.

Brandenburg Hamburg Schweiz Köln Berlin Schwarzwald Wien	+ -er	Käse Dom Würstchen Bär Hafen Kirschtorte Tor Schinken	**Starthilfe** der Schwarzwälder Schinken …

Ableitungen von geografischen Namen, die auf **-isch** enden, werden in der Regel kleingeschrieben.

3 Bilde Wortgruppen und schreibe sie auf. Ergänze dabei den bestimmten Artikel.

Afrika Italien Rom Baden Schwaben	+ -ische/-ischer	Zahlen Elefant Pizza Maultaschen Dialekt

Die Schreibweise von wichtigen Eigennamen – wie Carl Benz – musst du dir merken.

Merkwörter ► S. 217–218, 302 (M)

4 **a.** Wer waren die folgenden Personen? Schlage die Namen nach.
b. Schreibe die Namen als Wörterliste ab.

Johann Wolfgang von Goethe   Friedrich Schiller
Pythagoras   Marie Curie   Albert Einstein   Max Planck

nachschlagen ► S. 301

abschreiben ► S. 214

„Das Fahren von Ort zu Ort bekam einen neuen Rhythmus."

5 **a.** Schlage die Bedeutung des Wortes **Rhythmus** im Fremdwörterbuch nach und schreibe sie auf.
b. Schreibe die Wörterliste der Wortfamilie **Rhythmus** vom Rand ab.

die Rhythmen
rhythmisch
das Rhythmus-gefühl
der Arbeits-rhythmus

abschreiben ► S. 214

Der Trainingstext enthält acht Nominalisierungen.

6 **a.** Die Tipps zur Großschreibung helfen dir, Nominalisierungen zu erkennen. Schreibe die Tipps als Tabelle auf.
Tipp: Schlage im Anhang nach.
b. Ordne die Nominalisierungen aus dem Trainingstext richtig ein.

Regelwissen anwenden: Nomen großschreiben ► S. 304

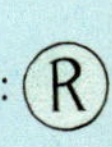

Starthilfe

Tipp 2: Hat das Wort hat einen bestimmten oder unbestimmten Artikel bei sich?	Tipp 3: ...	Tipp ...: ...
das Ingangsetzen ...	...	...

Im Trainingstext sind Einschübe durch Gedankenstriche und Klammern – statt mit Kommas – abgetrennt. Mit Gedankenstrichen oder Klammern kann die Gliederung eines Satzes stärker gekennzeichnet werden.

7 **a.** Schreibe die Sätze mit den Gedankenstrichen und Klammern ab.
b. Unterstreiche die Einschübe.

8 Schreibe den Text „Carl Benz" ab.

abschreiben ► S. 214

5. Trainingseinheit: Gestörte Kommunikation

- Schreibweise von Fremdwörtern
- Worttrennung am Zeilenende
- Komma bei Satzgefügen

Gestörte Kommunikation

Kommunikationsstörungen behindern erfolgreiches Lernen. Gutes Lernen funktioniert unter anderem dann, wenn die Kommunikation zwischen Lernenden und Lehrkräften möglichst perfekt klappt. Welche Kommunikationsstörungen können vorkommen? Aufseiten der Lernenden sind es oft die permanenten Störungen, die entweder generell durch mangelnde Konzentration oder durch innere Unruhe verursacht werden. Der Lerngegenstand wird nur flüchtig wahrgenommen, sodass er im weiteren Verlauf des Unterrichts mehr und mehr diffus erscheint und scheinbar diffizil geworden ist. Selbstverständlich kann die Ursache für eine Kommunikationsstörung auch im Lerngegenstand selbst liegen. Das ist der Fall, wenn der Lerngegenstand zu abstrakt oder kompliziert ist.
Durch die Lehrkraft kann es zu Kommunikationsstörungen kommen, weil sie bei der Präsentation des Lerngegenstands zu viele Fachtermini oder eine zu intellektuelle Sprache verwendet. Wichtig ist, dass sowohl Lernende als auch Lehrkräfte sensibel werden, um solche Störungen möglichst rechtzeitig zu bemerken. So wird Unterricht effektiver.

mehr zum Thema: „Besser kommunizieren“ ► S. 14–25

1 Welche Gründe können für Kommunikationsstörungen im Unterricht verantwortlich sein?
Schreibe die drei Gründe in eigenen Worten auf.

Im Text sind Fremdwörter hervorgehoben. Zu jedem Fremdwort gibt es eine Erklärung im Kasten unten.

2 Was bedeuten die Fremdwörter?
- **a.** Schreibe die hervorgehobenen Fremdwörter aus dem Text in eine Tabelle.
- **b.** Schreibe zu jedem Fremdwort die passende Bedeutung dazu.
  Tipp: Schlage in einem Fremdwörterbuch nach.

nachschlagen ► S. 301

vollkommen ständig allgemein verwickelt/umständlich
feinfühlig wirksam unklar/verschwommen
die Vorstellung die Fachausdrücke verstandesmäßig
schwierig nur gedacht die Verständigung untereinander
hohe Aufmerksamkeit

Starthilfe

Fremdwort	Bedeutung
die Kommunikation	die Verständigung
…	…

3 Übertrage die Tabelle mit den Fremdwörtern in dein Heft und ergänze fehlende Nomen, Verben, Adjektive bzw. Partizipien.

mehr zu Partizipien ► S. 261–263

Starthilfe

Nomen	Verben	Adjektive/Partizipien
...	...	kommunikativ
die Konzentration	...	...
...	komplizieren	...
...	...	orientiert
...	abstrahieren	...
...	produzieren	...

4 **a.** Schlage die Bedeutung der Fremdwörter aus Aufgabe 3 in einem Fremdwörterbuch nach.

b. Schreibe die Nomen und Verben mit ihrer Bedeutung auf.

nachschlagen ► S. 301

Starthilfe

- die Kommunikation: die Verständigung untereinander
- kommunizieren: sich verständigen, miteinander sprechen
- ...

5 Schreibe die Sätze ab und ergänze passende Fremdwörter aus der Tabelle aus Aufgabe 3.

Die Betriebsanleitung war leider sehr ______, sodass wir fachmännische Hilfe brauchten.
Die enorme ______ von Plastikartikeln ist für unsere Umwelt ein großes Problem.
Am Ende der Klassenarbeit spürte ich, dass meine ______ nachließ.

Häufig werden in Texten Wörter getrennt, um den Platz einer Zeile auszunutzen. Auch im Trainingstext sind einige Wörter getrennt.

6 **a.** Sieh dir die Fremdwörter aus Aufgabe 2 noch einmal an. Schreibe sie getrennt auf.

b. Überprüfe die Trennung mit dem Fremdwörterbuch.

Im Trainingstext gibt es fünf Satzgefüge, die mit einer Konjunktion eingeleitet werden.

Satzgefüge ► S. 311

7 Schreibe den Text „Gestörte Kommunikation“ ab. Unterstreiche die Nebensätze und markiere jeweils die Konjunktion und das Komma.

abschreiben ► S. 214 

6. Trainingseinheit: Das Auslaufmodell

- Schreibweise von Fremdwörtern
- Schreibweise von festen Verbindungen
- Komma bei Relativsätzen

Das Auslaufmodell

Heftig diskutierten die Teilnehmenden, die in dem Tagungsgebäude versammelt waren, die provozierende These des Psychologen, der gesagt hatte: „Der Mann ist ein Auslaufmodell, denn es gibt nur noch wenige Lebensbereiche, die ausschließlich Männern vorbehalten sind.“ Im sportlichen Bereich zum Beispiel hatten Frauen beim Fußball lange Zeit keine Rolle gespielt. Doch dann gab es auf einmal auch eine Bundesliga für Frauen. Das wird heute niemand mehr infrage stellen. Und jetzt gibt es sogar eine Schiedsrichterin, die sowohl in der Bundesliga der Frauen als auch der Männer pfeifen darf. Sie hatte trotz großer Widerstände die letzte Männerdomäne im Fußball erobert, wie in der Boulevardpresse zu lesen war. Frauen und Männer loben jetzt den Mut der Schiri, die beim Pfeifen eine konsequente Haltung zeigt. Sie zeigt auch die Rote Karte, wenn es sein muss. „Auf dem Platz gibt es keine Differenzierung nach dem Geschlecht, es gibt nur Regeln, die zu befolgen sind. Da zählt nur die Leistung“, hatte sie in Interviews klargestellt. Das ist eine gute Einstellung, die auch die anfangs beschriebene Diskussion weiterbringen kann.

mehr zum Thema: „‚Mann‘ und ‚Frau‘“ ► S. 270

1 Beantworte die Fragen schriftlich:
- Welche provozierende These stellt der Psychologe zur Diskussion?
- Was stellte die erste Bundesligaschiedsrichterin in Interviews klar?

Im Trainingstext sind einige Fremdwörter enthalten.

2 **a.** Entnimm dem Text die Fremdwörter, die zu den Bedeutungserklärungen am Rand gehören.
b. Schreibe die Fremdwörter auf. Ergänze bei den Nomen den Artikel.

aufstachelnd

die Befragung, die Umfrage

der Meinungsaustausch / das Streitgespräch

3 **a.** Entscheide, welche Schreibweise der Fremdwörter im Kasten richtig ist.
b. Schreibe das Fremdwort in der richtigen Schreibweise auf. Ergänze bei den Nomen den Artikel.

Diskussion	Diskusion	Disskussion
Interwiew	Interwiev	Interview
prowozieren	provozieren	provocieren

Achtung: Fehler!

Im Trainingstext kommt eine feste Verbindung aus Adjektiv + Nomen vor. Das Adjektiv kann in festen Verbindungen großgeschrieben oder kleingeschrieben werden.
Tipp: Entscheide dich für eine Schreibweise, die du dann immer verwendest.

4 a. Im Trainingstext ist die feste Verbindung aus Adjektiv und Nomen orange hervorgehoben. Schreibe sie auf.
b. Schreibe die Sätze ab und ergänze die festen Verbindungen aus dem Trainingstext und vom Rand an den passenden Stellen.

Wichtige Mitteilungen werden an das ______ in der Aula gehängt. Wir sammeln unseren Müll im ______, der regelmäßig abgeholt wird. Wenn ich mich an die Richtgeschwindigkeit halte, kann ich in Städten die ______ nutzen. Nach einem groben Foul muss der Fußballspieler den Platz verlassen. Davor bekam er die ______ gezeigt.

das Schwarze/ schwarze Brett

der Gelbe/ gelbe Sack

die Grüne/ grüne Welle

Der Trainingstext enthält eine feste Verbindung aus Präposition + Nomen, die häufig vorkommt. Für diese festen Verbindungen gibt es unterschiedliche Varianten der Schreibweise.

5 a. Im Trainingstext ist diese feste Verbindung blau markiert. Schreibe sie ab.
b. Übe die häufig vorkommenden festen Verbindungen aus dem Kasten und schreibe sie als Wörterliste ab.
Tipp: Verwende die Schreibweise, die du dir merken willst.

abschreiben ► S. 214 

aufgrund / auf Grund   imstande sein / im Stande sein
instand setzen / in Stand setzen   mithilfe / mit Hilfe
zugunsten / zu Gunsten   zu Hause / zuhause   von Seiten / vonseiten

Im Trainingstext sind sieben Nebensätze hervorgehoben. Es sind Relativsätze.

6 a. Schreibe die Relativsätze aus dem Trainingstext ab.
b. Unterstreiche die Nebensätze und markiere das finite Verb.
c. Markiere das Relativpronomen und das Bezugswort. Zeichne einen Pfeil vom Relativpronomen zum Bezugswort.

Relativsätze ► S. 312

7 Schreibe die folgenden Sätze ab und setze die Kommas.

Die Schiedsrichterin pfiff ein übles Foul das knapp vor der Strafraumgrenze passierte. Den Protest einiger Spielerinnen die in dieser Aktion keinen Regelverstoß erkennen konnten wehrte sie souverän ab. Der folgende Freistoß führte zum Siegtor das später zum Tor des Monats gewählt wurde.

Achtung: Fehler!

8 Schreibe den Text „Das Auslaufmodell" ab.

abschreiben ► S. 214 

Rechtschreibwissen testen

Bei den folgenden Aufgaben sind deine Kenntnisse in der Rechtschreibung gefragt. Solche Aufgaben können in manchen Prüfungen gestellt werden.

Arbeitstechnik zum Üben: Prüfungsaufgaben verstehen ► S. 192–193

Eltern sollen auf Prüfsiegel achten

Schärfere Gesetze gefordert

Spielzeug aus Kunststoff ist günstig zu produzieren und schön bunt. Darum ist es sowohl bei Eltern als auch bei Kindern sehr beliebt. Doch immer mehr Reportagen über Schadstoffe in Kunststoffspielzeug verunsichern die Eltern.
Herstellern von Plastikspielzeugen wird in Fachzeitschriften, diversen Internet-Chats und Online-Portalen vorgeworfen, die Gesundheit von Kindern zu gefährden. Den Berichten zufolge gehörten viele Spielsachen aus Kunststoff eher auf die Sondermüll-Deponie als in das Kinderzimmer, denn darin enthaltene Schadstoffe, wie z. B. Weichmacher, könnten sich in Kinderkörpern ansammeln und zu Krankheiten führen. Die Folgen für die Kinder seien gravierend, da schon geringe Mengen der Weichmacher den Hormonhaushalt stören könnten, der unter anderem Wachstum und geistige Entwicklung beeinflusst.
Experten weisen darauf hin, dass Eltern mit gutem Gewissen Spielwaren kaufen können, die ein anerkanntes Prüfsiegel haben.
Und auch auf die eigene Nase sei Verlass, denn Spielzeug, das nach Plastik riecht, scheidet auch schädliche Stoffe aus.
Das Lutschen an diesen Gegenständen könnte zur Aufnahme der Gefahrenstoffe führen.

Schadstoffanalyse

mehr zum Thema: „Alles aus Kunststoff?“ ► S. 62–79

1 Beantworte die folgenden Fragen in vollständigen Sätzen:
- Was verunsichert die Eltern?
- Warum sind Weichmacher im Kunststoff gefährlich?
- Welchen Tipp geben Umweltschützer besorgten Eltern?

Rechtschreibstrategien helfen dir, die richtige Schreibweise von Wörtern zu erkennen.

2 Mit welchen Rechtschreibstrategien kannst du die Schreibweise der fett gedruckten Buchstaben der Wörter vom Rand prüfen? Schreibe das Wort mit der passenden Strategie auf.

sch**ä**rfere
(die) Scha**d**stoffe
beeinflu**ss**t
(die) **E**ntwicklung
gefä**h**rden
(das) Sp**ie**lzeug

Rechtschreib-Check ► S. 222

3 a. Schreibe die Tabelle ab.
b. Wie werden die Wörter richtig geschrieben? Entscheide dich für die richtige Schreibweise. Trage das richtig geschriebene Wort in die erste Spalte ein.
c. Markiere die passende Rechtschreibstrategie mit einem Kreuz.

Achtung: Fehler!

Wort	sprechschwingendes Schreiben	Wörter verlängern	Wörter ableiten	Wort-bausteine	Merk-wort
Kinderkörper Kiderkörper	x				
Gegenstende Gegenstände					
beliebt beliebd					
Internet-Schats Internet-Chats					
schädlich schädlig					

Häufig treten Fehler bei der Groß- und Kleinschreibung auf.

Groß- und Kleinschreibung
► S. 304–305

4 Begründe bei den unterstrichenen Wörtern, warum sie großgeschrieben werden.

Die Entwicklung von schadstoffarmen Spielwaren wird vorangetrieben. Bis nur noch schadstoffarme Spielzeuge auf dem Markt sind, wird empfohlen, beim Einkauf auf Prüfsiegel zu achten.

Damit ein Text verständlich ist, musst du die Kommas richtig setzen.

Zeichensetzung ► S. 305

5 a. Schreibe die folgenden Sätze auf und setze die fehlenden Kommas.
b. Begründe jeweils, warum du das Komma gesetzt hast.

In Fachzeitschriften diversen Internet-Chats und Online-Portalen werden Vorwürfe gegenüber Herstellern von Kinderspielzeug erhoben.
Es wird vermutet dass sich die Schadstoffe in den Körpern der Kinder ansammeln könnten. Die Folgen für die Kinder seien gravierend da schon geringe Mengen der Weichmacher den Hormonhaushalt stören könnten.

Achtung: Fehler!

mehr Prüfungstraining zum Thema
► S. 75–77, 256–257

Grammatik

Die Grammatikeinheiten im Überblick

Tipps zum Wiederholen und Lernen ► S. 243–257

Zu den Wortarten und zum Satzbau findest du hier Übungen, die du schon kennst. Lerntipps helfen dir dabei, deine Kenntnisse in der Grammatik zu vertiefen und zu festigen. Diese Kenntnisse benötigst du auch für die Prüfung. Auf den Seiten „Fit für die Prüfung!" kannst du dein Sprachwissen testen.

Satzbau und Stil ► S. 258–267

In diesem Kapitel lernst du Neues zum Satzbau. Du lernst, Wortgruppen mit Infinitiven und Wortgruppen mit Partizipien zu verwenden. Außerdem übst du, Nebensätze nach ihrer Rolle im Satz zu unterscheiden.
Dabei übst du, wie du in eigenen Texten gedankliche Zusammenhänge verständlich und abwechslungsreich formulieren kannst.

Sprache und Sprachen ► S. 268–277

Auf diesen Seiten beschäftigst du dich mit dem Gebrauch von Sprache und erfährst, wie Sprache sich verändert. Dabei lernst du etwas über die Herkunft und die Bedeutung von Wörtern.
Außerdem setzt du dich mit den verschiedenen „Sprachen" in unserem Alltag und Dialekten auseinander.

Tipps zum Wiederholen und Lernen

Die Grammatik hilft euch, dass ihr euch mündlich und schriftlich verständlich ausdrücken könnt.

1 **a.** Nennt Gründe, die Grammatik regelmäßig zu üben.
b. Welche Lerntipps kennt ihr, um Grammatik zu üben? Sammelt eure Lerntipps und sprecht darüber.
Tipp: Auf den folgenden Seiten findet ihr einige **Lerntipps**.

Ihr habt euch in jedem Schuljahr mit verschiedenen Themen in der Grammatik beschäftigt.

2 **a.** Welche grammatischen Themen fallen euch leicht? Sprecht darüber.
b. Bei welchen grammatischen Themen habt ihr noch Übungsbedarf? Sammelt diese Themen an der Tafel oder auf einem Plakat.
Tipp: Schlagt dazu im Anhang nach.

Plakat ► **S. 295**
Grammatik ► **S. 306–312**

Auf den folgenden Seiten lernt ihr einen neuen Lerntipp kennen: Lernen durch Lehren.

3 Habt ihr schon einmal anderen etwas beigebracht oder Nachhilfe gegeben? Berichtet von euren Erfahrungen.

Wenn ihr anderen etwas beibringt, werdet ihr auch selbst sicherer. Probiert es einmal gemeinsam aus.

4 **a.** Wählt Themen aus Aufgabe 2 aus, die ihr wiederholen möchtet.
b. Verteilt die einzelnen Themen auf Gruppen oder Lernpaare.

5 Erarbeitet eure grammatischen Themen.
a. Was habt ihr verstanden? Was ist euch noch nicht ganz klar? Sprecht über die Regeln und Beispiele.
b. Recherchiert gegebenenfalls weitere Informationen zu diesem Thema in einer Schulgrammatik oder im Internet.
c. Bereitet zu jedem Thema eine anschauliche Präsentation und verschiedene Übungsaufgaben vor.
Tipp: Auf den Seiten 244–257 findet ihr Beispiele für Übungsaufgaben.
d. Vermittelt euren Mitschülerinnen und Mitschülern das Wissen, das ihr erarbeitet habt.

im Internet recherchieren ► **S. 294**

Die Wortarten wiederholen

Wichtige Wortarten bestimmen und verwenden

Lerntipp: **Verschaffe dir einen Überblick über den Lernstoff.**

1 Welche wichtigen Wortarten gibt es? Fertige zu jeder Wortart, die du kennst, eine Karteikarte an.
a. Notiere als Überschrift die Wortart.
b. Schreibe auf, welche Funktion die Wortart hat.
c. Schreibe drei Beispiele für die Wortart auf.
d. Überprüfe deine Karteikarten mit Hilfe der Erklärungen im Anhang.

Wortarten ► **S. 306–309**

Lerntipp: **Festige dein Wissen mit verschiedenen Übungen.**

2 Die Wortartenketten enthalten Beispiele für jede Wortart.
Ein Wort in jeder Kette ist jedoch ein „Eindringling".
Schreibe die richtigen drei Wörter je Wortartkette auf.
Schreibe die Wortart dazu.

Starthilfe
aber – denn – ...: Konjunktion
...

aber	blau	denn	sondern
herstellen	entdecken	lange	bekommen
unentbehrlich	hart	erhalten	formbar
Plastikspielzeug	Weichplastik	schmelzbar	Gift

aus	und	mit	zu
unser	dein	kleinen	ihre
teilweise	kaum	hier	weiß

3 Aus welchen Wortarten bestehen die Wortgruppen am Rand?
a. Schreibe die Wortgruppen untereinander auf.
b. Schreibe die Bezeichnungen für die Wortarten in der richtigen Reihenfolge daneben.

Starthilfe
ein feuerempfindliches Material = unbestimmter Artikel + ... + ...
...

ein feuer-empfindliches Material

die transparente Plastikflasche

eine glatte Oberfläche

unser großer Plastikplanet

buntes Plastikspielzeug überprüfen

wir testen das Material

Lerntipp: **Lerne durch Lehren.**

Hast du schon einmal Nachhilfe gegeben? So lernst du besonders gut.

4 Erstelle ein Arbeitsblatt mit Übungsaufgaben zu den verschiedenen Wortarten. Nutze dafür den Computer. Schreibe die Lösungen zu deinen Übungsaufgaben auf ein gesondertes Blatt.
Tipp: Anregungen für die Übungen findest du in den Aufgaben 2 und 3.

mehr zum Thema:
„Alles aus Kunststoff?"
► **S. 62–79**

Die Formen des Verbs wiederholen

Präsens, Perfekt, Präteritum, Plusquamperfekt und Futur sind wichtige Zeitformen der Verben. Hier kannst du üben, die Zeitformen richtig zu verwenden.

Lerntipp: Verschaffe dir einen Überblick über den Lernstoff.

1 a. Im Kasten findest du die Definitionen zu den Zeitformen. Schreibe jede Definition auf eine Karteikarte und ergänze sie.
b. Überprüfe deine Definitionen mit den Erklärungen im Anhang.
c. Schreibe für jede Zeitform einen Beispielsatz auf eine weitere Karteikarte.

Verben – Zeitformen
► S. 307

Wenn du über die Gegenwart sprichst, verwendest du ...

Wenn du über die Zukunft sprichst, verwendest du ...

Wenn du Vergangenes mündlich erzählst, verwendest du meist ...

Wenn du ausdrücken willst, dass etwas vor einem schon zurückliegenden Ereignis geschehen war (also noch davor), verwendest du ...

Wenn du schriftlich über Vergangenes berichtest oder erzählst, verwendest du ...

Lerntipp: Zu zweit üben hilft und macht mehr Spaß!

2 Spielidee: Zeitformen-Duo
Für das Spiel benötigt ihr die Karteikarten aus Aufgabe 1. So geht es:
- Legt die Karteikarten mit den Zeitformen und die Karteikarten mit den Beispielsätzen offen auf den Tisch.
- Ihr sucht abwechselnd die zwei zusammengehörigen Karten, also die Zeitform mit einem passenden Beispielsatz.
- Wer ein richtiges Duo hat, darf es behalten.
- Ihr spielt so lange, bis alle Karten aufgenommen sind. Wer die meisten hat, der hat gewonnen.
- Ihr könnt mit einem anderen Lernpaar die Karteikarten mit den Beispielsätzen tauschen und eine weitere Runde spielen.

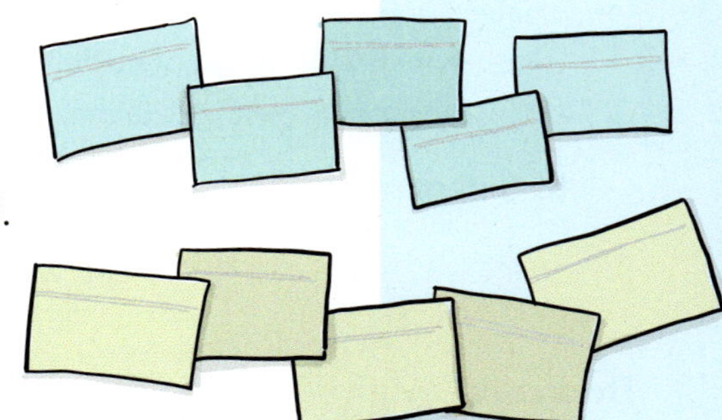

3 Führt eine weitere Übung zu den Zeitformen durch.
- Verwendet eure Karteikarten mit den Beispielsätzen.
- Eine Lernpartnerin oder ein Lernpartner liest den Beispielsatz vor und gibt nun eine neue Zeitform vor.
- Die andere Lernpartnerin oder der andere Lernpartner setzt den Beispielsatz in die neue Zeitform.
- Ihr prüft, ob der Satz stimmt, und verbessert, wenn es nötig ist.
- Dann wechselt ihr.

Lerntipp: Festige dein Wissen mit verschiedenen Übungen.

Marie hat eine Erzählung geschrieben und vorgetragen. Der Titel lautet „Ich dachte schon …". Zur Übung soll Domenik eine Inhaltsangabe zu Maries Erzählung schreiben. Er macht sich Notizen zum wesentlichen Inhalt.

Titel: Ich dachte schon …; von Marie
Hauptfiguren: Ella und ihr Freund Benny
Ellas Traum: Tänzerin. Fährt auf Tanzworkshop, übt mit einem Partner, jemand macht ein Foto davon. Benny zu Hause geblieben, sieht im Freundes-Netzwerk zufällig das Foto von Ella und Tanzpartner. Benny denkt, Tanzpartner ist Ellas neuer Freund; wütende Nachricht an Ella, Zerwürfnis, Aussprache nach Ellas Rückkehr; Benny: „Ich dachte schon …"

4 a. Schreibe die Inhaltsangabe zu Maries Erzählung in vollständigen Sätzen auf. Verwende das Präsens.
b. Unterstreiche die Verben im Präsens.

eine Inhaltsangabe schreiben ► S. 297
Präsens ► S. 307

Starthilfe
Die Erzählung „Ich dachte schon …" von Marie handelt von … Ella möchte …

Domenik und Anna sprechen mit Marie über ihre Erzählung.

5 a. Schreibe das folgende Gespräch ab und ergänze die passenden Verbformen im Perfekt. Du kannst die Verbformen aus dem Kasten verwenden.

habe … aufgeschrieben | hast … geholt | hat … erzählt
ist … eingefallen | habe … gesehen | hat … gefallen
bin … gegangen | bist … gekommen | ist … passiert

b. Unterstreiche die Verben im Perfekt.

Perfekt ► S. 307

Starthilfe
Wie bist du auf das Thema deiner Erzählung …? …

Domenik: Wie ______ du auf das Thema deiner Erzählung ______?
Marie: Erst ______ mir nichts ______. Dann ______ ich einen Film im Fernsehen ______. Er ______ mir super ______. Ich ______ sofort in mein Zimmer ______ und ______ meine Ideen ______.
Anna: ______ du dir noch woanders Ideen ______?
Marie: Ja, mein Bruder ______ mir von einer Freundin ______. Ihr ______ etwas Ähnliches ______.

In der Schreibkonferenz soll Maries Erzählung überarbeitet werden. Marie macht sich dazu Gedanken.

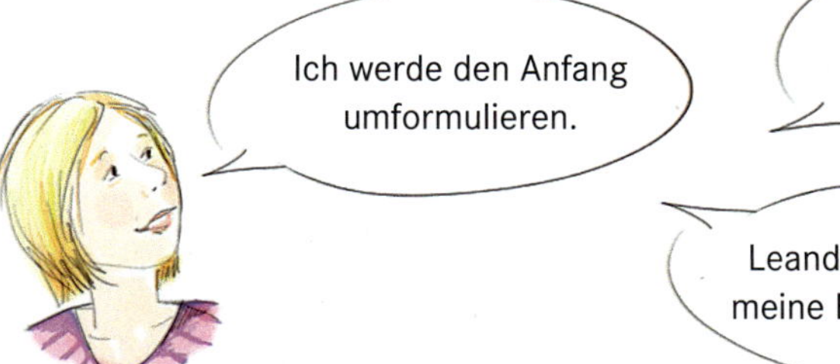

Ich werde den Anfang umformulieren.
Kara wird mich bestimmt nach einem anderen Schluss fragen.
Leander und Noel werden meine Erzählung gut finden.

6 Was wird geschehen? In den Denkblasen stehen Sätze im Futur.

Futur ► S. 307

a. Schreibe die Sätze aus den Denkblasen auf.
b. Unterstreiche die Verben im Futur.
c. Was könnte Marie noch denken? Ergänze drei weitere Sätze im Futur und unterstreiche die Verben.

Starthilfe
Kara wird einen dramatischen Schluss vorschlagen.
...

Anna berichtet im Schul-Blog vom Schreibwettbewerb in der Schule.

Schul-Blog

Anna

Am Dienstag fand in unserer Schule der Wettbewerb um die beste Erzählung statt. 15 Schülerinnen und Schüler nahmen daran teil. Als mein Vortrag begann, bekam ich überhaupt kein Wort heraus. Meine Stimme zitterte richtig. Ich atmete noch einmal tief durch. Das Publikum hörte interessiert zu. Meine Erzählung kam bei ihnen gut an. Am Ende gewann ich den zweiten Platz. Klar, dass meine Klasse jubelte und mir gratulierte!

7 a. Annas Bericht steht im Präteritum. Schreibe die Verbformen zusammen mit den Nomen oder Pronomen auf.

Präteritum ► S. 307

b. Schreibe zu jedem Verb auch den Infinitiv dazu.

Starthilfe
fand der Wettbewerb statt, stattfinden – ...

Marek hat sich eine Erzählung mit einem überraschenden Ende ausgedacht.

Alexa wachte in der Nacht auf. Ihr Vater beruhigte sie. Die Polizisten fanden einen Waschbären. Das Tier gelangte ins Haus.	nachdem als	Laute Geräusche waren aus der Küche gekommen. Er hatte die Polizei gerufen. Sie hatten alles durchsucht. Jemand hatte ein Kellerfenster offen gelassen.

8 Was war zuerst geschehen? Was geschah danach?
a. Schreibe vier Satzgefüge auf. Du hast mehrere Möglichkeiten.
b. Unterstreiche die Verbformen im Präteritum und Plusquamperfekt in verschiedenen Farben.

Plusquamperfekt ► S. 307

Aktiv und Passiv wiederholen

Lerntipp: Überprüfe dein grammatisches Wissen.

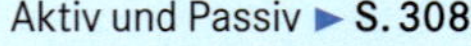
Aktiv und Passiv ► S. 308

1 **a.** Wann verwendest du das Aktiv, wann das Passiv? Schreibe es jeweils auf eine Karteikarte.
b. Überprüfe dein Wissen mit der Erklärung im Anhang.

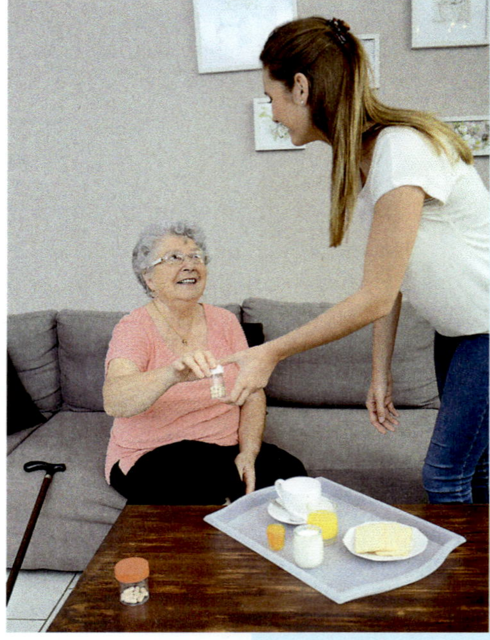

Lerntipp: Intensiviere das Üben und festige dein Wissen.

Madina berichtet ihrem Bruder Kim von ihren Tätigkeiten als Auszubildende im Pflegeheim.

In der Frühschicht wasche ich ab 6:30 Uhr die bettlägerigen Bewohner/-innen. Um 8 Uhr teile ich das Frühstück und die Medikamente aus. Je nach Wunsch frisiere oder dusche ich die Bewohner/-innen im Laufe des Vormittags. Gegen 12 Uhr serviere ich das Mittagessen. Um 14 Uhr werden die Aufgaben für den nächsten Tag besprochen. Wenn ich Spätschicht habe, teile ich ab 14:30 Uhr Kaffee oder Tee und dazu Kuchen aus. Zwischen dem Kaffeetrinken und dem Abendessen bieten wir verschiedene Aktivitäten an.

2 **a.** In Madinas Bericht steht ein Satz im Passiv. Schreibe den Satz ab und unterstreiche die Verbformen.
b. Setze diesen Satz ins Aktiv.
Tipp: Verwende das Personalpronomen **wir**.
c. Markiere die Unterschiede.

Für den Job-Blog seiner Klasse schreibt Kim auf, was jeden Tag in einem Pflegeheim getan wird.

mehr zum Thema Job-Blog ► S. 106–107

3 **a.** Wie läuft ein Tag im Pflegeheim ab? Schreibe den Text aus Aufgabe 2 um.
- Verwende das Passiv.
- Nenne den Vorgang, aber nicht, wer ihn ausführt.

Starthilfe
In der Frühschicht werden ab 6:30 Uhr die bettlägerigen Bewohner/-innen gewaschen. Um 8 Uhr werden ...

b. Überprüfe, ob du die Passivformen richtig verwendet hast.

4 Von welchen Tätigkeiten in deinem Praktikum kannst du berichten? Schreibe drei Sätze auf. Verwende Passivformen.

Den Konjunktiv I und II verwenden

Der Konjunktiv I

Lerntipp: Überprüfe dein grammatisches Wissen.

1 **a.** Wann verwendest du den Konjunktiv I? Schreibe es auf eine Karteikarte.
b. Überprüfe dein Wissen mit der Erklärung im Anhang.

Konjunktiv I ► S. 308

Lerntipp: Intensiviere das Üben und festige dein Wissen.

Nele und Tim haben Streit. Moritz, ein Streitschlichter, versucht zu helfen. Er hat Neles Aussagen schriftlich zusammengefasst.

Tim sei ohne Grund wütend geworden. Er habe ihre Schultasche auf den Boden geworfen. Ihr Smartphone sei aus der Tasche auf den Gehweg gefallen. Er sei dann voller Wut darauf getreten.

2 **a.** Was hat Nele wortwörtlich gesagt? Schreibe Neles Aussagen in wörtlicher Rede auf.
b. Unterstreiche die Verbformen.

wörtliche Rede ► S. 305
Übungen zur Zeichensetzung bei der wörtlichen Rede ► S. 230–231

Starthilfe
„Tim ist ohne Grund wütend geworden. Er …"

Moritz fragt nun Tim, was aus seiner Sicht geschehen ist. Tim berichtet:

Ich gehe fast jeden Tag mit Nele gemeinsam nach Hause.
Meistens verstehen wir uns gut. Aber gestern hat es Streit gegeben.
Nele hat im Beisein von Herrn Meyer gesagt, dass ich manchmal die Schule schwänze. Das stimmt nicht!

3 **a.** Wie könnte Moritz Tims Aussage wiedergeben? Schreibe seine Aussage in der indirekten Rede auf.
b. Unterstreiche die veränderten Verbformen.

Tim will erklären, wie er auf das Smartphone getreten ist.

Die Schultasche habe ich runtergeschmissen, weil ich sauer geworden bin.
Das Smartphone ist dabei auf die Steinplatten gefallen. Es ist richtig, dass ich darauf getreten bin.
Es tut mir leid. Das ist nicht mit Absicht geschehen.

mehr zum Thema: „Besser kommunizieren" ► S. 14–25

4 Schreibe eine Zusammenfassung des Streits in indirekter Rede auf.

Der Konjunktiv II

Lerntipp: Überprüfe dein grammatisches Wissen.

5 a. Wann verwendest du den Konjunktiv II? Schreibe es auf eine Karteikarte.
b. Überprüfe dein Wissen mit der Erklärung im Anhang.

Konjunktiv II ► S. 308

Lerntipp: Festige dein Wissen mit verschiedenen Übungen.

Hätte ich acht Arme, dann wäre ich schon fast fertig.

Wenn der Bus doch pünktlich käme!

Die Aufgaben müsste ich richtig gelöst haben.

Hätte ich doch lieber einen Rock angezogen.

6 a. Schreibe die Wünsche aus den Denkblasen ab.
b. Unterstreiche die Verbformen im Konjunktiv II.

Cem macht ein Praktikum in einer Kita. Für das Frühlingsfest wünscht er sich Unterstützung durch die Eltern.

Liebe Eltern,
am zweiten Wochenende im Mai findet unser Frühlingsfest statt. Dafür brauchen wir noch Helferinnen und Helfer. Könnten Sie uns bitte an diesem Wochenende unterstützen? Würden einige von Ihnen vielleicht einen Kuchen backen? Könnten Sie uns auch beim Grillen helfen? Möchten Sie vielleicht sogar die Ballspiele organisieren? Bitte geben Sie uns Bescheid, ob und wobei Sie uns helfen möchten.
Mit freundlichen Grüßen
Cem

7 In seiner Mitteilung hat Cem Aufforderungen als Fragen formuliert.
a. Schreibe die Aufforderungen vom Rand auf.
b. Schreibe neben jede Aufforderung die passende Frage von Cem.
c. Unterstreiche die Verben im Konjunktiv II.
d. Vergleiche: Wie würden die Aufforderungen vom Rand auf die Eltern wirken? Wie wirken Cems Fragen?

Unterstützen Sie uns am Wochenende!

Backen Sie Kuchen!

Helfen Sie beim Grillen!

Organisieren Sie Ballspiele!

Manchmal lauten die Verbformen im Präteritum und im Konjunktiv II gleich. Dann kannst du die Ersatzform mit würde verwenden.

8 a. Bilde mit den Infinitiven am Rand das Präteritum, den Konjunktiv II und die Ersatzformen mit verschiedenen Personalpronomen.
b. Wähle drei Verben aus und bilde damit jeweils einen Satz zu den Themen **Wünsche** oder **Träume**. Verwende den Konjunktiv II.

bauen
unterstützen
kaufen
verpassen
besuchen
träumen

Den Satzbau wiederholen

Die Satzglieder im einfachen Satz

Lerntipp: Zu zweit üben hilft und macht mehr Spaß!

Miteinander arbeiten – work together!
Egal, ob im Englischunterricht oder in irgendeinem anderen Fach: Erfolgreich arbeiten könnt ihr, wenn ihr Aufforderungen versteht und sicher umsetzen könnt.

Pay attention. Listen.
Schreibe die Schlüsselwörter auf. Check your work.
Hilf deiner Lernpartnerin/deinem Lernpartner.
Pass the papers round.
Lass einen Rand. Reiche die Blätter herum.
Wiederhole den Satz. Leave a margin.
Überprüfe deine Arbeit. Repeat the sentence.
Write the keywords down.
Sei aufmerksam. Help your partner. Höre zu.

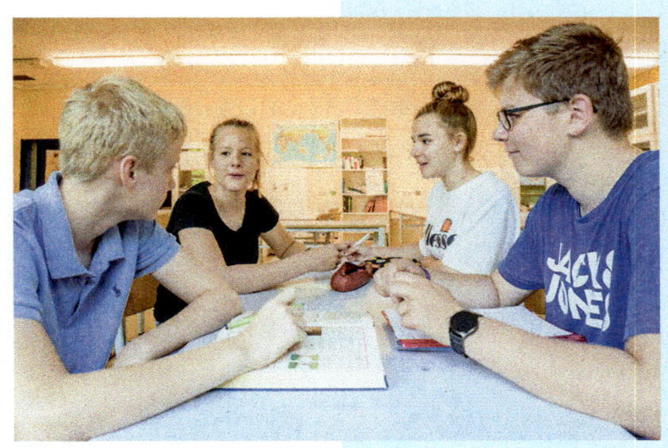

1 **a.** Lest die Sätze auf Englisch und auf Deutsch vor.
b. Die „Zauberwörter" **please** und **bitte** fehlen in den Aufforderungen. Lest die Sätze noch einmal vor. Fügt dabei **please** und **bitte** ein.

Starthilfe
Pay attention, please. ...
Schreibe bitte die ...

2 **a.** Schreibt die englischen Aufforderungen untereinander auf.
b. Schreibt die deutschen Entsprechungen jeweils daneben.
c. Ihr könnt ähnliche Sätze in einer weiteren Sprache ergänzen.

3 Vergleicht die Sätze aus Aufgabe 2. Macht euch Notizen zu diesen Fragen:
- Wo erkennt ihr Ähnlichkeiten?
- Wo gibt es größere Unterschiede?
- Welche sprachlichen Besonderheiten fallen euch auf?

4 **a.** Formuliert die deutschen Sätze aus Aufgabe 2 in Aussagesätze um und ergänzt dabei weitere Angaben (Subjekt, adverbiale Bestimmungen ...).
b. Schreibt die Sätze dann nach Feldern getrennt auf.

die Felder eines Satzes ► S. 311

Starthilfe

Vorfeld	Klammer, Verb	Mittelfeld	Klammer, Verb	Nachfeld
Du	schreibst	die Schlüsselwörter gleich	auf.	

5 Satzglieder kannst du im Satz verschieben. Auch Wortgruppen, die als Satzglied zusammengehören, kannst du verschieben.

a. Wählt vier weitere Sätze aus Aufgabe 4 aus und stellt sie um.

Aufgabe 4 ► S. 251

b. Schreibt die Sätze nach Feldern getrennt auf.

Starthilfe

Vorfeld	Klammer, Verb	Mittelfeld	Klammer, Verb	Nachfeld
Die Schlüsselwörter	schreibst	du gleich	auf.	
...	...	...	...	

6 Sprecht über die Sätze aus Aufgabe 5 und macht euch Notizen.

a. Beantwortet diese Fragen:
- Wie viele Satzglieder hat jeder Satz?
- Welches Satzglied bleibt fest an seiner Position?

b. Verändert sich die Bedeutung der Sätze durch das Umstellen? Wenn ja, wie verändert sich die Bedeutung der Sätze? Erklärt es.

Wer? Was? ... Nun kannst du die Satzglieder bestimmen.

7 **a.** Wie heißen die einzelnen Satzglieder?
- Fragt nach den Satzgliedern.
- Schreibt die Satzglieder und die Satzgliedfragen in eine Tabelle.

b. Tragt die Satzglieder der vier Sätze aus Aufgabe 5 ebenfalls in die Tabelle ein.

Starthilfe

Satzglieder	Subjekt	Prädikat	Dativobjekt	Akkusativobjekt	weitere Ergänzungen
Satzgliedfrage	...	Was tut ...?	...	...	...
Beispiele	Du	schreibst ... auf		die Schlüssel-wörter	gleich
	...	...	...	...	...

Lerntipp: Lerne durch Lehren.

8 **a.** Erstellt ein Arbeitsblatt zum Üben der Satzglieder. Überlegt euch dafür eigene Sätze.

b. Bestimmt die Satzglieder.

c. Schreibt die Lösungen auf ein gesondertes Blatt. Das ist das Lösungsblatt zu eurem Arbeitsblatt.

9 **a.** Gebt euer Arbeitsblatt euren Mitschülerinnen und Mitschülern zum Lösen.

b. Gebt ihnen auch das Lösungsblatt zur Selbstkontrolle.

Wann? Wo? Warum? Wie? – Adverbiale Bestimmungen

Lerntipp: Intensiviere das Üben und festige dein Wissen.

Mit den Fragen Wann? Wo? Warum? fragst du nach den adverbialen Bestimmungen. Über solche Fragen muss sich auch eine Projektgruppe verständigen.

adverbiale Bestimmungen ► S. 310

mehr zur Projektarbeit ► S. 39–41

Rieke: Wegen der langen Diskussion fassen wir unsere Besprechungsergebnisse jetzt noch einmal zusammen.

Dennis: Ich fange an: Übermorgen bringen wir unsere Materialsammlung mit in die Schule. Wir sprechen dann ab, wer sich mit welchem Thema befasst.

Kevin: In ein paar Tagen recherchieren wir in der Bibliothek. Dort suchen wir nach Sachbüchern.

Rieke: Und am kommenden Donnerstag treffen wir uns zur nächsten Besprechung in unserem Klassenraum.

1 **a.** Schreibe das Gespräch ab.
b. Markiere die adverbialen Bestimmungen.

2 Die adverbialen Bestimmungen kannst du nach ihrer Funktion im Satz sortieren. Trage die adverbialen Bestimmungen aus Aufgabe 1 in eine Tabelle ein.

Starthilfe

adverbiale Bestimmung		
der Zeit	**des Ortes**	**des Grundes**
…	…	…

3 Welche adverbialen Bestimmungen kennst du noch? Nenne sie und erkläre, wie du sie erfragen kannst.

4 Berichte über deine Erfahrungen mit Projektarbeit. Schreibe einen zusammenhängenden Text und verwende mindestens vier adverbiale Bestimmungen.

Lerntipp: Zu zweit üben hilft und macht mehr Spaß!

5 Diskutiert darüber, welche Aussagen zutreffen.

A Ohne adverbiale Bestimmung ist ein Satz grammatisch falsch.
B Adverbiale Bestimmungen verdeutlichen die näheren Umstände.
C Adverbiale Bestimmungen sind die wichtigsten Satzglieder.
D Adverbiale Bestimmungen erklären das Verb näher.

Unter welcher Bedingung? Wie? – Adverbialsätze wiederholen

Lerntipp: Überprüfe dein grammatisches Wissen.

Alva und Lars haben Streit. Lars will die Situation ändern und schreibt Alva eine Nachricht.

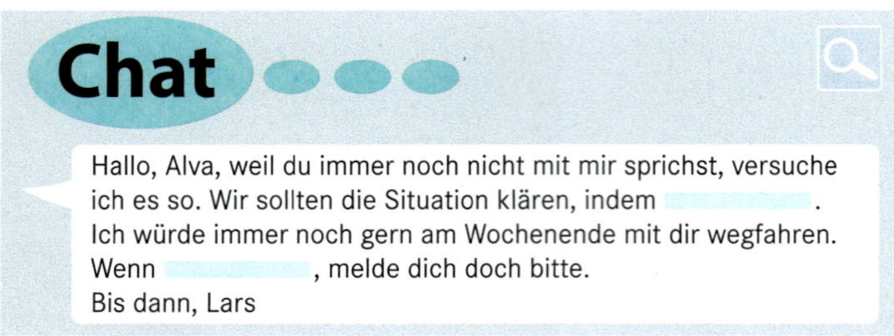
Chat
Hallo, Alva, weil du immer noch nicht mit mir sprichst, versuche ich es so. Wir sollten die Situation klären, indem ______.
Ich würde immer noch gern am Wochenende mit dir wegfahren.
Wenn ______, melde dich doch bitte.
Bis dann, Lars

mehr zum Thema: „Besser kommunizieren" ► S. 14–25

1 In der Nachricht sind zwei Nebensätze unvollständig.
Schreibe die Nachricht ab und ergänze passende Nebensätze.

2 Untersuche deine ergänzten Sätze genauer.
- **a.** Markiere die finiten Verbformen in den Hauptsätzen und in den Nebensätzen unterschiedlich.
- **b.** Unterstreiche die Hauptsätze (Verbzweitsätze) und die Nebensätze (Verbletztsätze) in verschiedenen Farben.
- **c.** Markiere in jedem Satzgefüge die Konjunktion und das Komma.

3 Bei den Nebensätzen, die du ergänzt hast, handelt es sich um Adverbialsätze.
- **a.** Du kannst die Adverbialsätze erfragen. Schreibe die Fragen und die Antworten auf.
- **b.** Um welchen Adverbialsatz handelt es sich jeweils? Schreibe es auf.

Adverbialsätze ► S. 312

Wie …?

Unter welcher Bedingung …?

Modalsatz
Konditionalsatz

4 Adverbialsätze kannst du im Satzgefüge umstellen.
- **a.** Schreibe die Satzgefüge aus Aufgabe 2 nach Feldern getrennt ab.
- **b.** Beschreibe, was beim Umstellen mit dem Nebensatz geschieht.

Starthilfe

Vorfeld	Klammer, Verb	Mittelfeld	Klammer, Verb	Nachfeld
Wir	sollten	…	klären,	indem …

5
- **a.** Schreibe Lars eine Nachricht. Verwende dabei mindestens zwei Adverbialsätze. Denke daran, Kommas zu setzen.
- **b.** Unterstreiche die Hauptsätze (Verbzweitsätze) und die Nebensätze (Verbletztsätze) in verschiedenen Farben.
- **c.** Markiere in jedem Satzgefüge die Konjunktion und das Komma.

Zeichensetzung ► S. 305

Lerntipp: Intensiviere das Üben und festige dein Wissen.

Auch in Sachtexten kommen Adverbialsätze häufig vor.
In dem folgenden Text fehlen einige einleitende Konjunktionen.

6 Schreibe den Text ab und ergänze passende Konjunktionen vom Rand.
Tipps:
- Die Konjunktion **wenn** musst du zweimal verwenden.
- Am Satzanfang schreibst du groß.

nachdem
dass
wenn
weil

Medienrevolutionen

______ Johannes Gutenberg 1454 den Buchdruck erfunden hatte, entwickelten sich ab 1600 in den deutschen Ländern die ersten Tageszeitungen. Viele Fürsten sorgten sich, ______ sich nun viel mehr Menschen über das Geschehen im Lande informieren konnten. Damit sie diese Informationen unter Kontrolle behielten, führten viele Fürsten in ihren Kleinstaaten eine „Zensur" ein. Zeitungen mussten so geschrieben werden, ______ sie die hohen Herren nicht infrage stellten. ______ jeder die Bibel lesen kann, wird womöglich ihre Auslegung hinterfragt, fürchtete die Kirche. Lesen galt für manche hohen Herren als bedrohlich, während man es heute anders sieht: ______ viele Menschen lesen lernen, wird Demokratie gestärkt.

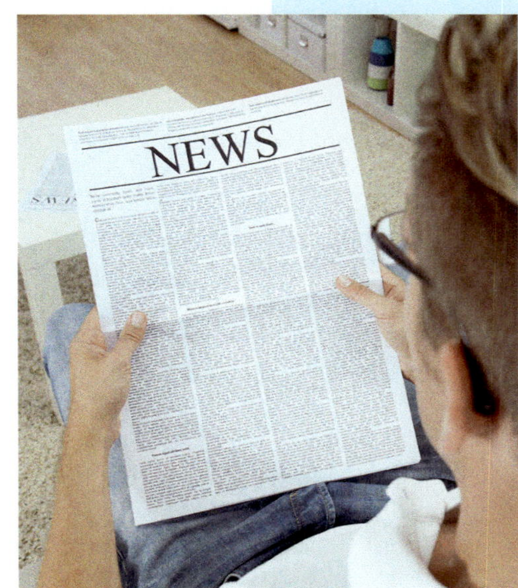

7 **a.** Fünf Adverbialsätze hast du ergänzt. Unterstreiche die Adverbialsätze.
b. Erfrage die Adverbialsätze mit Hilfe der Fragen vom Rand. Schreibe die Fragen und die Antworten auf.

Wann ...?
Warum ...?
Wie ...?
Unter welcher Bedingung ...?
Wie ...?

8 **a.** In der Fortsetzung des Sachtextes fehlen ebenfalls die Konjunktionen. Schreibe den Text ab und ergänze passende Konjunktionen.
b. Unterstreiche die Adverbialsätze.
c. Erfrage mit Hilfe der Fragen vom Rand die Adverbialsätze.

Trotz welchen Umstands ...?
Unter welcher Bedingung ...?
Trotz welchen Umstands ...?

Neue Massenmedien haben immer Angst ausgelöst, ______ doch durch Medien auch neue Möglichkeiten entstanden sind. Gefährlich wird es allerdings, ______ die Medien im Besitz des Staates oder nur weniger Personen sind. Auch in Demokratien kann es Zeitungsmonopole geben, auch ______ dadurch die Pressefreiheit gefährdet ist.

9 In der grammatischen Fachsprache werden oft lateinische Bezeichnungen für die Arten der Adverbialsätze verwendet.
a. Was bedeuten die Bezeichnungen am Rand? Recherchiere es.
b. Schreibe jeweils eine Erklärung und einen Beispielsatz auf.

Temporalsatz
Lokalsatz
Kausalsatz
Konzessivsatz

Sprachwissen testen

Bei den folgenden Aufgaben sind deine Kenntnisse in der Grammatik gefragt. Solche Aufgaben können in manchen Prüfungen gestellt werden.

Im Sachtext „Alles aus Kunststoff“ hast du viel über Kunststoffe erfahren.

Arbeitstechnik zum Üben: Prüfungsaufgaben verstehen ► S. 192–193

Sachtext: „Alles aus Kunststoff“ ► S. 64–66

mehr Prüfungstraining zum Thema ► S. 75–77, 240–241

die Wortarten ► S. 306–309

1 Jeweils vier Wörter im Kasten gehören zur gleichen Wortart. Ein fünftes gehört nicht dazu.
a. Schreibe die jeweils vier zusammengehörigen Wörter richtig auf.
b. Ergänze die Wortart.

elastisch	trennen	hitzeempfindlich	flexibel	biegsam
Plastik	biegsam	Karosserie	Acrylglas	Form
biegen	dehnen	schmelzen	formbar	brennen

2 Welche zwei Wörter im Kasten gehören jeweils zur gleichen Wortart? Schreibe die Wortpaare mit der Wortart auf.

Kunststoff biegen brennbar vor ihre synthetisch
formen Plastikflasche über unsere

3 Im Kasten findest du verschiedene Wortarten. Überlege dir zu den Wortarten jeweils eine passende Wortgruppe zum Thema **Kunststoff** und schreibe sie auf.

Artikel + Adjektiv + Nomen =
Präposition + Artikel + Nomen =

4 Der Kasten enthält zusammengesetzte Nomen.
a. Schreibe jeweils das Bestimmungswort und das Grundwort auf.
b. Schreibe jeweils eine Erklärung für das zusammengesetzte Nomen auf.

zusammengesetzte Nomen ► S. 306

der Kunststoff der Plastikmüll die Trinkflasche
die Brotdose der Fahrradhelm

5 **a.** Welche der folgenden Sätze stehen im Passiv? Schreibe die Sätze ab.
b. Unterstreiche die Verben im Passiv.
c. Warum wird hier das Passiv verwendet? Begründe.

Aktiv und Passiv ► S. 308

A Die Kunststoff-Flakes werden gemahlen.

B Aus dem Granulat können neue Plastikflaschen entstehen.

C Kunststoff-Flakes werden als Feuerungsmittel in Heizkraftwerken und Müllverbrennungsanlagen genutzt.

6 Die Klasse 9b möchte Plastikmüll vermeiden. Deshalb startet sie eine Tauschbörse.

a. Schreibe die beiden Texte ab und ergänze die fehlenden Satzglieder (Objekte) vom Rand im richtigen Fall.

b. Welches Objekt hast du in den Sätzen ergänzt? Bestimme das Objekt und schreibe es auf.

die Objekte ► S. 310

Nomen in vier Fällen ► S. 306

ein sicherer Verschluss

ein geringes Gewicht

eine schlichte Form

ein praktischer Magnetverschluss

ein witziges Design

eine stabile Polsterung

A Ich tausche eine blaue Fahrradtrinkflasche. Die Flasche hat ______ und ist leicht zu reinigen. Sie besitzt ______ und stört nicht beim Fahren. Man kann sie leicht an der Fahrradstange befestigen. Außerdem überzeugt sie durch ______.

B Ich tausche einen Fahrradhelm Größe S. Der Helm hat ______ und ist sehr leicht. Er verfügt über ______, sodass der Kopf gut geschützt ist. Außerdem erfreut er durch ______.

Die Sätze in den Sprechblasen sind grammatisch nicht korrekt.

7 Du hast gelernt, dass Nebensätze Verbletztsätze sind.

a. Welche Sätze in den Sprechblasen sind fehlerhaft und warum? Schreibe es auf.

b. Schreibe die fehlerhaften Sätze richtig auf.
Tipp: Schreibe die Sätze nach Feldern getrennt auf.

Satzgefüge und Satzreihen ► S. 311

die Felder eines Satzes ► S. 311

Achtung: Fehler!

Mehrwegflaschen sind umweltschonend, weil sie werden mehrmals wiederverwendet. Bevor sie recycelt werden, können sie zum Beispiel 20-mal neu befüllt werden. Deshalb halte ich den Gebrauch von Mehrwegflaschen für besser.

Einwegflaschen aus Plastik sind praktisch und weniger umweltschädlich, weil Mehrwegflaschen müssen immer wieder zum Befüller transportiert werden. Das verursacht unnötige Transport- und Energiekosten. Einwegflaschen dagegen können an Ort und Stelle recycelt werden. Aus diesem Grund befürworte ich Einwegflaschen.

8 Verknüpfe die Hauptsätze zu sinnvollen Satzreihen und schreibe sie auf.
Tipp: Denke daran, Kommas zu setzen.

Kunststoffverpackungen sind nützlich.	denn	Kunststoffverpackungen belasten die Umwelt.
In der modernen Lebensmittelindustrie sind diese Verpackungen vorteilhaft.	aber	Jede leere Dose muss entsorgt und wiederaufbereitet werden.
Kunststoffe sind sehr praktisch und günstig herzustellen.	doch/jedoch	Lebensmittel werden dadurch länger haltbar.

Satzbau und Stil

Wie formuliere ich …?

Semir möchte sich einen Fotodrucker kaufen. Im Internet hat er Informationen gefunden, die ihm bei der Kaufentscheidung helfen.

Erst informieren – dann kaufen

Sie möchten sich einen Fotodrucker kaufen, damit Sie unabhängig von technischen Geräten Bekannten und Freunden schnell einmal ein Foto zeigen können? Das Drucken von Fotos ist heutzutage so billig wie noch nie und eine Vielzahl von Geräten wird angeboten – nicht nur stationäre Drucker, sondern auch Drucker im Taschenformat, die Sie auf Reisen mitnehmen können. Bevor Sie aber eine Entscheidung treffen, sollten Sie wissen, dass Tintenstrahl- und Laserdrucker nach wie vor aktuell sind. Deshalb sollten Sie die Unterschiede kennen. Für den Normalverbraucher reicht meistens ein Tintenstrahldrucker. Seien Sie aber achtsam, wenn Sie sich für ein bestimmtes Modell entscheiden. Bei einigen Herstellern von Tintenstrahldruckern sind die Originalpatronen oft so teuer wie der Drucker selbst. Legen Sie allerdings Wert auf professionelle Fotos, dann ist der Laserdrucker die bessere Wahl, jedoch ist eine Kartusche[1] für einen Laserdrucker erst für weit über 100 € zu haben. Dafür haben Sie neben der größeren Druckgeschwindigkeit aber auch eine bessere Schwärzentiefe[2], die bei einem Tintenstrahldrucker nur mit teurerer Spezialtinte und kostenintensivem Spezialpapier zu haben ist. Bevor Sie also eine Kaufentscheidung treffen, sammeln Sie am besten auf einer Checkliste, welche Ansprüche Sie an das Gerät stellen. Dann können Sie in aller Ruhe auswählen.

1 **a.** Untersucht den Text genauer und sprecht über die Fragen:
- An welche Adressaten wendet sich dieser Text?
- Welche Absicht hat der Text?

b. Der Text wurde für bestimmte Adressaten und mit einer bestimmten Absicht gestaltet. Woran erkennt ihr das? Nennt inhaltliche und sprachliche Beispiele aus dem Text.
Tipp: Die Stichworte am Rand helfen euch.

c. Könnte auch Semir von diesem Text angesprochen werden? Begründet.

2 Auf welche Fragen findet Semir Antworten in diesem Text? Notiert mindestens drei Fragen und die Antworten dazu.

Inhalt:
sachliche Angaben
informativ / informiert über
Vorteile/Nachteile
Empfehlungen

Sprache:
Anredepronomen
Fachbegriffe

1 die Kartusche: der Behälter mit dem Farbpulver

2 die Schwärzentiefe: hier: die Intensität (die Stärke) der Farbe Schwarz

Eine Reklamation verfassen

Semir hat sich bei einem Online-Händler einen Fotodrucker gekauft. Nach einiger Zeit druckt der nicht mehr richtig. Er schreibt dem Händler eine E-Mail mit seiner Reklamation[1].

> Absender: sem.xyz@beispiel.de
>
> 1 phodrushop@beispiel.de
> 2 **Reklamation – Kundennummer 1011121314**
> 3 Sehr geehrte Damen und Herren,
> 4 ich bin wütend und reklamiere hiermit den Fotodrucker vom Typ Handru-Z-1999, den ich am 17.08.20.. in Ihrem Online-Shop leider gekauft habe.
> 5 Reklamationsgrunt: Nach etwa zweimonatigem Gebrauch druckt er die Farben nur noch sehr verschwommen aus.
> 6 Da ich noch Garantie habe, müssen sie mir das blöde Gerät umtauschen.
> 7 Bitte lassen sie mir die notwendigen Unterlagen für die Rücksendung per E-Mail zukommen.
> 8 Eine Kopie der Rechnung vom 19.08.20.. füge ich als Dateianhang bei.
> 9 Bis bald.
> Semir K...
> Fotostraße 4
> 76543 Bildstadt

1 die Reklamation: die Beanstandung von Mängeln

Achtung: Fehler!

- die E-Mail-Adresse des Händlers
- der Betreff mit Kundennummer
- die Anrede
- das Anliegen / die Reklamation
- der Reklamationsgrund
- die Bitte um Behebung des Schadens
- die Bitte um notwendige Unterlagen
- die Rechnungskopie als Anhang
- die Grußformel, Semirs Anschrift

1 Aus welchen Teilen besteht Semirs Reklamationsschreiben?

a. Übertrage die Liste vom Rand in dein Heft.

b. Ordne den Teilen des Reklamationsschreibens vom Rand die Abschnitte 1 bis 9 aus Semirs E-Mail zu.

2 Was ist in einem Reklamationsschreiben wichtig, damit es adressatengerecht ist?

a. Sammelt eure Ideen. Die Hinweise im Kasten können helfen.

b. Was muss an Semirs Reklamationsschreiben verbessert werden? Überarbeite den Text.

> die Standardsprache die Sachlichkeit
> die Höflichkeit grammatisch und rechtschriftlich fehlerfrei

Standardsprache ► S. 274–275

3 Stelle dir folgende Situation vor: Du hast denselben Drucker wie Semir gekauft. Beim Auspacken stellst du fest, dass das Netzteil fehlt. Verfasse ein eigenes Reklamationsschreiben an den Online-Händler als Brief.

Tipp: Gehe so vor wie bei einem sachlichen Brief. Eine Adresse kannst du dir ausdenken.

> bitte ich um ...
> Anrede Sie
> fehlerhaft
> Mit freundlichen Grüßen

4 Überarbeitet eure Reklamationsschreiben gemeinsam.

Wortgruppen mit Infinitiven verwenden

Manche Wortgruppen werden wie ein Nebensatz verwendet.

A Damit sie ein gutes Foto bekommt, wählt Sara das Motiv sorgfältig aus.
B Um ein gutes Foto zu bekommen, wählt Sara das Motiv sorgfältig aus.

Satzgefüge und Satzreihen ► S. 311

1 Vergleiche die Sätze A und B. Was fällt dir auf? Beschreibe die Unterschiede.

Fotografie im Wandel

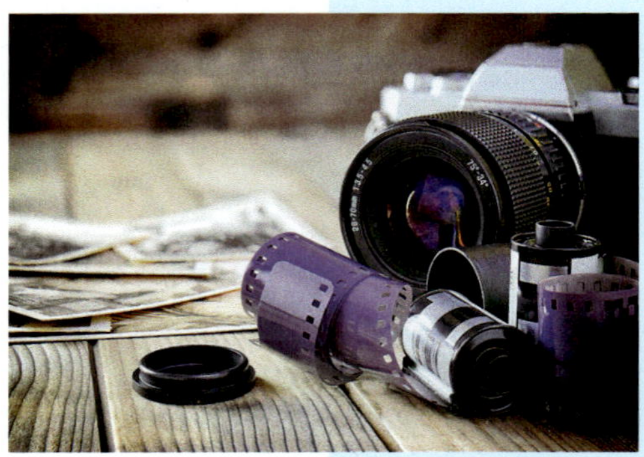

Früher mussten deine Großeltern Filme verwenden, um fotografieren zu können. Auf solchen Filmen hatten höchstens 36 Fotos Platz. Deshalb konnte man kaum fotografieren, ohne vorher das Motiv sorgfältig auszuwählen. Heute haben auf winzigen Speicherkarten mehrere Tausend Fotos Platz. Damals musste man die Fotos entwickeln lassen, anstatt sie sofort auf dem Display betrachten zu können. Das dauerte oft sehr lange.

2 Im Text sind Wortgruppen mit Infinitiv hervorgehoben.
a. Schreibe die Wortgruppen in die linke Spalte einer Tabelle.
b. Markiere jeweils das Verb im Infinitiv und das Einleitewort.
c. Welcher Nebensatz vom Rand könnte anstelle der Wortgruppe im Text stehen? Schreibe ihn neben die passende Wortgruppe.

damit man fotografieren konnte

wenn man vorher das Motiv nicht sorgfältig ausgewählt hatte

weil man sie nicht sofort auf dem Display betrachten konnte

Starthilfe

Wortgruppen mit Infinitiv mit zu	...
um fotografieren zu können	damit man ...

3 Ersetze in den folgenden Satzgefügen die Nebensätze durch passende Wortgruppen vom Rand. Achte auf die Kommasetzung.

Bis zur Erfindung der Digitalkamera musste man Bilder erst einscannen, wenn man sie dann auf dem Computer speichern wollte.
Wenn man die Einstellungen an der Kamera nicht ständig verändern möchte, nutzt man heute oft auch Bildbearbeitungsprogramme.
In sozialen Netzwerken teilt man heute seine Fotos mit Freunden, damit man sie nicht mehr umständlich mit der Post verschicken muss.

um ... zu speichern

anstatt ... zu verändern

um ... zu müssen

Merkwissen

Anstelle von Nebensätzen (Verbletztsätzen) verwendet man auch **Infinitivgruppen** mit **um ... zu, ohne ... zu, anstatt ... zu**. So kann man Sätze abwechslungsreicher gestalten. Vor **um, ohne, anstatt** steht dann ein **Komma**.

Partizipien verwenden

Das Partizip II

Von jedem Verb können in der Regel zwei Partizipien gebildet werden: das Partizip II (**gelaufen**) und das Partizip I (**laufend**).

1 In den folgenden Sätzen kommen Wortgruppen mit dem Partizip II vor.
- **a.** Schreibe die Sätze ab.
- **b.** Markiere die Partizipien II.
  Tipp: Zwei Partizipien II sind schon hervorgehoben.

Sara hat einige Urlaubsfotos ausgedruckt. Die ausgedruckten Fotos hat sie ihren Freundinnen gezeigt. Die Fotos sind wirklich gut gelungen.
Die besten Fotos hat sie im Internet gepostet. Die geposteten Fotos haben sich schon viele Freunde angesehen.

2 Woran erkennst du das Partizip II?
- **a.** Schreibe die Infinitive vom Rand untereinander auf.
- **b.** Schreibe die Partizipien II in der Grundform neben die Infinitive.
- **c.** Markiere die Unterschiede.

Starthilfe
ausdrucken – ausgedruckt

ausdrucken
gelingen
posten
ansehen

3 Wie lautet der Infinitiv zu den Partizipien II am Rand?
Schreibe beide Formen nebeneinander auf und markiere die Unterschiede.

Starthilfe
geschätzt – schätzen

geschätzt
beeindruckt
vorbereitet
ausgewählt
begonnen
genutzt

4 **a.** Schreibe die Infinitive aus dem Kasten untereinander auf.

abschreiben wählen einkaufen fliegen gehen herstellen helfen
mitbringen schwimmen sprechen aussprechen versprechen zuhören

b. Schreibe neben die Infinitive die Partizipien II auf und markiere die Unterschiede.
Tipp: Gehe so vor wie in Aufgabe 2.

Merkwissen

Mit dem **Partizip II** werden verschiedene Verbformen gebildet: das Perfekt und das Plusquamperfekt, aber auch die Passivformen.
Gebildet wird es häufig mit Hilfe dieser Wortbausteine:
ge- + Wortstamm+ **-t**, z. B.: geschätzt oder **ge-** + Wortstamm+ **-en**, z. B.: gelesen
Außerdem kann man das Partizip II in Verbindung mit einem Nomen **wie ein Adjektiv verwenden**. Dann kann es seine Form verändern, z. B.:
gelungen: das gelungene Foto, die gelungenen Fotos

Wortgruppen mit Partizipien können die Funktion eines Nebensatzes übernehmen.

5 Übertrage die folgende Tabelle mit den Sätzen in dein Heft.

Sara postete bestimmt über 50 Fotos aus ihrem Urlaub, wenn man es grob **schätzt**.	Sara postete bestimmt über 50 Fotos aus ihrem Urlaub, grob **geschätzt**.
Weil ihn Saras Fotos immer wieder **beeindrucken**, nutzte Nico gern ihre Erfahrungen.	Von Saras Fotos immer wieder **beeindruckt**, nutzte Nico gern ihre Erfahrungen.
Indem sie sich gut **vorbereiteten**, konnten Timo und Mirko gestern ihre Fotosafari ohne Hektik beginnen.	Gut **vorbereitet**, konnten Timo und Mirko gestern ihre Fotosafari ohne Hektik beginnen.

6 **a.** Vergleicht die Sätze miteinander.
b. Welche Unterschiede stellt ihr fest? Sprecht darüber.

7 **a.** Probiere es selbst aus, die Sätze in dem folgenden Text umzuformulieren. Gehe so vor:
- Schreibe die Sätze ab.
- Markiere in den Nebensätzen jeweils das Partizip II.
- Streiche in den Nebensätzen jeweils die Konjunktion, das Subjekt und die finite Verbform.

Starthilfe

~~Nachdem sie~~ alle Materialien sorgfältig ausgewählt ~~hatte~~, ...

b. Ersetze die Nebensätze durch passende Wortgruppen mit Partizipien und schreibe sie auf.

Starthilfe

Schon alle Materialien sorgfältig ausgewählt, begann ...

Nachdem sie alle Materialien sorgfältig ausgewählt hatte, begann Sara nun mit der Zusammenstellung einer Collage. Da sie von ihrer Auswahl überzeugt war, stellte sie den Entwurf ihren Freunden vor.
Indem sie auch deren Hinweise genau berücksichtigt hatte, gelang ihr eine schöne Darstellung der Landschaft.

8 **a.** Intensiviere dein Üben und festige dein Wissen. Schreibe mindestens drei eigene Sätze auf, in denen du Wortgruppen mit Partizipien verwendest.
b. Tauscht eure Sätze aus. Überprüft, ob ihr Wortgruppen mit Partizipien verwendet und die Partizipien korrekt gebildet habt.

Das Partizip I

Neben dem Partizip II gibt es auch noch das Partizip I.

Die besten Fotos auszuwählen, war für Sara mitunter sehr aufregend und spannend. Dabei hat sie auch helfende Ratschläge von ihren Eltern bekommen. Saras Bilder waren auch für sie sehr beeindruckend.

1 In den Sätzen sind die Partizipien I schon hervorgehoben. Schreibe sie in der Grundform zusammen mit den Infinitiven auf und markiere die Unterschiede.

Starthilfe
aufregen – aufregend; …

2 **a.** Schreibe die Infinitive vom Rand zusammen mit dem Partizip I auf.
b. Markiere die Unterschiede.

betreffen
begeistern
informieren
interessieren
vorbereiten
betrachten

Merkwissen

Das **Partizip I** wird aus dem **Infinitiv eines Verbs gebildet**:
Infinitiv + **d** = Partizip I, z. B.: rennen + d = renne**nd**
Das Partizip I drückt aus, dass die **Handlung**, die mit dem Verb bezeichnet wird, **noch nicht abgeschlossen** ist, z. B.: **Lächelnd** präsentierte Sara ihre Urlaubsfotos.
Das Partizip I kann in Verbindung mit einem Nomen **wie ein Adjektiv verwendet** werden. Dann kann es seine Form auch verändern, z. B.:
beeindruckend: das beeindruckende Foto, die beeindrucken**den** Fotos

Auch Wortgruppen mit dem Partizip I können an Stelle eines Nebensatzes stehen.

3 **a.** Schreibe die folgenden Sätze ab.
b. In welchem Satz steht eine Wortgruppe mit dem Partizip I? Markiere sie.

A Was die Auswahl ihrer Fotos betrifft, hatte Sara alles genau überlegt.
B Die Auswahl ihrer Fotos betreffend, hatte Sara alles genau überlegt.

4 Ersetze die die Nebensätze in den folgenden Satzgefügen durch Wortgruppen mit dem Partizip I und schreibe sie auf.
Du kannst die Wortgruppen mit Partizipien vom Rand verwenden.

A Indem Nico Saras Erfahrungen nutzte, gelangen ihm viele schöne Fotos.
B Weil er sich für Landschaften interessiert, fotografiert er diese gern.
C Weil Nico auch die technischen Möglichkeiten seiner Kamera beachtete, konnte er aus ungewöhnlichen Perspektiven fotografieren.
D Indem Sara die Fotos mit Kennerblick bewertete, gab sie Nico hilfreiche Tipps.

Saras Erfahrungen nutzend

sich für Landschaften interessierend

die technischen Möglichkeiten beachtend

die Fotos mit Kennerblick bewertend

Objektsätze und Subjektsätze verwenden

Die Satzglieder Objekt und Subjekt können in Satzgefügen als Nebensätze vorkommen. Diese Nebensätze nehmen dann die Rolle eines Objekts oder eines Subjekts ein.

Übungen zum Wiederholen von Objekt und Subjekt ► S. 251–252

die Objekte ► S. 310

Satzgefüge und Satzreihen ► S. 311

Objektsätze in Satzgefügen

Anna denkt über ihre Präsentation am nächsten Tag nach.

Ob die Präsentation wohl gelingt?
Das Material zum Thema reicht aus.
Ich kann doch gut frei reden.
... habe ich alles aufgeschrieben.

1 Worüber macht sich Anna Gedanken?
- **a.** Schreibe mit den Satzanfängen am Rand vollständige Satzgefüge auf.
- **b.** Unterstreiche in deinen Satzgefügen den Hauptsatz (Verbzweitsatz) und den Nebensatz (Verbletztsatz) in unterschiedlichen Farben.

Anna fragt sich, ...

Sie weiß, ...

Anna findet, ...

Was sie wichtig findet, ...

Mit **Wen oder was?** fragst du nach dem Akkusativobjekt.

2
- **a.** Beantworte die folgenden Fragen.
  - (Wen oder) Was fragt Anna sich?
  - (Wen oder) Was weiß sie?
- **b.** Markiere dann in deinen Sätzen die Antworten.

3
- **a.** Formuliere auch zu den beiden anderen Satzgefügen aus den Gedankenblasen Fragen.
- **b.** Markiere in deinen Sätzen die Antworten.

Auch Präpositionalobjekte können als Nebensätze vorkommen.

Präpositionalobjekt ► S. 310

A Schließlich freut sich Anna über ihre gute Vorbereitung.
B Sie ist überzeugt vom Gelingen ihrer Präsentation.

4
- **a.** Erfrage mit Hilfe der Wörter **Worüber?** und **Wovon?** die Präpositionalobjekte in den Sätzen.
- **b.** Markiere die Präpositionalobjekte.
- **c.** Formuliere die Präpositionalobjekte in Nebensätze um.

..., dass sie sich ... hat

..., dass ihre ... wird

5 Objektsätze kannst du im Satzgefüge umstellen.

a. Schreibe das Satzgefüge in der Tabelle nach Feldern getrennt ab.
b. Stelle das Satzgefüge um und schreibe es nach Feldern getrennt auf.
c. Begründe, warum der Nebensatz ein Satzglied ist.

Starthilfe

Vorfeld	Klammer, Verb	Mittelfeld	Klammer, Verb	Nachfeld
Anna			weiß,	dass nichts schiefgehen kann.

Die indirekte Rede im Objektsatz

Anna möchte in ihrer Präsentation auch auf die Behauptungen eines Politikers eingehen, die sie sich notiert hat.

Der Politiker vermutete: „Das Fernsehgerät wird in naher Zukunft durch Laptop und Tablet ersetzt."
Er meinte außerdem: „Die Jugend nutzt jetzt schon täglich mehrere Stunden diese Medien."
Er behauptete: „Informationen aus dem Internet sind für viele Jugendliche immer wichtiger geworden."
Er äußerte auch: „Zeitungen liest man heute kaum noch."
In diesem Zusammenhang merkte er an: „Blogs im Internet sind inzwischen immer beliebter geworden."

6 Anna möchte diese Aussagen in ihrer Präsentation in der indirekten Rede wiedergeben.
Formuliere die Aussagen des Politikers in indirekte Rede um.
Verwende die Redeeinleitungen jeweils als Hauptsatz.
Tipp: Beachte, dass du in der indirekten Rede den Konjunktiv I verwenden musst.

Übungen zum Wiederholen des Konjunktiv I ► S. 249
Konjunktiv I ► S. 308

Starthilfe

Der Politiker vermutet, dass der Fernsehapparat in naher Zukunft durch Laptop und Tablet ersetzt werde.

7 In den folgenden Sätzen sind die präpositionalen Objekte blau hervorgehoben. Formuliere die Sätze in Satzgefüge mit Objektsätzen um.
Tipp: Du kannst die Formulierungshilfen vom Rand verwenden.

Der Politiker ist *von der zunehmenden Bedeutung neuer Medien* überzeugt.
Er freut sich *über die Weiterentwicklung digitaler Medien für den Unterricht*.
Er selbst ist begeistert *von den rasanten Entwicklungen der digitalen Medien*.
Er äußerte sich *über die wachsende Bedeutung von Internetplattformen für den Meinungsaustausch*.
Der Politiker verwies aber *auf die Notwendigkeit des kritischen Umgangs mit Informationen aus dem Internet*.

... davon überzeugt, dass ... zunimmt

... sich darüber, dass .... werden

... davon begeistert, dass sich ... entwickeln

... darüber, dass ... wächst

... darauf, dass ... notwendig ist

Subjektsätze in Satzgefügen

Nebensätze in Satzgefügen können auch Subjekte sein.

Sicherheit bei ihrem Vortrag gab Anna ihre gute Vorbereitung.	Sicherheit bei ihrem Vortrag gab Anna, dass sie sich gut vorbereitet hatte.
Viel Neues erfuhren die aufmerksamen Zuhörerinnen und Zuhörer.	Viel Neues erfuhr, wer aufmerksam zuhörte.

8 **a.** Schreibe die Tabelle mit den Sätzen ab.
b. Markiere in allen Sätzen die finiten Verbformen.
c. Markiere in einer anderen Farbe in den Sätzen der linken Spalte die Subjekte.
d. Welche Formulierungen in den Sätzen der rechten Spalte stehen an Stelle der Subjekte? Markiere sie ebenfalls.

9 **a.** Beweise, dass in den Satzgefügen die Nebensätze (Verbletztsätze) die Rolle der Subjekte übernehmen.
b. Durch welche Wörter werden die Subjektsätze eingeleitet? Kreise in den Subjektsätzen die Einleitewörter ein.

10 Schreibe die Satzgefüge aus Aufgabe 8 nach Feldern getrennt auf. Stelle dabei die Subjektsätze (Nebensätze) ins Vorfeld.

Starthilfe

Vorfeld	Klammer, Verb	Mittelfeld	Klammer, Verb	Nachfeld
Dass sie sich gut vorbereitet hatte,	gab	Anna Sicherheit bei ihrem Vortrag.		

11 Schreibe den folgenden Satz als Satzgefüge mit einem Subjektsatz auf.
Tipp: Bestimme in dem Satz zunächst das Subjekt.

An Annas Präsentation gefiel allen der gut durchdachte Vortrag.

... hat allen gefallen, dass ... ... waren

Merkwissen

Nebensätze (Verbletztsätze) in der **Rolle eines Objekts** oder **eines Subjekts** nennt man **Objektsätze** bzw. **Subjektsätze**. Du kannst sie wie Objekte oder Subjekte im Verbzweitsatz **erfragen**:
- **Objektsatz:** Anna sagte, dass sie seine Meinung teile. (Wen oder) Was sagte Anna?
  Objektsätze werden durch die Konjunktionen **dass** oder **ob** eingeleitet.
- **Subjektsatz:** Dass alle aufmerksam waren, freute Anna.
  (Wer oder) Was freute Anna?
  Subjektsätze werden häufig durch die Konjunktion **dass** oder das Pronomen **wer** eingeleitet.

Gut und passend formulieren

Hier überprüfst du, wie gut du Sätze formulieren kannst.

Du kannst Wortgruppen mit Infinitiven und mit Partizipien verwenden.

Wortgruppen mit Infinitiven ► S. 260
Wortgruppen mit Partizipien ► S. 261–263

1 In den folgenden Satzgefügen kannst du die Nebensätze durch Infinitivgruppen mit **um zu** oder **ohne zu** ersetzen.
- a. Schreibe die Satzgefüge ab und unterstreiche die Nebensätze.
- b. Ersetze die Nebensätze durch passende Wortgruppen mit Infinitiven. Schreibe die Sätze vollständig auf.
- c. Markiere in den Sätzen jeweils den Infinitiv und das Komma.

Damit sie den Schaden beweisen kann, hat Sara die Ware gleich nach dem Auspacken fotografiert. Weil sie den Händler nicht verärgern wollte, achtete sie auf sachliche Formulierungen in ihrem Schreiben.
Sie verwendete die Originalverpackung, weil sie in einer anderen vielleicht noch mehr beschädigt würde. Indem sie nicht lange zögerte, packte sie nun alles sorgfältig ein.

beweisen zu können
(nicht) verärgern
(nicht) beschädigen
zögern

2
- a. Schreibe die Sätze ab und markiere die Partizipien.
- b. Ersetze die Wortgruppen mit Partizipien durch Nebensätze. Schreibe die Satzgefüge mit passenden Konjunktionen vom Rand auf.

A Alles noch einmal sorgfältig geprüft, schickte Sara die Reklamation ab.
B Auf eine schnelle Bearbeitung hoffend, schickte sie diese sofort ab.
C Die Paketquittung genau prüfend, ging sie nach Hause.

nachdem
weil
indem
während

Du kannst Objektsätze und Subjektsätze verwenden.

Objektsätze und Subjektsätze ► S. 264–266

3 Schreibe mit den folgenden Satzanfängen Satzgefüge mit Objektsätzen auf.
Tipp: Aus den Fragen am Rand kannst du die Objektsätze formulieren.

Zuerst hatte sich der Online-Händler hatte gefragt, ob …
Er dachte auch darüber nach, was …

War da mal wieder jemand unzufrieden?
Was könnte da reklamiert werden?

4
- a. Schreibe die Sätze ab und markiere jeweils das Subjekt.
- b. Formuliere die Sätze als Satzgefüge mit Subjektsätzen.

A Beim Erkennen des Schadens hat dem Händler Saras sachliche Formulierung des Reklamationsschreibens geholfen.
B Sara erfreute die unkomplizierte Erledigung der Reklamation.
C Wünschenswert ist für sie eine lange Haltbarkeit des Produkts.

Dem Händler hat geholfen, dass …
Sara erfreute, dass …
Für sie ist wünschenswert, dass …

Sprache und Sprachen

Sprache kann sich verändern – das kann auch negativ sein. Davon erzählt George Orwell in seinem Roman „1984“.

Info

George Orwell (1903–1950) war ein englischer Schriftsteller und Journalist. Er wurde vor allem durch seine Werke „Animal Farm“ und „1984“ weltberühmt. In seinem Roman „**1984**“, den er 1948 geschrieben hat, erzählt Orwell von einem totalen Überwachungsstaat. „Big brother is watching you“ – nichts in Ozeanien entgeht dem „Großen Bruder“, alles wird von ihm kontrolliert. Auch eine neue Sprache – „Neusprech“ – wird vom Staat verordnet.

George Orwell um 1949

1984 (Auszug) George Orwell

„Es ist schon etwas Schönes, die Vernichtung von Wörtern. Der meiste Ausschuss befindet sich natürlich bei den Verben und Adjektiven, aber es gibt auch Hunderte von Substantiven[1], die genauso gut abgeschafft werden können. Ich meine ja nicht bloß die Synonyme[2], sondern auch die Antonyme[3]. Welche Existenzberechtigung hat denn schon ein Wort, das nur das Gegenteil eines anderen ist? Ein Wort beinhaltet zugleich immer auch sein Gegenteil. Nehmen wir zum Beispiel mal ‚gut'. Wenn man ein Wort wie ‚gut' hat, wozu braucht man dann noch ein Wort wie ‚schlecht'? ‚Ungut' tut's doch genauso – besser sogar, denn es ist das exakte Gegenteil, und das ist das andere Wort nicht. Und wenn man eine Steigerung von ‚gut' haben will, wozu dann einen ganzen Rattenschwanz von vagen[4], unnützen Worten wie ‚hervorragend' und ‚großartig' und was sonst noch alles? ‚Plusgut' deckt die Bedeutung doch völlig ab; oder ‚doppelplusgut', wenn man noch eine Steigerungsstufe möchte. Wir gebrauchen diese Formen natürlich schon, aber in der endgültigen Fassung von Neusprech wird es einfach nichts anderes mehr geben. Zuletzt wird die ganze Begriffsvorstellung von Gut und Böse allein durch sechs Wörter abgedeckt werden – eigentlich nur durch ein einziges. Siehst du die Schönheit denn nicht, die darin liegt, Winston? Ursprünglich war es natürlich die Idee von G. B.[5]“, fügte Syme dann noch hinzu. *

1 **a.** Was wird unter „Neusprech“ verstanden? Warum könnte der Staat „Neusprech“ eingeführt haben? Sprecht darüber.

b. Würdet ihr gerne eine solche Sprache sprechen wollen? Begründet eure Meinung.

1 das Substantiv: das Nomen 2 die Synonyme: Wörter mit ähnlicher oder gleicher Bedeutung
3 die Antonyme: Wörter mit gegensätzlicher Bedeutung
4 vage: nicht genau 5 G. B.: Abkürzung für „Großer Bruder“

Sprache kritisch betrachten

„Schöngeredet" – Euphemismen erkennen

Info

Man bezeichnet einen Ausdruck, der einen Sachverhalt beschönigt, auch als **Euphemismus**.

Manchmal nutzt man Wörter, um etwas zu beschönigen.

Eine Firma plant, mehr als 100 Arbeitsplätze zu streichen. Der Chef spricht zu den beunruhigten Beschäftigten.

Wir werden in der Firma Umstrukturierungen vornehmen.

Vor allem bei der Betreuung der Kunden sehen wir Verbesserungspotenzial.

Diese Aufgabe wird eine große Herausforderung für uns alle sein.

1 **a.** Was möchte der Chef mitteilen? Erkläre, was gemeint ist.
b. Ersetze die blau hervorgehobenen Wortgruppen durch andere. Du kannst die Wortgruppen vom Rand dafür verwenden. Schreibe die Sätze neu.
c. Warum hat der Chef die Umschreibungen gewählt? Erkläre es.

etwas besser machen

vieles ändern

Beschäftigte entlassen

viel Kraft kosten

Beschönigungen findest du häufig in unserem Alltag, z. B. in der Werbung, in der Berufswelt und in der Politik.

das Nullwachstum   die Hairstylistin   Mitarbeiter freisetzen
Preise anpassen   vollschlank   das Restrisiko   kostenintensiv

2 Welche Bedeutung haben die Wörter im Kasten?
a. Schreibt sie auf und erklärt sie.
b. Ergänzt, von wem und wo sie verwendet werden könnten.

Starthilfe

das Nullwachstum: Stillstand, z. B. in der Wirtschaft; die Geschäfte verkaufen nicht mehr als zuvor, der Gewinn steigt nicht …

c. Diskutiert, wozu Beschönigungen verwendet werden.

3 **a.** Sucht nach Beschönigungen im Alltag für Unangenehmes. Notiert sie.
b. Verwendet diese Beschönigungen in einem Dialog, z. B. zwischen Vater und Tochter oder Lehrerin und Schüler.

schlechte Note – noch kein optimales Ergebnis – vergessene Hausaufgaben – …

„Mann“ und „Frau“

In unserer Sprache spiegeln sich noch heute frühere Zeiten wieder, in denen Frauen nicht gleichberechtigt waren.

1 In vielen Redewendungen kommen männliche Formen vor. Lies die Redewendungen im Kasten und erkläre sie.

mannshohes Gras
aus aller Herren Länder
seinen Mann stehen
bemannte Raumfahrt
Ein Mann, ein Wort.
Freiheit, Gleichheit, Brüderlichkeit!
Selbst ist der Mann.

2 **a.** Ersetze die männlichen Formen durch Formulierungen mit **Mensch** und schreibe sie auf.
b. Beschreibe, wie die Formulierungen nun auf dich wirken.

3 Besprecht, wie die Redewendungen aus Aufgabe 1 entstanden sein könnten.

4 Redewendungen, in denen weibliche Formen vorkommen, sind selten.
a. Sprecht darüber, welche ihr kennt. Am Rand findet ihr Beispiele.
b. Erklärt, warum die Redewendungen mit weiblichen Formen selten sind.

nach Hausfrauenart

für Frau und Kinder sorgen

...

Hier ist nicht alles ernst gemeint.

Am letzten Wochenende war das Wetter einfach fraulich. Im wunderschönen Strandstädtchen ging jedefrau spazieren. So viele Menschen waren unterwegs. „Frau sieht sich“, verabschiedeten sich zwei Männer voneinander. „Meine Damschaften, kommen Sie näher, besuchen Sie unser Sportfest“, tönte eine Stimme aus der Strandlautsprecherin. „Viele Frauschaften treten gegeneinander an.“ Auch für den Notfall hatte frau gesorgt. Feuerwehrfrauen und Krankenbrüder standen bereit.

5 **a.** Untersuche den Text. Erkläre, warum er seltsam wirkt.
b. Schreibe den Text neu. Ersetze die Begriffe, die ungebräuchlich sind.

Frauen können besser in der Sprache berücksichtigt werden.

6 **a.** Lies die Berufsbezeichnungen am Rand und schreibe die Form des Wortes auf, die eine weibliche Person meint.
b. Notiere dazu die Pluralformen.
c. Formuliere mit den Berufsbezeichnungen Sätze. Verwende dabei die männliche und die weibliche Form.

der Meister – die ...
der Arzt
der Soldat
der Koch
der Feuerwehrmann
der Monteur

Die Herkunft der Wörter

Fremdwörter, Lehnwörter und Erbwörter

Hast du schon einmal überlegt, woher die Wörter unserer Sprache kommen und wie lange sie schon verwendet werden?

1 Lies den folgenden Text. Die Fremdwörter sind hervorgehoben.

Wir wollen am Wochenende unserem Hobby nachgehen und eine Tour mit dem Fahrrad auf die Alm machen. Anne hat sich dafür sogar ein neues Trikot gekauft. Felix wird auch ein Video drehen, wenn wir oben sind. Das können wir dann unseren Eltern schicken. Felix ist für die Organisation und den Proviant zuständig. Vielleicht werden unsere Eltern dann auch selbst aktiv und holen das angestaubte E-Bike aus der Garage.

2 **a.** Schreibe die Fremdwörter nach ihrer Herkunftssprache geordnet auf.
b. Was bedeuten die Fremdwörter? Schreibe die Bedeutung dazu.

Starthilfe

aus dem Lateinischen (-eo, -iv,-tion)	**aus dem Englischen** (-y, sonstige Wörter)	**aus dem Französischen** (-ou-, -ot, -age, -ant)
...	...	...

Manchen Wörtern sieht man die fremde Herkunft nicht mehr an.

der Zucker (arab. sukkar) der Pfeffer (lat. piper) das Fenster (lat. fenestra)
die Tür (lat. porta) die Straße (lat. strata) der Schlamassel (jiddisch schlimasel)
zocken (jiddisch: zchocken)

3 **a.** Ordne die deutschen Wörter nach ihrer Herkunftssprache.
b. Kennst du die Wörter auch in anderen Sprachen? Ergänze.

Starthilfe

deutsches Wort	**Herkunft**	**weitere Sprache(n)**
der Zucker	arabisch	z. B. azúcar (span.) ...

Viele Wörter sind schon vor langer Zeit in die deutsche Sprache übernommen worden.

4 Ordne die Wörter im linken Kasten ihren ursprünglichen Wörtern zu.

der Vater die Mutter
die Tochter die Sonne

tohter (althochdeutsch) fater (althochdeutsch)
sunna (althochdeutsch) muoter (althochdeutsch)

Info

Fremdwörter wurden unverändert aus anderen Sprachen übernommen. Oft erkennt man sie an ihrer Aussprache und Schreibweise.

Info

Viele Wörter aus anderen Sprachen wurden entlehnt, also übernommen und in ihrer Aussprache und Schreibweise der deutschen Sprache angepasst. Sie heißen **Lehnwörter**.

Info

Den Grundstock unserer Sprache bilden die **Erbwörter**. Diese stammen aus Wörtern, die vor mehr als 3000 Jahren entstanden sind. Sie haben sich allerdings etwas verändert.

Anglizismen

In vielen Bereichen des Lebens werden englische Wörter verwendet.

Blackout Break Brainstorming Flatrate Newsletter online Pay-TV Spam Website Download Jeans Mindmap Hotline Sound

Info

Als Anglizismen bezeichnet man Wörter aus dem **Englischen**, die in die deutsche Sprache eingeflossen sind. Diese können als Fremdwörter übernommen werden oder als Lehnwörter in diese einfließen. Im Laufe der Zeit kann sich die Bewertung sowie der Gebrauch von Anglizismen ändern.

 **1**
- **a.** Schreibe die Wörter in eine Tabelle.
- **b.** Übersetze die Wörter ins Deutsche und ergänze sie.
- **c.** Entscheide, welches Wort dir besser gefällt. Begründe.

Starthilfe

englisches Wort	Vorschläge für deutsches Wort	Entscheidung
blackout	die Gedächtnislücke	...

Die Bildung des Plurals von Anglizismen wird oft der deutschen Sprache angepasst.

Plural ► S. 306

 **2**
- **a.** Schreibe den Plural der Anglizismen im Kasten auf.
- **b.** Vergleiche mit der englischen Pluralbildung.

das Hobby das Baby die Story

Auch die folgende Werbeanzeige enthält Anglizismen.

 **3**
- **a.** Schreibe die englischen Wörter aus der Werbeanzeige heraus.
- **b.** Ersetze sie durch passende deutsche Wörter.
- **c.** Sprecht darüber, welche Wörter besser passen.

Manche fehlerhafte Schreibweise lässt sich aus dem Englischen ableiten. Ursprünglich enthielt die Werbeanzeige auf S. 272 die beiden Sätze:

Achtung: Fehler!

Neues Factory-Outlet-Center in 2022 eröffnet.
Mit Maier's Angebot bist du immer gut beraten.

4 Die Sätze wurden nicht abgedruckt, da sie sprachlich nicht korrekt sind.
a. Erkläre, wie die Fehler entstanden sein könnten.
b. Schreibe die Sätze in der korrekten Schreibweise auf.

Es gibt auch Wörter, die wie ein Anglizismus klingen, aber im Englischen gar nicht gebräuchlich sind.

5 **a.** Die Bilder zeigen Anglizismen, die im Deutschen häufig gebraucht werden. Ordnet die scheinbaren Anglizismen vom Rand den Bildern zu.
b. Sammelt weitere scheinbare Anglizismen.
c. Schlagt eure gesammelten Wörter in einem Wörterbuch nach. Notiert ihre Bedeutung.

das Handy
das Public Viewing
der Coffee to go

Abschließend könnt ihr über Anglizismen diskutieren.

6 **a.** In welchen Bereichen findet man noch häufig Anglizismen? Schreibt Beispiele auf.
b. Diskutiert über die folgenden Fragen und begründet eure Antworten.
- Welche Wirkungen versprechen sich die Unternehmen von der Verwendung englischer Wörter?
- Wann ist es sinnvoll, Anglizismen zu verwenden?
- Wirkt die Mischung aus den verschiedenen Sprachen anregend oder verwirrend?

schriftlich Stellung nehmen ► S. 296

W **7** Manchmal wird diskutiert, dass Anglizismen der deutschen Sprache schaden. Wie siehst du das? Schreibe darüber. Wähle Aufgabe 7a oder 7b.
a. Du schreibst eine Stellungnahme für eine Schülerzeitung.
b. Du schreibst einen Kommentar für eine Tageszeitung.

Info
In einem **Kommentar** stellt jemand seine persönliche Meinung zu einem Thema dar und begründet diese mit Argumenten. Die Autorin oder der Autor des Kommentars wird mit Namen genannt.

Standardsprache und mehr

Sprachvarietäten

Nicht immer gab es eine einheitliche Standardsprache.

Der Weg zur deutschen Standardsprache

Früher konnten nur wenige Gelehrte schreiben und lesen. Sie verständigten sich auf Lateinisch. Alle anderen Menschen sprachen deutsche Dialekte, die man woanders meist nicht verstand. Um 1200 entstanden an den Fürstenhöfen Lieder und Dichtungen in diesen Dialekten. Umherfahrende Sänger und Dichter vereinheitlichten die Texte. So konnten Menschen aus anderen Gegenden die Lieder verstehen. Außerdem reisten immer mehr Kaufleute umher, die sich überall verständigen wollten. Auch sie waren an einer einheitlichen deutschen Sprache interessiert. Für schriftliche Verträge brauchte man ebenfalls eine gemeinsame Sprache, die nicht nur die Gelehrten verstehen sollten. Um 1530 übersetzte Martin Luther die lateinische Bibel in die deutsche Sprache. Diese Fassung verbreitete sich im ganzen deutschen Sprachraum. Erst 1880 erschien das erste Wörterbuch für eine deutsche Standardsprache.

1 Welche Gründe führten zu einer einheitlichen deutschen Standardsprache? Schreibe sie auf.

Für Verträge benötigte man nicht nur eine gemeinsame Sprache, es entwickelte sich später eine spezielle juristische Fachsprache.

2 Was bedeuten die juristischen Fachbegriffe am Rand? Schlagt die Bedeutung nach und schreibt Erklärungen dazu auf.

der Tatbestand
die Rechtsfolge
vorbehaltlich
unverzüglich

Heute gibt es unzählige Fachsprachen, die typisch für eine Wissenschaft oder ein berufliches Umfeld sind.

W Untersucht eine Fachsprache eurer Wahl genauer.

3 **a.** Wählt eine Fachsprache aus. Ihr könnt aus den Vorschlägen am Rand auswählen. Ihr könnt auch die juristische Fachsprache noch genauer untersuchen.
b. Recherchiert Merkmale und Beispiele dieser Fachsprache. Die Hinweise am Rand können euch helfen.
c. Stellt eure Fachsprache mit ihren Merkmalen in einer Kurzpräsentation vor.

die Elektronik
die Biologie
die Medizin
die Werbung

Fachbegriffe
Fremdwörter
Abkürzungen
...

Im Alltag werden verschiedene „Sprachen“ gesprochen: Standardsprache, Umgangssprache, Jugendsprache und Dialekt. Diese verschiedenen Sprachen nennt man Sprachvarietäten.

Bitte bestätigen Sie noch einmal Ihre Zeugenaussagen.
Genauso war's. Ich hab's genau g'seh.
Voll krass, was da abging.

4 Analysiert das Gespräch.

a. Ordnet die Aussagen einer Sprachvarietät zu.

b. Welche Aussagen findet ihr unpassend? Begründet.

Dialekt
Jugendsprache
Standardsprache

5 Lena schreibt in ihrem Aufsatz „Der Autor frägt sich …“. Die Lehrerin streicht ihr dies als Ausdrucksfehler an. Erklärt, warum.

6 **a.** Was versteht man unter **Standardsprache**, **Jugendsprache** und **Umgangssprache**? Erklärt die Sprachvarietäten in eigenen Worten.

b. Welche Sprache verwendet ihr im Unterricht und im Praktikum? Erklärt es.

7 **a.** Erläutert die verschiedenen Sprachvarietäten.

b. In welchen Situationen hört oder spricht man welche Sprachvarietät und warum? Nennt Beispiele.

Info

Sprachvarietäten unterscheiden

Die **Standardsprache** ist allgemein verbindlich und wird in der Öffentlichkeit verwendet. Unter **Fachsprache** versteht man eine Sprache, die typisch für eine Wissenschaft oder ein berufliches Umfeld ist.
Als **Umgangssprache** wird der mündliche Sprachgebrauch im Alltag bezeichnet. Die Umgangssprache orientiert sich an der Standardsprache, wendet aber nicht deren strenge Regeln an. So werden in der Umgangssprache z. B. einfache und unvollständige Sätze verwendet.
Die **Jugendsprache** ist eine Sprachvariante, die insbesondere von der mündlichen Umgangssprache und dem Sprachstil einer alterstypischen Gruppensprache geprägt ist. Der **Dialekt** wird auch **Mundart** genannt und regional verwendet.

mehr zum Dialekt
► S. 276–277

Dialekte

In Deutschland werden neben der Standardsprache viele verschiedene Dialekte gesprochen. Dialekte haben eigene Wörter, die es in der Standardsprache nicht gibt. Oder es werden Wörter aus der Standardsprache verändert.

1 a. Brötchen werden in Deutschland unterschiedlich genannt. Lest die Bezeichnungen.

die Semmel die Schrippe das Laabla
das Weckle das Rundstück

b. Aus welcher Region kommen die Bezeichnungen? Ordnet die Bezeichnungen den Regionen vom Rand zu.

c. Kennt ihr weitere Wörter für Brötchen? Schreibt sie auf.

Südtirol
Schleswig-Holstein
Berlin
Oberfranken
Schwaben

In Dialekten gibt es oft bildhafte Redewendungen.

2 Untersucht die folgenden Redewendungen.

a. Erklärt die Redewendungen schriftlich. Ihr könnt dazu im Internet recherchieren.

b. Schreibt auf, wie die Redewendungen auf euch wirken.

im Internet recherchieren
► S. 294

A In Bayern nennt man eine todsichere Sache eine „gmahde Wiesn" (gemähte Wiese).

B In Köln sagt man für ein Zimmer, das nicht aufgeräumt ist:
„Do finge sibbe Katze kei Müüsje drin widder!"
(Darin finden sieben Katzen keine Mäuschen mehr.)

Viele Redewendungen stammen aus dem landwirtschaftlichen Bereich, so auch diese schwäbischen Redewendungen.

A A alde Kuah vrgissd gärn, dass se au amol a Kalb gwä isch.

B Wer a Kuah melga will, muass sich bigga.

3 a. Lest die Redewendungen A und B vor und sprecht darüber.

b. Was könnte damit gemeint sein? Erklärt die Redewendungen.

4 Erkläre, warum viele Redewendungen aus dem landwirtschaftlichen Bereich stammen.

5 Welche Wörter und Redewendungen gibt es in deiner Region? Informiere dich und schreibe sie im Dialekt auf, wenn du den Dialekt sprichst.

Es gibt auch Dichter, die im Dialekt schreiben. Ludwig Levy (1854–1907) hat ein Gedicht über Mannheim geschrieben.

[…] vun 'me Mannemer in d'r Fremd. Ludwig Levy

Im badische Länd'l, an seller Schtell,
Wo d'r alte Rhein de Necker
Vätterlich in sei Aerem schließt,
Un wohin uff beede, Boot un Schlepper
Buntbeflaggt de Seege fremder Länder bringe,
Do ligt, idillisch, wie e Nud'lbrett so flach
Un eingedeelt in schachbrettartige Gasse.
Mei schtolzi Vatterschtadt, 's schnookereiche Mannem.

Mannem, wann ich dein gedenk,
Mich in's Meer d'r Zeit versenk,
Wo hell d'r Jugendschtern erglänzt,
Die Zukunft hoffnungsgrin umkränzt,
Wo jeder Blaschterschteen eem mahnt,
An's Ziel, wo m'r hot angebahnt,
Wo jeder Drotschegaul[1] eem kennt
Un eem beim rechte Name nennt –

Mannem, denk ich so an dich
Kummt diefi Sensucht iwer mich.
Un aus d'r Fern schweift heit mei Blick
Nooch dir, mei Vatterschtadt zurück!
Mannem, holdi Zier[2] vum Rhein,
Ach kennt ich norr' bei d'r sein! […] [*]

Mannemerisch nennt man den Dialekt, der in Mannheim gesprochen wird. Er gehört zu den kurpfälzischen Dialekten.

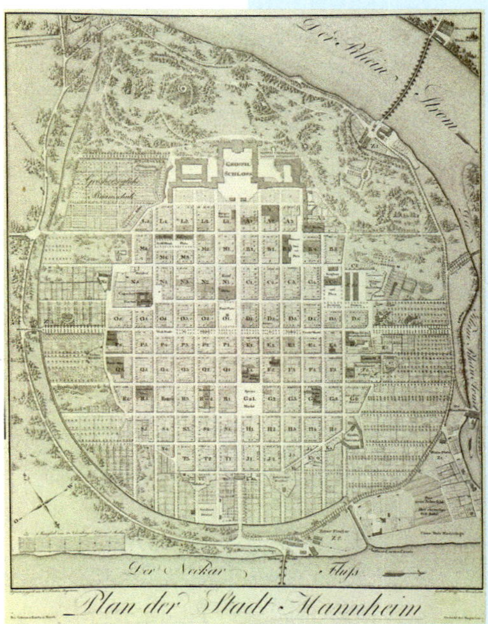

Mannheim wird auch als Quadratestadt bezeichnet. Die Innenstadt ist in Quadraten angelegt.

1 die Droschke: eine Kutsche

2 die Zier, die Zierde: womit etwas geschmückt wird

6 a. Versucht, das Gedicht in die Standardsprache zu übersetzen.
Tipp: Ersetzt die Wörter „Nud'lbrett“ (Vers 6) durch **flach wie ein Brett** und „Drotschegaul“ (Vers 15) durch **Kutschenpferd**.
b. Vergleicht die beiden Texte. Was fällt euch auf? Beschreibt es.

7 Worum geht es in dem Gedicht? Gebt den Inhalt des Gedichts wieder. Schreibt Stichworte auf.

8 Der Autor des Gedichts drückt seine Gefühle auf seine ganz persönliche Art aus.
a. Schreibt auf, woran das deutlich wird.
b. Notiert sprachliche Bilder, die er verwendet, und erklärt sie.

sprachliche Bilder ► S. 293

9 a. Recherchiert, ob es Gedichte über die Region gibt, in der ihr wohnt. Sind sie in Dialekt oder in der Standardsprache geschrieben?
b. Tragt die Gedichte in der Klasse vor, wenn ihr den Dialekt sprecht.
c. Sprecht darüber, ob die Gedichte euch gefallen.

im Internet recherchieren ► S. 294

Leseecke

Tobias ist in der Ausbildung und zum ersten Mal bei einer Firmenfeier. Lies, was er erlebt, und überlege, wie er beim nächsten Mal besser kommunizieren könnte.

mehr zum Thema:
„Besser kommunizieren"
► S. 14–25

Talkshow mit Tobias – aus dem Leben eines Azubis Ingrid Ute Ehlers / Regina Schäfer

Tobias hat vor vierzehn Tagen seine kaufmännische Lehre bei einer mittelständischen Maschinenbaufirma angetreten. [...] Heute ist der große Tag: der Geburtstag vom Chef mit feierlichem Umtrunk und großem Büfett! Alle dürfen bereits um 17 Uhr Feierabend machen. Tobias ist, ehrlich gesagt, ganz schön aufgeregt. Er wird jeder Menge neuer Gesichter begegnen (er kennt ja noch kaum jemanden), darunter sämtliche Abteilungsleiter und natürlich der Chef persönlich, mit dem er seit seinem Bewerbungsgespräch auch noch kein weiteres Wort gewechselt hat. Aber Tobias macht sich Mut und ist ganz gespannt, wie das festliche Ereignis verlaufen wird. *Schließlich bin ich ja nicht auf den Mund gefallen*, denkt er sich. Bei seinen Freunden ist er wegen seines selbstbewussten Auftretens und seines Humors geschätzt. Und in der Schule hat er mit seinen Pausenwitzen immer für gute Stimmung gesorgt.

Als er kurz nach 17 Uhr die Kantine betritt, ist schon mächtig was los. Sein Kumpel Peter ist allerdings nirgendwo zu sehen. Überall fremde Gesichter. *Na dann, auf ins Getümmel*, denkt Tobias. Er erspäht zwei Anzugträger jüngeren Alters, die in der Nähe des Getränkeausschanks stehen. Sie haben jeder ein Glas Sekt in der Hand und unterhalten sich angeregt. *Mensch, so einen schicken Anzug würde ich mir auch gern leisten*, überlegt Tobias. *In welcher Abteilung die Jungs wohl arbeiten?* Entschlossen geht er auf die beiden zu.

Nur nicht gleich mit der Tür ins Haus fallen, überlegt er sich, *sich erst einmal dezent*[1] *zu den beiden dazustellen.* Er nimmt sich vor, das Gespräch erst einmal eine Weile zu verfolgen. Die beiden Männer tauschen sich offensichtlich über die Besetzung einer offenen Sekretärinnenstelle aus. Der „graue Anzug" sagt: „Ja, die zweite Bewerberin hat einen guten Eindruck hinterlassen. Wie liefen denn die Gehaltsverhandlungen mit ihr?"

„Du, das erzähle ich dir lieber bei ein paar Häppchen", antwortet sein Gegenüber. Beide drehen sich plötzlich weg und schlendern in Richtung Büfett, ohne Tobias Beachtung zu schenken. *Na, so was*, denkt Tobias,

1 dezent: zurückhaltend, unaufdringlich

die waren ja so in ihr Gespräch vertieft, die haben mich gar nicht bemerkt – und er beschließt, seine Annäherungsstrategie[2] zu ändern.

Er bemerkt eine lebhafte, gemischte Fünfergruppe. Er stellt sich dicht dazu und verfolgt interessiert das Gespräch. Die jüngere der beiden Frauen erzählt gerade von ihrem neuen Hobby, dem Kite-Surfen[3], das sie während des Sommerurlaubs in Thailand erlernt hat. Mit den witzigen Schilderungen ihrer verunglückten Anfängerversuche bringt die Erzählerin alle zum Lachen.

Da kann ich noch einen draufsetzen, denkt sich Tobias. Ermutigt von der lebhaften Stimmung der Gruppe beginnt er nun seinerseits von seinem Hobby – Computerspiele – zu erzählen. Das Spiel „Herr der Ringe – Schlacht um Mittelerde" hat es ihm besonders angetan. „Die realistische Darstellung der Figuren und ihrer Handlungswelt – einfach der Hammer! Am besten wirkt das Ganze natürlich, wenn man einen 21-Zoll-Flatscreen und ein leistungsstarkes Headset zur Verfügung hat. Da knallt es dann erst so richtig", erzählt er. Als ihm nichts mehr einfällt, verabschiedet er sich von seinen Gesprächspartnern mit der Bemerkung, dass er überhaupt noch nichts gegessen hat und jetzt endlich einmal das Büfett erkunden will.

Komisch, die junge Kite-Surferin ist auf einmal verschwunden.

Auch die anderen zerstreuen sich rasch. Schade, er hätte gern erfahren, wie sie heißen und in welcher Abteilung sie arbeiten.

Hätte er sich mit seinem Namen vorstellen sollen? Ach nein, das ist doch viel zu altmodisch und steif, denkt er.

Am Büfett reiht sich Tobias in die Schlange der Hungrigen ein. Mit Teller, Serviette und Besteck bewaffnet, muss er sich noch etwas gedulden, bis er an der Reihe ist. Plötzlich wird die Frau vor ihm von einem heftigen Niesanfall geschüttelt. Fürsorglich legt er ihr eine Hand auf die Schulter und wünscht ihr Gesundheit.

Sofort fühlt er sich an seine schwere Grippe erinnert, die ihn vor wenigen Wochen fest im Griff hatte, und er beschreibt der Kollegin ausführlich den Krankheitsverlauf. Da ist es ihm dreckig gegangen, oh Mann! Schüttelfrost und eine Schniefnase, die sich gewaschen hat. [...]

„Am besten heute noch in die heiße Wanne, das wirkt bekanntlich Wunder", empfiehlt er der Kollegin abschließend. „Super Idee. Danke für den Hinweis. Hoffentlich ist mir jetzt der Appetit nicht vergangen", gibt die Frau zurück, nimmt sich eine Portion Thunfischsalat und entschwindet wort- und grußlos. *Oje, entweder chronisch[4] schlecht gelaunt oder schon der erste Fieberschub,* denkt Tobias.

Da habe ich aber auch ein Pech heute! [...] ⊛

2 die Strategie: genauer Plan für das eigene Vorgehen

3 das Kite-Surfen: Man steht auf einem Brett und wird von einem Lenkdrachen (engl. Kite, sprich: kait) über das Wasser gezogen.

4 chronisch: dauernd, ständig

Der Sachtext informiert über das Tote Meer.

mehr zum Thema: „Salz – Grundlage des Lebens“ ► S. 26–43

Das Tote Meer stirbt Angela Scheele

Das Tote Meer im Grenzgebiet von Israel und Jordanien ist der salzhaltigste See der Welt. Sein Salzgehalt liegt bei 30 Prozent. Das ist etwa zehnmal so hoch wie in der Nordsee oder im Mittelmeer.
Der wichtigste Zufluss des Toten Meeres ist der Jordan[1]. Er transportiert Salz und Mineralien in den See. Ringsum ist es extrem heiß und trocken, Regen gibt es kaum. Entsprechend schnell verdunstet das zuströmende Wasser, das Salz bleibt zurück – daher die hohe Salzkonzentration im Wasser und entlang des Ufers.
Für Touristen ist das Baden im Toten Meer ein unvergessliches Erlebnis. Man treibt an der Oberfläche wie ein Ballon. Der hohe Salzgehalt bewirkt, dass man nicht untergehen kann. Viele Menschen kommen auch zur Kur hierher, denn das Wasser und der Uferschlamm sind mit Mineralstoffen wie Kalzium, Magnesium oder Bromiden[2] angereichert, die lindernd bei Hauterkrankungen wirken.

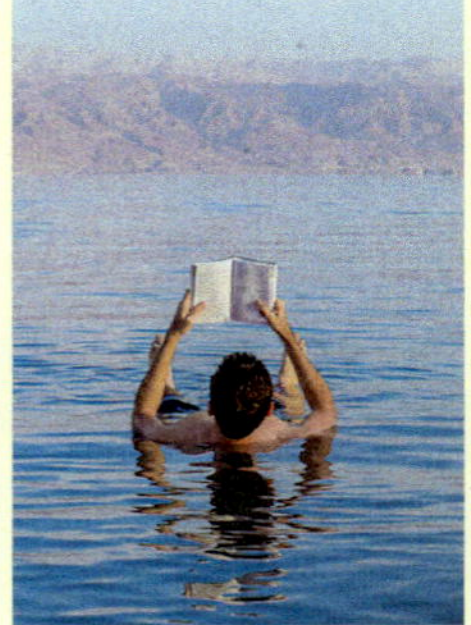

Das Meer vor dem Kollaps[3]

Doch all das könnte bald Vergangenheit sein, denn das Tote Meer „stirbt“. Jedes Jahr sinkt sein Wasserspiegel um einen Meter. […]
Der Geologe Eli Raz lebt seit über 30 Jahren in „Ein Gedi“ und beobachtet für verschiedene israelische Forschungsinstitute die dramatischen Veränderungen am Toten Meer. Im Uferbereich tun sich riesige Krater auf, manche bis zu 20 Meter tief, […].
Die Ursache für die Krater: Durch den sinkenden Wasserstand des Toten Meeres fällt auch der Grundwasserspiegel in der Region. Das nachfließende Frischwasser löst unterirdische Salzablagerungen im Uferbereich auf. Dadurch entstehen Höhlen, die irgendwann einstürzen. […]

Der Mensch als Verursacher der Krise

Verantwortlich für das Austrocknen des Sees sind die Menschen. Früher flossen ständig 1,2 Milliarden Kubikmeter Wasser aus dem Jordan in das Tote Meer, heute nur noch etwa 60 Millionen Kubikmeter.
Der Grund: Am Jordan wird fast alles Wasser abgepumpt – als Trinkwasser und vor allem zur Bewässerung von Obstplantagen und Ackerfeldern.

1 der Jordan: Der Fluss Jordan verläuft zum größten Teil an der Grenze zwischen Israel und Jordanien.

2 die Bromide: Salze, die Brom enthalten

3 der Kollaps: der Zusammenbruch; hier auch: die Vernichtung

Die Ökologin Mira Edelstein von der Umweltorganisation „Friends of the Earth Middle East“ fordert einen sparsameren Umgang mit Trinkwasser und kritisiert, dass über 50 Prozent des Jordan-Wassers für extrem wassserintensive Nutzpflanzen verbraucht werden, deren wirtschaftlicher Nutzen für das Land jedoch nur minimal sei. Als wirtschaftliche Alternative für diese Region sieht „Friends of the Earth Middle East“ stattdessen sanften Tourismus in intakter Umwelt. Außerdem soll die Wassergewinnung durch Meerwasserentsalzung gefördert werden. Ziel ist es, dem Jordan sein Wasser zu belassen und damit das Tote Meer zu erhalten.

Ein Kanal zur Rettung des Toten Meeres

Die Politiker in Israel und Jordanien haben jedoch andere Pläne. Sie möchten einen Kanal bauen, der das Wasser vom Roten Meer ins Tote Meer leitet – 200 Kilometer lang durch die Wüste. Sie argumentieren mit dem zusätzlichen Nutzen, den das natürliche Gefälle zwischen den Gewässern bringe: Man könne entlang des Kanals Wasserkraftwerke zur Stromerzeugung bauen. Doch viele Wissenschaftler warnen vor den Risiken, wenn Wasser aus dem Roten Meer mit dem zehnmal salzhaltigeren und stark mineralhaltigen Wasser des Toten Meeres gemischt wird. In Experimenten hat sich unter anderem gezeigt: Es könnte zur Gipsbildung kommen und sich das Tote Meer in eine stinkende Milchsuppe verwandeln. Außerdem würde der Kanal über wichtige Grundwasserspeicher im Boden hinwegführen. Bei einem möglichen Leck im Kanalbett würden diese mit Salzwasser verunreinigt werden – eine ökologische Katastrophe. [...] *

Der folgende Sachtext informiert über die geschichtliche Bedeutung von Salz.

Eine Gabe der Götter oder das weiße Gold

Salz galt schon in frühgeschichtlicher Zeit als heilig. Griechen und Römer sahen das Salz als göttlich an. Bereits in den frühen Hochkulturen der Ägypter, Sumerer und Babylonier hatte das Salz als Gewürz und Konservierungsmittel für Nahrung eine große Bedeutung. Auch die Römer priesen die Unentbehrlichkeit des Salzes. So schrieb der römische Historiker und Dichter Plinius der Ältere: „Also kann wahrhaftig ein menschlicheres Leben ohne Salz nicht geführt werden.“ Weil das Salz nicht so leicht gewonnen werden konnte, war es bis zur ersten Hälfte des 19. Jahrhunderts knapp und eine Kostbarkeit. Darum wurde es häufig als „weißes Gold“ bezeichnet. Durch Handel wurde Salz zu einer der wertvollsten Waren. Noch heute spricht man von „gesalzenen Preisen“. Der Salzhandel machte viele Städte sehr reich. Die mächtige Stadt Rom entstand zum Beispiel an einem Salzhandelsweg. Erst mit der Industrialisierung[1] verlor das „weiße Gold“ seinen Wert und wurde für viele Menschen selbstverständlich.

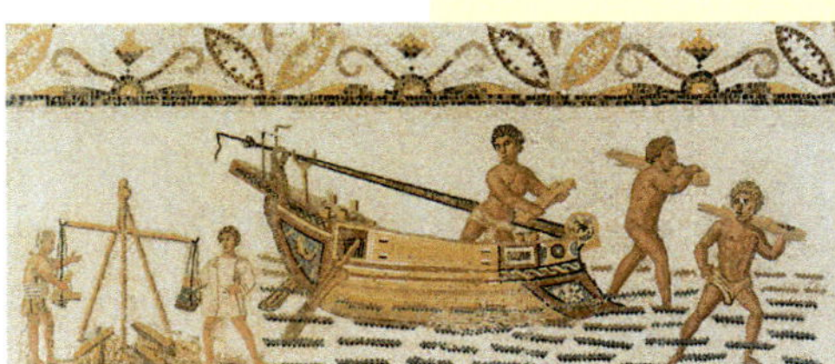

Handel im alten Rom

1 die Industrialisierung: bezeichnet den technischen Wandel von landwirtschaftlichen zu industriellen Produktionsweisen, der um die Mitte des 18. Jahrhunderts einsetzte

Soziale Kompetenz gilt heutzutage in vielen Berufen als selbstverständlich.

mehr zum Thema:
„Ein Beruf für dich"
► S. 44–61

Soziale Kompetenz ein Leben lang — Christoph Wurzel

Für den Umgang untereinander, sei es privat, in der Schule, Ausbildung oder im Beruf, gelten Regeln, die dir helfen, gut mit anderen Menschen auszukommen, gemeinsame, aber auch persönliche Ziele zu erreichen und die eigenen Interessen zu vertreten. Sind die Regeln bekannt, weißt du genau, wie du dich zu verhalten hast. Aber nicht für jede Situation existieren Richtlinien, an die du dich halten kannst. Dann musst du auf deine Erfahrungen und auf bisher erlerntes Verhalten zurückgreifen. Bestimmte Fähigkeiten, die wir brauchen, um den Anforderungen in sozialen Situationen gerecht zu werden, fassen Wissenschaftler unter dem Begriff „soziale Kompetenz" zusammen. So lernen wir beispielsweise als Kind, Erwachsenen Achtung entgegenzubringen, und erfahren selbst Wertschätzung durch andere Menschen. Diese Erfahrungen begleiten uns ein Leben lang, in der Schule, in der Ausbildung, im Beruf. Wir überprüfen sie in neuen Situationen, erlernen so, ein „Werkzeug" zu benutzen, das uns kompetent, d. h. fähig macht, im Umgang mit Menschen gut zurechtzukommen. Mit Respekt finden wir zum Beispiel im Team größere Anerkennung für unsere Vorschläge, als wenn wir versuchen, unsere Ziele rücksichtslos durchzusetzen. Auch das Gegenteil ist möglich: Wer sich zu sehr anpasst, wird irgendwann nicht mehr ernst genommen. Daher gehört ein gewisses Maß an Selbstvertrauen ebenfalls zu sozial kompetentem Verhalten. Soziale Fähigkeiten variieren also von Situation zu Situation und spiegeln sich im Verhalten anderen gegenüber. So ist es ein ganz wesentliches Merkmal sozialer Kompetenz, die Konsequenzen des eigenen Handelns bei den Menschen, mit denen wir zu tun haben, richtig einschätzen zu können. Manchmal lernen wir erst im Umgang miteinander, wie unser Verhalten auf andere in einem bestimmten Umfeld wirkt. An der Art, wie sich Menschen begrüßen, zeigt sich, dass es von der jeweiligen Kultur abhängt, welche Form angemessen ist. In Frankreich ist die leichte Berührung der Wangen als Begrüßungsgeste üblich, die zwar nicht unter ganz Fremden, aber unter einigermaßen Bekannten ausgetauscht wird. In Indien dagegen würde man mit solchem Verhalten sein Gegenüber ziemlich verwirren, vielleicht gar beleidigen. Denn dort begrüßt man sich durch eine kurze gegenseitige Verbeugung, bei der man die Handflächen vor dem Oberkörper aneinanderlegt. Auch die Gepflogenheiten im beruflichen Umfeld können sich von Branche[1] zu Branche und sogar von Betrieb zu Betrieb sehr unterscheiden. Was z. B. in Besprechungen, auf Betriebsausflügen oder zum Beginn und Ende einer Ausbildung üblich ist, erfährt man erst im Laufe der Zeit. Diese Zeit ist auch nötig,

1 die Branche: ein Berufszweig

um zu einem Verhalten zu finden, das rücksichtsvoll in Bezug auf Kollegen und Vorgesetzte ist, ohne sich dabei selbst zu verleugnen.

Die heutige Arbeitswelt erfordert ein hohes Maß an sozialer Kompetenz, da das Fachwissen einem ständigen Wandel unterliegt und es nötig ist, sich rasch diesen Veränderungen zu stellen. Daher sind Anpassungsfähigkeit an neue Situationen, eine hohe Motivation, Dingen auf den Grund zu gehen, Selbstständigkeit beim Lösen von Aufgaben und eine sinnvolle Organisation des eigenen Arbeitsprozesses in Stellenanzeigen besonders häufig geforderte Kompetenzen in den meisten Berufssparten[2].

Neben den fachlichen Kompetenzen, die in vielen Fächern erworben werden und die auf Wissen aufbauen, sind die sozialen Kompetenzen ebenso wichtig. Allerdings sind sie im Gegensatz zur kognitiven[3] Leistungsfähigkeit kaum messbar und werden daher auch Soft Skills[4] genannt.

Neben den persönlichen Kompetenzen wie Belastbarkeit, Gewissenhaftigkeit oder Interesse gehören die kooperativen Kompetenzen, wie die Fähigkeit, angemessen Kontakt zu anderen aufzunehmen oder einen Konflikt auszutragen, ohne aggressiv zu werden, zu den wichtigen Sozialkompetenzen.

Die entscheidende Fähigkeit, auf der all dieses Können aufbaut, dürfte allerdings das Vermögen sein, sich in andere hineinzudenken und deren Gefühle zu erfassen. Diese Fähigkeit nennt die Psychologie Empathie.

Grundlagen für kompetentes Verhalten im Beruf werden schon in der Schule gelegt. Ein geeignetes Feld, soziale Kompetenz für das Berufsleben zu trainieren, sind Praktika oder das Freiwillige Soziale Jahr, das von immer mehr Jugendlichen absolviert wird. Hier können Jugendliche in konkreten Situationen Verhaltensweisen überprüfen und neue erwerben.

2 die Berufssparte: ein Berufsbereich

3 kognitiv: das Wissen betreffend

4 die Soft Skills (engl.): wörtlich übersetzt: weiche Fähigkeiten; „weich“ bezieht sich darauf, dass die Fähigkeiten nicht messbar sind

Die Klasse 9a hat sich mit dem Thema **Kunststoff** beschäftigt. Lui hat sich besonders mit dem Thema **Plastikmüll** auseinandergesetzt. Für die Schülerzeitung hat er folgenden Artikel geschrieben.

mehr zum Thema:
„Alles aus Kunststoff?"
► S. 62–79

Sind wir Matrosen auf einem Müllschiff?

Vorige Woche las ich von einem Schiff, das Plastikmüll aus Europa über die Meere bringt. Es gibt ganze Müllflotten[1], aber dieses eine Schiff namens „Break of Dawn" wurde plötzlich überall abgewiesen. Es fährt auf den Meeren umher und wird den Müll nicht mehr los.

Als ich davon las, wurde mir mulmig[2] zumute. Wir alle gebrauchen und verbrauchen ohne Ende Dinge aus Plastik. Haben die ihren Zweck erfüllt, werfen wir sie weg. Und wir wissen nicht genau, wohin sie gelangen. Wir wissen zwar von den riesigen Müllhalden, aber wir hoffen, dass alles gut ausgehen wird. Außerdem verbrauchen wir bei der Herstellung von Kunststoff einen der Schätze unseres Planeten: das Erdöl.

Vielleicht, dachte ich, sind wir alle Matrosen auf einem Müllschiff und sollten uns überlegen, woher diese Müllmengen kommen. Warum sind viele Sachen so aufwendig verpackt? Warum schmeißen wir so vieles weg, nur weil es nicht angesagt ist? Lasst uns überlegen, was wir wirklich brauchen.

Lui W.

Auch ein Müllproblem und eine Gefahr für viele Meerestiere: Fischernetze. Hier werden große Mengen an Fischernetzen aus dem Meer vor Honolulu gefischt.

Die Verwendung von Kunststoffen und deren Entsorgung stellen uns vor immer neue Probleme. Der folgende Sachtext informiert darüber.

Neue Aufgaben für alte Kunststoffe

Zwei von drei Kunststoff-Produkten sind länger als acht Jahre in Gebrauch. Kunststoff-Fensterrahmen beispielsweise halten sogar jahrzehntelang. Es gibt aber auch viele sehr kurzlebige Produkte; dazu gehören vor allem Verpackungen, die etwa ein Drittel aller Nahrungsmittel in Deutschland einhüllen und die man nach Gebrauch wegwirft. Das macht Müll und ist Verschwendung, weil in Kunststoffen sehr viel Energie steckt: Die Kunststoffe Polystyrol (PS) und Polyethylen (PE) würden beim Verbrennen mehr Energie liefern als Heizöl.

1 die Flotte: größerer Verband von Schiffen

2 mulmig: nicht ganz wohl, unbehaglich

Man hat sich deshalb überlegt, was man verbessern könnte. Anfang der 1990er Jahre wurde in Deutschland das Kreislaufwirtschafts- und Abfallgesetz erlassen. Darin steht, dass Abfälle vermieden, verwertet, zur Energiegewinnung genutzt oder ordnungsgemäß entsorgt werden sollen. Und so sammelt man in Deutschland heute etwa die Hälfte der Kunststoffe wieder ein und verwertet sie fast vollständig.

Wiederverwertungsfirmen unterscheiden die rohstoffliche von der werkstofflichen Verwertung. Unter der rohstofflichen Verwertung wird das Umwandeln des Kunststoffs z. B. in Öle oder Flüssiggas verstanden. Werkstoffliche Verwertung ist das Recycling – der gesammelte Kunststoff bildet das Ausgangsmaterial für ein neues Produkt: Alte Kunststoff-Fensterrahmen aus Polyvinylchlorid werden zu neuen geformt; ein Gemisch verschiedener Kunststoffe als Rohstoff, etwa, wenn er aus vielen kleinen, verschmutzten Teilen besteht. Dann wird er chemisch in die einzelnen Inhaltsstoffe zerlegt, die z. B. zur Herstellung von Käseverpackungen, Waschmitteln, Schmieröl oder sogar Medikamenten dienen.

Mittlerweile werden Kunststoffe, wie PET-Flaschen oder Fischernetze, für viele weitere Produkte recycelt – von modischen Rucksäcken über Laufschuhe bis hin zu Badeanzügen wird das Angebot immer größer. Man kann es sich kaum vorstellen, aber aus PET-Flaschen werden auch moderne Fleece-Pullover hergestellt. Dazu schmilzt man zunächst Flakes[1] aus PET-Flaschen ein. Nach dem Schmelzen werden sie eingefärbt und dann zu dünnen Polyester-Fäden verarbeitet. Für einen Pullover benötigt man rund 16 PET-Flaschen. Allerdings sind diese Produkte durchaus umstritten, denn das Herstellen der „Müllmode“ erfordert auch den Einsatz von Energie und Chemie.

Kleidung aus recycelten Plastikflaschen

Auf eine ausgefallene Idee und pfiffige Wiederverwendungsmöglichkeit für PET-Flaschen kam Andreas Froese: Die Flaschen werden mit Schutt und Sand gefüllt und zum Hausbau in verschiedenen Ländern Lateinamerikas und in Indien verwendet. Dazu werden die vollen Flaschen aufeinandergestapelt und mittels Lehm miteinander verbunden. So prägt der Kunststoff sogar mehrfach unsere Welt.

Ein Gewächshaus aus recycelten Plastikflaschen

1 die Flakes (engl.): hier: kleine Flocken, die bei der Zerkleinerung von PET-Flaschen entstehen

Im Kapitel „Auf der Suche nach dem Glück" hast du das Jugendbuch „Erst wirst du verrückt und dann ein Schmetterling" und die Hauptfigur, den Jungen Kos, kennen gelernt. Im folgenden Auszug wird erzählt, wie Kos an einer Misswahl teilnimmt.

mehr zum Thema: „Auf der Suche nach dem Glück" ► S. 80–97

Erst wirst du verrückt und dann ein Schmetterling Sjoerd Kuyper

Sjoerd Kuyper ► S. 86

Wir mussten uns in einer Reihe aufstellen. Isabel, die neben mir stand, lächelte mich an, aber ich war so durcheinander, dass ich nicht mehr wusste, wie Lächeln geht, und ich glaube, in dem Moment merkte sie, dass etwas nicht stimmte, denn erst starrte sie meine rote Hand an und danach mein Knie, dann wanderte ihr Blick in die Höhe zu meinem Höschen, zum Busen, zu Mamas Perücke, und ihre Augen wurden groß, so groß, dass ihr übriges Gesicht fast verschwand, nur nicht der Mund. Sie flüsterte meinen Namen, mit einem Fragezeichen dahinter, und ich nickte, und dann, dann wollte ich lächeln, aber ich spürte, dass es ein blödes Grinsen wurde, ein typisches Machogrinsen, und Isabels Gesicht verzerrte sich, vor Kummer, nicht vor Wut, das merkte ich, trotzdem streckte sie die Hände nach mir aus, alle beide, wie Klauen, sie packte mein Oberteil, riss es ab und schrie: „Das ist kein Mädchen!", und weil das Oberteil an meiner Haut festgeklebt gewesen war, tat es scheußlich weh, so als würde ich mit einer stumpfen Säge malträtiert[1], und Isabel schrie: „Guckt doch!", und dann zog sie mir die Perücke vom Kopf, und die acht blöden Weiber rechts und links von uns kreischten begeistert los, und im Saal wurde gejohlt und gepfiffen, [...], und ich rannte von der Bühne und raus aus dem Hotel, und zum ersten Mal im Leben hatte ich eine Stinkwut auf Isabel, echt eine Stinkwut. Ich hasste sie. Und war froh, dass es aus war.

So empfindet Isabel die Situation:

Ich hasste mich, und zwar gleich, nachdem ich so ausgeflippt war. Aber ich hatte so viel von mir preisgegeben, in jeder Hinsicht: Meine Gedanken und meine Brüste. Und die hätte ich beide, oder besser alle drei, gern für später aufgehoben. Für später und für Kos. Und er hatte so blöd dahergeredet, von wegen, man müsse ganz sich selbst sein, und dabei war er als Mädchen verkleidet, als seine eigene Schwester! Schon wieder, dachte ich. Schon wieder zieht er eine verlogene Show ab! Aber das dauerte, wie gesagt, nur kurz, kaum länger als eine Sekunde. Und in der einen Sekunde riss ich ihm das Oberteil ab und die Perücke vom Kopf. Schon als er davonrannte, tat es mir leid. Ich wollte ihm nachlaufen und mich entschuldigen, ich wollte weg von diesem dämlichen Zirkus auf der Bühne, ich wollte allein sein, allein mit Kos, für immer und ewig, ich wollte, wollte ... Aber ich tat nichts, sondern blieb, wo ich war.

1 malträtieren: misshandeln

Doch was passiert nun? Kos wird disqualifiziert und Isabel gewinnt den Wettbewerb. Als sie aber erkennt, warum Kos mitgemacht hat, bietet sie ihm an, der Familie den Gewinn zu leihen.

Der Scout von Ajax löste mein Problem. Er stand auf der untersten Stufe der Strandtreppe und räusperte sich. Mein Herzschlag verdoppelte sich auf dreihundertsechzig. Wie lange hatte der schon dagestanden? „Tut mir leid, dass ich störe", sagte er. „Ich hab mir gedacht, dir wird bestimmt kalt sein, deshalb hab ich was mitgebracht." Er hielt mir ein Päckchen hin. Ich quasselte drauflos, wollte alles erklären, mit hundert Wörtern in zehn Sekunden: „Wir brauchen das Geld ganz dringend. Und Libbie ist zu alt und Pel zu jung und Briek hatte Liebeskummer. Bei der Vorausscheidung hat sie noch selber mitgemacht und ..." Er warf mir das Päckchen zu. „Wie ich sehe, ist dir doch nicht kalt", sagte er, „trotzdem: Das hier steht dir garantiert besser als das Höschen." Ich riss das Papier auf. Und sah ein Shirt. Das schönste Shirt auf der Welt. Mit dem roten Streifen in der Mitte, der wie ein roter Teppich zum künftigen Erfolg führt. Ich kam mir vor wie bei einer Filmpremiere mit zuckenden Blitzlichtern. Ich ballte die Fäuste um die Schultern des Shirts. Yes! „Dreh es mal um", sagte der Scout. Hinten drauf stand mein Name: KOS. Und darunter eine 9.
[...]
Vor dem Eingang des Hotels hielt ein Taxi. Die Tür ging auf und Papa stieg aus. Ich rannte hin und umarmte ihn. „Ich hab's keine Sekunde mehr im Krankenhaus ausgehalten", sagte er. „Ich will bei euch sein. Mann, was hast du denn da an?!"
„Hab ich von ihm bekommen." Ich wies auf den Scout.
Papa und er gaben einander die Hand. „Kuyper", sagte der Scout, „von Ajax".
„Vater", sagte Papa, „von Kos". Die Männer grinsten sich an.
Papa zauste mir die Haare. [...]
Ich versuchte, alles durch Papas Augen zu sehen, und zu denken, was er dachte. Man stelle sich vor: Er hat zwei Wochen im Krankenhaus verbracht, die erste Woche starr vor Todesangst und die zweite Woche in tödlicher Langeweile. [...]
[...] und wenn er dann bedenkt, dass er siebentausend Euro Schulden hatte, bevor er ins Krankenhaus kam, dann glaubt er, dass er verrückt wird. Irre. Vor lauter Glück. Ich denke, dass Papa das dachte. [...]

Am Ende wird alles gut. Kos und Isabel werden ein Paar und auch der Vater lernt eine neue Frau kennen.

So, jetzt ist alles gesagt. Jetzt weißt du, dass es uns gut geht. Nicht besser als früher, weil das gar nicht geht, aber fast so gut wie früher. Du verstehst mich schon, das weiß ich. Immer. Viele Küsse! Von uns allen. *Klick.* ⊛

Hier findest du den vollständigen Liedtext von S. 122.

mehr Lieder und Gedichte: „Lieder und Gedichte über das Leben“ ► S. 122–137

Für mich soll's rote Rosen regnen (1968) Hildegard Knef

Mit sechszehn, sagte ich still:
Ich will,
will groß sein, will siegen,
will froh sein, nie lügen.
Mit sechzehn, sagte ich still:
Ich will,
will alles oder nichts.

Für mich soll's rote Rosen regnen,
mir sollten sämtliche Wunder begegnen,
die Welt sollte sich umgestalten
und ihre Sorgen für sich behalten.

Und später sagte ich noch:
Ich möchte verstehen, viel sehen, erfahren,
bewahren.
Und später sagte ich noch: Ich möcht
nicht allein sein und doch frei sein.

Für mich soll's rote Rosen regnen,
mir sollten sämtliche Wunder begegnen,
das Glück sollte sich sanft verhalten,
es soll mein Schicksal mit Liebe verwalten.

Und heute sage ich still:
Ich sollt
mich fügen, begnügen,
ich kann mich nicht fügen,
kann mich nicht begnügen:
will immer noch siegen.
will alles oder nichts.

Für mich soll's rote Rosen regnen,
mir sollten ganz neue Wunder begegnen,
mich fern vom Alten neu entfalten, von dem,
was erwartet, das meiste halten.
Ich will, ich will.

Stufen (1941) Hermann Hesse

Wie jede Blüte welkt und jede Jugend
Dem Alter weicht, blüht jede Lebensstufe,
Blüht jede Weisheit auch und jede Tugend
Zu ihrer Zeit und darf nicht ewig dauern.
Es muß das Herz bei jedem Lebensrufe
Bereit zum Abschied sein und Neubeginne,
Um sich in Tapferkeit und ohne Trauern
In andre, neue Bindungen zu geben.
Und jedem Anfang wohnt ein Zauber inne,
Der uns beschützt und der uns hilft, zu leben.

Wir sollen heiter Raum um Raum durchschreiten,
An keinem wie an einer Heimat hängen,
Der Weltgeist will nicht fesseln uns und engen,
Er will uns Stuf' um Stufe heben, weiten.
Kaum sind wir heimisch einem Lebenskreise
Und traulich eingewohnt, so droht Erschlaffen;
Nur wer bereit zu Aufbruch ist und Reise,
Mag lähmender Gewöhnung sich entraffen.

Info

Hermann Hesse (1877–1962) war ein deutsch-schweizerischer Schriftsteller, Dichter und Maler. Bekanntheit erlangte er mit Prosawerken wie „Siddhartha“ oder „Der Steppenwolf“ und mit seinen Gedichten. 1946 wurde ihm der Nobelpreis für Literatur verliehen. Das Gedicht „Stufen“ schrieb Hesse 1941 nach langer Krankheit.

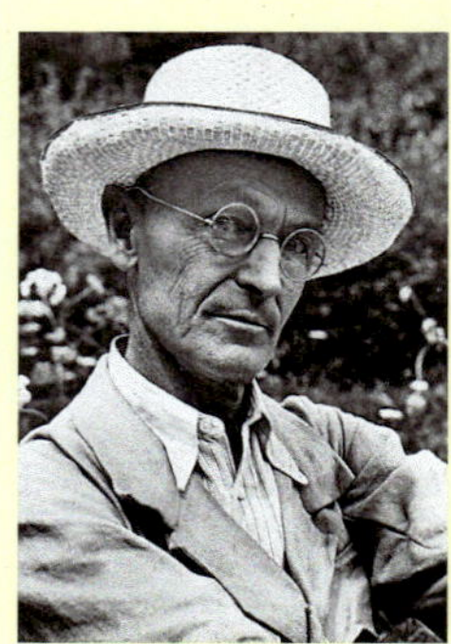

Hermann Hesse

Es wird vielleicht auch noch die Todesstunde
Uns neuen Räumen jung entgegen senden,
Des Lebens Ruf an uns wird niemals enden ...
Wohlan denn, Herz, nimm Abschied und gesunde! R

In vielen Gedichten von Nâzım Hikmet kommt das Meer vor. Hikmets Geburtsstadt Thessaloniki in Griechenland liegt am Meer.

ein Gedicht von Nâzım Hikmet: „Über dem Meer die bunte Wolke“ ► S. 127

Info

Nâzım Hikmet (1902 bis 1962) war ein türkischer Schriftsteller. Geboren wurde er am Ägäischen Meer, in Thessaloniki, das seit 1913 zu Griechenland gehört. Mit 12 Jahren schrieb Nâzım Hikmet seine ersten Gedichte. In Istanbul besuchte er später die Marineschule. Da er sich stark für die Freiheit unterdrückter Menschen einsetzte, musste er 1921 aus Istanbul fliehen. Wegen seiner politischen Tätigkeit wurde er in den folgenden Jahren immer wieder zu Gefängnisstrafen verurteilt, 1938 zu 28 Jahren Haft. Erst nach einem Hungerstreik und Protesten aus der ganzen Welt kam er als Schwerkranker 1950 frei. Ein Jahr später verließ er dann endgültig sein Heimatland und lebte bis zu seinem Tod in Moskau. Sein Wunsch, in seinem Heimatland begraben zu werden, wurde ihm nicht erfüllt. Nâzım Hikmet zählt zu den bedeutendsten Dichtern der Türkei.

Nâzım Hikmet

Betty Paoli (1814–1894) hat ihre Gedanken über das Leben in ihrem Gedicht „Carpe diem!“ „verdichtet“.

Carpe diem! Betty Paoli

Der Zukunft pocht dein Herz entgegen
Mit jedem Pulsschlag, jedem Hauch?
Gemach! ob Fluch ihr Teil, ob Segen
Weißt du es auch?

Weißt du, ob, wenn sie einst gekommen,
Die ferne Zeit, die du erkürst
Du nach dem Heute nicht, beklommen,
Dich sehnen wirst?

Solange dieser dunkeln Frage
Nicht Antwort wurde, voll und echt,
Leb' in dem Heut, und lass' dem Tage
Sein gutes Recht.

Info

Der Ausruf **„Carpe diem!“** ist eine lateinische Redewendung des römischen Dichters Horaz (65–8 v. Chr.), die auf Deutsch mit „Genieße (Pflücke) den Tag!“ übersetzt werden kann.

Betty Paoli

In der folgenden Kurzgeschichte geht es um einen entscheidenden Moment im Leben einer Hauptfigur.

mehr Kurzgeschichten: „Ein entscheidender Moment – Kurzgeschichten" ► S. 138–155

Der Schritt zurück (1976) Annette Rauert

Er stand ganz am Rand. Unter ihm die gleißende Wasseroberfläche. Wie geschmolzenes Blei sah es aus. In seinen Schläfen hämmerte es. Er hatte Angst, nackte Angst. Hinter sich hörte er die Stimme seines Trainers: „Spring!" Das Pochen nahm zu, gleich musste es seinen Kopf sprengen. Zwischen ihm und der Wassermasse gab es nur dieses kleine schwankende Brett, zehn Meter hoch.

Leute starrten nach oben. Sie warteten. Ihre Gesichter waren feindlich. Trotzdem fühlte er sich ihnen verpflichtet. Er musste springen, damit sie ihre Sensation bekamen. Er fühlte, dass er es nicht schaffen würde. Er war noch nicht so weit. Aber er musste beweisen, dass er ein Mann war. Lieber tot sein, als sich vor diesen Gesichtern blamieren. Nur noch ein paar Sekunden atmen, dachte er, mehr verlange ich gar nicht. Er blickte nach unten. Warum lächelte niemand? Lauter gespannte weiße Ovale mit harten Augen. Sie wissen, dass ich es nicht kann. Es wurde ihm schlagartig klar. Sie wissen, dass etwas passieren wird. Warum rief ihn niemand zurück?

Plötzlich tauchte ein neuer Gedanke in seinem Gehirn auf. Hatten so die Leute ausgesehen, die einer Hinrichtung beiwohnten? Waren ihre Augen so hart, so unbeteiligt gewesen? Ich bin doch einer von ihnen, wieso rufen sie mich nicht zurück? Sie wollen, dass ich mich selbst vernichte für sie. Sie verlangen, dass ich meine Angst bestrafe. Aber was werden sie nachher tun? Wenn es passiert ist, will niemand etwas dafürkönnen.

In ihm kam das Bedürfnis auf, zu schreien, die Menschen da unten aus ihrer Starre zu schreien. Sie sollten nicht das Recht haben, schuldlos an seinem Unglück zu sein. Wenn sie geschrien hätten, die Opfer der Millionen Hinrichtungen, sie hätten ihnen dieses Recht genommen.

Die Übelkeit in seinem Magen verstärkte sich, nicht mehr aus Angst, sondern aus Ekel vor der Feigheit der Masse da unten. Er hätte ausspucken mögen. Stumm, wie eine Herde blöder Schafe, standen sie da unten und warteten. Aber wenn er jetzt sprang und sich für ihre Gier opferte, war er dann nicht auch so feig wie sie? Ein Schritt nur, ein Schritt. Er war so einsam. Hätte ihn jetzt jemand gerufen, wäre noch alles gut gegangen, aber sie schwiegen. Seine Verachtung stieg ins Unermessliche.

Er forschte in seinem Gewissen: Wenn er sprang, war irgendetwas damit erreicht? Tat er damit etwas Falsches? Etwas Richtiges? Er wusste, was er tun sollte, warum sträubte er sich dagegen? Aber war das Springen heldenhaft, hatte es einen Sinn? Ein Schritt nur! Sein Fuß schob sich langsam vor.

Dann ging ein Ruck durch seine Gestalt. Er richtete sich auf und drehte sich um. Ganz bewusst. Seine Unsicherheit war von ihm gewichen, der Druck, der auf ihm lastete, verschwand. Langsam kletterte er die Leiter hinab und schritt durch die starre Gruppe.
Zum ersten Mal in seinem Leben trug er den Kopf hoch. Er begegnete den Blicken der anderen mit kühler Gelassenheit. Keiner sprach ein Wort oder lachte gar. Er fühlte sich so stark, als hätte er gerade die wichtigste Prüfung in seinem Leben bestanden. Er spürte so etwas wie Achtung vor sich selbst. Eines Tages würde er auch springen, das wusste er plötzlich.

Info

Wolfgang Borchert wurde 1921 in Hamburg geboren. Bereits mit 17 Jahren veröffentlichte er Gedichte. Mit 18 begann er eine Buchhändlerlehre und nahm Schauspielunterricht.
Als Zwanzigjähriger musste er als Soldat in den Zweiten Weltkrieg ziehen.
Dem politischen System gegenüber nahm er eine kritische Stellung ein.
Wegen staatsfeindlicher Äußerungen und Zersetzung der Wehrkraft wurde er verurteilt und inhaftiert. Er überlebte den Krieg verwundet und kam in französische Gefangenschaft. Es gelang ihm, von dort zu fliehen und die sechshundert Kilometer zu Fuß nach Hamburg zurückzulegen, wo er am 10. Mai 1945 schwerkrank ankam.
Er schrieb wieder. Zu seinen Gedichten kamen Kurzgeschichten hinzu. Bekannt sind vor allem „Das Brot“, „Nachts schlafen die Ratten doch“ oder „Die Küchenuhr“.
Sein Werk „Draußen vor der Tür“ – welches das Schicksal eines Kriegsheimkehrers thematisiert – wurde häufig gespielt und machte ihn berühmt.
Von seinen Verletzungen und Erkrankungen erholte er sich nie mehr. Einige Tage vor der Uraufführung von „Draußen vor der Tür“ starb Wolfgang Borchert im Alter von nur 26 Jahren in Basel (Schweiz).
Borchert gab seiner Generation, die vom Krieg geprägt war, eine Stimme.
Er ist einer der wichtigsten Vertreter der sogenannten Trümmerliteratur.

eine Kurzgeschichte von Wolfgang Borchert: „Nachts schlafen die Ratten doch“
► S. 140–142

Wolfgang Borchert

Wolfgang Borcherts Haltung gegenüber dem Krieg wird auch in dem folgenden Gedicht deutlich.

Dann gibt es nur eins! (1947) Wolfgang Borchert

Du. Mann an der Maschine und Mann in der Werkstatt. Wenn sie dir morgen befehlen, du sollst keine Wasserrohre und keine Kochtöpfe mehr machen – sondern Stahlhelme und Maschinengewehre, dann gibt es nur eins:
Sag NEIN!
Du. Mädchen hinterm Ladentisch und Mädchen im Büro. Wenn sie dir morgen befehlen, du sollst Granaten füllen und Zielfernrohre für Scharfschützengewehre montieren, dann gibt es nur eins:
Sag NEIN!
[...] ⊛

Zum Nachschlagen

Wissenswertes auf einen Blick

Gattungen und Texte erschließen, sich informieren

Gedichte

Gedichte ► S. 122–137, 288–289, 291

Vers: Die Zeilen eines Gedichts heißen Verse.
Strophe: Eine Strophe ist ein Gedichtabschnitt, der aus mehreren Versen (Zeilen) besteht. Ein Gedicht besteht häufig aus mehreren Strophen. Die Verszeilen sind oft durch Reime miteinander verbunden.
Reim: Zwei Wörter reimen sich, wenn sie vom letzten betonten Vokal an gleich klingen, z. B.: Bär – schwer, Zähne – Mähne.
Reimformen:

Reimformen ► S. 128, 130, 131, 133, 135, 136–137

Paarreim: aabb	umarmender Reim: abba	Kreuzreim: abab
Zwei aufeinanderfolgende Verse reimen sich, also ein Paar, z. B.: Berg a Zwerg a leise b Reise b	Ein Paarreim wird umschlossen von zwei Versen, die sich ebenfalls reimen, z. B.: Band a Lüfte b Düfte b Land a	Der 1. und 3. Vers sowie der 2. und 4. Vers reimen sich, also „über Kreuz“, z. B.: Zähne a Bär b Mähne a schwer b

Metrum und Rhythmus: Das **Metrum** gibt die **regelmäßige Reihenfolge von betonten** (x́) **und unbetonten** (x) **Silben** in Versen an. Es gibt verschiedene Metren (Versmaße), z. B. **Jambus** (xx́), **Trochäus** (x́x), **Daktylus** (x́xx).
Der **Rhythmus** beschreibt die **Sprechmelodie** eines Gedichts. Er ergibt sich aus dem **Metrum** und der Gestaltung einer Sprecherin oder eines Sprechers durch **Lautstärke** und **Sprechgeschwindigkeit**.

Metrum ► S. 130, 131, 137

Die **Kadenz** beschreibt das **Ende eines Verses** innerhalb eines Gedichts. Die Kadenz kann den **Rhythmus und die Wirkung eines Gedichts sowie die Lesart** verändern. Man unterscheidet dabei zwei Kadenzen:

Kadenz ► S. 130, 131, 137

- **männliche Kadenz:** Der Vers endet auf einer betonten Silbe:
  x x́ x x́ x x́ x x́ x x́ x x́
  „Auf immer, freier Mensch, wirst lieben du das Meer“
- **weibliche Kadenz:** Der Vers endet auf einer unbetonten Silbe:
  x́ x x́ x x́ x x́ x
  „Über dem Meer die bunte Wolke“

Lyrisches Ich: die Sprecherin oder der Sprecher in einem Gedicht. Wie ein Erzähler in Erzähltexten teilt das lyrische Ich seine Gefühle, Beobachtungen und Gedanken mit.

lyrisches Ich ► S. 122–123, 125, 127–128, 131, 133–134, 136–137

Stilmittel Enjambement: Satzende und Versende fallen nicht zusammen. Der Satz wird im folgenden Vers fortgeführt. Vers 1: Darum – Vers 2: gebe ich ...
Stilmittel Wiederholung: Ein Wort oder eine Wortgruppe werden in einem Vers oder einer Strophe mehrmals genannt. Die Wiederholung hat eine verstärkende Wirkung.
Du bist jung und ich bin alt. Du bist ...
Sprachliche Bilder sind Wörter oder Wortgruppen, die nicht in ihrer eigentlichen, sondern **in einer übertragenen Bedeutung verwendet werden**.
Texte wirken durch sprachliche Bilder anschaulicher. In der Fantasie können so Bilder von den beschriebenen Lebewesen, Gegenständen, Stimmungen und Gefühlen entstehen.
- Bei einem **Vergleich** werden zwei verschiedene Vorstellungen miteinander verknüpft, z. B. durch **wie**: Mein Herz ist wie die Sonne.
- Bei einer **Metapher** wird ein Wort oder eine Wortgruppe aus dem Zusammenhang herausgenommen und auf etwas anderes übertragen, z. B.: ein Meer von Liebe.
- Bei einer **Personifikation** wird ein Gegenstand, ein Tier oder eine Pflanze als Person dargestellt und vermenschlicht, z. B.: Ein Auge winkt.

Enjambement ► S. 131, 137
Wiederholung ► S. 127–128, 131, 134, 137
sprachliche Bilder ► S. 125, 128, 130, 131, 135, 136
Minnelyrik ► S. 183, 184–185, 189

Kurzgeschichten

Eine **Kurzgeschichte** ist eine knappe, moderne Erzählung mit bestimmten Merkmalen. Kurzgeschichten handeln meist von einem **kurzen Ausschnitt aus einem Geschehen aus dem Alltag**, das oft zu einem **entscheidenden Moment** im Leben einer oder mehrerer Figuren wird. Weitere Kennzeichen sind ein **unvermittelter Anfang** und ein **offenes Ende**, das viele Deutungsmöglichkeiten zulässt.

Kurzgeschichten ► S. 138–155, 290–291
Kalendergeschichten ► S. 172–173, 174–177, 181
Anekdoten ► S. 172–173, 178, 181
Artusroman ► S. 186–188
Drama ► S. 156–171

Der Textknacker

1. Schritt: Vor dem Lesen. Du siehst dir den **Text als Ganzes** an.
- Was weißt du schon über das **Thema**?
- Was erzählen dir die **Bilder** und die **Überschrift**?
- Worum könnte es gehen?

2. Schritt: Das erste Lesen

Sachtexte

Du **überfliegst** den Text **oder liest** ihn **einmal** durch.
- Was fällt dir auf?
- Was kennst du schon?
- Worum geht es?
- Ist der Text für deine Fragestellung oder deinen Arbeitsauftrag geeignet?

literarische Texte

- Du **liest** den Text **einmal** durch.
- Was fällt dir auf?
- Worum geht es?

3. Schritt: Den Text genau lesen

Sachtexte

Du achtest auf:
- die **Überschrift**
- die **Absätze**
- die **Schlüsselwörter**
- **unbekannte Wörter**

literarische Texte

Du fragst nach:
- den **Handlungsbausteinen**
- den **Gattungsmerkmalen**
- der **Sprache**

4. Schritt: Nach dem Lesen. Du **arbeitest mit dem Inhalt** des Textes.
- Du arbeitest mit deinen Arbeitsergebnissen aus dem 2. und dem 3. Schritt weiter.
- Du prüfst, ob die Informationen für deine Fragestellung oder deinen Arbeitsauftrag ausreichen.
- Du erfüllst deinen Arbeitsauftrag.

Sachtexte erschließen ► S. 17–18, 24–25, 46–49, 64–67, 96–97, 196–197, 280–281, 282–283, 284–285
literarische Texte erschließen ► S. 80–92, 110–111, 114, 119, 138–155, 156–170, 174–177, 278–279, 286–287, 290–291
Handlungsbausteine ► S. 294
einen erzählenden Text analysieren und interpretieren ► S. 89
ein Gedicht analysieren und interpretieren ► S. 128
Fachbegriffe erschließen ► S. 72

Eine Grafik mit dem Textknacker erschließen

Grafiken können zusätzliche Informationen zu Sachtexten enthalten.
1. Schritt: Vor dem Lesen. Du siehst dir die **Grafik als Ganzes** an.
- Was erzählt dir die **Überschrift**? Worum könnte es gehen?

2. Schritt: Das erste Lesen. Du **siehst** dir die Grafik **genauer** an.
- Was kennst du schon?
- Welche **Angaben** enthält die Grafik? Du findest sie unter oder neben der Grafik.
- Worüber informiert die Grafik?

3. Schritt: Die Grafik genau lesen. Du **untersuchst** die Grafik genau.
- **Schlage** unbekannte **Abkürzungen oder Wörter** im Wörterbuch **nach**.
- Welche Fragen kannst du mit Hilfe der Grafik beantworten? **Stelle Fragen** an die Grafik.

4. Schritt: Nach dem Lesen. Du **arbeitest mit dem Inhalt** der Grafik.
- **Beantworte** die **Fragen**, die du an die Grafik gestellt hast.

Grafiken erschließen
► S. 31, 32, 36, 64–67, 196–198, 280

Einen literarischen Text verstehen: Handlungsbausteine

Die fünf **Handlungsbausteine** finden sich in vielen literarischen Texten und enthalten das Wichtigste der Handlung. Mit diesen Fragen ermittelst du die Handlungsbausteine:
- Wer ist die **Hauptfigur**? In welcher **Situation** steckt sie?
- Welchen **Wunsch** hat sie?
- Welches **Hindernis** ist ihr im Weg?
- Wie **reagiert** die Hauptfigur auf das Hindernis? Wie versucht sie, es zu überwinden?
- Wie **endet** die Geschichte? Ist die Hauptfigur erfolgreich?

Handlungsbausteine
► S. 86–87, 174–175, 201–203

Die Erzählperspektiven

- Der **Er-/Sie-Erzähler** als **personaler Erzähler** ist nicht am Geschehen beteiligt. Der personale Erzähler beschreibt das Geschehen als außenstehender Betrachter und erzählt von allen Figuren in der Er- oder Sie-Form. Der Er-/Sie-Erzähler als personaler Erzähler weiß nicht mehr als die handelnden Personen. Sabine war sich ihrer Sache sicher, sie sah die alte Dame mit dem Geldbeutel hantieren und wusste, das wird ihr Opfer.
- Der **Er-/Sie-Erzähler** als **auktorialer Erzähler**: Der Erzähler ist **allwissend**. Manchmal greift er kommentierend in das Geschehen ein. Dabei wird das Erzählte bewertet. Er kann sowohl in die Vergangenheit als auch in die Zukunft blicken. Die Taschendiebin war sich ihrer Sache sicher, sie sah die alte Dame mit dem Geldbeutel hantieren und wusste: „Das wird mein Opfer". Was sie nicht wusste, war, dass die „alte Dame" eine verkleidete Polizistin war.
- Der **Ich-Erzähler** ist am Geschehen beteiligt. Er oder sie beschreibt das Geschehen aus seiner oder ihrer Sicht. Ich sah die alte Dame mit ihrem Geldbeutel hantieren und beschloss, dass sie mein Opfer wird.

Erzählperspektive
► S. 148, 155

Im Internet recherchieren

- Mit einer **Suchmaschine** kannst du gezielt nach Informationen suchen.
- Gib ein **Stichwort** oder mehrere Stichworte ins **Suchfeld** ein.
- Die gefundenen Seiten werden als **Links** angezeigt.
- Prüfe, ob die angezeigten Links **Wichtiges für dein Thema** enthalten könnten.
- Überprüfe die **Glaubwürdigkeit** der Seiten: Wer hat sie wann erstellt?
- Lies die passenden **Internettexte** mit Hilfe des **Textknackers**.
- **Fasse** deine gefundenen **Informationen** in eigenen Worten **zusammen**.
- **Nenne** den **Autor** oder den **Namen** der Internetseite bzw. Informationsquelle.

im Internet recherchieren
► S. 30, 40, 43, 49–51, 61, 67, 101, 104–105, 107, 180, 182, 185, 188, 243, 276–277

Textknacker ► S. 293

Ideen sammeln, planen, schreiben, überarbeiten

Mit einem Cluster Ideen sammeln

- Nimm dir ein **leeres Blatt Papier**.
- Schreibe in die **Mitte** ein **Wort** oder eine **Wortgruppe** (Kernwort), z. B. Freundschaft. **Kreise** das **Wort** oder die Wortgruppe **ein**.
- **Schreibe** nun die **Wörter rund um das Wort auf**, die dir dazu einfallen.
- **Verbinde** die **neuen Wörter** durch Striche mit dem **Kernwort**.
- Manchmal kannst du auch zu den neuen Wörtern **weitere Wörter** finden.

Cluster ► **S. 53, 63, 67**

Mit einer Mindmap (Gedankenlandkarte) Ideen sammeln

- Schreibe das **Thema in die Mitte** eines leeren Blattes. **Rahme** das Thema **ein**.
- Zeichne **Linien** von der Mitte, also vom Thema aus.
- Schreibe wichtige **Stichworte** oder **Fragen** zum Thema auf die Linien.
- Zeichne **Abzweigungen** von den Linien.
- Schreibe **Unterpunkte** auf die Abzweigungen.

Mindmap ► **S. 27, 29, 33, 34, 39, 42, 198**

eine Figurenkonstellation visualisieren (Concept Map) ► **S. 165**

Ein Plakat gestalten

- Finde eine passende **Überschrift**.
- Entscheide, welche **Texte** und welche **Bilder** auf das Plakat sollen.
- Überlege, wie du **Überschrift, Texte und Bilder anordnen** willst.
- Schreibe **groß** genug und **gut lesbar**. Nimm andere Stifte für **Hervorhebungen**.

Plakat ► **S. 18, 105, 125, 200, 243**

Schlüsselwörter finden, Stichworte formulieren

Stichworte unterstützen dein Gedächtnis. Sie sind dein „**Geländer**".

- Formuliere Stichworte **kurz und knapp**:
  Was ist **das Wichtigste**? Was sind **Schlüsselwörter**?
  Dabei helfen dir auch die W-Fragen: **Wo? Was? Wie? Warum? ...**
- Schreibe **nur einzelne Wörter**, höchstens **Wortgruppen** auf.

Schlüsselwörter finden, Stichworte formulieren ► **S. 17, 29–30, 32, 67, 191, 198**

Einen informierenden Text schreiben

1. Schritt: Das Thema aussuchen
- Entscheide, über **welches Thema** du informieren möchtest, und sammle Informationen.

2. Schritt: Die Informationen für die Adressaten auswählen
- Überlege: **Wen** möchtest du mit deinem Text informieren?
- Welche **Informationen** könnten **interessant** sein?

3. Schritt: Den Text gliedern
- **Ordne** deine Informationen und **schreibe eine Gliederung** auf.

4. Schritt: Den Text schreiben
- Finde eine **Überschrift**. Sie sollte deutlich machen, was man vom Text erwarten kann.
- Formuliere eine **Einleitung**, die zum Weiterlesen anregt.
  Du kannst z. B. eine zentrale Fragestellung formulieren.
- Schreibe den **Hauptteil**.
  · Formuliere **einfache und klare Sätze**. Verwende die **nötigen Fachbegriffe**.
  · Lasse **unwichtige Informationen** weg. Schreibe **sachlich**.
- Schreibe zum **Schluss** einen zusammenfassenden Satz oder eigene Gedanken auf.

einen informierenden Text schreiben ► **S. 34–35, 38, 43**

Schriftlich Stellung nehmen

1. Schritt: Die Einleitung schreiben
- Nenne das **Thema**.
- Schreibe dann deine **Meinung** auf.

2. Schritt: Den Hauptteil schreiben
- Formuliere zu deiner Meinung eine Argumentationskette mit **überzeugenden Argumenten**. Ein Argument besteht aus einer **Behauptung** (1), einer nachvollziehbaren **Begründung** (2) und einem anschaulichen **Beispiel** (3).

3. Schritt: Den Schluss schreiben
- Am Schluss formulierst du eine **Schlussfolgerung**, die sich aus deiner Argumentationskette ergibt.
- Du kannst zum Schluss etwas empfehlen oder einen Vorschlag machen.

schriftlich Stellung nehmen ► S. 273

(1) Radfahren mit Pedelecs ist nicht anstrengend.

(2) Weil man einen Motor dazuschalten kann.

(3) Das erleichtert z. B. das Bergauffahren.

Eine Erörterung schreiben

In einer **linearen Erörterung** setzt du dich mit einem Sachverhalt auseinander. Oft ist dies eine W-Frage zu einem Thema.

1. Schritt: Die Erörterung planen
- Sammle zunächst mehrere Argumente, die zu deiner Frage passen.
- Wähle dann die wichtigsten Argumente aus und ordne sie nach ihrer Überzeugungskraft.

2. Schritt: Die Erörterung schreiben
- Deine **Einleitung** soll Neugier wecken. Du kannst z. B. auf aktuelle Informationen oder Hintergründe eingehen. Schreibe, worum es geht: **Nenne** die **Frage**, das **Thema** und die **Textsorte**, wenn du dich auf einen Text beziehst.
- Führe im **Hauptteil** zur Beantwortung der Frage **mehrere überzeugende Argumente** (Behauptung, Begründung, Beispiel) an. Beginne mit dem schwächsten Argument; nenne das stärkste Argument zuletzt.
- Im **Schlussteil** formulierst du deine **Schlussfolgerung**, die sich aus deinen Argumenten ergibt. Zusätzlich kannst du etwas empfehlen oder einen Vorschlag machen.

eine lineare Erörterung schreiben ► S. 70–71, 74, 75–77

In einer **dialektischen Erörterung** setzt du dich mit einer These zu einer strittigen Frage auseinander, indem du dazu Kontra- und Pro-Argumente darstellst.

1. Schritt: Die Erörterung planen
- Formuliere deine Antwort auf die Frage zunächst als These.
- Sammle zunächst mehrere Argumente für deine These (Pro) und gegen deine These (Kontra).
- Wähle dann die wichtigsten Argumente aus und ordne sie nach ihrer Überzeugungskraft.

2. Schritt: Die Erörterung schreiben
- Deine **Einleitung** soll Neugier wecken. Du kannst z. B. auf aktuelle Informationen oder Hintergründe eingehen. Schreibe, worum es geht: **Nenne** die **Frage**, das **Thema** und die **Textsorte**, wenn du dich auf einen Text beziehst.
- Führe im **Hauptteil** zur Erörterung deiner These jeweils **mehrere überzeugende Pro-Argumente** und **Kontra-Argumente** (Behauptung, Begründung, Beispiel) an. Beginne mit dem stärksten Argument der Gegenseite; nenne das schwächste zuletzt. Stelle dann die Argumente deiner These dar. Beginne mit dem schwächsten Argument.
- Im **Schlussteil** formulierst du deine **Schlussfolgerung**, die sich aus deinen Argumenten ergibt. Zusätzlich kannst du etwas empfehlen oder einen Vorschlag machen.

eine dialektische Erörterung schreiben ► S. 78–79

Beachte bei deiner Darstellung: Verwende Textverknüpfer. Schreibe sachlich. Achte auf eine korrekte Rechtschreibung und Grammatik.

Eine Inhaltsangabe schreiben

Eine Inhaltsangabe informiert kurz über den **wesentlichen Inhalt eines Textes.**
- In der **Einleitung** nennst du **Autor, Titel, Textsorte** und **Thema**.
- Im **Hauptteil** fasst du die **wichtigsten Ereignisse** der Handlung zusammen. Informationen, die für den Handlungsverlauf nicht wichtig sind, lässt du weg.
- Am Schluss gehst du auf das Ende des Textes ein. Beziehe dabei auch das **Verhalten der Hauptfigur** ein.
- Beachte die **sprachlichen Mittel**:
  - Schreibe **sachlich und erfinde nichts dazu.**
  - **Vermeide wörtliche Rede** und **verwende** die **indirekte Rede.**
  - Schreibe im **Präsens.**

eine Inhaltsangabe schreiben ► **S. 147, 154, 155, 176, 246**

Eine Figurencharakterisierung schreiben

In einer schriftlichen Figurencharakterisierung **fasst** du die äußeren und inneren Merkmale einer Figur **zusammen, belegst** deine **Aussagen** durch **geeignete Textstellen** und **bewertest** eine Figur. Eine Figurencharakterisierung gliederst du so:
- In der **Einleitung** nennst du den **Autor** und den **Titel des Textes** sowie den **Namen** der Figur.
- Im **Hauptteil** beschreibst du die **äußeren Merkmale** der Figur (z. B. Alter, Aussehen, Lebensumstände, Familie, Verhältnisse ...) und stellst die **inneren Merkmale** (z. B. Gefühle, Gedanken, Verhaltensweisen, Wünsche, Sprache ...) dar. Du beschreibst das **Verhältnis** und die **Beziehungen** der **Figur zu anderen Figuren** (Figurenkonstellation).
- Am **Schluss** beschreibst du, wie die **Figur auf dich wirkt**. Du **bewertest** die Figur und fasst ihre **Bedeutung** für das Werk zusammen.
- Die Charakterisierung schreibst du im **Präsens.**

eine Figuren-charakterisierung schreiben ► **S. 143, 149**

Figuren beschreiben und charakterisieren ► **S. 140–143, 149, 154**

Eine Textbeschreibung verfassen

In einer Textbeschreibung analysierst und interpretierst du einen Text. Schreibe **sachlich** und im **Präsens.**

Textbeschreibung zu einem Gedicht:
In der **Einleitung** nennst du den **Titel**, die **Autorin** oder den **Autor**, die **Textsorte** und das **Thema.**
Hauptteil:
- Gib den **Inhalt** Strophe für Strophe in eigenen Worten wieder.
- Formuliere deine Analyse und Interpretation, z. B. können diese Aspekte eine Rolle spielen:
  - Arbeite den **Aufbau** des Gedichts (Strophen, Verse, Reimformen) und die **sprachlichen Mittel** (Vergleiche, Personifikationen ...) heraus.
  - Überlege auch, welche **Wirkung** und **Bedeutung** der Aufbau und die Sprache haben.
  - **Belege** deine Aussagen **mit dem Text** (Zitate, Versangaben).
  - **Fasse** die **Aussage** des Gedichts **zusammen.**

Im **Schlussteil** kannst du schreiben, wie das Gedicht auf dich wirkt oder was dich zum Nachdenken anregt.

ein Gedicht analysieren und interpretieren ► **S. 128**

eine Textbeschreibung zu einem Gedicht verfassen ► **S. 132–135**

Textbeschreibung zu einem erzählenden Text:
In der **Einleitung** nennst du den **Titel**, die **Autorin** oder den **Autor**, die **Textsorte** und das **Thema.**
Hauptteil:
- Gib den **Inhalt** in eigenen Worten wieder.

einen erzählenden Text analysieren und interpretieren ► **S. 89**

eine Textbeschreibung zu einem erzählenden Text verfassen ► **S. 94–95, 201–207**

- Formuliere deine Analyse und Interpretation, z. B. können diese Aspekte eine Rolle spielen:
  - Beschreibe den **Raum** / den **Ort** und die **Zeit**.
  - Beschreibe die **Figuren** und ihr Verhältnis zueinander.
  - Beschreibe den **Erzähler**.
  - Stelle die **sprachlichen Besonderheiten** dar (z. B. Wortwahl, Satzbau ...).
  - Überlege bei allen Aspekten, welche **Wirkung** und **Bedeutung** die Gestaltung jeweils hat.
- **Belege** deine Aussagen **mit dem Text** (Zitate, Zeilenangaben).
- **Fasse** die **Aussage** des Textes **zusammen**.

Im **Schlussteil** kannst du schreiben, wie der Text auf dich wirkt oder was dich zum Nachdenken anregt.

Einen Interpretationsaufsatz schreiben

In einem Interpretationsaufsatz analysierst und interpretierst du einen Text. Schreibe sachlich und im **Präsens**.

Interpretationsaufsatz zu einem Gedicht:

- In der **Einleitung** nennst du den **Titel**, das **Erscheinungsjahr** (wenn möglich), die **Autorin** oder den **Autor**, die **Textsorte**, und das **Thema**.

Im **Hauptteil analysierst** und **interpretierst** du das Gedicht inhaltlich und sprachlich:

- Gib den **Inhalt** Strophe für Strophe in eigenen Worten wieder.
- Formuliere deinen **Interpretationsansatz** (Deutungshypothese).
- Arbeite den **Aufbau** des Gedichts (Strophen, Verse, Enjambements, Reimformen, Metrum, Rhythmus, Kadenz) sowie die **sprachlichen Mittel** (Wiederholungen, Vergleiche, Personifikationen, Metaphern ...) heraus.
- **Belege** deine Aussagen **mit dem Text** (Zitate, Versangaben).
- **Erläutere** die **Wirkung** und die **Bedeutung** der Gestaltungsmittel und stelle immer wieder einen Bezug zum Inhalt und zur Aussage des Gedichts her.
- Beziehe dich auf deinen **Interpretationsansatz** und **interpretiere zusammenfassend** die Aussage des Gedichts (Fazit).

ein Gedicht analysieren und interpretieren ► S. 128

einen Interpretationsaufsatz zu einem Gedicht schreiben ► S. 136–137

Interpretationsaufsatz zu einem erzählenden Text:

In der **Einleitung** nennst du den **Titel**, das **Erscheinungsjahr** (wenn möglich), die **Autorin** oder den **Autor**, die **Textsorte**, und das **Thema**.

Hauptteil:

- Gib die äußere und innere Handlung in einer knappen **Inhaltsangabe** wieder.
- Formuliere deinen **Interpretationsansatz** (Deutungshypothese).
- Formuliere deine Analyse und Interpretation, z. B. können diese Aspekte eine Rolle spielen:
  - Untersuche die **Raumgestaltung** (z. B. Atmosphäre ...) und **Zeitgestaltung** (z. B. Rückblenden, Vorausdeutungen ...).
  - Charakterisiere die **Figuren** und ihr Verhältnis zueinander.
  - Beschreibe den **Erzähler** und bestimme die **Erzählperspektive**.
  - Stelle die **sprachlichen Besonderheiten** dar (z. B. Satzbau, Wortwahl ...).
  - Gehe auf die **Textsorte** ein (z. B. Kurzgeschichte ...).
  - Überlege bei allen Aspekten, welche **Wirkung und Bedeutung** die Gestaltung jeweils hat, und stelle immer wieder einen Bezug zum Inhalt und zur Aussage des Textes her.
  - **Belege** deine Aussagen **mit dem Text** (Zitate, Zeilenangaben).
  - **Beziehe** dich auf deinen **Interpretationsansatz** und **interpretiere** den Text (Fazit).

Im **Schlussteil** rundest du deinen Interpretationsaufsatz ab. Du kannst auch schreiben, wie der Text auf dich wirkt oder was dich zum Nachdenken anregt.

einen erzählenden Text analysieren und interpretieren ► S. 89

einen Interpretationsaufsatz zu einem erzählenden Text schreiben ► S. 153–155

Eine Erzählung mit den Handlungsbausteinen planen und schreiben

1. Schritt: Lege eine **Mindmap mit den Grundideen** für deine Erzählung an. Berücksichtige dabei die **Handlungsbausteine** und **notiere Stichworte**.
2. Schritt: Lege für jeden Handlungsbaustein eine **Karte** an.
3. Schritt: Notiere deine **Ideen in ganzen Sätzen** auf deine Karten.
4. Schritt: Überlege dir den **Aufbau** deiner Erzählung (Reihenfolge der Handlungsbausteine).
5. Schritt: Erzähle mit Hilfe deiner Karten **ausführlich**.
- Achte auf treffende Adjektive, wörtliche Rede, unterschiedliche Satzanfänge.
- Schreibe im Präteritum.

eine Erzählung mit den Handlungsbausteinen planen und schreiben ► S. 177
Handlungsbausteine ► S. 294

Einen inneren Monolog schreiben

Mit einem inneren Monolog gibst du den **Gedankenfluss einer Figur** in der **Ich-Form** wieder. Dafür **versetzt** du **dich** in die **Figur hinein** und **stellst ihre Gedanken**, **Gefühle** und **Wahrnehmungen** in einer bestimmten Situation möglichst genau **dar**:
- Was geht im Kopf der Figur vor? Was beschäftigt sie?
- Was fühlt die Figur? Was ist ihr wichtig?

Die **einzelnen Gedanken** in einem inneren Monolog sind **nicht sortiert** und können **durcheinandergeraten**, **abschweifen** oder **abbrechen**.
Verwende das **Präsens** und formuliere so, dass es zur Figur und zum Text passt.

einen inneren Monolog schreiben ► S. 85, 90

Einen Paralleltext schreiben

Bei einem Paralleltext verwendest du denselben **Schreibstil** wie die Autorin oder der Autor und bearbeitest dasselbe **Thema**. Ein Paralleltext hat dieselbe **Form** wie der Originaltext.
- Parallelgedichte: Strophen, Reimformen, Stilmittel, sprachliche Bilder
- Erzählungen: Sprache (Satzlänge, wörtliche Rede oder indirekte Rede ...) und Zeitform

gestaltend interpretieren ► S. 85

Zitieren

Beim wörtlichen **Zitieren** übernimmst du aus anderen Texten (z. B. aus Büchern, Zeitungen) Wörter, Wortgruppen oder Sätze in deinen Text, ohne sie zu verändern. Damit die fremden Textteile zu erkennen sind, musst du sie in **Anführungszeichen** setzen. Wenn du Wörter in einem Zitat auslässt, füge an der Stelle **[...]** ein.
Gib in Klammern die **Quelle** und die **Textstelle** (Seiten- und Zeilenzahl) an, die du zitierst.

Wenn du den Inhalt aus einem Text **in eigenen Worten** wiedergibst, ist es wichtig, anzugeben, auf welche **Textstelle einer Quelle** du dich beziehst. Dafür verwendest du die Form **(vgl. Zeile X / vgl. Z. X)** oder **(vgl. Seite X / vgl. S. X)**.
Die Abkürzung **vgl.** steht für **vergleiche**.

zitieren ► S. 35, 37, 43, 94, 148, 152, 160, 169, 192
ein Quellenverzeichnis erstellen ► S. 43

Texte überarbeiten in der Schreibkonferenz

Regel 1: Die Autorin oder der Autor liest ihren/seinen Text vor.
Regel 2: Sagt zuerst, was euch an dem Text gefällt.
Regel 3: Arbeitet gemeinsam an dem Text.
- **Schreibt auf**, worauf ihr bei der jeweiligen Textsorte (z. B. informierender Text, Inhaltsangabe) **achten** müsst.
- Achtet auf die **sprachlichen Mittel** (z. B. Wortwahl, Zeitform) und die **Rechtschreibung**.

Regel 4: Die Autorin oder der Autor schreibt den überarbeiteten Text ab.

Schreibkonferenz ► S. 155, 205, 206–207, 208–209

Präsentieren und miteinander arbeiten

Ein Referat vorbereiten

1. Schritt: Das Thema aussuchen – Wähle ein interessantes Thema aus.
2. Schritt: Informationen beschaffen – Suche geeignete Texte.
3. Schritt: Informationen aus Texten entnehmen
- Lies die Texte mit dem Textknacker.
- Schreibe die wichtigsten Informationen auf Karteikarten.

4. Schritt: Das Referat gliedern und die Notizen ordnen
- Entscheide, welche Informationen du präsentieren möchtest.
- Gliedere dein Referat und ordne deine Informationen.

5. Schritt: Überschrift, Einleitung und Schluss formulieren
- Formuliere eine Überschrift, die deutlich macht, um welches Thema es geht.
- Sage in der Einleitung, was du genau vorstellen möchtest.
- Formuliere Sätze für einen Schluss. Du kannst z. B. einen Appell formulieren.

6. Schritt: Das Referat vorbereiten
- Bereite die Materialien vor (z. B. Präsentationsfolien).
- Übe, dein Referat möglichst frei zu sprechen.

ein Referat vorbereiten ► S. 50, 96, 274

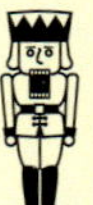

Textknacker ► S. 293

ein Handout erstellen ► S. 50

Eine Präsentation mit dem Computer gestalten

- Wähle eine gut lesbare **Schriftgröße** (ab 24 Punkt).
- Die **Überschrift** sollte **noch größer** sein (ab 36 Punkt).
- Wähle eine gut lesbare **Schriftart** (z. B. mit wenig Schnörkeln) und **Schriftfarbe**.
- Wähle einen **Zeilenabstand** von mindestens 1,5 Zeilen.
- Wähle für alle Folien denselben **Hintergrund**, möglichst mit hellen Farben.
- Auf den Folien darf **nicht zu viel Text** stehen. Schreibe Stichworte auf und verwende **Aufzählungszeichen**.
- Füge **Materialien zur Veranschaulichung** an passenden Stellen ein (z. B. Fotos, Videos oder Tonaufnahmen) und sei **sparsam** mit **Animationen**.

eine Präsentation mit dem Computer gestalten ► S. 39–41

einen Blog einrichten ► S. 107

Eine Präsentation frei vortragen

- Stelle dich so hin, dass alle dich gut **sehen** können.
- Versuche, **frei zu sprechen** und wenig abzulesen.
- **Sieh** beim Sprechen **die Zuhörerinnen und Zuhörer an.**
- **Sprich langsam und deutlich.**
- Orientiere dich an deinen **Stichworten.**
- Zeige an den **passenden Stellen deine Materialien zur Veranschaulichung.**
- **Erkläre, was diese zusätzlichen Materialien zeigen** sollen.
- Präsentiere nicht zu schnell. **Das Publikum** muss die Materialien oder Folien **lesen können.**

frei vortragen ► S. 41

Feedback geben

- Gib nur dann ein Feedback, wenn dich jemand **darum bittet.**
- Beginne mit **positiven Eindrücken.**
- Beschreibe **sachlich**, was dir aufgefallen ist. Werte nicht.
- Kritisiere nur, was der **Feedback-Empfänger verändern** kann.
- Sprich **nicht zu viel** auf einmal an.
- Formuliere brauchbare **Verbesserungsvorschläge.**
- Verwende **Ich-Botschaften.**

Feedback geben ► S. 40–41, 43, 50, 55, 93, 121, 170, 191, 208–209

Kritik annehmen ► S. 208

das Modell „Das innere Team“ anwenden ► S. 18

Szenisches Spiel

Ein Standbild bauen

- **Seht** euch **die Situation genau an**. Entscheidet euch, **wer welche Person darstellt**.
- **Achtet** besonders auf **Gestik** und **Mimik**.
- Die Darsteller/-innen **stellen sich unbeweglich auf**, wie eine Figur in einem Museum.
- Die anderen Mitschülerinnen und Mitschüler **beraten** die Darstellerinnen und Darsteller, damit Gestik und Mimik möglichst genau mit der Vorlage übereinstimmen.

Standbild
► S. 159

Szenisch lesen

Beim szenischen Lesen wird der Text in verteilten Rollen gelesen.
- Übt, den Text eurer Rolle **gut** zu **lesen**. Fügt in euren Text Betonungszeichen ein.
- Drückt mit eurer **Stimme** Gefühle aus, die zu eurer Figur, zur Handlung und zur Regieanweisung passen.
- Verändert das **Sprechtempo** und die **Lautstärke** passend zur Figur.
- **Lest** den Text aller Figuren **mit**. Achtet darauf, wann ihr dran seid.

szenisch lesen
► S. 165, 167, 170

↗ lauter
↙ leiser
→ schneller
← langsamer
|| Sprechpause

Szenisches Spiel, szenisch interpretieren

- Legt fest, welche **Figuren** es gibt und wer welche **Rolle** spielt.
- Notiert, was die Figuren **sagen**, **denken** und wie sie sich **fühlen**.
- **Bereitet** eure **Rollen** zuerst allein **vor**. Sprecht den Text mehrfach.
- Übt nun das gemeinsame Spiel. Setzt die **Regieanweisungen** um, drückt die Gefühle der Figuren durch **Betonung**, **Körpersprache** und **Gesichtsausdruck** aus.

szenisches Spiel
► S. 166–167, 170
Rollenspiel
► S. 19, 54–55

Rechtschreiben

Die Arbeitstechniken

Nachschlagen

- Im Wörterbuch oder im Lexikon sind die Wörter **alphabetisch** geordnet. Suche das Wort unter dem richtigen Buchstaben des Alphabets. Die Buchstaben stehen auf jeder Seite oben oder unten am Rand.
- **Kopfwörter** auf jeder Seite oben oder am Rand zeigen an, ob das gesuchte Wort auf den aufgeschlagenen Seiten steht oder ob du weiterblättern musst.
- Wenn Wörter mit demselben Buchstaben beginnen, musst du dich nach dem zweiten Buchstaben richten. Manchmal sogar nach dem dritten oder vierten Buchstaben.

nachschlagen
► S. 29, 198, 235, 236–237

Mit dem Rechtschreibprogramm am Computer arbeiten

- Klicke im Menü **Überprüfen** auf den ABC-Button **Rechtschreibung und Grammatik**.
- Es öffnet sich ein Fenster, in dem Vorschläge zur Verbesserung gemacht werden. Willst du das Wort verbessern, klicke auf **Ändern**.
- Manchmal markiert das **Rechtschreibprogramm** Wörter als falsch, weil das Programm diese Wörter nicht kennt (z. B. Namen). Klicke auf den Button **Hinzufügen zum Wörterbuch**. Dann werden diese Wörter nicht mehr als Fehler markiert.

Das Partnerdiktat

Partnerdiktat ► S. 214, 216, 219

Ein Partner diktiert.	**Der andere Partner schreibt.**
- Setze dich so hin, dass du **gut sehen** kannst, was dein Partner schreibt.	
- **Lies** den ersten Satz **vor**.	- **Höre** dir den **Satz** in Ruhe **an**.
- **Diktiere** bei Texten nacheinander die **Sinneinheiten**.	- **Schreibe** nun **Sinneinheit für Sinneinheit** auf.
- Denke an die **Satzzeichen**.	- Höre auf die **Satzzeichen**. - Schreibe nur in jede zweite Zeile.
- **Lies** bei Wörterlisten die **ganze Liste vor**.	- **Höre** dir die **Wörter** in Ruhe **an**.
- **Diktiere** dann **Wort für Wort**.	- **Schreibe Wort für Wort**.
- **Lies** bei Wörterreihen die **ganze Reihe vor**.	- **Höre** dir die **ganze Wörterreihe** in Ruhe an.
- **Diktiere** die **einzelnen Wörter** der Reihe.	- **Schreibe** nacheinander die **einzelnen Wörter** der Wörterreihe **auf**. - **Sage „Stopp!“**, wenn du nicht mitkommst.
- Bei einem **Fehler sage** sofort **„Stopp!“**. - **Lass** deinem Partner **Zeit**, den Fehler zu finden.	- **Lies** das zuletzt Geschriebene und versuche, den **Fehler zu finden**.
- **Hilf** ihm, wenn er unsicher ist. Zeige den Text, die Liste oder die Reihe.	- Lass dir helfen. - Streiche das **Fehlerwort** durch. - **Schreibe** das Wort **richtig** darüber.

Das Abschreiben

Texte abschreiben ► S. 214, 216, 227, 229, 231, 233, 235, 237, 239
Wörterlisten abschreiben ► S. 214, 217, 219–221, 230, 235, 239
Wörterreihen abschreiben ► S. 214, 218, 224, 227
Rechtschreibkartei ► S. 215
Fremdwörterheft ► S. 215

1. Schritt: Lies den Text **langsam** und **sorgfältig**.
2. Schritt: Gliedere den Text in **Sinneinheiten**. Mache dazu Striche nach zusammengehörenden Wortgruppen.
3. Schritt: Präge dir die **Wörter** einer Sinneinheit genau **ein**.
4. Schritt: Schreibe die **Wörter auswendig** auf.
- Schreibe nur in jede zweite Zeile.
- Schreibe langsam, ordentlich und nicht zu eng.

5. Schritt: Kontrolliere Wort für Wort.
6. Schritt: Streiche Fehlerwörter durch und **schreibe sie richtig** darüber.
7. Schritt: Die Fehlerwörter kommen in deine **Rechtschreibkartei**.

Merkwörter mit Wörterlisten üben

Merkwörter üben ► S. 217–218, 221, 224, 230–231, 232–233, 234–235

Ein Training mit Wörterlisten ist besonders geeignet für Merkwörter. Das sind Wörter, deren Schreibweise du nicht von anderen Wörtern herleiten kannst.

Die Rechtschreibstrategien

Rechtschreib-Check ► S. 222

Sprechschwingendes Schreiben

sprechschwingendes Schreiben ► S. 222, 241

Beim sprechschwingenden Schreiben sprichst du die Wörter Silbe für Silbe mit und schreibst gleichzeitig mit Schwung:
- Sprich das Wort **langsam** und **deutlich Silbe für Silbe**.

- **Schwinge** dabei das Wort mit deinem ganzen **Körper**. Schwinge jede Silbe mit der **Schreibhand** in der Luft. **Beginne links** oben. **Gehe gleichzeitig** bei jeder Silbe einen Schritt nach **rechts**.
- **Schwinge** das Wort **beim Schreiben**. Schwinge mit dem **Zeigefinger** in der Luft oder auf dem Tisch. **Sprich** und **schreibe** nun **gleichzeitig mit Schwung**. Zeichne unter jede Silbe einen Silbenbogen.

Wörter verlängern

Wörter verlängern ► S. 222, 241

Die Verlängerungsprobe: Oft spricht man am Ende eines Wortes **p**, **t**, **k** und schreibt doch **b**, **d**, **g**.
Suche eine **längere Form** des Wortes. Dann hörst du, welchen Buchstaben du schreiben musst. Beispiele:
- Nomen: der Ber▢ → die Ber**g**e (Plural) – daher: der Ber**g**
- Verben: gi▢t → ge**b**en (Infinitiv) – daher: (er/sie) gi**b**t
- Adjektive: blon▢ → der blon**d**e Junge (ein Nomen hinzufügen) – daher: blon**d**

Wörter ableiten

Wörter ableiten ► S. 222, 224, 241

Die Ableitungsprobe: **ä** und **e** klingen in vielen Wörtern ähnlich; **äu** und **eu** klingen gleich.
Du kannst Wörter mit **ä** und **äu** von verwandten Wörtern mit **a** oder **au** ableiten.

m**ä**chtig – die M**a**cht	die H**äu**ser – das H**au**s	sie l**äu**ft – l**au**fen
? a ↯ ä	? au ↯ äu	? au ↯ äu

Mit Wortbausteinen üben

mit Wortbausteinen üben ► S. 222, 224–225, 241, 261
Wortfamilien ► S. 222, 235
Präfixe ► S. 221, 222, 224–225
Suffixe ► S. 221, 222, 225

Viele Wörter sind aus mehreren Teilen zusammengesetzt: aus dem **Wortstamm** und anderen **Wortbausteinen**.
- Wörter sind miteinander verwandt und bilden Familien. Jede Wortfamilie hat einen **Wortstamm**. Gleiche Wortstämme schreibt man in der Regel gleich.
- Die am häufigsten verwendeten **Präfixe** in Verben und Nomen sind **ver-**, **er-** und **ent-**.
- Häufige **Suffixe** in Adjektiven sind **-bar**, **-ig**, **-lich** und **-sam**.

Signalgruppen erkennen

Signalgruppen erkennen ► S. 222, 224

Häufig treten **kurz gesprochene Vokale oder Umlaute und mehrere Konsonanten zusammen** auf, zum Beispiel: **-umm-**, **-imm-**, **-app-**, **-öff-**, **-ick-**, **-atz-**, **-itz-**.
Diese Buchstabenkombinationen nennt man **Signalgruppen**. Sie helfen dir, Wörter mit kurz gesprochenen Vokalen und mehreren Konsonanten zu erkennen und richtig zu schreiben.

Regelwissen anwenden: Wörter mit „wider"

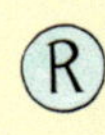

Wörter mit **wider** ► S. 222

Das Wort **wider** hat die Bedeutung **gegen**.
Wider wird dann immer mit lang gesprochenem **i** geschrieben.
Ein Beispiel: Ich erwiderte auf deine Frage ... = Ich entgegnete auf deine Frage ...

Regelwissen anwenden: Wörter mit Dehnungs-h

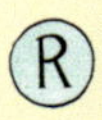

Wörter mit Dehnungs-**h** ► S. 221, 222

Manche Wörter werden mit einem Dehnungs-**h** (stummem **h**) geschrieben.
Das Dehnungs-**h** steht dann **nach** einem **Vokal**. Häufig steht das Dehnungs-**h** **vor** den Konsonanten **l**, **m**, **n** und **r**: der Stu**h**l – ne**h**men – o**h**ne – e**h**rlich.

Regelwissen anwenden: Wörter mit s-Laut schreiben

Den **s-Laut nach** einem **langen Vokal** oder **Umlaut** in Wörtern mit zwei Silben schreibst du meistens **s**.
Bei manchen Wörtern schreibst du den **s-Laut nach** einem **langen Vokal**, **Umlaut** oder **Zwielaut** (**ei**, **au**, **eu**) **ß**. Wörter mit **ß** sprichst du stimmlos. Die Finger an deinem Hals bewegen sich beim Sprechen des s-Lauts nicht.

Wörter mit s-Laut ► S. 221

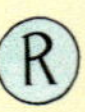

Regelwissen anwenden: Getrenntschreibung

Wortgruppen schreibt man in der Regel **getrennt**:
- Wortgruppen mit **sein**: hier sein, beisammen sein, weg sein.
- **Verb + Verb**: schwimmen lernen
- **Nomen + Verb**: Abschied nehmen
- **Adjektiv + Verb**: neu beginnen

Getrenntschreibung ► S. 222, 226

Regelwissen anwenden: Zusammenschreibung

- Adjektiv + Verb werden **zusammengeschrieben**, wenn das **zusammengesetzte Verb** eine **neue Bedeutung** hat: schwer + fallen → schwerfallen (zusammengesetztes Verb) → Das Referat ist ihm **schwergefallen**.
- **Manche Wortgruppen** bilden **Zusammensetzungen**: rot wie Feuer → feuerrot

Zusammenschreibung ► S. 222, 226, 228–229

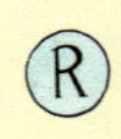

Groß- und Kleinschreibung

Regelwissen anwenden: Nomen großschreiben

Nomen werden **großgeschrieben**. Mit diesen Tipps kannst du **Nomen erkennen**.
- **Tipp 1:** Prüfe: Werden mit dem Wort Lebewesen/Personen, Gegenstände oder (vorgestellte) Dinge bezeichnet?
- **Tipp 2:** Prüfe: Hat das Wort einen bestimmten oder unbestimmten Artikel bei sich (z. B. der Hut, ein Hut)?
- **Tipp 3:** Prüfe: Steht vor dem Wort ein Adjektiv (z. B. der rote Hut)?
- **Tipp 4:** Einige Nomen kannst du an der Nachsilbe erkennen. Prüfe: Hat das Wort am Ende die Nachsilbe **-ung**, **-heit**, **-keit**, **-tum**, **-schaft** oder **-nis**?
- **Tipp 5:** Prüfe: Steht vor dem Wort eine Präposition (z. B. im Nest, am Baum)?
- **Tipp 6:** Prüfe: Steht vor dem Wort ein Pronomen (z. B. ihre Wohnung, sein Fell)?

Nomen großschreiben ► S. 215, 221, 222, 225, 237, 238–239
Nomen ► S. 306
Artikel ► S. 306
Adjektiv ► S. 309
Präposition ► S. 309
Pronomen ► S. 307

R

Verben und Adjektive werden zu Nomen (Nominalisierung)

- **Verben werden großgeschrieben**, wenn sie **als Nomen verwendet werden**: Die Wörter **das**, **beim** und **zum** machen's!
  Beispiele: fahren – **das F**ahren, schwimmen – **beim S**chwimmen
- **Adjektive werden großgeschrieben**, wenn sie **als Nomen verwendet werden**: Die Wörter **etwas**, **nichts** und **alles** machen's!
  Beispiele: hübsch – **etwas H**übsches, geheim – **nichts G**eheimes

Nominalisierung ► S. 222, 226, 229, 235

Anredepronomen

Das Anredepronomen **Sie** (Personalpronomen, Höflichkeitsanrede) schreibt man **groß**.
Auch das **Possessivpronomen Ihr/Ihre** schreibt man groß: Ihr Büro, Ihre Firma.

Schreibweise der Anredepronomen ► S. 258, 259

Zeitangaben

- Tageszeiten und Wochentage mit einem **s** am Ende werden **kleingeschrieben**: morgen**s**, mittag**s**, abend**s** ... und montag**s**, dienstag**s**, mittwoch**s** ...
- Nach **gestern, heute** und **morgen** werden Tageszeiten **großgeschrieben**: gestern Mittag, heute Morgen, morgen Abend.
- **Zusammensetzungen aus Wochentag und Tageszeit** werden immer **zusammen- und großgeschrieben**: Samstagmorgen – der, dieser, ein, am, bis Samstagmorgen

Tageszeiten ► S. 221

Zeichensetzung

Komma bei der Anrede

Anreden werden durch ein **Komma** vom folgenden Satz **getrennt**.
Liebe Schülerinnen und Schüler, wusstet ihr das schon?

Komma bei der Anrede ► S. 259

Komma bei Aufzählungen

Die Teile einer **Aufzählung**, die nicht durch **und** verbunden sind, werden durch **Kommas** voneinander **getrennt**. Ich bin höflich, ehrlich, intelligent und fröhlich.

Komma bei Aufzählungen ► S. 241

Komma bei Hauptsätzen und Nebensätzen

Der **Hauptsatz** und der **Nebensatz** werden durch ein **Komma** voneinander **abgetrennt**. Im Nebensatz steht die **finite** (gebeugte) **Verbform** an **letzter Stelle** (Verbletztsatz).
Meine Eltern standen an meinem Bett, als ich **aufwachte**.

Komma bei Hauptsätzen und Nebensätzen ► S. 228–229, 237, 254
Komma bei Relativsätzen ► S. 227, 229, 239

Komma bei der Apposition

Eine **Apposition** ist ein nachgestelltes Attribut. Sie wird durch Komma von ihrem Bezugswort, einem Nomen, abgetrennt: Steffi, meine Schwester, liest gerne.

Attribute ► S. 310

Komma bei der nachgestellten Erläuterung

Nachgestellte Erläuterungen werden durch **Komma** vom übrigen Satz **abgetrennt**. Sie werden oft mit Wörtern wie **das heißt (d. h.), und zwar, zum Beispiel (z. B.), nämlich, besonders, vor allem** oder **insbesondere** eingeleitet.

Komma bei der nachgestellten Erläuterung ► S. 227

Zeichensetzung bei Parenthesen

Eine **Parenthese** ist ein Satz, der in einem anderen Satz eingeschoben ist. Die Parenthese wird in **Gedankenstrichen** oder **Kommas** eingeschlossen. Das Anfangswort der Parenthese wird kleingeschrieben.
Auf dem Nachhauseweg – es war mitten im Sommer – hagelte es.

Gedankenstriche und Klammern ► S. 235

Wörtliche Rede

Wörtliche Rede wird in **Anführungszeichen** gesetzt. Steht der **Begleitsatz vor der wörtlichen Rede**, wird er mit einem **Doppelpunkt** abgeschlossen. Steht **die wörtliche Rede vor dem Begleitsatz**, dann musst du **zwischen der wörtlichen Rede und dem Begleitsatz ein Komma setzen**.
„Was steht in der Zeitung?“, fragte Lukas.

wörtliche Rede ► S. 155, 231, 249

Grammatik

Die Wortarten

Nomen

Nomen bezeichnen Lebewesen und Gegenstände (Konkreta) sowie gedachte oder vorgestellte Dinge (Abstrakta). Im Deutschen schreibt man Nomen **groß**. Vor einem Nomen steht oft ein **bestimmter Artikel** (der, das, die) oder ein **unbestimmter Artikel** (ein, ein, eine).

Mit **zusammengesetzten Nomen** (Komposita) können Lebewesen, Gegenstände und Dinge **genauer bezeichnet** werden:

das Gift	+	die Schlange	=	die Giftschlange
Bestimmungswort		Grundwort		zusammengesetztes Nomen

Nomen in vier Fällen (Kasus):
In Sätzen erscheinen **Nomen** immer in einem bestimmten **Fall** (Kasus). Im Deutschen gibt es vier Fälle. Der **Artikel** und die **Endung** des Nomens **richten sich nach dem Fall**. Man kann nach dem Fall, in dem ein Nomen steht, fragen.

Nomen im Singular (Numerus)

Kasus (Fall)	Geschlecht (Genus)		
	männlich (Maskulinum)	sächlich (Neutrum)	weiblich (Femininum)
Nominativ (Wer oder was?)	der Schiedsrichter	das Spiel	die Karte
Genitiv (Wessen?)	des Schiedsrichters	des Spiel(e)s	der Karte
Dativ (Wem?)	dem Schiedsrichter	dem Spiel	der Karte
Akkusativ (Wen oder was?)	den Schiedsrichter	das Spiel	die Karte

Nomen im Plural (Numerus)

Kasus (Fall)	Geschlecht (Genus)		
	männlich (Maskulinum)	sächlich (Neutrum)	weiblich (Femininum)
Nominativ (Wer oder was?)	die Schiedsrichter	die Spiele	die Karten
Genitiv (Wessen?)	der Schiedsrichter	der Spiele	der Karten
Dativ (Wem?)	den Schiedsrichtern	den Spielen	den Karten
Akkusativ (Wen oder was?)	die Schiedsrichter	die Spiele	die Karten

Nomen ► S. 84, 215, 221, 222, 225, 233, 237, 238–239, 247, 256, 261, 263

Artikel ► S. 215, 234–235, 238, 244, 256

zusammengesetzte Nomen ► S. 232, 256

Pronomen

Personalpronomen kann man für Personen, Lebewesen und Dinge einsetzen.
Die Personalpronomen helfen dabei, häufige Wiederholungen von Nomen zu vermeiden.
Die Personalpronomen können im Singular und im Plural stehen.
Singular: **ich, du, er/es/sie** Plural: **wir, ihr, sie**

Possessivpronomen zeigen an, **wem** etwas gehört. Die **Endungen** der Possessivpronomen richten sich nach dem dazugehörenden **Nomen**.

Demonstrativpronomen weisen auf eine Person, eine Sache oder ein Ereignis hin.
Sie können vor einem Nomen stehen oder anstelle eines Nomens.
Mit Demonstrativpronomen kann man etwas **hervorheben** und besonders **betonen**.
Dieser Spieler gewinnt jeden Zweikampf.

Verben

Verben sind **Tätigkeitswörter** und geben an, was jemand tut oder was geschieht.
Verben bilden verschiedene Zeitformen.
Zusammengesetzte (trennbare) **Verben** können im Satz auseinanderstehen.

Modalverben

Wörter wie **mögen, sollen, können, dürfen, müssen** sind **Modalverben**. Sie **verändern die Aussage eines Verbs**. Sie drücken eine **Erlaubnis** (dürfen), einen **Befehl** (müssen, sollen), einen **Wunsch** (wollen, mögen) oder eine **Möglichkeit** (können) aus.
Die Modalverben stehen meistens zusammen mit dem Infinitiv (Grundform) eines anderen Verbs. Wir **können** das Fußballspiel **gewinnen**.

Verben – Zeitformen

Verben im **Präsens** verwendet man, um auszudrücken,
was man **regelmäßig** tut: Lars **spielt** jeden Tag mit seiner Katze.
oder was man **jetzt** tut: Lars **spielt** jetzt gerade mit seiner Katze.

Wenn man über Dinge spricht, die in der **Zukunft** liegen,
die also noch nicht geschehen sind, verwendet man oft das **Futur**:
Lars **wird** seiner Katze einen Namen **geben**.

Wenn man etwas **mündlich** erzählt, was schon vergangen ist, verwendet man meist das **Perfekt**. Viele Verben bilden das Perfekt mit dem Hilfsverb **haben**:
Wir **haben gelacht**. Einige Verben bilden das **Perfekt** mit dem Hilfsverb **sein**:
Die Kinder **sind gerannt**.

Wenn man **schriftlich** über etwas berichtet oder erzählt, was schon vergangen ist, verwendet man das **Präteritum.**
Viele Verben bilden das Präteritum mit den folgenden Endungen:
ich lern**te**, du lern**test**, er/es/sie lern**te**, wir lern**ten**, ihr lern**tet**, sie lern**ten**.
Man nennt diese regelmäßig gebildeten Verben auch schwache Verben.
Bei einigen Verben ändert sich im **Präteritum** der Verbstamm.
Man nennt diese Verben auch unregelmäßige (starke) Verben.
finden: Sie **fanden** die Knollen in der Erde.

Das **Plusquamperfekt** verwendet man, wenn man ausdrücken will, dass etwas vor einem schon **zurückliegenden Ereignis** geschehen war (Bedeutung: **noch davor**).
Die Verben bilden das Plusquamperfekt mit den Vergangenheitsformen von **haben** und **sein**. Er **hatte gelernt**. – Sie **waren** erschöpft **gewesen**.

Personalpronomen ► **S. 193, 215, 247, 248, 250**

Relativpronomen ► **S. 227, 239**

Reflexivpronomen ► **S. 91**

Verben ► **S. 88, 91, 192–193, 215, 218, 225–227, 228–229, 230–231, 232–233, 237, 239, 245–250, 251–252, 254, 256–257, 261–263, 264–266**

zusammengesetzte Verben ► **S. 222**

Präsens ► **S. 88, 95, 135, 137, 155, 215, 245–246**

Futur ► **S. 245, 247**

Perfekt ► **S. 245–246, 261**

Präteritum ► **S. 245, 247, 250**

Verbtabelle: unregelmäßige Verben ► **S. 313–314**

Plusquamperfekt ► **S. 245, 247, 261**

Verben im Imperativ

Imperativ ► S. 18

Die Befehlsform des Verbs heißt **Imperativ**. Er wird zum **Auffordern**, **Bitten** oder **Befehlen** verwendet. Die Imperativformen gibt es nur in der **2. Person**.
2. Person Singular: Begründe!
2. Person Plural: Begründet! – Begründen Sie! (Höflichkeitsanrede: **Sie**)

Aktiv und Passiv

Aktiv und Passiv ► S. 248, 256

Das **Aktiv** und das **Passiv** sind zwei Verbformen, die bei der Darstellung von Handlungen unterschieden werden. Das **Aktiv** beschreibt, wer **handelt**.
Schiller floh aus der Militärschule.
Das **Passiv** beschreibt, **was getan wird**.
Schiller wurde 1759 in Marbach am Neckar geboren.
Das Passiv kann den **Ablauf** eines Vorgangs oder sein **Ergebnis** ausdrücken:
Schiller **wurde** von der Militärschule **ausgeschlossen**. (Vorgangspassiv)
Schiller **war** von der Militärschule **ausgeschlossen**. (Zustandspassiv).

Konjunktiv I

Konjunktiv I ► S. 249, 265

Wenn man Aussagen anderer wiedergibt, verwendet man die **indirekte Rede**.
So macht man deutlich, dass es nicht die eigene Aussage, sondern die eines anderen ist.
Bei der indirekten Rede verwendet man den **Konjunktiv I**.
Riccardo sagt: „**Unsere** Klasse **geht** gerne ins Theater." →
Riccardo sagt, **seine** Klasse **gehe** gerne ins Theater.
Die Formen von **sein** und **haben** werden besonders häufig verwendet.
Riccardo sagt, **seine** Klasse **habe** das Theaterstück **gesehen**.
Bei der Umwandlung von der wörtlichen Rede in die indirekte Rede ändern sich auch die **Pronomen**.

Pronomen ► S. 307

Der Konjunktiv I wird gebildet vom Präsensstamm. Sein Kennzeichen ist ein eingefügtes **e**.
haben: ich habe, du habest, er/es/sie habe – wir haben, ihr habet, sie haben
sein: ich sei, du seiest, er/es/sie sei – wir seien, ihr seiet, sie seien
gehen: ich gehe, du gehest, er/es/sie gehe – wir gehen, ihr gehet, sie gehen

Konjunktiv II

Konjunktiv II ► S. 250

Mit dem **Konjunktiv II** kann man ausdrücken, dass etwas nicht oder noch nicht Wirklichkeit ist. Das können Möglichkeiten, erfüllbare oder nicht erfüllbare Wünsche sein.
Ich wäre gern ein Star.
Der **Konjunktiv II** wird vom **Präteritum** abgeleitet. Bei den **unregelmäßigen Verben** enthält die Konjunktivform in allen Endungen ein **e**: er ging – er ging**e**
Unregelmäßige Verben mit **a**, **o** und **u** im Präteritum erhalten einen Umlaut:
er kam – er k**ä**me

Ersatzformen für den Konjunktiv II:
Bei regelmäßigen Verben **lauten** die Formen im **Präteritum** und im **Konjunktiv II gleich**.
In diesen Fällen wird der Konjunktiv II mit der **Ersatzform** mit **würde** umschrieben.
Indikativ Präteritum: er lachte – Konjunktiv II: er lachte → Ersatzform: er **würde** lachen

Auch bei manchen **unregelmäßigen Verben** unterscheiden sich die Formen im Präteritum und im Konjunktiv II nicht. Auch in diesem Fall wird die **Ersatzform** verwendet. Indikativ Präteritum: sie gingen –
Konjunktiv II: sie gingen → Ersatzform: sie **würden** gehen

Adjektive

Mit **Adjektiven** (Eigenschaftswörtern) kann man Personen, Tiere oder Gegenstände **genauer beschreiben** und ihre Eigenschaften benennen. Adjektive werden **kleingeschrieben**. Steht das Adjektiv vor einem Nomen, verändert sich die Endung: Das Hemd ist rot. Aber: das **rote** Hemd

Aus Nomen und Adjektiven können **zusammengesetzte Adjektive** gebildet werden. Sie werden **kleingeschrieben**. der Spiegel + glatt = **spiegelglatt**

Adjektive steigern: Will man beschreiben, wie sich Personen, Tiere, Sachen ... unterscheiden, kann man **gesteigerte Adjektive** verwenden:

(so) **groß** (wie) –	**größer** (als) –	am **größten**
Grundform	**Komparativ**	**Superlativ**
	(1. Steigerungsform)	(2. Steigerungsform)

Adjektive ► S. 170, 193, 215, 221, 224–225, 228–229, 232, 237, 239, 256, 261, 263

Präpositionen

Wörter wie **an**, **auf**, **unter**, **neben**, **in**, **hinter**, **vor**, **über**, **zwischen** sind **Präpositionen**. Mit ihrer Hilfe kann man z. B. ausdrücken, **wo** sich etwas befindet (Dativ) oder **wohin** etwas kommt (Akkusativ).

Präpositionen ► S. 239, 256

Adverbien

Adverbien machen genauere Angaben. Ihre Form bleibt **unverändert**.

- **Adverbien des Ortes** drücken aus, **wo** etwas geschieht, z. B.: hier, dort, geradeaus, vorne.
- **Adverbien der Zeit** drücken aus, **wann** etwas geschieht, z. B.: abends, dann, danach.
- **Adverbien des Grundes** drücken aus, **warum** etwas geschieht, z. B.: darum, deshalb, deswegen.
- **Adverbien der Art und Weise** drücken aus, **wie** etwas geschieht, z. B.: sehr, unbedingt, außerordentlich.

Adverbien ► S. 217

Satzglieder, Satzgliedteile und Satzbau

Sätze umstellen

Die Teile eines Satzes, die beim Umstellen zusammenbleiben, heißen **Satzglieder**. Mit der **Umstellprobe** kannst du Satzglieder ermitteln:
Meine Freundin kommt morgen. – Morgen kommt meine Freundin.

Sätze umstellen ► S. 252, 254, 265

Subjekt und Prädikat

Das **Subjekt** (der Satzgegenstand) kann eine Person oder auch eine Sache sein. Es kann aus einem Wort oder mehreren Wörtern bestehen.
Mit **Wer oder was?** fragt man nach dem Subjekt:
Wer war dem Spion gefolgt? **Keiner** war dem Spion gefolgt.

Subjekt ► S. 251–252, 262, 264, 266, 267

Das Prädikat (die Satzaussage) sagt etwas darüber aus, was jemand tut oder was geschieht. Mit **Was tut ...?**, **Was hat ... getan?** oder **Was geschieht?** fragt man nach dem Prädikat. Das Prädikat besteht aus einem Verb.
Was tat der Spion? Der Spion **stieg** in den Zug **ein**.

Prädikat ► S. 252

Die Objekte

Mit **Wen oder was?** fragt man nach einem **Akkusativobjekt**:
Wen berührten seine Hände? Seine Hände berührten **die Aktentasche**.
Was enthielt die Aktentasche? Die Aktentasche enthielt **die Geheimpapiere**.

Mit **Wem?** fragt man nach einem **Dativobjekt**:
Wem war keiner gefolgt? **Dem Spion** war keiner gefolgt.

Mit **Worauf? Woran? Mit wem?** ... fragt man nach einem **Präpositionalobjekt**.
In der Frage ist die **Präposition** enthalten.
Woran dachte der Spion?
Der Spion dachte **an seinen Komplizen**.

Objekt ► S. 252, 257, 264–266

Die adverbialen Bestimmungen

Mit einer **adverbialen Bestimmung des Ortes** (lokal) kann man ausdrücken, **wo** etwas geschieht. Man fragt mit **Wo?**, **Woher?** oder **Wohin?**.
Wo hatte der Spion einen Komplizen getroffen?
Der Spion hatte am Bahnhof einen Komplizen getroffen.

Mit einer **adverbialen Bestimmung der Zeit** (temporal) kann man ausdrücken, **wann** etwas geschieht. Man fragt mit **Wann?** oder **Wie lange?**.
Wann hatte der Spion eine Verabredung gehabt?
Der Spion hatte eine Stunde vor der Tat eine Verabredung gehabt.

Mit einer **adverbialen Bestimmung des Grundes** (kausal) kann man ausdrücken, **warum** etwas geschieht. Man fragt mit **Warum?**.
Warum hatten beide etwas Wichtiges übersehen?
Beide hatten wegen der großen Eile etwas Wichtiges übersehen.

Mit einer **adverbialen Bestimmung der Art und Weise** (modal) kann man ausdrücken, **wie** etwas ist oder geschieht. Man fragt mit **Wie?**.
Wie drang der Täter in das Zimmer ein?
Mit leisen Schritten drang der Täter in das Zimmer ein.

adverbiale Bestimmungen ► S. 251, 253

Die Attribute

Ein **Attribut** ist ein **Teil eines Satzgliedes**. Ein Attribut gibt zusätzliche Informationen zu einem **Bezugswort** (meist Nomen) im Satzglied.
Beim **Umstellen bleibt** ein Attribut **fest** mit seinem **Bezugswort verbunden**.
Es gibt verschiedene Formen des Attributs: Sie treten in Form von **beigefügten Wörtern** oder **Wortgruppen** auf. Sie können dem Nomen **vorangestellt** oder **nachgestellt** sein.

Formen der Attribute:
- **Adjektivattribut**: z. B. der goldene Kompass
  Ein Adjektivattribut steht **vor** dem Bezugswort.
- **Präpositionalattribut**: z. B. der Mann ohne Augen
- **Genitivattribut**: z. B. Insel des Vergessens
- **Pronominalattribut**: z. B. dieses Buch

Die Felder eines Satzes

Das **Verb** ist der König im Satz. Die übrigen Satzglieder sind seine Mitspieler.
- In vielen Sätzen steht das **Verb** an der **zweiten Stelle** (Verbzweitsatz). Besteht das Verb aus mehreren Teilen, bildet es eine **Klammer** (Satzklammer).
- In **Fragesätzen** und **Aufforderungssätzen** steht das **Verb** oft an der **ersten Stelle** (Verberstsatz).

Vorfeld	**Klammer, Verb** (linkes Verbfeld)	**Mittelfeld**	**Klammer, Verb** (rechtes Verbfeld)	**Nachfeld**
Der Spion	tauschte	den Koffer gegen die Aktentasche	ein.	
	Kann	der Kommissar den Fall	lösen?	

Die Satzarten

Sätze unterscheidet man nach der **Stellung des finiten** (gebeugten) **Verbs** im Satz.
- **Verbzweitsätze**, in denen das finite Verb an der zweiten Satzgliedstelle steht, sind häufig **Aussagesätze** oder **Fragesätze**.
  Im Praktikum **kannst** du Antworten auf viele Fragen finden.
- **Verberstsätze**, in denen das finite Verb an der ersten Satzgliedstelle steht, sind meist **Fragesätze** oder **Aufforderungssätze**.
  Informiere dich über verschiedene Berufe.

Satzgefüge und Satzreihen

Mit **Satzgefügen** kann man Aussagen verknüpfen.
- Ein **Satzgefüge** besteht aus einem Hauptsatz und mindestens einem Nebensatz.
- Der **Hauptsatz** ist ein eigenständiger Satz. Das finite (gebeugte) Verb steht an **zweiter Stelle** (Verbzweitsatz).
- Der **Nebensatz** kann nicht allein stehen. Häufig enthält er eine Zusatzinformation. Das finite (gebeugte) Verb steht an **letzter Stelle** (Verbletztsatz).
- Nebensätze kann man mit **Konjunktionen** (z. B. **weil, dass, während**) einleiten.
- Der Hauptsatz und der Nebensatz werden durch ein **Komma** getrennt.

Hauptsatz	Nebensatz
Ich gehe oft in die Bibliothek,	**weil** ich mir dort gerne Krimis ausleihe.

Hauptsätze können zu einer **Satzreihe** verbunden werden, wenn sie eng zusammengehören.
- Eine Satzreihe besteht aus mindestens zwei **Hauptsätzen**. Das finite (gebeugte) Verb steht an **zweiter Stelle** (Verbzweitsatz).
- Konjunktionen wie **denn**, **und**, **oder**, **aber**, **sondern**, **doch** verbinden Hauptsätze.
- Vor den Konjunktionen steht ein **Komma**. Nur vor **und** und **oder** kann es fehlen.

Hauptsatz	Hauptsatz
Ich gehe oft in die Bibliothek,	denn dort leihe ich mir gerne Krimis aus.

- Hauptsätze kann man auch ohne Konjunktion aneinanderreihen. Dann werden die Hauptsätze auch durch ein Komma voneinander abgetrennt.
  Ich gehe oft in die Bibliothek, dort leihe ich mir gerne Krimis aus.

Felder eines Satzes ► **S. 227, 251–252, 254, 265–266**

trennbare Verben ► **S. 192, 231, 251–252**

Satzgefüge ► **S. 89, 237, 247, 254, 260, 263, 264–266, 267**

Satzreihen ► **S. 257**

Einteilung der Nebensätze

Relativsätze: Nebensätze, die ein meist **vorangehendes Nomen** (Bezugswort) wie ein Attribut **genauer erklären**. Sie werden durch ein Komma vom Hauptsatz abgetrennt und durch ein **Relativpronomen** (z. B. der, das, die) eingeleitet. Sie sind **Satzgliedteile**.
Plötzlich rollte ein fahrerloses Auto, das am Imbiss-Stand geparkt war, los.

Relativsätze
► S. 227, 229, 239

Infinitivgruppen: Anstelle von Nebensätzen (Verbletztsätzen) verwendet man auch **Infinitivgruppen** mit **um ... zu, ohne ... zu, anstatt ... zu**. So kann man Sätze abwechslungsreicher gestalten. Vor **um, ohne, anstatt** steht dann ein **Komma**.

Infinitivgruppen
► S. 260, 267

Partizipgruppen: Wortgruppen mit Partizipien können die Funktion eines Nebensatzes übernehmen.
Das **Partizip I** wird aus dem **Infinitiv eines Verbs gebildet**:
Infinitiv + **d** = Partizip I, z. B.: rennen + d = renne**nd**
Das Partizip I drückt aus, dass die **Handlung**, die mit dem Verb bezeichnet wird, **noch nicht abgeschlossen** ist, z. B.: **Lächelnd** präsentierte Sara ihre Urlaubsfotos.
Das Partizip I kann in Verbindung mit einem Nomen **wie ein Adjektiv verwendet** werden. Dann kann es seine Form auch verändern, z. B.
beeindruckend: das beeindruckende Foto, die beeindrucke**nden** Fotos
Mit dem **Partizip II** werden verschiedene Verbformen gebildet: das Perfekt und das Plusquamperfekt, aber auch die Passivformen.
Gebildet wird es häufig mit Hilfe dieser Wortbausteine:
ge- + Wortstamm+ **-t**, z. B.: geschätzt oder **ge-** + Wortstamm+ **-en**, z. B.: gelesen
Außerdem kann man das Partizip II in Verbindung mit einem Nomen **wie ein Adjektiv verwenden**. Dann kann es seine Form verändern, z. B.:
gelungen: das gelungene Foto, die gelungenen Fotos

Partizipgruppen
► S. 261–263, 267

Adverbialsätze: Nebensätze (Verbletztsätze) in der Rolle einer **adverbialen Bestimmung**.
- Adverbialsätze mit **wenn** oder **falls** geben eine **Bedingung** an (Konditionalsätze).
  Ihr müsst sofort Hilfe holen, **wenn** (**falls**) ein Unfall passiert.
- Adverbialsätze mit **indem** geben die **Art und Weise eines Geschehens** an (Modalsätze). Du kannst deinen Rücken schonen,
  indem du deinen Bürostuhl auf die richtige Höhe einstellst.
- Adverbialsätze mit **als** geben die **Zeit** an (Temporalsätze).
  Als sie es merkten, war es zu spät.
- Adverbialsätze mit **wo** geben den **Ort** an (Lokalsätze).
  Er bewarb sich dort, **wo** er sein Praktikum gemacht hatte.
- Adverbialsätze mit **weil** geben einen **Grund** an (Kausalsätze).
  Weil es eine Überraschung war, freute sie sich besonders.
- Adverbialsätze mit **obwohl** geben eine **Einräumung** oder **ein Zugeständnis** an (Konzessivsätze). **Obwohl** er rechtzeitig losfuhr, kam er zu spät.

Adverbialsätze
► S. 254–255

Objektsätze und Subjektsätze: Nebensätze (Verbletztsätze) in der **Rolle eines Objekts** oder **eines Subjekts**. Du kannst sie wie Objekte oder Subjekte im Verbzweitsatz **erfragen**:
- **Objektsatz:** Anna sagte, dass sie seine Meinung teile. (Wen oder) Was sagte Anna?
  Objektsätze werden durch die Konjunktionen **dass** oder **ob** eingeleitet.
- **Subjektsatz:** Dass alle aufmerksam waren, freute Anna.
  (Wer oder) Was freute Anna?
  Subjektsätze werden häufig durch die Konjunktion **dass** oder das Pronomen **wer** eingeleitet.

Objektsätze und Subjektsätze
► S. 264–266, 267

Unregelmäßige (starke) und zusammengesetzte Verbformen im Überblick

* zusammengesetztes Verb

Infinitiv	Präsens	Präteritum	Perfekt
*abgeben	er gibt ab	er gab ab	er hat abgegeben
*abräumen	sie räumt ab	sie räumte ab	sie hat abgeräumt
*abschreiben	er schreibt ab	er schrieb ab	er hat abgeschrieben
*anfangen	sie fängt an	sie fing an	sie hat angefangen
*aufessen	er isst auf	er aß auf	er hat aufgegessen
*aufheben	sie hebt auf	sie hob auf	sie hat aufgehoben
*aufschreiben	er schreibt auf	er schrieb auf	er hat aufgeschrieben
*auftragen	sie trägt auf	sie trug auf	sie hat aufgetragen
*ausprobieren	er probiert aus	er probierte aus	er hat ausprobiert
beginnen	sie beginnt	sie begann	sie hat begonnen
behalten	er behält	er behielt	er hat behalten
bekommen	sie bekommt	sie bekam	sie hat bekommen
bitten	er bittet	er bat	er hat gebeten
bleiben	sie bleibt	sie blieb	er ist geblieben
bringen	er bringt	er brachte	er hat gebracht
denken	sie denkt	sie dachte	sie hat gedacht
*einkaufen	er kauft ein	er kaufte ein	er hat eingekauft
*einstecken	sie steckt ein	sie steckte ein	sie hat eingesteckt
sich entscheiden	er entscheidet sich	er entschied sich	er hat sich entschieden
essen	sie isst	sie aß	sie hat gegessen
fahren	er fährt	er fuhr	er ist gefahren
fallen	sie fällt	sie fiel	sie ist gefallen
finden	er findet	er fand	er hat gefunden
fliegen	sie fliegt	sie flog	sie ist geflogen
geben	er gibt	er gab	er hat gegeben
gehen	sie geht	sie ging	sie ist gegangen
haben	er hat	er hatte	er hat gehabt
halten	sie hält	sie hielt	sie hat gehalten
helfen	er hilft	er half	er hat geholfen
*herstellen	sie stellt her	sie stellte her	sie hat hergestellt
kennen	er kennt	er kannte	er hat gekannt
kommen	sie kommt	sie kam	sie ist gekommen
können	er kann	er konnte	er hat gekonnt
lassen	sie lässt	sie ließ	sie hat gelassen
laufen	er läuft	er lief	er ist gelaufen
lesen	sie liest	sie las	sie hat gelesen

* zusammengesetztes Verb

Infinitiv	Präsens	Präteritum	Perfekt
*mitbringen	er bringt mit	er brachte mit	er hat mitgebracht
müssen	sie muss	sie musste	sie hat gemusst
*nachschlagen	er schlägt nach	er schlug nach	er hat nachgeschlagen
nehmen	sie nimmt	sie nahm	sie hat genommen
rennen	er rennt	er rannte	er ist gerannt
rufen	sie ruft	sie rief	sie hat gerufen
schlafen	er schläft	er schlief	er hat geschlafen
schreiben	sie schreibt	sie schrieb	sie hat geschrieben
schwimmen	er schwimmt	er schwamm	er ist geschwommen
sehen	sie sieht	sie sah	sie hat gesehen
sein	er ist	er war	er ist gewesen
singen	sie singt	sie sang	sie hat gesungen
sitzen	er sitzt	er saß	er hat gesessen
sprechen	sie spricht	sie sprach	sie hat gesprochen
springen	er springt	er sprang	er ist gesprungen
stehen	sie steht	sie stand	sie hat gestanden
tragen	er trägt	er trug	er hat getragen
treffen	sie trifft	sie traf	sie hat getroffen
trinken	er trinkt	er trank	er hat getrunken
tun	sie tut	sie tat	sie hat getan
verbieten	er verbietet	er verbat	er hat verboten
vergessen	sie vergisst	sie vergaß	sie hat vergessen
verlassen	er verlässt	er verließ	er hat verlassen
verlieren	sie verliert	sie verlor	sie hat verloren
verstehen	er versteht	er verstand	er hat verstanden
*vorbereiten	sie bereitet vor	sie bereitete vor	sie hat vorbereitet
*wegwerfen	er wirft weg	er warf weg	er hat weggeworfen
werden	sie wird	sie wurde	sie ist geworden
werfen	er wirft	er warf	er hat geworfen
wissen	sie weiß	sie wusste	sie hat gewusst
wollen	er will	er wollte	er hat gewollt
ziehen	sie zieht	sie zog	sie hat gezogen
*zuhören	er hört zu	er hörte zu	er hat zugehört
*zusammenfassen	sie fasst zusammen	sie fasste zusammen	sie hat zusammengefasst
*zusammensitzen	wir sitzen zusammen	wir saßen zusammen	wir haben zusammengesessen
*zusehen	sie sieht zu	sie sah zu	sie hat zugesehen

Textartenverzeichnis

Textquellen

Aue, Hartmann von (geb. um 1160, gest. nach 1210): Iwein (S. 187). Aus: Ders.: Iwein. Aus dem Mittelhochdeutschen übertragen, mit Anmerkungen und einem Nachwort versehen von Max Wehrli. Zürich (Manesse Verlag) 1988, S. 6–7. / Ders.: Ein ritter sô gelêret was ... (S. 186). Zit. nach: Ders.: Der arme Heinrich. Mittelhochdeutscher Text und Übertragung. Frankfurt am Main (Fischer Taschenbuch Verlag) 1985, S. 8.

Baudelaire, Charles (geb. 1821 in Paris, Frankreich, gest. 1867 ebenda): Der Mensch und das Meer (S. 129). Aus: Ders.: Die Blumen des Bösen [1907]. Übers. v. Wolf v. Kalckreuth. Köln (Anaconda Verlag) 2009, S. 18.

Berg, Sibylle (geb. 1962 in Weimar): Hauptsache weit (S. 150–151). Aus: Dies.: Das Unerfreuliche zuerst. Herrengeschichten. Köln (Verlag Kiepenheuer & Witsch) 2001, S. 123 ff.

Boie, Kirsten (geb. 1950 in Hamburg): Skogland (S. 201–203). Hamburg (Verlag Friedrich Oetinger) 2005, S. 49 ff.

Borchert, Wolfgang (geb. 1921 in Hamburg, gest. 1947 in Basel, Schweiz): Nachts schlafen die Ratten doch (S. 140–142) / Dann gibt es nur eins! (S. 291). Aus: Ders.: Draußen vor der Tür und ausgewählte Erzählungen. Mit einem Nachwort von Heinrich Böll. Hamburg (Rowohlt Taschenbuchverlag) 1956, S. 63–65, S. 110.

Brüder Grimm (Jakob Ludwig Karl, geb. 1785 in Hanau, gest. 1863 in Berlin; Wilhelm Karl, geb. 1786 in Hanau, gest. 1859 in Berlin): Rotkäppchen (S. 179). Aus: https://gutenberg.spiegel.de/buch/die-schonsten-kinder-und-hausmarchen-6248/140; abgerufen am 08. 05. 2019.

Buck, Pearl S. (geb. 1892 in Hillsboro/West Virginia, Vereinigte Staaten von Amerika, gest. 1973 in Danby/Vermont, Vereinigte Staaten von Amerika): Viele Menschen versäumen das kleine Glück, während sie auf das große vergebens warten (S. 80). Zit. nach: Frank Weber, Tausenderlei über das Glück: 1000 Zitate, Aphorismen, Bonmots zum Thema Glück. Norderstedt (Books on Demand) 2013.

Der von Kürenberg (lebte im 12. Jahrhundert): Ich zôch mir einen valken (S. 189). Aus: Des Minnesangs Frühling. Nach Karl Lachmann, Moriz Haupt u. Friedrich Vogt. Neu bearb. von Carl von Kraus. Stuttgart (Hirzel) 1959, Nr. II. - 1 (S. 5: 8,33).

Die Fantastischen Vier: Tag am Meer (S. 126). © EMI Quattro Musikverlag GmbH, Hamburg / Michael Beck / Thomas Dürr / Andreas Rieke / Michael B. Schmidt.

Dürrenmatt, Friedrich (geb. 1921 in Konolfingen, Schweiz, gest. 1990 in Neuenburg, Schweiz): Der Besuch der alten Dame (S. 156, 158–160, 161, 162–164, 166, 168–169). Aus: Ders.: Der Besuch der alten Dame. Neufassung 1980. Zürich (Diogenes), 1985, S. 13, 21–25, 37–38, 44–45, 119, 124–126, 128–131, 141 / Ders.: Der Besuch der alten Dame ist eine Geschichte ... (Zitat, S. 157). Aus: Ebd., S. 141.

Ehlers, Ingrid Ute / Schäfer, Regina (Lebensdaten: keine Angabe): Talkshow mit Tobias – aus dem Leben eines Azubis (S. 278–279). Aus: Dies.: Bin gut angekommen. Die wichtigsten sozialen Spielregeln für Azubis. Nürnberg (Bildung und Wissen Verlag) 2011, S. 19–23.

Fox, Peter (geb. 1971 in Berlin): Haus am See (S. 124–125). © Fixx & Foxy Publ. Pierre Krajewski bei BMG Rights Management GmbH/Hanseatic Musikverlag GmbH & Co. KG, Hamburg / BMG Rights Management GmbH, Berlin / Ruth-Maria Renner / Pierre Baigorry / David Conen / Graf Vincent von Schlippenbach.

Franck, Julia (geb. 1970 in Berlin): Streuselschnecke (S. 153–154). Aus: Dies.: Bauchlandung. Geschichten zum Anfassen. Köln (DuMont Buchverlag) 2000, S. 51 f.

Goethe, Johann Wolfgang von (geb. 1749 in Frankfurt am Main, gest. 1832 in Weimar): Beherzigung (S. 123). Aus: Dies: Berliner Ausgabe. Band 1. Berlin und Weimar (Aufbau) 1965.

Gofferjé, Cora (geb. 1965 in Essen): Glückskeks-Momente, Klappentext (S. 81) / Glückskeks-Momente (S. 82–85). Aus: Dies.: Glückskeks-Momente. Stuttgart/Wien (Thienemann Verlag) 2009, S. 66–68, 86–88, 90–91, 148–149.

Hebel, Johann Peter (geb. 1760 in Basel, Schweiz, gest. 1826 in Schwetzingen): Dankbarkeit (S. 173), Unverhofftes Wiedersehen (S. 174–175), Seltsamer Spazierritt (S. 177). Aus: Theiss, Winfried (Hrsg.): Johann Peter Hebel. Schatzkästlein des rheinischen Hausfreundes. Kritische Gesamtausgabe. Stuttgart (Reclam) 1999, S. 116 f. / Ders.: Das seltsame Rezept (S. 181). Aus: Kalendergeschichten. Hamburg (Hamburger Lesehefte Verlag) o. J.

Hemingway, Ernest (geb. 1899 in Oak Park/Illinois, Vereinigte Staaten von Amerika, gest. 1961 in Ketchum/Idaho, Vereinigte Staaten von Amerika): Ein Tag Warten (S. 144–147). Aus: Ders., 49 stories. Autorisierte Übersetzung aus dem Amerikanischen von Annemarie Horschitz-Horst. Berlin/Weimar (Aufbau Verlag) 1974, S. 470–473.

Herrndorf, Wolfgang (geb. 1965 in Hamburg, gest. 2013 in Berlin): Tschick (S. 110–111, 114, 119). Reinbek bei Hamburg (Rowohlt) 2012. 35. Auflage 2014, S. 42–43, 60–67, 137–138, 157–158.

Hesse, Hermann (geb. 1877 in Calw, gest. 1962 in Montagnola, Schweiz): Stufen (S. 288). In: Ders.: Sämtliche Werke. Band 10. Die Gedichte, Frankfurt am Main (Suhrkamp) 2002.

Hikmet, Nâzım (geb. 1902 in Thessaloniki, Griechenland, gest. 1963 in Moskau, Russland): Über dem Meer die bunte Wolke (S. 127). Aus: http://wiki.aki-stuttgart.de/mediawiki/index.php/Nazim_Hikmet. Aus dem Türkischen übersetzt von Rana Talu. Copyright: Karl Dietz.

Hohler Franz (geb. 1943 in Biel, Schweiz): Die Reinigung (S. 178). Aus: Ders.: Ein eigenartiger Tag. Darmstadt / Neuwied (Luchterhand) 1979.

Kaléko, Mascha (geb. 1907 in Chrzanów, heute Polen, gest. 1975 in Zürich, Schweiz): Sozusagen grundlos vergnügt (S. 132). Aus: Dies.: In meinen Träumen läutet es Sturm. Hrsg. v. Gisela Zoch-Westphal. München (dtv) 2002, S. 66.

Knef, Hildegard (geb. 1925 in Ulm, gest. 2002 in Berlin): Für mich soll's rote Rosen regnen (S. 122, 288). © Musikedition Europaton P. Schaeffers, Hamburg/Hildegard Knef.

Krug, Harmut (Lebensdaten: keine Angabe): Alte Dame mal fünf (S. 171). Aus: https://www.deutschlandfunk.de/theater-alte-dame-mal-fuenf.691.de.html?dram:article_id=283146; abgerufen am 10. 04. 2019.

Kuyper, Sjoerd (geb. 1952 in Amsterdam, Niederlande): Erst wirst du verrückt und dann ein Schmetterling. Klappentext (S. 81) / Erst wirst du verrückt und dann ein Schmetterling (S. 86–88, 286–287). Aus dem Niederländischen von Eva Schweikart. Stuttgart (Gabriel in dem Thienemann-Esslinger Verlag GmbH)

2015, S. 7–8, 16–17, 174–175, 237–239, 241, 246, 249.

La Rochefoucauld, Francois de (geb. 1613 in Paris, Frankreich, gest. 1680 ebenda): Das Glück liegt in uns, nicht in den Dingen (S. 80). Zit. nach: Frank Weber, Tausenderlei über das Glück: 1000 Zitate, Aphorismen, Bonmots zum Thema Glück. Norderstedt (Books on Demand) 2013.

Levy, Ludwig (Lebensdaten: keine Angabe): Knittelhafte Elegie an sei Vatterstadt vun 'me Mannemer in d'r Fremd (S. 277). Aus: Mannem, wann ich dein gedenk. Hrsg. v. Siegfried Laux und Hans-Peter Schwöbel. Mannheim (Edition Quadrat) 1997, S. 26 f.

Liebig, Justus von (geb. 1803 in Darmstadt, gest. 1873 in München): Salz ist unter allen Edelsteinen ... (S. 27). Zit. nach: Heinrich Otto Buja: Deutschlands Bodenschätze. Eisleben (Projekte-Verlag Cornelius GmbH) 2010, S. 16.

Mockler, Marcus (Lebensdaten: keine Angabe): Wissenschaftler korrigieren unser Bild vom Glück (S. 96–97). Aus: http://www.welt.de/gesundheit/psychologie/artickle4621490/Wissenschaftler-korrigieren-unser-Bild-vom-Glueck.html; aufgerufen am 05. 03. 2019.

Orwell, George (geb. 1903 in Bengalen, Indien, gest. 1950 in London, Großbritannien): 1984 (S. 268). Aus: Ders.: 1984. Roman. Mit einem Vorwort von Thomas M. Disch. Deutsche Übersetzung von Michael Walter. München (Wilhelm Heyne Verlag) 2002, S. 75–76.

Paoli, Betty (geb. 1814 in Wien, gest. 1894 in Baden, Österreich): Carpe diem! (Cover: Zitat, S. 289). Aus: Dies.: Neueste Gedichte. Wien (Carl Gerold's Sohn) 1870, S. 26.

Plinius der Ältere (geb. 23 oder 24 nach Chr. in Comum, heute Como, Italien, gest. 79 nach Chr. in Stabiae, heute bei Neapel, Italien): Also kann wahrhaftig ein menschlicheres Leben ... (S. 27, 281). Zit. nach: Plinius Naturgeschichte. Zweyter Band, übers. v. Johann Daniel Denso, Rostock/Greifswald: Rösens 1765, S. 611.

Rauert, Annette (Lebensdaten: keine Angabe): Der Schritt zurück (S. 290–291). Aus: In Geschichten uns wiederfinden. Teil 2. Werkbrief für Landjugend. München: Kaiser. Jahrgang 1980 I., S. 8–9.

Rilke, Rainer Maria (geb. 1875 in Prag, heute Tschechien, gest. 1926 in Montreux, Schweiz): Du musst das Leben nicht verstehen (S. 136). Aus: Ders.: Die Gedichte. Nach der von Ernst Zinn besorgten Edition der Sämtlichen Werke. Frankfurt am Main (Insel) 1986, S. 147.

Scarpi, N. O. (geb. 1888 in Prag, heute Tschechien, gest. 1980 in Zürich, Schweiz): Mark Twains Frau ... (S. 173) / Mark Twain wollte sich bei seinem Nachbarn ... (S. 178). Aus: Anekdoten von Mark Twain. Nebelspalter: das Humor- und Satiremagazin. Band 72 (1946), Heft 22, S. 18.

Scheele, Angela: Das Tote Meer stirbt (S. 280–281). Aus: http://www.daserste.de/information/wissen-kultur/w-wie-wissen/sendung/2009/das-tote-meer-stirbt-100.html; abgerufen am 02. 11. 2018. © Bayerischer Rundfunk, Anstalt des öffentlichen Rechts.

Schnurre, Wolfdietrich (geb. 1920 in Frankfurt am Main, gest. 1989 in Kiel): Beste Geschichte meines Lebens (S. 138). Aus: Ders.: Der Schattenfotograf. Aufzeichnungen. Leipzig (Paul List) 1978.

Schulz von Thun, Friedemann (geb. 1944 in Soltau): Das innere Team: Typen von Teammitgliedern (S. 24–25). Aus: https://www.inneres-team.de/frau-en-detail. © Schulz von Thun Institut für Kommunikation, Hamburg; abgerufen am 19. 03. 2019.

Sportfreunde Stiller: Ein Kompliment (S. 185). © Edition Sportfreunde / Arabella Musikverlag GmbH, Berlin Neue Welt Musikverlag GmbH, Hamburg / Peter Stephan Brugger.

Troll, Thaddäus (geb. 1914 in Bad Cannstatt, gest. 1980 in Stuttgart): Rotkäppchen auf Amtsdeutsch (S. 179). Aus: Hans Ritz (Hrsg.): Die Geschichte vom Rotkäppchen. Ursprünge, Analysen, Parodien eines Märchens. Kassel (Muriverlag) 2006, S. 141.

Vogelweide von der, Walther (geb. um 1170, gest. um 1230): Si wunderwol gemachet wîp (S. 184). Aus: Gedichte. Mittelhochdeutscher Text und Übertragung. Ausgewählt, übersetzt und mit einem Kommentar versehen von Peter Wapnewski. Frankfurt am Main (Fischer) 1962, S. 20 ff.

Winkel, Victoria (Lebensdaten: keine Angabe): Schlammschlacht im Schauspielhaus – tolle Premiere (S. 171). Aus: Chemnitzer Morgenpost vom 25.04.2016. https://www.theater-chemnitz.de/spielplan/repertoire/infos/der-besuch-der-alten-dame/7124/#tab__press; abgerufen am 10. 04. 2019.

Wurzel, Christoph (Lebensdaten: keine Angabe): Soziale Kompetenz ein Leben lang (S. 282–283). Originalbeitrag.

Ungenannte oder unbekannte Verfasser

Als sich Mark Twain auf einer Vortragstournee durch Europa befand ... (S. 181). Aus: Hoffmeister, Heribert: Anekdotenschatz. Von der Antike bis auf unsere Tage. Berlin (Verlag Praktisches Wissen F. W. Peters) 1974, S. 161.

Dû bist mîn, ich bin dîn (S. 183). Aus: Des Minnesangs Frühling. Nach Karl Lachmann, Moriz Haupt u. Friedrich Vogt. Neu bearb. von Carl von Kraus. Stuttgart (Hirzel) 1959, Nr. I. – 1 (S. 1: 3,1).

Gesetz betreffend das Urheberrrecht an Werken der bildenden Künste und der Fotografie, § 22 (S. 199). Abrufbar unter: https://www.gesetze-im-internet.de/kunsturhg/__22.html; abgerufen am 19. 02. 2019.

Meldung aus der Kopenhagener Zeitschrift vom 20. 7. 1720 (S. 176). Aus: Eicher, Thomas (Hrsg.): Das Bergwerk von Falun. Ausschnitt in der Übersetzung Piirainen/Greb 1990, S. 54. Varianten eines literarischen Stoffes. Münster (lit Verlag) 1996, S. 210.

§ 201 a Verletzung des höchstpersönlichen Lebensbereichs durch Bildaufnahmen (S. 200). Abrufbar unter: https://www.gesetze-im-internet.de/stgb/__201a.html; abgerufen am 19. 02. 2019.

Originalbeiträge

Blogeinträge (S. 98, 99, 100, 102, 247).
Der Streit in mir (S. 17).
Der Weg zur deutschen Standardsprache (S. 274).
Du hättest nur was sagen müssen ... (S. 22).
Ein Vorstellungsgespräch (S. 58).
Eine Gabe der Götter oder das weiße Gold (S. 281).
Erst informieren – dann kaufen (S. 258).
Fotografie im Wandel (S. 260).
Gibt es ein Rezept für Glück? (S. 196–197).
Hier ist nicht alles ernst gemeint (S. 270).
Medienrevolutionen (S. 255).
Neue Aufgaben für alte Kunststoffe (S. 284–285).
Sind wir Matrosen auf einem Müllschiff? (S. 284).
Texte im Kapitel „Alles aus Kunststoff?“ (S. 64–66, 72, 75).
Texte im Kapitel „Rechtschreiben“ (S. 216, 223, 227, 228, 230, 232, 234, 236, 238, 240).
Texte im Kapitel „Salz – Grundlage unseres Lebens“ („Salz ist ein lebenswichtiger Stoff ...“ / „Salz ist der Rohstoff ...“, S. 27; S. 28–29, 30–31, 31–32, 33).
Zwischen den Vorstellungen von Unternehmen und Azubis liegen oft Welten (S. 46–49).

Sachregister

Allgemeiner Hinweis zu den in diesem Lehrwerk abgebildeten Personen:

Soweit in diesem Lehrwerk Personen fotografisch abgebildet sind und ihnen von der Redaktion fiktive Namen, Berufe, Dialoge und Ähnliches zugeordnet oder diese Personen in bestimmte Kontexte gesetzt werden, dienen diese Zuordnungen und Darstellungen ausschließlich der Veranschaulichung und dem besseren Verständnis des Inhalts.

Bildquellen

S. 14, 16, 19, 22, 39, 209, 251, 253: Cornelsen/Daniel Meyer; S. 22: Shutterstock/ALPA PROD; S. 26: Shutterstock/Foxys Forest Manufacture (Gewürze), Mauritius images/Natallia Khlapushyna/Alamy (Gurkenglas), stock.adobe.com/Jürgen Fälchle (Kuh), Shutterstock/Jorg Hackemann (Salzfelder), stock.adobe.com/contrastwerkstatt (5), imago stock&people (Bergwerk); S. 28: stock.adobe.com/BillionPhotos.com; S. 29: Shutterstock/Foxys Forest Manufacture (links), stock.adobe.com/Jürgen Fälchle (rechts); S. 30: stock.adobe.com/apops (oben), mauritius images/Maurice Savage/Alamy (unten); S. 31: Shutterstock/Jorg Hackemann; S. 33: stock.adobe.com/web-done.de (oben), stock.adobe.com/Martin Debus (unten); S. 44: Shutterstock/fizkes (links), Shutterstock/Gorodenkoff (Mitte), Shutterstock/Kzenon (rechts); S. 47: Shutterstock/Tyler Olson; S. 48: Shutterstock/SeventyFour; S. 51: Shutterstock/Master1305; S. 52: Shutterstock/stockfour; S. 53: Shutterstock/Antonio Guillem (links, rechts), Shutterstock/Antonio, Shutterstock/Africa Studio (Mitte); S. 58: Shutterstock/stockfour; S. 62: Shutterstock/Vikentiy Elizarov (Globus), Shutterstock/Rich Carey (Schildkröte), Shutterstock/diecidodici (Gemüse), Shutterstock/Borisovstudio (Fahrradhelme); S. 63: Shutterstock/UlrikaArt (Brotbox/Flaschen), Shutterstock/asife (Netz), Shutterstock/Poring (Gemüse); S. 64: © Statista 2018; S. 65, 72 unten: © Science Photo Library/MOLEKUUL; S. 66 unten: Shutterstock/RecycleMan; S. 72 oben: Shutterstock/krichie; S. 75: Shutterstock/Mr_Mrs_Marcha; S. 78: dpa Picture-Alliance/dpa Themendienst/Franziska Gabbert; S. 80: Shutterstock/Sasa Prudkov (Gruppe Jugendliche), Shutterstock/Syda Productions (Jugendliche springend), Shutterstock/Robert Kneschke (Baumpflanzung), Shutterstock/wavebreakmedia (tanzendes Paar), Shutterstock/everst (Blick auf Berge), Shutterstock/Jack Frog (Generationengruppe); S. 98: Shutterstock/vector illustration (links), Shutterstock/WEB-DESIGN (rechts); S. 99: Shutterstock/vector illustration; S. 99: Panther Media GmbH/Péter Gudella; S. 100: stock.adobe.com/pattilabelle, Shutterstock/WEB-DESIGN, Shutterstock/vector illustration; S. 103: Shutterstock/Scott Maxwell LuMaxArt; S. 104: stock.adobe.com/peshkova; S. 108: Cover Tschick von Wolfgang Herrndorf, Rowohlt Taschenbuch Verlag, 76. Auflage, April 2019, © 2010; S. 108: picture alliance/ZUMA Press/© Studiocanal GmbH/Mathias Bothor; S. 109: dpa – Report (oben), picture alliance/NurPhoto (unten); S. 112, 115: © 2016 Lago Film GmbH, Studiocanal Film GmbH; S. 122: Shutterstock/ArTono (Knef); S. 123: bpk/United Archives/Arthur Grimm; S. 124: akg-images/Thomas Bartilla; S. 125: Shutterstock/Roman Babakin; S. 126: Interfoto/Wolfgang Maria Weber; S. 127: Shutterstock/Grusho Anna; S. 129: picture alliance/Leemage; S. 138: dpa Picture-Alliance/dpa – Bildarchiv; S. 140: dpa Picture-Alliance/Deutsche Foto/Deutsche Fotothek; S. 144: Interfoto/Friedrich; S. 150: dpa; S. 153: © dpa-Fotoreport; S. 156: bpk/Willi Saeger; S. 157: akg-images/Keystone; S. 159: imago images/Martin Müller; S. 161: imago/DRAMA-Berlin.de; S. 162: dpa Picture-Alliance/ASSOCIATED PRESS; S. 164, 169: picture alliance/APA/picturedesk.com; S. 172: bpk; S. 172: Buchcover Mark Twain: Lautstärke beweist gar nichts, Aufbau Verlag, Berlin; S. 173: Bridgeman Images/CSU Archives//Everett Collection; S. 174: picture alliance/imageBROKER; S. 176: akg-images/De Agostini/Biblioteca Ambrosiana; S. 182: akg-images/André Held (links), akg-images (Mitte), Interfoto/Bildarchiv; Hansmann (rechts), dpa (rechts unten); S. 183: imago/Leemage; S. 184: picture alliance/Artcolor; S. 185: © dpa-Fotoreport; S. 186: dpa (links), akg-images (rechts), Interfoto/Bildarchiv Hansmann (unten rechts); S. 189: akg-images/André Held (oben), bpk/Knud Petersen (unten); S. 197: © Statista 2018; S. 199: stock.adobe.com/jozsitoeroe; S. 201: dpa Picture-Alliance/ASSOCIATED PRESS; S. 216: Panther Media GmbH/Manfred Angermayr; S. 227: picture alliance/Silas Stein/dpa; S. 230: imago images/PhotoAlto; S. 234: akg-images; S. 240: picture alliance/Ulrich Baumgarten; S. 248: Shutterstock/JP WALLET; S. 255: Shutterstock/Andrey_Popov; S. 258: stock.adobe/alho007; S. 260: Panther Media GmbH/Francesco Mou; S. 261: Shutterstock/Daxiao Productions; S. 262: stock.adobe.com/Jenny Sturm; S. 268: Bridgeman Images/CSU Archives//Everett Collection; S. 277: Bridgeman Images//© British Library Board. All Rights Reserved; S. 280: Shutterstock/GuilhermeMesquita (oben), Shutterstock/pavalena (unten); S. 281: akg-images/Gilles Mermet; S. 284: picture alliance/AP Photo; S. 285: mauritius images/Libby Welch/Alamy (oben), Bridgemanimages.com (unten); S. 288: Interfoto/IFPAD; S. 289: Bridgemanimages.com (oben), akg-images (unten); S. 291: akg-images.

Illustrationen

Stefan Bachmann, Wiesbaden: S. 122, 123, 132, 136, 160, 166, 169, 170, 190, 191, 195, 196, 201; **Thomas Binder**, Magdeburg: S. 26, 32, 80; **Volkhard Binder**, Berlin: S. 66 (Karte); **Heribert Braun**, Berlin: S. 81, 82, 84, 86, 88, 90, 92, 287; **Sylvia Graupner**, Annaberg: S. 138, 142, 145, 146, 150, 151, 153, 155, 179, 181, 290; **Carsten Märtin**, Oldenburg: S. 212–213, 214, 217, 222, 224–227, 228–233, 235, 237, 239, 241, 301–304 (Symbole); **Ulrike Selders**, Köln: S. 79, 221, 225, 228, 229, 232, 236, 238, 242, 243, 245, 247, 249, 254, 256, 258, 264, 268, 269, 270, 272, 273, 275, 283; **Rüdiger Trebels**, Düsseldorf: S. 3–13, 15, 17, 25, 68, 98, 99, 100, 102, 106, 113, 116, 117, 120, 212, 213, 214, 219, 224, 228, 279.